대웅전 목조 좌상과 목조 10대제자상

마하보리사 부처님은 모형틀 없이 직접 조각하였으므로 이 세상에 한 분밖에 없는 상호입니다. 그렇지만 천일기도 동안 사계절이 3번이나 바뀌면서, 기후변화로 인한 갈라짐과 터짐 때문에 메우고 또 메우면서 마침내 그 모습을 갖추게 되었습니다. 목조 10대제자상은 경주 석굴암 제자상을 재현하였습니다.

격외의 기로에서

격외의 기로에서

논리로 막으면
생각이 깨어진다

Spiritual Enligntenment

MAHABORISA

머리말

 불교에는 수많은 수행이 있습니다. 그러나 수행의 이론적 체계나 깨달음과의 관계도 뚜렷하지 않고 경험적이며 체험적인 가르침이 많습니다. 그래서 이 글은 수행의 심리적 과정을 분석하고 수행의 결과로 부처님 법을 깨닫는 일까지 다양하고 세밀하게 분석해 보았습니다. 그 과정에서 불교의 개요라든가 선가의 수행 또는 깨달음에 내포된 비논리적이거나 추상적인 경향을 언급하기도 했습니다.

 우선 이 책의 방향은 수행의 당위성과 부처님 법의 대강에 대해서 서술했습니다. 필자가 참선을 위주로 수행한 경력이 있어서 참선적인 시각이 주로 보이기는 하지만, 가능한 한 대화와 토론을 통해서 일반 서민이 상식적으로 이해하고 따질 수 있는 방향으로 서술한 것입니다. 혹시 기존의 수행자들과 시각의 차이가 날 수 있지만, 모든 가능성을 열어두고 토론한 것입니다.

 특히 수행의 방향을 결정짓는 알음알이의 발생 원인을 교학에서 찾을 수 있다고 생각하여, 화엄의 신해행증(信解行證)을 중심으로 비판하고 분석해 보았습니다. 믿음[信]의 역사를 비롯하여 알음알이[解]의 역사, 그리고 체험[證]의 역사를 통하여 신해행증이 수행자에게 발생시킬 수 있는 가설과 허상을 보였습니다.

독자 여러분들의 마음속에서 신해행증의 가설과 비논리성을 발견해 낸다면, 누구나 자신을 돌이켜보기 쉬울 것입니다. 그런 다음 참선과 교학이 다르지 않고 수행과 배움이 둘이 아니며, 체험이란 마음속에 머물러 있지 않고 기억 속에만 남아서 믿음의 대상이 된다는 것을 이해할 필요가 있을 것입니다.

덧붙일 것은 간화의 의심과 집중의 문제점을 지적하면서, 의심보다 집중수행을 강조한 4조 도신으로 인하여 발생한 조사선은, 마조의 작용시성으로 인한 단제참구 형식이 최두를 수행했다는 것입니다. 그 정신을 이어받은 대혜의 간화도 단제참구입니다. 이러한 면에서 단제참구는 의심보다 집중인 면에 빠지게 되기 쉽기 때문에 달마선은 차라리 원효의 깨달음과 훨씬 가깝다고 적었습니다.

끝으로 이 글의 서술 방향은 부처님의 고성제의 가르침이, 유마의 선택적 불이로 인하여 왜곡된 교학과 마조의 작용시성으로 인한 단제참구의 모순으로 왜곡된 참선을 벗어나 원효의 화쟁으로 이어졌다고 가정하였습니다. 물론 화쟁이 완벽한 논리라는 뜻은 아니지만, 모든 법이 통해져 있으므로, 의심수행과 집중수행의 상호보완적인 수행으로 모든 고통을 해결하고 일체법을 깨달을 수 있음을 제시하고자 하였습니다.

차례

I. 법의 성격

지혜제일 사리불

부처님의 십대제자 중 가장 지혜로운 제자로서
부처님보다 나이가 많았다.
상담하러 오는 사람이 있으면 부처님 대신 상담했다.
모든 것은 인연으로 좇아 생하고 인연에 의해
소멸한다는 법문을 듣고 부처님께 귀의하게 되었다.

1. 불법의 성격

(1) 보편타당한 진리

먼저 불법의 성격에 대해서 말씀드리겠습니다. 부처님의 법은 진리이므로 보편적이라 하겠습니다. 시간과 공간을 초월하여 어디에서나 통용되는 이치를 보편타당하다고 할 수 있습니다. 이것을 시간적으로 말하자면 부처님께서 태어나기 전부터 있었고 지금도 있으며 앞으로 수만 년 이후에도 있어야 비로소 법이라 할 수 있다는 것입니다.

공간적 관점은 여기서나 미국에서나 도솔천이나 염라국이라 하여도 통용되어야 한다는 말입니다. 이렇게 법이 보편적이므로 이 세상 어디에도 통하지 않는 곳이 없을 것입니다. 곧 빈자리가 없이 꽉 차 있다고 할 수 있는 것이므로, 다른 말로 하자면 일체법이라는 표현도 할 수 있습니다.

일체에 두루하므로 어떠한 곳에도 원인이 있어서, 근거 없는 허황된 법에 의지해서는 안 될 것입니다. 부처님께서는 이 세상에 저절로 된 일은 하나도 없다고 말씀하셨으며, 그 원인을 알면 일체법이 드러난다고 하셨습니다.

(2) 공부의 목적

이러한 일체법을 공부해야 하는 이유는 무엇일까요? 우리는 내일의 일을 알지 못하고, 이렇게 험난하고 불확실한 세계에 살고 있습니다. 그래서 어떻게 살아야 하는지도 알지 못하고 자식을 어떻게 키워야 하는지도 알지 못하며 부모를 잘 모시는 것이 왜 큰 복이 되는 것인지를 알지 못합니다.

이러한 제반 문제를 해결해 줄 수 있는 것이 바로 이러한 보편적인 법이며 일체법인 것입니다. 즉 백 년 후에 통용되는 보편적인 법을 이해한다면, 이 세상을 어떻게 살아야 할 것인지 판단할 수 있는 근거를 얻을 수 있을 것입니다.

그리고 일체법이므로 부모에게 효도하는 것이 우리에게 어떠한 영향을 미치는 것인지를 잘 알 수 있게 되는 것입니다. 또한 죽고 난 다음 어떻게 되는 것인지를 안다면 살아 있을 때 어떻게 하는 것이 좋은 것인지도 알게 될 것입니다.

(3) 출세간법의 특징

초기불교에서는 이러한 법을 세간적인 법과 출세간적인 법으로 구분해서 설명했습니다. 세간적인 법은 이 세상에 우리가 살아가면서 이해하고 통용되는 여러 가지 이치를 말한다고 보면 되겠습니다. 그래서 이러한 세간적인 법은 차별적이고 한정적이면서 단계적이고 불가항력적이라고 하겠습니다.

출세간적인 법은 세간을 벗어난다는 말이 아니라, 세간적인 법에 대한 상대적인 용어로서 세간적인 법의 한계성을 극복하려고 노력하다가 깨달은 보편적인 법을 말한다고 보면 좋겠습니다. 그래서 이러한 출세간적인 법은 항상하고 영원하며 전달 가능한 것을 말한다고 보아야 합니다.

복덕은 외형적인 모습이면서 불교의 사회적 존재가치라고 볼 수 있습니다. 이렇게 처음부터 세간적인 법에 근거하여 추구한다면 그 방향이 잘못 설정되어서 출세간적인 법을 알 수가 없습니다.

(4) 전법의 의미

이러한 가르침을 공부하는 방법이 불교라는 모습으로 우리 앞에 전해져 왔습니다. 불교는 세 가지 면으로 말할 수 있습니다.

첫째는 이고득락(離苦得樂)이니 고통을 벗어나서 복덕을 구하는 것입니다. 둘째는 자기의 아는 바를 버려서 일체법을 깨닫는 것입니다. 셋째는 전법(傳法)으로 불국토를 만드는 것입니다.

그 내면에 있는 것이 깨달음입니다. 이 깨달음은 새로운 논리입니다. 어떻게 복을 지을 수 있는가 하는 것에 대한 이론입니다.

불국토는 이러한 불교공부의 목적이기도 합니다. 우리의 일체의 고통을 영원히 구원해 주는 것이라고 말할 수도 있습니다. 깨달음과 복덕의 결과로서 한 개인의 일을 말하는 것이 아니라 사회적인 열반을 가리킵니다.

한 사람 한 사람이 법을 깨달아 일체 구성원이 모두 법을 알아서 도덕적인 사회가 된다고 생각하여서 만든 말입니다. 그래서 불국토를 향할 때만이 복덕이 되며 전법만이 깨달음의 길이라는 사실을 알아야 하겠습니다.

세간법	단계	순서	차별	근기	방편	한계성	얻는 것
출세간법	보편	영원	무차별	평등	실제	영원성	아는 것

세간법	개인적인 것	하나의 관점	부분	수행	체험	느낌
출세간법	대중적인 것	전체적 관점	전체	깨달음	이치	논리

2. 논리명상(論理冥想)

(1) 마음의 구조

　마음은 정신이라고 부르기도 하고, 생각이나 의식 또는 감정이나 의지를 포함하는 주체로 인식하기도 합니다. 좁게는 한 개인의 몸에 상대되는 지각 능력으로, 넓게는 우주와 동일하게 보기도 합니다. 또는 분석하여 지(앎)·정(감정)·의(의지)의 세 가지로 나누기도 합니다.

　또 마음은 만물을 비추는 거울처럼 생각하여 '마음자리'라는 개념도 있으며 생각의 복합체로 보기도 합니다. 몸과 마음으로 나누어 생각할 때는 대상으로 보기도 하지만, 여기서는 자신에게 느껴지는 부분과 느껴지지 않는 부분으로 나누어, 수행하고 공부하는 방법을 설명하고자 합니다.

　자신을 기준으로 느껴지는 부분을 현재의식이라고 보고 자신에게 느껴지지 않는 부분을 잠재의식이라고 볼 때, 현재의식은 느낄 수 있는 큰 생각이고 잠재의식은 느낄 수 없는 작은 생각으로 이루어져 있습니다. 잠재의식은 현재의식과 둘이 아니지만, 자신을 기준으로, 보이고 싶지 않는 것을 감추고 잠재시킴으로 형성됩니다.

또 우리의 마음은 사고방식으로 설명할 수도 있는데, 논리라는 뼈대를 가지고 감정이라는 피부를 가졌다고 볼 수 있습니다. 어떠한 감정도 논리가 숨어 있고 어떠한 논리도 감정적 모습으로 포장되어 있다고 해도 될 것입니다.

또 어떤 개체도 존재할 수 없다는 부처님의 말씀에 따르면, 우리의 마음도 그와 같은 구조이며 우리의 생각도 그와 같을 것입니다. 하나의 생각이 떠오른다 해도 이면에는 반대의 생각이 숨어 있는 복합적 구조체일 것입니다. 인식 주체만 그런 것이 아니라 인식 대상도 마찬가지입니다.

즉 인식의 주체가 좋다거나 나쁘다거나 옳다거나 틀린다고 판단해도, 그것은 하나의 개념이 아니라 좋다고 할 때는 이면에 나쁜 것이 있고 옳다고 할 때는 이면에 틀리다는 생각이 자리 잡고 있다는 뜻입니다. 마찬가지로 인식 대상도 밝은 것이라고 인식되었다면 배경에 어두움이 있다는 뜻이며, 딱딱한 것이라고 인식되었다면 배경에 딱딱하지 않은 것이 있다는 뜻이기도 합니다.

(2) 열반의 의미

부처님께서는 열반을 말씀하셨습니다. 치열하게 타던 불이 꺼진 것을 열반이라고 생각한 것이 기존의 인도식 열반이라면, 부처님께서는 마음속에 모든 고통이 해결되어 평안한 것을 열반이라고 불렀습니다. 그러나 고통의 구조를 본다면 고통이 단독으로 존재할 수 없을 뿐 아니라, 고통과 행복은 나눌 수 없어서 연결되어 있으며 둘이 아니기 때문에 언제든지 치환될 수 있으므로 환경에 따라 상대적으로 인식되는 구조입니다.

그러므로 행복이 행복으로 고정된 것이 아닌 것처럼 고통도 고통으로 고정된 것이 아니므로, 똑같은 하나의 사건이 배경의 변화에 따라서 다르게 인식될 수 있다는 것을 알았을 때, 우리는 ① 고통이 원래 없다거나 ② 고통은 마음먹기 달렸다거나 또는 ③ 수행을 하면 고통이 없는 상태에 도달할 수 있을 것이라는 등의 결론을 내리기도 하지만 임시적이며 가설일 뿐입니다.

부처님의 지혜는 이 세상에서 발생할 수 있는 모든 고통을 언제든지 없앨 수 있고 대책을 세울 수 있으며 치환 가능하다는 것을 말씀하신 것입니다. 그러나 모든 고통이 있을 수밖에 없다는 불가피한 표현으로 들린다면, 이것은 듣는 사람의 입장에서 한 가지 방향으로만 들었기 때문입니다. 그래서 부처님의 열반은 현실을 떠나지 아니하고, 일상생활의 살아가는 모습 그대로가 열반이라고 말씀하신 것입니다.

명상도 그와 같아서 고요한 생각에 빠져들고 마음이 평안해진다고 착각할 수 있는 상태에 이르고자 하는 것이지만, 마음의 구조로 살펴본다면 외형적인 고요가 자신을 편안하게 만들 수는 없습니다. 왜냐하면 평안하기 위한 현재의식의 노력은 자신의 감정과 자연스런 표현에 대하여 억압을 하기 때문입니다.

억압된 표현과 감정적 응어리는 내면적으로 잠재되어 있다가 어느 정도 시간이 지나면 폭발하거나, 폭발할 수 없을 때는 정신적 장애가 생겨서 큰 병이 되기도 합니다. 참선에서는 이와 같은 수행을 '만드는 수행'이라고 부릅니다. 겉모습을 고요한 모습으로 만들려고 노력하기 때문에 자신의 내면을 살피지 못한다는 것입니다.

(3) 수행의 모습

우리는 평상시 자신에게 당연하고 익숙한 모습으로 살아가면서 자신의 방식대로 세상을 판단하고 바라봅니다. 이렇게 감각기관에 근거한 삶의 모습은 항상 자신이 방식에 치우칠 수밖에 없기 때문에, 이러한 치우침을 극복하고 법을 원만하게 듣기 위해서는 수행을 하지 않을 수 없습니다. 즉 경지에 도달하기 위해 수행하는 것이 아니라 자신만의 치우침을 버리기 위해서 수행의 필요성이 있다는 뜻이며, 수행의 내용도 쌓아 가는 것이 아니라 버려야만 하는 이유가 될 것입니다.

그러나 치우침을 극복하고 모든 것을 버리려는 목적으로 수행을 하고자 해도, 자신의 방식대로라면 별 효과가 없을 것입니다. 그러므로 수행의 내용도 자신을 버려서 남을 의지해야 하고 소통과 논리를 통해서 자신의 사고방식을 포기할 수 있도록 해야 할 것입니다. 그렇지만 아무 조건 없이 남의 말을 따를 수 없기 때문에 서로 인정하고 이해할 수 있는 논리에 근거해야 남의 논리를 인정하고 자신을 버릴 수 있게 될 것입니다.

그래서 올바른 논리에 근거하여 잘못된 논리를 버리는 수행을 논리명상이라고 부를 수 있습니다. 즉 논리를 따지는 이유는 버리기 위함이며 얻으려고 하는 것이 아니라는 뜻입니다. 또 수많은 알음알이를 버리기 위해 법문을 듣는 것처럼, 논리도 알음알이를 버리기 위해 논리를 따지지만, 잊어버리거나 멍청해지기 위한 것은 아닙니다. 왜냐하면 활발발한 지혜를 통하여 버리는 것을 말하기 때문입니다.

지혜를 통하여 버린다는 말은 이것도 옳은 면과 틀린 면이 있으며, 저것도 옳은 면과 틀린 면이 있기 때문에, 둘 다 옳지만 둘 다 틀리다는 것을 이해하는 것을 말합니다. 잡으려고 해도 잡을 수 있는 하나의 결론이 아니므로 잡을 수 없지만, 버리려고 해도 버릴 수 있는 현실적 모습이 아니므로 버릴 수 있는 것이 아니라는 사실을 이해하는 것을 말합니다.

그래서 논리명상은 논리를 통하여 논리를 버리려고 하는 것이지만, 논리를 버리는 것이 논리를 버리는 것이 아니라 논리를 하나 더 얻는 것임을 이해하는 것이며, 논리를 하나 더 얻었음에도 불구하고 논리가 사라진다고 할 수 있는 것을 말합니다.

3. 공간적 연기법

연기법이라는 개념이 처음 등장한 때가 언제인지 분명하지는 않지만, 부처님의 법을 설명하는 데 연기법만큼 중요한 개념은 드뭅니다. "이것이 있으면 저것이 있다."라는 표현은 역사적으로 흔히 시간적으로 해석되어 왔습니다. 대표적인 것이 12연기설입니다. 이것을 근거로 생사와 무명 또는 인과를 유전문과 환멸문으로 설명하기도 합니다.

그렇지만 시간의 흐름으로 법을 설하는 방식 때문에, 법을 듣는 사람은 자신의 감각을 기준으로 법을 이해하게 되었습니다. 그래서 수행자들은 오랜 세월 동안 법의 공간적 모습인 동시성을 몰각하게 되었고, 가장 현실적인 부처님의 해탈법은 비현실적이며 추상적인 모습으로 인식되었으므로, 수행자들은 외도들처럼 집중수행하여 경지를 추구하거나 존재하지 않는 일념의 경지를 유지하고자 하였고, 불교는 체험을 주장하는 종교적 모습을 띠면서 겨우 살아남을 수 있었던 것입니다.

그래서 이런 모순을 해결하고자 연기법에서 시간성을 배제하고 공간적인 개념으로 해석해 보았더니, 부처님의 법을 현실적인 모습으로 설명하기가 아주 수월하였습니다. 예를 들면 손바닥과 손등의 모습으로 연기법을 설명하는 것입니다. 즉 "이것이 있으면 저것이 있다."는 논리는 손바닥이 있으면 손등의 존재는 필연적이라는 말입니다. 모든 것은 연결되어 있으므로, 손바닥과 손등이 아닌 어떤 하나의 존재도 반드시 반대의 이면을 가질 수밖에 없다는 말입니다. 다시 말하자면 어떤 하나의 존재도 개체로서 존재할 수 없고 복합적 구조로 이루어져 있다는 뜻입니다.

앞에서도 언급했듯이 결벽증이란 깨끗한 것을 추구하는 병이라고 부르지만 그 사람의 눈에는 모든 것이 더럽게만 느껴지기 때문이며, 깨끗한 것이 단독으로 존재할 수 없다는 것을 모르기 때문에 발생하는 병입니다. 이에 용수보살은 깨끗한 것을 부정하고 중도라고 표현하지만, 깨끗함과 더러움의 두 가지 모습이 동시에 존재하는 현실을 정확하게 표현한 것은 아닙니다.

초전법륜 시에 수행자들은 극단적인 고행을 통하여 심리적인 고요를 얻을 수 있다고 생각한 면이 있었지만, 하나를 추구하면 이면이 드러나는 것이 연기법의 구조이므로 고요함을 추구할수록 더 시끄러워지는 것이 우리의 마음입니다. 왜냐하면 고요함과 시끄러움은 둘이 아니기 때문이며 동시에 존재하기 때문이기도 합니다.

이렇게 공간적 개념의 연기설은 수행자가 수행하는 방법도 잘 보여 주고 있습니다. 예를 들자면 모든 존재에는 이면이 있을 수밖에 없음을 이해한다면, 집중수행에도 이면이 있으므로 집중하는 사람의 생각이 얼마나 좁아지고 고집스러워지며 어리석어지는지 이해할 수 있을 것입니다.

또 몰입이 잘 될수록 주위 상황에 대한 판단이 흐려지고 남의 말을 잘 듣지 못하게 되며, 자기 생각만 옳다고 생각하게 되어 환상에 빠지기도 합니다. 남이 보는 것을 보지 못하고 남이 느끼는 것을 느끼지 못하게 될 뿐만 아니라 편벽되고 융통성이 없어지기도 합니다. 이런 경향들은 단순히 집중하는 면에서 발생하는 여러 가지 모습입니다.

그리고 연기법의 입장에서 일념을 살펴본다면, 그것은 단지 느낌일 뿐입니다. 왜냐하면 생각의 다양성을 보다가 생각이 하나로 뭉쳐졌다고 느껴질 수 있습니다. 그러니 배경이 없는 인식은 존재할 수 없다는 것을 알아야 합니다. 부조 조각품은 배경보다 튀어나와 보이는 것처럼 우리의 느낌도 그와 같습니다.

그래서 설사 일념의 경지가 느껴진다고 하더라도 모든 것은 변하고 머물러 있지 않으므로 그러한 느낌의 경지도 얼마 지나지 않아 기억 속으로 사라질 수밖에 없으며, 변화하지 않는 똑같은 경지란 있을 수 없을 것입니다. 마치 오늘 아침과 내일 아침이 다른 것과 같습니다.

이러한 일념 수행도 집중수행과 마찬가지로 많은 병이 따릅니다. 일념 수행을 하려면 말을 하지 않게 되며 사소한 생각들을 억압하고 자연스러운 표현을 억제하게 되어 자신의 모습을 점점 더 알 수 없게 됩니다. 그래서 일념 수행도 '만드는 수행'이기 때문에, 현실을 깨닫는 부처님의 법을 알 수 없게 만드는 원인이 되기도 합니다.

그뿐 아니라 일념 수행을 하지 않는 사람을 멀리하게 되어 남과 나를 나누게 되며, 남을 위하는 자비스러운 마음이 없어지게 됩니다. 또 고정된 느낌의 경지를 추구하게 되므로 정서가 메말라지고 자신은 남과 다르다는 생각에 빠지게 됩니다. 또한 하나의 경지는 하나의 알음알이를 만들어 끝없이 추구하는 모습을 버릴 수 없게 됩니다. 그래서 경지를 추구한다면 외도의 수행이라고 부를 수 있습니다.

믿음은 아상의 씨앗이라고 말씀드렸습니다. 그래서 신앙은 주관적이며 자기중심적이기 때문에 아무리 이타적이라고 해도 이타적이라는 이름의 자기 생각에 빠지는 것입니다. 그렇지만 잘 믿어보려고 애쓰는 순간 마음속에서 의심이 생기는 것을 발견할 수 있습니다. 즉 믿음은 의심과 동시에 존재하는 것입니다. 의심하고자 애써 본 사람은 자신의 마음속에 얼마나 많은 믿음이 존재하는지 발견할 수 있게 될 것입니다.

그래서 믿음 없는 의심은 있을 수 없고 의심 없는 믿음도 있을 수 없기 때문에, 잘 믿고자 한다면 반드시 의심을 해야 하고, 큰 의심에서 큰 깨달음, 즉 큰 믿음이 생길 수 있다는 것입니다. 잘 믿고자 한다면 반드시 큰 의심을 가져야 한다는 뜻입니다. 화두법(선요)에서는 삼요(三要)라 하여 삼심을 말하지만 자세한 설명이나 출처는 없습니다.

연기법이란 이렇게 세상 사람이 보면 역설처럼 보이기도 하지만, 실존의 모습을 그대로 표현한 것입니다. 부처님께서는 전도(顚倒)라고 표현하셨는데, 사람들이 거꾸로 보고 거꾸로 이해한다는 것입니다.

4. 존재의 모습과 수행
– 수행은 내면을 변화시킬 수 있는 직접적 표현방식 –

우리는 이 자리에서 나 자신이 존재를 느낍니다. 그리고 내 자리가 시각의 기준점이 되어 마치 자신이 창조하고 만들어 가는 우주의 중심에 서 있는 것처럼 느끼게 됩니다. 나는 우주의 중심이 아니라고 생각하려고 해도 먼 것은 작게 보이고 가까운 것은 크게 보이는 원근법으로 인하여 나 자신의 중심적 시각을 벗어날 수가 없습니다.

이러한 나의 중심세계에서는 원근법으로 인하여 다른 사람은 작아 보이고 멀어 보이는 반면에, 자신은 커 보이고 중요한 존재일 뿐만 아니라 모든 것이 자기중심적 사고방식으로 이해될 수밖에 없습니다. 이러한 존재의 구조는 그대로가 법의 모습이지만 항상 편파적이고 치우친 시각을 가질 수밖에 없는 필연성이 있습니다.

그래서 아무리 정확하게 깨달아서 팔정도의 모습인 바르게 보고 바르게 생각하며 바르게 말하고 바르게 행동하며 바르게 살고 바르게 노력하며 바르게 생각하고 바르게 마음을 안정한다고 해도, 역시 편파적이고 치우친 시각이 될 수밖에 없는 구조입니다.

우리의 존재는 이렇게 치우치고 편벽된 자기중심적 시각으로 구성되어 있으며 거기에 의거하여 살아가고 있지만, 부처님께서는 우리의 존재가 하나의 개체적인 모습이 아니라고 말씀하셨습니다. 즉 우리가 보지 못하고 느끼지 못하는 세계가 있다는 말이며, 그것도 내 옆에 있는 사람은 보고 있고 알고 있다는 뜻이기도 합니다.

또 우리의 인식은 이러한 세계를 듣고 이해한 순간 이름을 바꾸어 그대로 자기중심적 세계로 편입하는 동시에 또다시 보이지 않고 알 수 없는 세계를 만들게 됩니다. 이러한 심리적 구조를 알지 못하고, 역지사지라든가 남의 입장을 이해한다거나 다른 사람의 생각과 똑같다고 착각하면서 살아가는 사람들도 많습니다.

부처님께서는 처음 성도하시는 날 이러한 문제점에 대하여 인식하시고, 소통의 불가능성을 보시고는 절망을 느끼기도 했습니다. 그렇지만 초전법륜의 5비구와 대화를 시도하면서, 듣는 사람이 자신의 방식으로 법을 듣고 이해하더라도 자신을 부정할 수만 있다면, 법을 전할 수 있다는 것을 발견하셨습니다.

즉 자신을 부정하는 법으로 자기중심적인 시각과 자기중심적인 세계를 벗어나게 하려고 노력한 가르침들이 모여서 불교를 이루었습니다. 그렇지만 이러한 가르침들조차도 새로운 법을 이루었기 때문에, 알음알이라고 이름하면서 부정적으로 표현하기도 했습니다. 그리고 알음알이를 벗어나는 것도 쉽지 않았습니다.

그래서 드러나 있거나 보이는 것을 부정하는 한 가지 방법으로서 수행이 채택되었고 또 버리는 효과도 있었습니다. 왜냐하면 우리의 모습은 드러난 것과 감추어진 것, 또는 보이는 것과 보이지 않는 것으로 크게 구분할 수 있으므로, 감추어진 것이나 보이지 않는 것들의 문제점은 보이는 것을 부정하는 방법으로 해결할 수 있기 때문입니다.

그렇지만 지나친 수행의 강조와 수행자의 계급화는 수행조차도 새로운 알음알이가 되었고 새로운 자아를 만들었으며 한 가지 삶의 형태가 되었습니다. 수행자의 삶의 방식이 새로운 자기중심적인 세계를 만들게 되었다는 것입니다. 그래서 수행의 몇 가지 병폐를 말씀드린 적도 있습니다.

이것은 마치 형식과 내용이 있을 때 어느 것이 더 중요한 것이라고 생각하는지에 대한 것과 같은 문제입니다. 형식과 내용은 평등합니다. 형식을 고침으로써 내용을 고칠 수 있게 되고 내용을 고침으로써 형식도 고쳐질 수 있습니다. 형식을 강조함으로써 내용이 더 치밀해지고 더 충실해질 수도 있습니다.

예를 들어 연말이나 정초, 또는 입제와 결제, 생일 축하 등을 강조하는 것은 마음을 심기일전하여 새롭게 자신을 추슬러서 새로운 희망을 가지고 삶을 개선하려는 것입니다. 아무리 심기일전하여 마음을 바꾸려고 해도 주위 상황이 변함없다면 얼마 못 가서 그대로 주저앉아버릴 것입니다.

법당 불사도 그와 같아서, 아무리 깊은 신심과 간절한 수행으로 살아간다고 해도 법당을 건립하고 법당에 모여서 수행하는 것은 잠자리에서 앉아서 수행하는 것과는 다를 겁니다. 또한 외형적 표현 없이 내 마음을 알아줄 거라고 생각하며 대화를 나누지 않는 부부는 얼마 가지 않아서 서로에게 고통을 느끼게 될 것입니다.

간절한 마음이 있다면 간절한 표현이 나올 수밖에 없습니다. 간절한 내면이 간절한 표현을 할 수 있게 되는 것처럼 내용이 있으면 형식이 있고 형식을 강조하면 내용이 충실해질 수 있습니다. 수행도 그와 같습니다. 정성스런 수행은 간절한 신심을 내기 쉽습니다. 정성스런 불사 동참이 자신을 변화시키는 것과 같습니다.

그래서 우리가 할 수 있는 것은 드러난 것에 있으며 사소한 감성적 표현에 있을 뿐만 아니라, 불사에 동참하는 것이며 수행하는 데 있는 것입니다. 또한 저물어가는 연말연시를 시끌벅적 보내고 찬란한 새해를 맞이하는 데 있으며, 희망찬 정월 대보름을 기다리는 데 있는 것입니다.

이러한 외형적 표현이, 감추어진 내면을 변화시킬 수 있는 방법이 되며 부부의 감정교류를 가능하게 만드는 수단이 되어 행복을 만들 수 있게 될 뿐만 아니라, 수행이라는 외형적 표현의 필요성도 이해할 수 있는 과정이 될 것입니다. 그래서 수행은 내면을 변화시킬 수 있는 직접적 표현방식이라고 말할 수 있습니다.

5. 지금 이 자리

불교는 지금 이 자리를 강조할 때가 많습니다. 왜냐하면 지금 이 자리에서 자신을 느끼고 살아 있음을 느끼며 현실감을 느낄 수 있을 뿐만 아니라 현실을 이해하고 분석할 수 있으며 자신의 문제점을 발견할 수 있기 때문에, 지금 이 자리는 살아 있는 법의 모습입니다.

역사 속에서 수많은 종교와 사상 또는 철학은 지금 이 자리를 말하기보다 앞날과 오지 않은 미래를 말하는 경우가 대부분이었습니다. 왜냐하면 지금 이 자리를 분석하는 것이 아니라, 지금 이 자리를 기준으로 하여 지금 이 자리에서 이해하고 보이는 다른 모든 것들을 분석하며 비판했기 때문입니다.

예를 들면 종교라는 이름의 믿음이란, 자신을 기준으로 남을 믿는 것입니다. 그러므로 자신의 입장을 의심하거나 믿음의 근거를 찾는 것은 전혀 상상하기 어렵습니다. 또 자신의 입장과 개인적인 느낌을 믿음의 근거로 삼기 때문에 아상은 공고해지고, 믿음이 강해질수록 아집은 깊어갈 것입니다.

또 과학이란 자신의 기준을 가지고 자신의 한 가지 고정된 입장을 당연하다고 인정한 연후에 사물을 분석하고 이론을 설정하는 것입니다. 이렇게 모든 것이 변화하는 가운데 존재하는 자신의 입장과 기준은 살피지 못하고 그 외의 사실을 연구하는 데 몰두했으므로, 모든 결과와 알음알이들은 항상 발생하는 오차를 허용하지 않을 수 없었습니다.

그래서 과학은 물론이거니와 심리학 등 모든 학문들은 한계를 가질 수밖에 없었지만, 그 원인을 분석할 수 있는 사람은 없었습니다. 다만 현대에 이르러 상대성이론이 발견되면서, 관찰자의 입장이 문제가 있다는 점이 드러나게 되었지만, 그것도 심리적인 면이나 인간의 의식에는 적용되지 않았습니다.

우리가 공부하고 수행하는 대부분의 내용은 관찰자에 관련된 것입니다. 또 관찰자의 존재나 심리적 시각 형성의 구조조차도 상대적인 관계로 이루어져 있습니다. 그래서 인간의 느낌이나 감각기관의 작동원리들로 인하여, 우리는 전도된 생각에 빠지지 않을 수 없지만, 그러한 모습이 도리어 존재의 구조일 것입니다.

또 존재의 비개체성(복합적 구조)과 상대적 관계, 또 연결성으로 인하여 법계의 모든 존재는 인과를 벗어날 수 없는 구조로 이루어져 있습니다. 관찰자의 시각이 하나가 아님에도 하나의 느낌으로 사물을 보며, 관찰자의 생각이 하나가 아님에도 하나의 이론으로 비판하고 분석하는 것이 우리의 모습입니다.

모든 것이 연결되어 있으므로 나를 나라고 할 수 없고 남을 남이라고 할 수 없지만, 감각기관의 느낌은 분명히 남과 나를 구분하며 남으로 인하여 스트레스를 받기도 합니다. 또 모든 것은 나눌 수 있으므로 나를 나라고 할 수 있고 남을 남이라고 하는 감각기관의 느낌은 자신의 느낌이므로 때때로 변화합니다. 믿고 사랑할 때는 남이 아닌 것 같고 미워할 때는 분명히 남이 됩니다. 하나를 잡지 않는다면 남과 내가 동시에 있다고 말할 뿐입니다.

이러한 존재의 모습을 연구하고 발견하려면 지금 이 자리를 강조하지 않을 수 없습니다. 왜냐하면 순간순간 우리의 시각은 새로운 기준이 되기 때문에 순간순간 새로운 알음알이를 만들게 됩니다. 그래서 예부터 전해져 온 많은 이론들은 임시적으로 만들어진 알음알이가 많습니다. 그렇지만 변함없는 진리의 말씀이라고 오해받는 용어들이 많습니다.

예를 들어 불교는 무명에서 모든 고통이 시작되었다고 한다거나 불교는 무상·무아를 주장한다고 하는 것 등의 용어들이 있습니다. 먼저 무명이란 밝지 않다는 뜻이지만 밝지 않은 상태가 따로 있는 것이 아니라 법을 잘 모른다는 서술어였지만, 번역을 거치면서 명사화되어 무명이라는 개념이 설정된 것입니다.

또 무상이나 무아도 마찬가지로 "머물러 있지 않다"거나 "개체가 아니다"라는 서술어가 명사적으로 표현되면서, 지금 이 자리의 현실성보다 추상적인 무아나 무상 같은 개념이 불교의 중심 가치라고 오해받게 되었던 것입니다.

지금 이 자리는 모든 수행의 목적이며 내용입니다. 어떤 분들은 법문을 듣고 질문을 할 때, 잠시 미루어 두는 경우가 있습니다. 예를 들면 '조용할 때 한 번 생각해 봐야지'라고 하던가 '집에 가서 생각해 봐야지'라고 생각하기도 합니다. 그렇지만 그때를 놓치면 공부가 되기도 어렵고 더욱이 수행은 될 수 없습니다.

왜냐하면 마음의 장애가 일어나는 그 순간에, 법을 보고 병을 고칠 수 있기 때문입니다. 또 생각의 변화가 일어나는 순간 깨달음도 있으며 생각의 변화를 깨달음이라고 부르기 때문이기도 합니다. 순간순간의 변화상들은 기준이 있어야 보이고 느껴지며 고쳐질 수도 있습니다.

법은 언제나 현재이므로, 하나의 기준이나 입장을 벗어난 시각으로 현재의 변화하는 모습을 관찰하고, 그 모습을 언제나 항상하는 논리로 잘 구성한다면 법의 이치와 다르지 않을 것입니다.

많은 수행자들이 체험을 강조한 이유도 지금 이 자리의 중요성을 강조하기 위한 것이었습니다. 그러나 체험강조의 문제점은 개인의 체험이 중심이 되고 느낌이 근거가 되었기 때문에 법의 모습보다 감각적 표현이 더 부각됨으로써 마치 새롭고 신비적인 가르침으로 오해받을 뿐만 아니라 독단적인 면까지 보이고 있습니다.

그러므로 지금 이 자리도 중요하고 또 이 자리에서 발생한 체험도 역시 중요한 면도 있겠지만, 체험보다 체험에 근거한 보편적 진리를 보이는 것이 더욱 중요할 것입니다. 즉 지금 이 자리에서만 체험으로 살아 있는 법이, 일체에 두루하여 영원한 법으로 다시금 살아나야 할 것입니다.

6. 대중 생활

수행이란 버리는 과정이라고 할 수 있습니다. 일념 집중하여 하나를 잡는 것처럼 보이더라도, 그 하나에 의미가 있는 것이 아니라 그밖의 모든 것을 버리기 위해서 마치 하나만 잡는 것처럼 보이는 것입니다. 그래서 시작할 때부터 수행이란 버리기 위한 노력이라는 것을 알아야 옆길로 빠지거나 큰 병에 걸리는 일이 없게 됩니다.

그와 마찬가지로 나를 찾는다거나 마음을 발견한다거나 하는 것도 있지만, 그것은 비현실적 표현방식입니다. 왜냐하면 주체가 주체를 찾는다고 찾아지는 것이 아니라 객체에 투영된 주체를 보거나 주체에 투영된 객체를 볼 때 스스로를 살필 수 있기 때문입니다. 또 마음이나 나의 존재가 주위라든가 객체를 떠나서 있는 것이 아니라 서로 연결되어 있기 때문에 이것을 찾으려면 저것을 보아야 가능하다는 뜻입니다.

그래서 예로부터 불교에서는 수행하기 위해서 출가를 권장하였고 출가자의 생활은 대중 생활이었습니다. 즉 출가는 집을 떠나는 뜻으로 들리지만, 사실은 대중 생활로 들어가는 것을 말합니다. 수행이란 자신을 버리는 것이므로 혼자서 고민하고 혼자서 수행하는 것은 전혀 수행이라고 할 수 없습니다. 왜냐하면 혼자서 노력하고 애쓰는 것은 자신의 뜻을 강화하게 되기 때문입니다.

자신을 버리기 위해서는 일상생활 가운데, 일어나는 것이나 밥 먹는 것, 또 잠자는 것까지 대중의 흐름을 따르고 자신의 생활 방식을 포기하는 것입니다. 곧 자기를 버리는 것은 자신이 없어지는 것이 아니라 대중 가운데서 특별한 자신을 버린다는 것입니다. 특별한 자신이 별개의 존재가 아님을 발견할 때 하심이 되고 방하착이 됩니다.

그래서 불교의 특징은 승가에 있다고 할 수 있습니다. 이때 승가란 대중이라는 뜻이기도 하지만 수행공동체라고 표현해도 될 것입니다. 삼보의 하나로 지칭하는 승가란 개인주의나 개인 생활을 벗어나서 수행하는 것을 말하므로 속인과 출가자의 가장 큰 차이점이 될 것입니다. 즉 부처님의 가르침의 본질은 개체적 시각을 탈피하여야 지혜가 발생하고 다른 사람의 고통을 해결해 줄 수 있는 입장이 되기 때문입니다.

그러나 부처님의 가르침을 잘 이해하지 못할 때는 출가자를 성직자라든가 제사장 등의 하나의 직업이라고 생각하기 때문에, 대중 생활의 중요성을 알지 못합니다. 그러므로 구태여 대중 생활의 필요성을 알지 못하고 혼자서 모든 정열을 바쳐 수행하면 된다고 생각하는 경우가 있습니다. 이러한 사람들은 출가한 속인이므로 승가라고 할 수 없습니다. 현대 한국불교의 모든 문제는 대중을 떠나서 개인 생활에 머물러 있는, 출가한 속인들이 사찰을 점유하고 있기 때문에 발생한다고 생각됩니다.

또 대중 생활은 수행의 특징이기도 합니다. 개인적 명상이나 집중이 목적이 아니라, 가정을 떠나서 또는 자신만의 시각을 떠나서 대중과 같이하면서 모든 것을 버리고 모든 것을 인정하며 모든 것을 살피는 것이 자신을 버리는 쉬운 길이 될 수 있기 때문입니다. 이것은 무아 사상의 다른 모습이며 대중 가운데 다른 사람의 존재에서 자신의 모습을 발견할 수 있게 되는 수행이 됩니다.

또 대중 생활은 한국불교의 특징이기도 합니다. 한국불교는 역사적으로 대중을 우선시하며 대중을 중심으로 유지되어 왔습니다. 일제강점기에 잠시 역행한 적이 있었지만, 그 정신은 대중 처소라고 부를 수 있는 선원에 살아 있습니다.

대중 선원은 누구나 방부를 들이고 살 수 있으며 큰 방 대중이 가장 큰 결정권을 가지고 있습니다. 이때 수행의 특징은 어떤 방향성도 주어지지 않는다는 것입니다. 대중은 누구나 내면의 자신을 성찰하고 자신을 추구하며 자신을 연구하지만, 이러한 수행에 어떠한 단계도 없으며 경지도 인정하지 않습니다. 왜냐하면 모든 것은 자신에게 구족하기 때문입니다. 의무라면 예불과 공양, 그리고 운력(運力)에 참석하면 됩니다.

즉 대중 생활은 어떤 목적을 위해 일사불란하게 움직이거나, 간절하게 전심전력으로 추구해 가는 단체가 아니라는 것입니다. 대중은 자신을 연구하는 목적으로 한 철 동안 모인 동질적 집단일 뿐입니다. 조실이나 방장 또는 회주가 있을 수 있지만, 그들은 수행자들이 자신을 연구하는 길에서 벗어날 가능성에 대비하여 예비적으로 존재하는 것입니다.

이렇게 대중 생활은 부처님 시대부터 수행을 위해서 필수적인 부분이었습니다. 부처님께서는 아난존자에게 수행자에게 가장 중요한 것을 도반이라고 말씀하신 적이 있습니다. 왜냐하면 일상생활을 같이 할 수 있는 도반이 있어야 소통과 대화를 할 수 있기 때문입니다. 삭발도 함께, 포행도 함께, 휴식도 함께 하는 것입니다. 이렇게 하다 보면 대중은 서로가 보호자이자 감시자가 됩니다. 대중은 도반의 모임입니다. 그러므로 대중 생활은 불교 수행의 가장 중요한 부분임을 알 수 있습니다.

　또 대중 수행은 많은 이득이 있습니다. 혼자서 수행하기 어려운 점도 도반과 같이 하면 서로 의지도 될 뿐 아니라 수행 가운데 생길 수 있는 많은 문제점을 서로 소통하면서 해결할 수도 있습니다. 그뿐 아니라 수행을 지도할 때도 염불 소리를 들으면 다른 생각을 하는 수행자를 금세 구별할 수도 있습니다.

　대중 정근뿐 아니라 집단 토론은 개인이 생각하기 어려운 점들까지 도반들이 연구해 주기 때문에 짧은 시간에 다양한 체험과 깊은 연구를 할 수도 있습니다. 또 선지식과 상담을 통하여 내면적인 문제를 해결할 수도 있고 법의 이치를 열 수 있는 새로운 방향의 논리를 발견할 수도 있습니다.

　법은 누구에게나 평등하게 적용되므로, 대중 정근과 대중 토론은 어떤 수행자가 표준도 아니며 어떤 수행자도 근기의 하열이 있을 수 없습니다. 누구나 자신을 상대하여 자신과의 투쟁이기 때문에, 도반은 경쟁자가 아니라 가장 의지할 수 있는 법의 형제이며 모든 마음을 열어 놓을 수 있는 동지입니다.

7. 전법 수행

(1) 전법 수행과 체험

전법이란 법을 전한다는 의미이지만, 자신이 느낀 바 법이 다른 사람의 마음에서도 적용되는지 확인함으로써 자신만의 법을 버리는 방법입니다. 개인적 체험으로 법을 발견한 사람은 체험을 근거로 모든 것을 부정하고 극복하고자 하기 때문에, 자신의 체험까지도 부정하고 벗어나야 하지만, 모든 것을 버린 다음에 자신의 체험만 절대적으로 남는 경우가 대부분입니다.

그래서 입으로는 알지 못하는 법이 없고 답변하지 못하는 경우가 없음에도 불구하고, 그 모든 법의 모습들이 자기 방식이거나 관념적인 경우에 머물면서, 자신에게는 전체임에도 불구하고 남의 눈에는 부분적인 법에 머무르기 때문입니다. 왜냐하면, 자신의 체험이 한계적인 현실(남의 입장)이라고 생각하지 못하기 때문입니다.

자신의 체험이라는 한계에 갇힌 수행자들은, 처음부터 자신의 깨달음이나 느낌이 알음알이일 수밖에 없다고 생각하지 못하고 자신이 느끼고 깨달은 체험을 근거로 보다 큰 느낌과 경험을 추구하면서 확철대오(廓徹大悟)를 구하게 됩니다. 이러한 깨달음의 알음알이를 버리고 공부할 수 있는 방법이 전법이며 소통입니다.

(2) 전법 수행의 모습

전법 수행은 전법 발원을 하는 것으로 시작할 수 있습니다. 왜냐하면 수행자가 자신의 입장에 몰입하여 주위를 살피지 못할 때, 일체에 두루한 법을 알기 어렵기 때문입니다. 먼저 내 병을 고쳐야한다고 생각하기 쉽지만, 다른 사람의 병을 고치기 위한 발원은 자신의 한계를 벗어날 수 있게 하는 좋은 방법입니다.

그래서 처음 법을 공부하는 방법도 다른 사람의 고통을 해결해주려고 발원하는 것이 일체법을 깨닫는 가장 빠른 방법이며, 공부하는 과정에서도 자신이 깨닫거나 이해한 법이 공부하는 데 적합한 것인지 아닌지 판단하는 근거도 또한, 다른 사람을 깨닫게 할수 있는지의 여부입니다.

이러한 전법 수행의 방식은 외면적으로 대화와 소통이 중요하며 동시에 내면적으로는 끊임없는 정근과 자기 성찰이 필요합니다. 왜냐하면 대화하는 가운데 자신의 믿음과 알음알이가 분명하면 남의 말을 잘 듣지 못하게 되기 때문이므로 어떠한 믿음이나 알음알이라도 버리지 않으면 전법 수행을 할 수 없습니다.

그래서 전법 수행은 듣는 수행과 질문 수행으로 이루어져 있습니다. 다른 사람의 말을 잘 듣고 질문하면서 그 가운데 살아 있는 법을 찾아낼 수 있다면, 말하는 사람과 듣는 사람이 한 번도 생각해보지 못했던 법을 발견할 수 있게 될 것입니다. 이것을 질문의 가르침이라고 부를 수 있습니다.

(3) 전법 수행과 『법화경』

『법화경』의 「일대사인연품(2품)」은 다른 사람에게 법을 설하는 것이 얼마나 어려운 일인지 거듭거듭 강조하고 있습니다. 사리불의 수차례에 걸친 요청에도 부처님께서는 참으로 어려운 일임을 강조하다가 마침내 전달 가능성이 법의 성격임을 밝히게 됩니다. 즉 부처님이 세상에 출현하신 이유는 법을 전하기 위함이라고 표현합니다.

그리고 「삼계화택품(3품)」에서 듣는 사람이 이해할 수 있는 법을 말하며, 「약초유품(5품)」에서 비는 모든 수풀에 평등하게 내린다는 비유로 표현하고, 「화성유품(7품)」에서는 가짜로 만든 성[化城: 알음알이]을 버려야 함을 표현하여, 자신의 느낌과 체험에 머무르지 말고 다른 사람을 깨닫게 할 수 있는 법을 공부할 것을 명시하고 있습니다.

(4) 전법 수행과 깨달음

선가의 화두를 비롯하여 대부분의 수행은 자신의 마음공부를 핵심으로 설하고 있으며, 집중수행과 지혜를 말하고 있습니다. 그래서 집중수행의 결과로 지혜가 생긴다고 말하지만, 그 지혜의 한계에 대해서는 언급이 없습니다. 집중수행의 결과로 발생한 체험으로 인해 수행자는 자신의 관념에 사로잡힐 수밖에 없게 됩니다.

이러한 극단적 유심주의는 반사회적인 모습을 보이고 현대 사회에서 불교의 존립에 큰 영향을 끼치고 있습니다. 전법 수행은 이러한 한계를 극복하여 내면적으로는 확철대오를 성취하고 외면적으로는 불국토 성취를 이룰 수 있는 수행입니다. 깨달음이라는 개인적 한계를 극복하고 개인의 입장을 벗어나 사회로 복귀하는 방법입니다.

특히 대화와 소통은 현대 사회의 사회통합에 필수적인 요소이며 사회 적응에 중요한 전략입니다. 또한 언어적 표현은 깨달음의 신비성을 탈피하여, 깨달음의 객관적인 판단 기준을 확립하는 방법이 될 뿐 아니라 깨달음을 보림(保任)하는 새로운 방식도 성립할 수 있습니다.

보통 깨달음을 보림(保任)한다면 경지를 보존하는 것을 가리키기도 합니다. 그렇지만 머물러 있는 것은 아무것도 없으므로 경지도 변화하고 느낌이나 체험도 사라질 수밖에 없습니다. 그런데 수행이 그 느낌을 연장시켜 주는 경우도 있습니다.

그렇지만 경지가 따로 있다는 것은 그렇지 않은 부정적인 경우도 존재한다는 의미이므로 공부가 부족하다고 해야 할 것입니다. 이것은 경지를 확장하거나 경지를 부정하여 벗어나는 두 가지 방식이 있을 수 있습니다. 이 두 가지는 모두 기존의 경지를 버려야 가능하다는 것이므로, 공부는 처음이나 마지막이나 버리는 데 있습니다.

Ⅱ. 믿음(信)의 역사

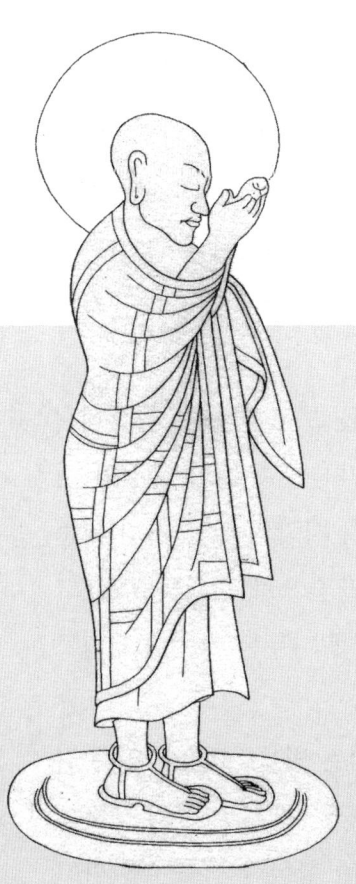

수행제일 마하가섭

부인과 더불어 출가한 가섭존자는 부처님이 열반하신 후
오백 명의 제자와 최초의 결집을 하였다.
부처님께서 많은 대화와 상담을 하신 것과 달리
입을 다물고 수행하였으므로,
후세 중국에서 선종의 초조로 칭하기도 한다.

1. 믿음의 등장

부처님께서는 일체법을 깨달으시고 일곱 발자국을 걸으시면서 세상을 둘러보셨습니다. 이 세상의 모든 존재는 제각기 자신만의 세계가 있었고 각각의 세계는 또다시 수많은 세계의 모임인 모습으로 있었지만 각각의 존재는 모두 자신만이 살아 있다고 생각하고 있었습니다.

그들은 누구나 자기의 기준에서 세상을 보고 자신의 입장에서 원근법적으로 세상을 파악하기 때문에 자신이 우주의 중심인 것처럼 인식되는 것이었습니다. 그래서 다른 사람의 말을 자기 기준으로 이해하여 자신의 세계에서 새로운 모습으로 정의되었고, 그것이 다시 그 세계를 공고히 하고 남과 나를 나누는 기준이 되기도 하였습니다.

이러한 존재의 모습을 살핀 부처님께서는 법을 전할 수 있는 길이 멀고도 어렵다고 느꼈습니다. 각각의 세계에서 각각의 생각으로 보고 듣고 이해하는 사람들에게 언제나 항상한 법을 설한다고 하여도 사람들은 그것을 자기 생각으로 변환하여 이해하고 받아들일 수밖에 없었기 때문이었습니다.

이런 사람들에게 어떻게 영원한 법을 전할 수 있을 것인가 하는 면에 대해서 고민하시던 부처님께서는, 각각의 사람들의 막히고 닫힌 생각의 문을 열게 하기 위해서 법을 설명하고 이해시키는 방법을 생각해 냈습니다. 사람들은 그들에게 이해되지 않는다면 듣지도 믿지도 않을 것이기 때문입니다.

　즉 법을 이해시키는 목적은 그들의 마음을 열고 믿는 마음을 내어서 법을 연구하고 자신을 살필 수 있도록 하기 위함이기에 법을 바르게 이해했는지 다시 한번 질문하기를 권장했습니다. 부처님의 가르침은 법을 이해시키는 것이 목적이 아니라 믿는 마음을 내어 자신을 연구하고 자신의 생각 속에서 법을 깨닫게 하기 위함이었던 것입니다.

　그러나 믿는 마음을 내게 하고자 하여도, 법은 모든 존재가 하나의 모습이 아닌 것을 말하고 있습니다. 이것은 믿음에 있어서도 예외가 아닙니다. 믿음은 의심과 상대적인 의미를 갖고 있습니다. 믿음은 의심을 배경에 깔고 있는 말입니다. 마치 밝음을 찾고자 하면 어두움이 먼저 인식되는 것처럼, 또 옳은 것을 연구하고자 하면 틀린 것이 먼저 떠오르는 것과 같습니다.

　그래서 믿음과 의심은 마치 손바닥과 손등 같아서 믿음을 찾으면 의심이 일어나고 의심을 찾으면 믿는 마음이 일어납니다. 이렇게 믿음과 의심은 둘이 아니라 불가분의 관계이며 연결되어 있기 때문에, 부처님께서는 믿음을 강조하기 위해서 반대의 모습인 질문과 의문을 강조하신 것이 사성제의 모습으로 나타나게 되었던 것입니다.

그러나 초기 인도불교 학자들은 부처님께서 믿게 하고자 하셨다고 생각하지 않고 법을 이해시켜서 지혜를 얻게 하고자 하였다고 생각하였습니다. 그래서 불교는 마음의 법이며 지혜의 도라고 표현하면서 초기불교는 개인적이며 내면적인 면을 강조하였으므로 소승적인 면이 있다고 생각하였습니다.

이에 그들은 추상적 믿음에 근거하면서, 보다 대중적인 사상을 만들었는데 그것이 여래장 사상이었습니다. 그 내용은 법신이 일체에 두루하다는 믿음에 근거하면서, 지금은 부처를 이루지 못하지만, 미래에 부처가 발현될 것임을 가정한 여래장(如來藏)이라는 용어를 도출하였습니다.

이러한 여래장 사상은 논리적 이해가 전제되지 아니하고 가설에 근거한 믿음을 강조하였지만, 대의명분이나 내용이 쉬우면서 누구나 인정할 만한 당위성을 가졌으므로 불교는 외형적으로 믿음이라는 종교적 경향을 띠면서 깨달음과 지혜는 내면화되었고 특별한 수행자만 도달할 수 있는 경지로 이해되기도 하였습니다.

이렇게 지혜가 전제되지 않은 믿음은 불교를 형식화시키고 내면적으로 수많은 논리들이 발생하면서 부처님의 가르침은 모래알처럼 세분화되었습니다. 이에 용수보살의 『중론』이나 천태지자의 지관, 또 원효 스님의 통불교까지 많은 선지식들이 부처님의 가르침을 통일적으로 설명하고자 노력하였으나, 법은 정리되지 않았습니다.

『화엄경』을 정리한 법장 스님도 믿음을 강조하면서 믿음이야말로 모든 부처님의 어머니라고 서술했지만, 믿음을 믿음이라는 단독의 개념으로 이해하고 강조하였으므로 공부하는 사람들은 누구나 자신이 생각하는 믿음을 선택할 수밖에 없었습니다.

이에 달마 스님은 부처님께서 강조하셨던 믿음을 되살리기 위해 질문과 의문을 새로운 수행 방법으로 도입하기에 이르렀습니다. 즉 내면적이며 확실한 믿음을 발현하는 데 가장 쉬운 방법은 의문을 제기하는 일이었으며, 다른 사람에게 내면적인 의문을 탐색할 수 있도록 만들 수 있는 방식은 질문이었기 때문입니다.

그러나 그는 수행자들에게 능동적으로 질문하지는 않았습니다. 다만 수행자가 관심 있는 부분을 질문할 때마다 반문을 봉해서 그 질문의 모순점을 발견하는 방법으로, 수행자가 자신의 의문점을 깨닫고 확신을 얻는 법을 가르쳤습니다. 그는 언어적 표현을 경시했기 때문에 그 가르치는 방법은 '벽관'이라는 이름으로 신비에 싸이게 되었습니다.

또 달마 스님은 고통의 중요성을 명시하지 않았기 때문에, 3조 승찬은 불법을 지극한 도[至道]라고 묘사하는 것처럼 추상적 경향을 보였고, 4조 도신은 수일불이나 일행삼매를 통하여 불성에 대한 믿음을 강조했지만, 질문이나 반문은 멀리하고 말았습니다.

부처님께서 믿음을 강조하신 것은 믿는 마음이 없으면 자신을 돌이켜볼 수 없기 때문이며, 믿는 마음을 갖게 하려면 마음속의 모든 문제에 대하여 의문을 제기함으로써 장애를 제거해야 하기 때문입니다. 그래서 의심하지 않으면 믿음이 확실하지 못하게 되고 법을 공부하기 어렵다고 해야 할 것입니다. 또한 추상적인 믿음은 아상만 생겨서 공부에 장애가 생길 수 있을 것입니다.

2. 믿음의 성격

　믿음이란 어떤 것을 참이라고 생각하는 심적 표상이나 태도를 말합니다. 즉 자신의 생각을 기준으로 어떤 것을 옳거나 사실이라고 생각하는 심리적 작용을 뜻합니다. 이러한 생각은 자신의 입장에서 비롯된 것이므로 아상에 근거한다고 할 수 있습니다.

　그러나 이 세상의 모든 존재는 홀로 존재하는 것이 아니라 관계 속에서 존재하므로 나를 느낀다는 것은 동시에 남을 인정한다는 것입니다. 우리는 나와 남의 관계 속에서, 또는 나와 대상의 관계 속에서 일어나는 심리적 현상 가운데 믿음을 발견할 수 있습니다. 그러므로 이런 믿음은 주체적 입장과 객체적 입장의 두 가지 면으로 살펴볼 수 있습니다

　먼저 자신을 믿는다는 것(Belief)은 남보다 나를 더 믿을 수 있다는 차이를 말하는 것이며, 남을 믿는다는 것(Faith)은 자신보다 남을 더 믿을 수 있다는 차이를 표현한 말입니다. 그러나 자신을 믿지 않는다고 해서 남을 더 믿는 것은 아닙니다. 믿지 않는 자신의 의견을 더 믿을 뿐입니다.

　그러나 다시 한 번 생각해 보면, 자신보다 남을 더 믿는다고 표

현하지만 사실은 남을 더 믿을 수 있다고 생각하는 자신의 생각을 믿는 것입니다. 그러므로 자신을 믿는다고 하는 것이나 자신을 믿지 않는다고 하는 것이나 남을 믿는다고 하는 것이나 모두 자신의 생각을 믿는다는 말의 다른 표현일 뿐입니다. 그래서 믿음이란 아상으로 이루어졌다고 말하는 것입니다.

『신념의 마술』이라는 책에는 믿으면 이루어진다고 말하기도 합니다. 이런 표현은 자신의 신념이라는 생각을 돌이켜보지 못하게 만듭니다. 신념이란 하나의 모습이 아니라 수많은 생각의 결과이기도 하며 배경에 많은 생각들을 깔고 있는 경우도 많습니다. 그것을 억지로 하나의 모습처럼 보이게 만든 것입니다. 그래서 시작이 하나의 모습일 수 없으므로 결과도 하나의 모습일 수 없게 됩니다.

또 종교적 믿음은 특별하다고 생각하는 경우가 많습니다. 그렇지만 그것도 역시 하나의 모습은 아닙니다. 그러므로 온전한 믿음이나 완전한 믿음이란 상상 속에서만 존재하므로 하나의 미신이 될 수밖에 없습니다. 그래서 이러한 표현들은 듣는 사람의 생각을 속박하고 분석할 수 없도록 강요하는 언어적 올가미가 됩니다.

어떤 사람은 믿음을, 바라는 것들의 실상이라고 표현하기도 합니다. 왜냐하면 실상이라고 믿고 행동으로 따르면 믿음의 증거가 드러난다고 생각하기 때문에, 행동으로 나타나서 결과를 확인할 수 있는 것을 진짜 믿음이라고 표현합니다. 그러나 이러한 생각들은 직선 논리에 근거하고 있습니다.

왜냐하면 하나의 믿음과 행동의 결과를 하나의 모습으로 기대하기 때문입니다. 하나의 믿음과 행동의 결과는 하나가 아니라 서로 상반되고 다양한 모습으로 나타날 것입니다. 왜냐하면 하나의 믿음과 행동에는 두 가지 이상의 의미가 존재하기 때문입니다. 마찬가지로 바라는 것들도 하나의 모습일 수는 없을 것입니다. 왜냐하면 우리의 바라는 바 생각이란 하나의 개체적 생각일 수 없기 때문입니다.

어떤 유명한 곡예사가 높이 48m의 나이아가라 폭포 위를 외줄타기로 횡단하였습니다. 그는 외줄 위에서 눈을 감고 걷기도 하고 자전거도 타는 묘기를 보였습니다. 그리고 나를 믿고 내 등에 탈 사람이 있으면 나오라고 했습니다. 모두 곡예사를 믿는다고 말했지만, 그 등에 탈 사람은 아무도 나오지 않았습니다. 왜냐하면 불확실하기 때문이었습니다.

이때 행동으로 표현된 믿음이야말로 참된 믿음이라고 생각하겠지만, 불확실한 것을 사실이라고 믿는 것은 맹신입니다. 근거 없는 믿음이란 어리석음에서 비롯하는 것이며 남을 믿는 것처럼 보이겠지만 자신의 생각을 믿는 것일 뿐입니다. 이렇게 무지몽매한 자기 확신은 자기를 버리는 용기 있는 일로 칭송되는 일도 있지만, 무지한 선택에 대한 결과도 자신의 책임일 뿐입니다.

믿음이나 신앙에는 종류가 많습니다. 희망 사항이나 암묵적인 동의, 또는 지식적인 동의도 있습니다. 또 자기 생각에 빠져서 믿는다는 행동을 하기도 합니다. 또 말씀을 믿는다고 하고, 믿는다고 기도하면서 믿는다는 결단을 내릴 것을 강요하기도 합니다. 그리고 오직 의로운 사람만이 믿음으로 살 것이며, 믿음은 말씀에서 생기므로 듣고 또 들어야 한다고 합니다.

이렇게 잡다한 믿음에 관련된 표현들로 인하여 우리는 자신을 돌이켜보지 못하고 집단 암시에 빠져들게 됩니다. 계속된 암시와 심리적 강요는 어리석음의 원인이 됩니다. 인간의 자유로운 사고를 방해하는 잘못된 가르침들은 일시적이며 임시적인 해결책이 될 수밖에 없습니다.

믿음이란 의심을 해결하는 과정에서 발생하는 심리적 현상입니다. 의심이나 질문은 어리석음을 해결하는 소통의 방식입니다. 그러나 믿음을 갖게 하기 위한 방법으로 수행과 집중을 강조하는 일도 많습니다. 그렇지만 집중이나 수행도 또한 자유로운 사고를 방해하는 효과가 있습니다. 또 믿음을 가진다는 것은 비판적 사고에 장애가 될 수도 있습니다.

즉 우리는 비판하고 의심하면서 의문점을 해결하지만, 곳곳에서 발생하는 확신과 믿음은 자유로운 사고를 방해하며 사람을 어리석게 만들 수 있습니다. 또 믿음을 근거로 집중적으로 수행하지만, 이러한 집중은 비판력과 의심할 수 있는 능력을 상실하게 만들 수도 있습니다.

이렇게 믿음은 공부하고 수행하는 데 필수적이지만 그 내용을 모르면 언제든지 미신에 빠질 수 있습니다. 또 하나의 모습으로 추상적인 믿음을 설정할 때, 많은 사람을 고통에 빠트리게 될 것입니다. 의심을 배경으로 하는 믿음, 질문을 내재하는 믿음이 법의 모습일 것입니다. 언제든지 잡지만 언제든지 버릴 수 있는 믿음이 안전할 것입니다.

3. 믿음과 불가설(不可說)

　이 세상의 모든 존재는 고정된 하나의 모습이 아닙니다. 왜냐하면 모든 것은 변하고 있으면서 삼차원의 모습을 하고 있기 때문입니다. 그러므로 한 면이 있으면 다른 면이 있을 수밖에 없는 구조로 이루어져 있습니다. 그러면서도 머물러 있지 아니하고 쉴 사이 없이 변화하는 것이 마치 지구가 쉬지 않고 돌아가는 것과 같다고 할 수 있습니다.

　이와 같이 어떠한 것도 고정된 것이 없는 세계에서 살아가는 우리의 존재도 그와 같지만, 우리의 생각조차도 그와 같은 방식으로 이루어져 있다는 것을 느끼기는 쉽지 않습니다. 왜냐하면 우리는 감각기관에서 발생하는 다양하게 변화하는 생각은 느끼지 못하고, 크게 느껴지는 하나의 생각을 기준으로 세상을 바라보고 인식하고 판단하기 때문입니다.

　이렇게 생각이나 사물은 동시에 변화하며 머물러 있지 않기 때문에 고정된 결론이나 판단은 항상 추후에 정리하는 모습을 띠게 되고, 순간의 모습은 묘사하는 순간 변하기 때문에, 경전에서는 모든 존재(사물이나 생각)가 말로 할 수 있는 것이 아니라고 표현합니다.

그러나 우리는 존재의 모습을 확률적으로 표현할 수 있으며 앞뒤의 문맥을 따져서 이해할 수 있을 뿐 아니라 주위 상황을 고려한다면 표현하지 못하거나 판단하지 못하는 일은 없을 것입니다. 왜냐하면 모든 사물은 단독으로 존재하는 것이 아니라 주위 환경과 연결된 관계로 존재하기 때문입니다.

그래서 친구를 보면 그 사람을 알 수 있고, 부모를 보면 그 사람을 추측할 수 있으며, 경력과 학력을 참조하여 한 사람을 분석할 수도 있습니다. 이것을 불교 논리로 표현한다면 동쪽을 치면 서쪽에서 소리 나는 법이며, 이것을 보면 저것을 알 수 있고 하나를 보면 여럿을 이해할 수 있으며, 주위를 보면 그 사람을 이해할 수 있는 것과 같습니다.

그래서 말로 할 수 없는 가르침이 있다고 하면서도 팔만대장경이 있는 것과 같고, 말로 할 수 없는 깨달음을 말하는데 수많은 책이 존재하는 것과 같습니다. 즉 한마디 말로 할 수 없다는 것은, 수많은 말로 할 수 있다는 뜻이기도 합니다.

그러나 서양 사상에서 말로 할 수 없다는 것은 다른 의미입니다. 서양에서는 인간의 입장에서 알 수 없고 오직 신이라는 가상의 입장을 설정하여 신만이 알 수 있다고 생각하여 말로 할 수 없다고 하였습니다. 여기서 말로 할 수 없는 부분은 '알 수 없다'는 입장이 강조되고 부각되었습니다.

그래서 서양에서는 말로 할 수 없는 부분을 신에게 귀속시키고 인간이 할 수 있는 것은 그러한 정보를 알고 있는 것처럼 보이는 신에 대한 믿음이라는 입장을 설정하게 되었습니다. 이때 신만이 알고 있다는 정보의 내용은 인간의 입장에서는 도저히 알 수 없는 것이라고 표현하지만, 신이 이것을 알고 있다는 명확한 증거는 없습니다.

이렇게 인간의 기준에서 알 수 없는 정보에 대한 입장의 차이는, 동서양 종교의 차이에서 확연히 드러납니다. 불교에서는 존재의 모습이 그러하므로 깨달은 사람은 법을 이해하여 다양한 표현을 할 수 있다고 하였지만, 서양 종교에서는 신의 권위에 도전하는 것을 거부하고 절대신에게 복종을 강조하고 맹목적인 믿음을 강요하는 원인이 되었습니다.

즉 말로 할 수 없는 부분에 대한 입장이, 사량 분별을 부정하고 침묵을 강조하는 것이나 판단이나 의심을 부정하고 절대적 복종과 맹목적 믿음을 강조하는 것으로, 양쪽이 비슷한 모습으로 나타나게 되었던 것입니다.

믿음을 강조한 종교에 근거한 서양철학은 "나는 생각한다. 고로 나는 존재한다."라는 추상적 결론을 내림으로써 존재에 대한 인식의 오류를 발견하지 못하고 당연함 속에서 믿음을 불가항력적인 것으로 오해하게 되었으므로 그러한 부분을 추상적 신의 권위에 의지하게 되었습니다.

그러나 불교에서도 사량 분별의 구조가 법이기 때문에 고정된 입장의 사량 분별로 알 수 없다고 표현했지만, 그러한 이유를 알지 못하고 수행자는 말을 해서는 안 된다는 엉뚱한 결론을 내리게 되었습니다. 수많은 학자들이 사량 분별을 금지하는 입장을 주장했지만, 침묵의 오해는 알지 못했으므로 어리석은 수행을 계속해 가는 일이 많았습니다.

참선이라는 미명하에 일체에 대한 의심을 강조했음에도 불구하고, 사량 분별의 결과인 알음알이가 치성하는 현실의 원인을 분석하지 못하고, 억지로라도 의심만 하면 된다는 가정하에서 간화선이 만들어지기도 하였습니다. 간화선을 창시한 대혜 스님은 그의 저서 『서장』에서 의심해 보다가 혹시라도 힘이 붙으면 공부가 될 것이라고 적었습니다.

알음알이가 지성하는 원인에는 여래장처럼 추상적인 믿음을 근거로 하는 논리 전개나, 사량 분별로써 알음알이를 만들어 극단적이며 상반된 표현으로 멋있게 보이는 격외적 논리 전개로 인한 것이 많았습니다. 홍로일점설처럼 멋있는 법의 표현은 현실의 모습을 잘 표현하기도 했지만, 자신의 생각을 분석하는 것은 아니었습니다.

사량 분별의 부정은 법의 모습이 말로 할 수 없는 부분과 말로 할 수 있는 부분으로 나눈다는 『중론』의 이제설에서 비롯하여, 천태의 삼제설과 같은 수많은 철학적 가설을 만들기도 했습니다. 개인의 입장에서 일체에 두루한 법을 표현하는 것은 모순임을 설명하는 방법으로서, 사량 분별로써는 알 수 없다고 하지만, 사량 분별을 부정하는 것은 아닙니다.

즉 하나의 입장이란 유아론(唯我論: solipsistic)적이며 개인적인 입장이므로 원근법적인 시각으로 구성되어 있습니다. 그래서 일체에 두루한 보편적인 법을 표현하면 모순이 발생하기 때문에 자신만의 입장을 부정합니다. 그럼에도 우리는 누구나 자신만의 입장에서 말하고 생각합니다. 그래서 하나의 입장을 떠나는 것이 법이라고 말하지만, 이해하는 방법은 자신의 논리적 입장일 뿐입니다. 사량 분별도 그와 같습니다.

그래서 불가설한 부분을 추상적이나 신비적 믿음으로 이해해서는 안 될 것입니다. 서양 종교의 특징인 불가항력적인 믿음과 맹목적 신앙(faith)은, 불교에서 말하는 합리적인 믿음(rational belief)과는 전혀 다른 말입니다. 용어의 개념을 변화시켜서 전혀 다른 뜻으로 사용하고 있으므로 주의를 필요로 합니다.

4. 믿음의 종류와 알음알이

이 세상의 모든 존재들은 자신이 우주의 중심인 것처럼 느껴지는 유아론(唯我論: solipsistic)적인 세계에 살고 있기 때문에, 다른 사람의 말을 자신의 방식으로 변화시켜야 인식되는 사고 체계를 가지고 있습니다. 자기중심적인 언어 체계로 부처님의 가르침을 이해한 것을 알음알이라고 부릅니다.

알음알이는 두 가지 방향성이 있습니다. 하나는 자신의 입장을 수긍하는 방향에서 논리를 전개하는 것이며, 또 하나는 자신의 입장을 부정하는 방향으로 논리를 펼쳐 가는 것입니다. 그 목적은 고정된 생각이 존재하지 않는 것과 확장되어 일체에 두루한 법이 다르지 않음을 보이기 위함입니다.

그래서 법(존재)은 양방향의 논리가 갖추어져 있지만, 고정된 입장에서는 한 방향의 논리에서 일관성을 발견하기 때문에 하나의 면으로 사물을 파악하게 되며, 하나의 입장에서 사물을 이해하게 되므로 알음알이를 이루게 되는 것입니다.

부처님께서는 하나의 방향도 아니며 하나의 고정된 것도 아닐 뿐 아니라, 개체적 성격은 존재할 수 없다고 말씀하셨지만, 감각기관으로 세상을 보고 이해하는 사람들에게는 항상 자신의 기준과 자신의 입장에서 보이는 세상밖에 알 수 없습니다.

그래서 부처님께서는 고통을 해결하기 위해 법을 설하시면서, 한쪽으로는 사람들이 원하고 필요로 하는 것을 주어 믿음을 주는 법을 설하기도 했고, 다른 쪽으로는 사람들의 어리석은 생각과 믿음을 깨뜨려서 병을 고치시기도 했습니다. 즉 생각의 근거를 인정하는 논리와 생각의 근거를 부정하는 논리의 두 가지로 말씀하셨던 것입니다. 왜냐하면 모든 법과 생각의 근거에는 양방향의 논리가 갖추어져 있었기 때문입니다.

이때 생각의 근거를 인정하는 논리는 세상 사람들의 생각을 인정하는 입장의 논리이므로, 사람들의 인정을 받고 충분히 믿음을 받을 수 있는 가르침이며 알음알이였습니다. 이러한 논리는 믿음을 유발시켜서 여래장 사상의 기원이 되기도 했습니다. 여래장 사상이란 부처님의 법이나 불성이 일체에 두루하다는 것을 믿고 따르는 것입니다.

그리고 생각의 근거를 부정하는 논리는 감각기관으로 인하여 인간의 인식이 전도되어 있으므로 사실대로 표현하는 것이었지만, 듣는 사람의 입장에서는 근거를 박탈당하고 믿음도 깨졌으며, 받아들이지 않을 가능성도 많습니다. 그렇지만 고정된 생각을 타파하는 것만으로도 고통을 벗어나서 법을 이해할 수 있게 됩니다. 그래서 이것은 법을 믿고 따르는 사람에게만 효과가 있고 영향이 있게 되는 것입니다.

이러한 법의 두 가지 경향과 모습은 믿음에 있어서도 그대로 드러납니다. 서양 종교에서는 마음대로 되지 않는다고 생각하는 믿음(불수의 믿음)과 마음대로 할 수 있다고 생각하는 믿음(수의 믿음)의 두 가지로 나눕니다. 첫 번째의 불수의 믿음이란 존재에 대한 생각으로 내가 살아 있다거나 내 몸이 존재한다는 사실이나 믿음으로, 당연하므로 거역할 수 없다고 생각하는 것입니다.

곧 이러한 존재에 대한 당연적 시각은, 인류 역사상 가장 벗어나기 힘든 논리였으며 알음알이일 것입니다. 부처님의 법을 듣지 않는다면 누구라도 인정할 수밖에 없고 반대할 수 없는 사실이었기 때문입니다. 서양 사상의 한계는 여기서 드러납니다.

그래서 서양 철학에서는 이러한 당연을 돌이켜 분석하는 논리를 철학이라 이름 붙이고, 당연함을 믿는 것을 종교라 이름 붙이고 독립시켰습니다. 불교에서도 당연함을 믿는 것을 여래장 사상이라고 이름 붙이고 오랫동안 불교의 진면목처럼 인정되어 왔으며, 당연한 것을 의심하는 것은 참선 수행으로 독립되어 왔습니다.

어떤 학자는 이러한 여래장 사상의 발현을 대승불교 또는 불교 대중화의 중요한 모티브라고 말하기도 합니다. 많은 사람들에게 상식적으로 인정받을 수 있는 면이 있으므로 맞는 말이기도 하지만, 맞는 논리로만 이루어져 있기 때문에 무너질 수밖에 없는 허망한 믿음일 것입니다.

두 번째로 바꿀 수 있다고 생각하는 믿음(수의 믿음)이란 논리적인 면과 감정적인 면에서 살펴볼 수 있습니다. "지구는 돈다, 2 더하기 2는 4"는 논리적인 면이며 "믿어지지 않는다거나 믿고 싶지 않다" 등은 마치 논리 연구나 감정변화에 따라서, 자신의 의지로 믿거나 믿지 않을 수 있다고 생각하는 부분입니다.

이러한 믿음은 바꿀 수 있다고 생각하지만, 알음알이가 버리기 어려운 것처럼 알음알이에 근거하여 세워진 믿음들도 또한 버리기 힘든 것입니다. 특히 참선은 알음알이의 타파를 중요한 수행으로 삼고 있는데, 외형적으로는 '수의 믿음'을 깨뜨려서 존재의 법을 발견하는 것이 목적이었다고 설명해도 과언이 아닐 것입니다.

참선의 초기에는 달마 스님의 알음알이에 근거하지 않는 수행 때문에 제자들은 어떻게 공부해야 하는지 알지 못했지만, 혜가 스님은 질문에서 논리적인 면이나 감정적인 면 모두가 부정됨으로써 벽관을 깨달았다고 합니다. 제자들의 달마 스님에 대한 믿음은 추상적이었으나, 그들은 자신의 믿음을 깨뜨리고 부정하는 것을 최상의 수행으로 삼았던 것입니다.

이런 전통을 이어받아 자신의 당연함을 의심하고 또 제자들의 내면의 당연한 근거를 질문과 대화 속에서 찾아주는 가르침을 선문답이라고 불렀고, 선문답 공부의 핵심은 의심에서 찾을 수 있었습니다. 논리적으로 말해 보면 상식적으로 당연한 수행자 내면의 믿음과 새로운 알음알이가 상반되고 충돌할 때, 의심이 돈발하는 상황이 발생할 수 있었습니다.

또 의심에 집중할 때 자신의 믿음과 알음알이가 깨어지면서, 그때까지 근거하고 있었던 모든 논리가 도리어 자신을 결박하고 있었던 사실을 발견하기도 했습니다. 이러한 의심은 믿음과 알음알이를 지혜와 깨달음으로 되살아나게 하는 데 큰 역할을 하였습니다. 부처님께서도 당신의 삶의 당위성을 의심했을 정도입니다.

5. 여래장 사상의 믿음

(1) 여래장 사상의 출현

부처님께서 열반에 드시면서 많은 사람들은 스승의 입멸에 절망적이었습니다. 이에 부처님 말씀을 근거로 법은 일체에 두루하며 충만하다고 생각하여, 법신상주설을 제창하게 되었습니다. 그러나 법이 일체에 두루할 때는 이미 법이 아니었지만 이러한 이치를 알지 못하는 사람들은 법신이 상주함을 믿고 따르게 되었습니다.

이러한 법신상주설은 여래가 일체에 내장되어 있어서 수많은 세월을 수행하고 공부하면 마침내 부처를 이룬다는 여래장 사상으로 변화되어 갔습니다. 즉 현실에는 드러나 있지 않지만, 누구나 여래의 씨앗을 간직하고 있어서 무지와 번뇌를 벗어나면 부처를 이룬다는 뜻입니다. 현실에 있어서 부처님의 부재를 인정하면서 미래의 부처님 출현의 필연성을 부각시키는 것이 목적이었습니다.

그렇지만 여래를 태에 간직하고 있다고 '여래장'을 선언했지만, 가능성인 여래장이 번뇌에 덮여서 드러나지 않고 있다고 주장함으로써 여래장과 번뇌를 구분하여 번뇌가 그대로 법의 모습임을 몰 각하는 논리를 구사하게 되었습니다. 그래서 있는 그 자리에 모든 것이 구족한 일체법을 잊어버리고, 하나를 버리고 다른 것을 구하 기 위해 수행하고 노력하는 교학을 만들게 되었습니다.

그러나 청정과 번뇌를 구분하는 사상에 반대하여 상좌부에서는 염오부정설을 제기합니다. 염오부정설은 본래 청정한 것이 번뇌에 덮여 있다는 논리를 반대하고, 오염되어 깨끗하지 않은 것이 마음 의 현재 모습이라고 주장했습니다. 이 두 가지 논리도 현재의 마음 에 대한 시각의 차이일 뿐으로, 단계적인 수행을 통하여 맑히고 밝 히는 것은 마찬가지입니다.

이러한 상좌부 불교는 남방불교의 뿌리가 되어서 붓다고사 스 님의『청정도론』으로 집대성하게 됩니다. 그는 열반을 청정으로 표 현하였고 청정에 이르기 위한 수많은 수행법과 차제를 설정하게 됩니다. 그러나 여래장에서 기원하므로 믿음을 바탕으로 수행하 는 것일 뿐만 아니라, 노력하고 애쓰는 경지와 감각기관의 느낌에 근거하는 경험이 수행의 중심 대상이므로 돌이켜보는 자신이 항상 대상으로 존재하는 것을 벗어날 수 있는 방법은 없습니다.

(2) 여래장 사상의 변화

AD 3세기경에 이르면『여래장경』이나『승만경』이 등장하는데 이때를 여래장 사상 1기라고 표현합니다. 1기의 여래장 사상은 부 파불교 대중부의 심성본정설(心性本淨說)을 이어받아서 기존의 여래장이 내재된 면만 표현한 것에 비하여, 번뇌로 오염된 마음의 밑바탕에 오염되지 않은 자성청정심(自性淸淨心)을 여래장과 동일시하게 되었습니다.

『승만경』에는 "여래장이 범부에게 갖춰지는 것은 알기도 어렵고 보기도 어렵기 때문에 단지 붓다의 말씀을 믿을 수밖에 없으며, 붓다의 말씀을 믿는 자에게는 큰 이익이 있다."고 설해져 있습니다. 이곳에서 여래장이 '믿음의 종교'라는 사실이 드러납니다.

AD 4세기경이 지나면서 『보성론』과 『대승장엄론』이 등장하는데 이때를 여래장 사상 2기로 봅니다. 1기의 여래장 사상은 청정심만 표현하였지만, 2기에서는 여래장을 분석하여 여래성(如來性: 보성)을 제시하였습니다. 그리고 여래성이 번뇌에 싸여 있는 것이 여래장이며, 여래성이 청정해진 상태를 보리라고 하고 이것을 법신의 현현으로 보았습니다.

AD 5세기경 이후에 『능가경』이나 『대승기신론』이 등장하면서 여래장 사상 3기로 구별해 볼 수 있습니다. 2기의 여래장 사상이 단순한 분석이었다면, 3기의 여래장 사상은 유식의 아뢰야식[망식(妄識)]을 받아들여서 아뢰야식의 바탕에 자성청정심 즉 정식(淨識)이 있다고 설정하여 진망화합식을 만들게 되었습니다. 즉 같은 여래장을 한쪽에서 보면 번뇌인 아뢰야식이고 다른 쪽에서 보면 청정한 여래장이라고 본다는 것입니다.

특히 『대승기신론』은 당시 인도에서 대립하고 있었던 중관파와 유식학파의 양대 불교사상을 화합시켜 "진과 속이 별개의 것이 아니며[진속일여(眞俗一如)]', '더러움과 깨끗함이 둘이 아니다[염정불이(染淨不二)].”라는 사상을 진망화합식으로 설명하고 있습니다.

(3) 여래장 사상의 변용

여래장 사상은 3단계를 거치면서 어느 정도 완성된 면이 있었지만, 7세기경을 지나면서 전혀 새로운 두 가지 모습으로 나타나기 시작합니다. 한 가지는 밀교이며 또 한 가지는 불성 사상입니다.

밀교는 여래장을 바탕으로 현실에 존재하지 않는 부처를 이루기 위해 수많은 수행을 강행하여 즉신성불을 강조하는 흐름입니다. 불성 사상은 겉모습으로 부처를 이루는 것이 아니라 불성을 발견하면 즉시 성불한다는 견성성불의 사상으로 귀결되었습니다.

① 밀교 사상

밀교는 인도에서 여래장 사상 2기에서 발생한 이론입니다. 여래장이 내재해 있다는 생각은 이 몸을 갈고 닦아서 거룩하신 부처를 이룰 수 있다고 설정한 것입니다. 석가모니 부처님이나 미륵 부처님이 아닌 법신 비로자나 부처님을 모시고 마음의 수행만이 아니라 기운의 흐름에 의지하는 몸의 수행까지 겸하여 즉신성불이라는 모토를 걸었습니다.

그러나 이러한 외형적인 수행은 개인적인 수행이 되었고 성불은 수행자의 목표가 되었습니다. 그들은 세속의 모든 것을 부정하고 출가수행만이 진실한 길이라고 생각하였기 때문에, 승속이 둘이 아니어서 불국토를 성립한다는 것과 거리가 있었을 뿐 아니라 평범한 사람들의 생활 속에서 살아있는 법을 설하지 못했기 때문에 전쟁으로 사찰이 불타면서 멸망하고 맙니다.

② 견성성불 사상

견성성불 사상은 여래장 사상 3기에 발생한 이론으로 볼 수 있습니다. 이것은 『능가경』에 의지한 불성 사상을 기초로 하고, 『대승기신론』의 진망화합식을 이론적 배경으로 하였으며 자성청정심을 목표로 하고 있습니다. 그러나 믿음을 바탕으로 하는 교학의 견성성불과 믿음을 타파하는 선종의 견성성불은 상반되는 모습을 보이고 있습니다.

여래장 사상 3기는 중국에서 주로 형성되어 지금까지 그 영향력을 미치고 있습니다. 중국에 불교가 수입된 것은 AD 2세기경이지만 AD 6세기경까지 성격이 불분명했다가, 『능가경』이나 『대승열반경』에 의지한 불성 사상의 성립은 중국불교의 성격을 결정짓게 되었습니다.

왜냐하면 불교 수입기에 기복적인 모습을 띠었던 중국불교는 유교와 도교의 반발 때문에 중국 땅에 정착하는 데 많은 시간이 걸리게 됩니다. 그 과정에서 등장한 불성이라는 개념은 일체중생을 구제하는 대의명분이 있었으므로 유교나 도교라 하더라도 인정할 수밖에 없었습니다.

6. 참선의 믿음

(1) 중국불교의 믿음

이후 중국불교는 믿음을 근거로 하는 여러 종파들과 믿음을 타파하여 자성청정심의 체험을 강조하는 선종을 중심으로 발전해 가게 되었습니다. 믿음에 근거하는 교학들도 여래장 사상과 『중론』 사상, 유식 사상이 다양하게 결합하여 20여 개 종파를 구성하게 됩니다.

① 여래장 : 밀교, 진언종, 정토종, 열반종

밀교나 진언종은 즉신성불을 주장하는 입장이므로 여래장 사상에 근거하였고, 정토종은 극락세계를 믿는 것이며, 열반종은 『대승열반경』의 불성에 근거한 종파입니다.

② 여래장 + 유식 : 법상종, 지론종, 화엄종

유식학파는 법상종을 설립하였으며, 지론종이나 화엄종은 십지경에 근거한 종파입니다.

③ 여래장 + 『중론』 + 유식 : 섭론종

섭론종은 『중론』에 근거하여 유식으로 통합하는 『섭대승론』에 근거하였습니다.

④ 『중론』: 삼론종, 천태종

삼론종은 『중론』·『백론』·『십이문론』을 근거한 것이며, 천태종은 『법화경』에 근거하며 『중론』의 이제설을 삼제설로 재편한 교학입니다.

⑤ 기타 아비달마 교학 : 성실종, 구사종

이처럼 교학에 근거한 대부분의 종파들은 여래장에 근거한 믿음을 강조했으니, 그 가운데 『대승기신론』이야말로 여래장 사상의 완성이라고 할 만합니다. 『대승기신론』의 진망화합식(眞妄和合識)의 양면적 논조는 당시까지 해소되지 않았던 『중론』과 유식의 사상 투쟁을 통합하는 새로운 이론으로 인정되어 동북아시아 불교의 큰 틀이 되었습니다.

또한 법장 스님은 『화엄경』에서 "신심이 불모"라는 말을 서두에 두기도 했습니다. 그는 불성의 편재성에 대한 믿음을 강조하고 그 믿음을 바탕으로 신해행증(信解行證)의 교학을 설립했습니다. 신해행증은 불성과 마음에 대한 믿음을 바탕으로 교리를 이해하고 수행을 통해서 경지를 증득하는 것입니다.

이러한 『대승기신론』과 화엄의 특징은 믿음을 근거로 한 수행이며 의심이나 부정적 표현방식으로 자신을 돌이켜보는 교학이 아니라 긍정적이며 목표지향적 종교가 되었다는 것입니다. 불성으로 기초를 닦은 중국 여래장은 법장에 이르러 완성되었습니다.

인도의 여래장 사상은 밀교를 만들고 즉신성불을 주장하였다가 개인적이고 주관적이며 전법의 필요성을 느끼지 않았으므로 보편성을 상실하여 멸망의 길로 갔던 반면에, 중국의 여래장 사상은 일체중생 실유불성을 주장하면서 보편성을 획득하고 자성청정심을 확인하고 찾아가는 수행을 강조하였으므로 수행 불교의 모습을 보였습니다.

그렇지만 수많은 이치에 대한 체험과 외형적 침묵을 강조하면서 개인적 입장에 머무르는 추상적인 모습을 띠어 전법에 실패하게 되었고 극락세계에 대한 기복만 남게 되었습니다.

하지만 달마 스님이 시설한 선종에서는 믿음이 개인의 입장에서 일어나므로 아상의 원인이 됨을 이해하고 개인적 믿음에서 발생하는 알음알이의 문제점을 극복하기 위해 개념타파의 모습을 보이는 벽관의 기치를 걸게 됩니다.

그러나 4조 도신 스님에 이르러 선종도 여래장 사상에 물들기 시작했습니다. 불성을 의미하는 '어떤 것[一物]'이라는 교학적 개념을 도입한 도신 스님은 끊임없는 수행을 강조하기 시작했습니다. 또한 5조 홍인 스님은 도신 스님을 이어받아 자성청정심을 강조하게 되면서, 선종은 마치 불성을 확인하기 위한 수행처럼 보이게 되었습니다. 이것은 작은 믿음을 타파하고 더 큰 믿음에 물들게 된 것입니다.

또한 6조 혜능 스님은 대법적 이뭣고를 제시하면서 평범한 용어로 불법과 깨달음을 설하였으며, 마조 스님은 작용시성이라는 개념을 창안하여 격외라는 충격적 요법으로 중국 선종의 황금시대를 개창하게 됩니다. 마조 스님의 제자는 폭발적으로 늘어났습니다. 그러나 불성에서 촉발된 믿음은 동시에 새로운 알음알이의 재료가 되어 수많은 수행자들을 희론에 떨어지게 하는 결과를 보이게 되었습니다.

대혜 스님은 알음알이가 번성하고 언어의 희론에 떨어진 선종의 문제점을 개혁하기 위해 무(無)라는 글자에 의심을 집중하는 단제 참구 수행을 제시하면서 간화선이라고 불렀습니다. 그러나 우러나는 의심이 어려웠을 뿐만 아니라, 기존의 불성에 대한 믿음을 유지하면서 글자 자체에 의심을 낸다는 것은 쉽지 않은 수행이었습니다.

대혜 스님 이후 수행자들은 알음알이를 부정하는 분위기에서 선문답을 경시하면서 침묵에 빠지게 되었고, 문답과 소통을 벗어난 수행자들에게서 활발발한 깨달음은 희유한 일이 되었습니다. 그래서 중국 선종은 비밀스러운 이심전심을 주장하며 신비화되었고 선원은 침묵을 수행의 중요한 덕목으로 삼게 되었습니다.

이후 중국불교의 경향은 외형적 정토 수행과 내면적 선종 수행이 결합한 모습을 보이게 되었습니다. 이렇게 믿음을 근거로 하는 수행의 특징은 방향을 정해놓고 끝없이 수행해야 하므로 자신의 믿음(신심)을 돌이켜보아야 할 필연성은 사라지고 말았습니다. 또한 도달해야 할 추상적 불성과 마음이 이미 정해져 있었으므로 어떤 의심도 하지 않고 깊이가 없어진 알음알이 참선이 되고 말았습니다.

　이처럼 중국 참선은 불성에 대한 믿음을 근거로 정착되었고, 믿음을 근거로 수행의 방향을 결정하였으며, 믿음에 근거하여 개념을 타파하였고, 믿음을 근거하는 깨달음을 추구하였으며, 믿음에 근거하여 법맥을 전수하는 형태로 참선이 전해져 왔습니다. 하지만 현대 사회에서는 논리적 근거가 희박하여 사회적 설득력을 잃고 정부에 종속된 모습을 보이고 있습니다.

7. 통불교의 믿음

　인도에서 중국으로 전해 온 불교의 여러 학파의 가르침이 잠시 중국에 머물렀다가, 해동으로 전해질 때는 역사적 흐름과 상관없이 동시에 유입되었으므로, 삼국의 불교는 각 학파마다 서로 가르침이 어긋나고 중관파와 유식파의 논쟁이 재연되는 분위기였습니다. 이에 원효 스님은 이러한 논쟁과 수많은 학파들의 가르침 속에 상반된 논리들에 대한 문제점을 심각하게 느끼고 있었습니다.

　그래서 원효 스님은 당시 중국에 새로 수입된 현장 스님의 신유식을 새로 배울 수 있다면, 이러한 모순점을 해결할 수 있을 것이라고 생각하여 중국으로 구법을 위해 길을 떠났습니다. 도중에 토굴에서 해골 물을 마시면서, 한 가지 상황임에도 전혀 상반된 모습의 느낌이 발생하는 것을 발견하게 되어, 자신의 느낌이란 전혀 믿을 수 없다는 사실에서 마음에 주목하게 되었습니다.

　이에 원효 스님은 만법유식 심외무법(萬法唯識 心外無法)이라는 유식의 가르침을 확인하였고, 마음 외에 더 이상 새로운 법을 배울 필요가 없다고 생각하였습니다. 모든 법은 마음에서 비롯한다는 화엄의 가르침이나 모든 법은 식(識)에서 비롯한다는 유식의 가르침이 다르지 않다고 생각하여 일심(一心)으로 만법을 회통하게 되었습니다.

그는 경주로 돌아와서 당시의 다양한 교학들을 다시 검색하다가『대승기신론』에서 양면적 일심(一心)을 발견하게 되었습니다. 양면적 일심이란 순간순간 변화하는 생멸심과 바탕에 변화 없는 진여심의 두 가지를 갖추었다고 설정한 진망화합식을 말합니다. 진망화합식은 번뇌에 내재하는 여래장에서 비롯하여 만들어진 용어입니다.

초기 불교에 발생했던 상반된 논리는 대기설법이라는 이름으로 설명되었습니다. 그러나 어떤 것도 잡을 수 없는 것이 공(空)이라고 설명하는 중관학파와 빈 자리의 존재를 있는 것으로 설명하는 유식학파의 대립에서 발생한 공유논쟁은, 많은 노력에도 통합에 실패하였다가『대승기신론』에서 여래장이라는 이름의 믿음으로 봉합되었습니다.

『대승기신론』은 중관 사상을 진여문에 배치하고 유식 사상을 현상을 중시하는 생멸문에 배치한 후, 여래장 사상에 의거하여 수행으로써 유식적 번뇌를 타파하면 진여가 드러난다고 설명하고 있습니다. 원효 스님은 교학들의 상반되는 논리와 부딪치는 논쟁들을 양면적 일심으로 회통하는 화쟁 사상으로 설명하였습니다.

그는『십문화쟁론』에서 부정적 관점의 중관과 긍정적 관점의 유식이 안과 밖의 모습이며 하나이면서 둘이라고 강설하여 화쟁을 주창하였으나, 부처님의 부정적 논법에 대한 분석은 없었으며 중관학파의 문제점이나 유식학파의 문제점은 지적하지 않고, 두 학파의 옳은 부분만 보아서 봉합하게 되었습니다.

즉 원효 스님은 여래장, 진여, 법신, 또는 불성 등을 일심(一心)으로 통일하여 불렀으며, 일심이 구현된 세상을 불국정토(佛國淨土)로 설정하였습니다. 그는 일심으로 모든 것을 설명하였으니, 일심이야말로 통불교로서 수행의 목표이며 수행의 과정이며 수행의 원리이며 모든 존재와 현상의 근거라고 주장하였습니다. 그에게서 수행은 일심을 회복하는 것이었으며, 불성을 확인하는 것이었습니다.

이러한 원효 스님의 선해는 당시 동북아불교에서 큰 반향을 일으켰으며, 중국이나 일본 등의 학자들도 원효 스님의 의견에 따라 모든 다양한 종류의 가르침들을 여래장에 근거하는 믿음이 뒷받침되는 불교의 모습으로 정착시키게 되었습니다. 그리고 이러한 사상은 지금까지도 한국불교의 모습을 결정짓고 있습니다.

그러나 이러한 원효 스님의 시도는 비판 없는 결론을 끌어낸 꼴이 되고 말았습니다. 원효 스님의 입장은 중관과 유식의 논리를 양면적인 면으로 파악하여 가르침의 한 면이라고 표현하고 있지만, 중관에 대한 비판이나 유식에 대한 비판이 없기 때문에, 불교에 대한 이원적 시각을 극복하지 못하고, 일심(一心)에 대한 믿음으로 임시 봉합한 것입니다.

그 결과 원효 스님의 교학은 통불교라는 이름으로 모든 가르침을 통섭하고 있다고 하지만, 『중론』에 대한 연구분석이나 유식의 문제점에 대한 지적이 없으므로, 수행자들이 처음에는 불성에 대한 믿음으로 쉽게 접근함에도 불구하고 공부를 하고 수행을 하면

할수록 미궁 속으로 빠져들어, 자가당착과 자승자박의 논리에 부딪치게 됩니다.

또한 교학의 비논리와 추상성으로 인하여, 학자들은 불교학을 깨달음의 체험이 없는 공허한 학문이라고 생각할 뿐만 아니라, 부처님의 가르침은 달을 가리키는 손가락의 역할뿐이므로 수행 없는 알음알이는 허망하다고 생각하게 되어, 법을 무의미하게 생각하기도 합니다. 이것은 사교입선(捨敎入禪)이라고 생각하는 원인이 되기도 합니다.

이러한 풍조로 인하여 알음알이를 멀리하고 수행의 체험을 강조하는 한국불교에서는 부처님의 법문 듣는 것을 의미 없다고 생각하는 일이 많아져서, 법을 공부할 수 있는 기회를 멀리하고 소통을 거부하며 전법을 포기하는 종교가 되고 말았습니다.

그뿐 아니라 믿음이라는 이름하에 개인적이며 주관적인 입장의 체험이 중시되어, 비판 없는 알음알이로 가득찬 아상만 남게 되었습니다. 이름은 통불교이지만 추상적이며 동일한 이름으로 이루어진 믿음의 바탕 위에서 비슷한 논리를 구사하는 대중들을 모아서 정해진 토론의 한계에서 공부하는 것은 티베트불교의 토론 풍속과 조금도 다르지 않습니다.

문제는 이러한 현상의 원인이 어디에 있는지 찾아보는 것이 쉽지 않다는 것입니다. 왜냐하면 불교 교학의 전반에 퍼져 있는 여래장 사상은 초기 불교부터 있어 왔을 뿐 아니라, 지금도 현대 한국불교의 모든 면에 내재하고 있기 때문입니다. 특히 교학에 있어서 믿음은 화엄의 시작이며 선종의 3강령의 첫째는 대신심일 정도입니다.

　이러한 믿음은 아상의 씨앗이며 부처님께서 가장 버리라고 강조하신 자기 입장의 알음알이의 중심입니다. 한국 사회 전역에 번져 있는 자기만의 방식의 믿음은 불교에 한정되어 있는 것이 아니라, 사회 전체의 암적 존재가 되고 있습니다. 또 이러한 믿음을 근거로 돈을 벌고 혹세무민하는 사람도 많은 것이 현실입니다.

8. 의심의 가르침

우리는 마음에 바라는 대상을 우상이라고 표현하기도 하지만, 우상의 원래 뜻은 영어로 idol이며 라틴어의 '보았다'에서 기원하는 단어입니다. 그 말뜻은 눈에 보이지 않는 신(神)을 눈에 보이는 상징으로 형상화시켰다는 것입니다. 그래서 일신교에서는 우상숭배 금지를 반형상주의(反形象主義: aniconism)라는 말로 표현하기도 합니다.

서양의 초기 종교는 다신교의 모습이었지만 십계명의 두 번째에서 형상에 예배하지 말 것을 강조하면서 기존의 모든 종교의 형상을 부정하고 유일신의 기치를 걸게 되었습니다. 그래서 기독교의 가장 큰 특징은 우상숭배를 부정하는 것이며, 형상을 벗어날 것을 강조하는 가르침으로 인하여 기존의 어떤 사상보다 우월성을 보이게 되었습니다.

그렇지만 모든 형상과 우상을 부정하는 입장은, 드러나는 모든 종교적 신앙 형태까지도 인정할 수 없는 입장이 되었으므로 자승자박의 논리에 함몰하게 됩니다. 비판적인 신학자들은 "주여, 주여"라고 하거나 하나님만 찾거나 십자가만 바라보거나 마리아 성상에 의지하거나 교회에 몰입하는 사람조차도 우상에 빠지고 있다고 비판하고 있습니다.

이러한 논리적 한계를 절감한 일신교도들이 선택할 수 있었던 유일한 방법은, 믿음을 강조하는 길이었습니다. 즉 논리적 해결책을 구하지 못한 우상숭배 금지는, 믿음이라는 탈출구를 제시한 것으로 보이지만 믿음의 강조는 독선 발생의 원인이 되고 말았습니다.

불교에서도 예외는 아닙니다. 부처님께서는 현실적이며 생활 속에 살아 있는 법을 말씀하셨고 언제나 인간의 고통을 중심으로 수많은 상담을 거치면서 진리를 설파하셨습니다. 또 수행하는 방식도 앉아 있는 것보다 다른 사람과 소통하면서 남의 고통을 해결하고자 노력하는 것이 법을 깨닫고 자신을 발견할 수 있는 지름길이라고 강조하셨습니다.

이에 부처님의 10대제자들은 수행집단을 만들어 수행하려고 노력하는 것이 아니라, 전법 여행을 떠나게 되어 오늘날 불교의 초석을 닦았습니다. 그러나 이러한 시도들은 유마 거사의 침묵과 용수보살의 알음알이를 불식시키려는 노력으로 만들어진 『중론』으로 인하여 남의 고통을 해결하려고 하거나 소통을 통한 전법을 수행이라고 생각하는 일은 줄어들었습니다.

그뿐만 아니라 희론(알음알이)의 발생 원인에 대한 별다른 연구 없이 용수보살은, 희론을 불식시킨다는 목적 아래 공간성이 결여된 연기법을 시간적으로만 이해하여 『중론』을 저술하는 바람에 『중론』의 모든 논리는 시간성을 근거로 전개되었으며, 결론을 내릴 수 없다는 부처님의 가르침을 몰각하고 무자성이야말로 공이라는 논리를 개창하기에 이르렀습니다.

이러한 『중론』의 입장은 수많은 교학적 알음알이의 시원이 되었을 뿐만 아니라, 공에 대한 무착보살의 '있었던 자리의 공'이라는 새로운 시각의 원인이 되어 불교 교리의 천년 논쟁이 시작되었습니다. '공유논쟁'이라고도 불리는 이 논쟁으로 인하여 불교 교리는 더욱더 복잡해지고 추상적 경향을 띠게 되었으며, 보통 사람들이 도저히 알 수 없는 불가설불가설이라는 수식까지 붙게 되는 가르침이 되었습니다.

중관파와 유식파의 논쟁으로 인하여 갈 길을 잃은 인도불교는 AD 5세기경에 이르러 여래장 사상이라는 탈출구를 찾아 믿음을 강조하기 시작합니다. 여래장 사상은 부처님 열반 때부터 있어 왔지만, 분명한 학파나 조류라기보다 단순한 믿음에서 시작된 생각들입니다. 일체에 두루한 법을 부처님께서 발견하셨고 그 법을 '몸'이라는 인도식 발상에서 법신상주설이 시작되었던 것입니다.

이러한 제시는 천 년이 넘도록 많은 사람에게 인정을 받을 수 있었지만, 그 사상은 한 가지 모습을 띤 것이었으므로 언제나 불확실한 논리였습니다. 그러나 상담적·현실적·개인적 가르침이 종교적·비현실적·대중적인 모습으로 변화하면서 불교는 새로운 모습을 갖추기 시작하였습니다.

학자들은 초기불교를 해신(解信)이라고 말하고 대승불교는 신해(信解)라고 표현하고 있습니다. 해신이란 이해를 바탕으로 믿는다는 말이며 신해란 믿음을 바탕으로 이해한다는 말로서, 부처님 법은 믿음의 종교가 아니라 지혜의 종교라는 말의 근거가 됩니다. 그러면서 초기불교를 논리적이며 지혜의 법으로 보고 대승불교는 감성적이며 대중적인 믿음의 법으로 구분하고 있습니다.

또한 믿음을 확인하려면 의심을 해 보아야 하기 때문에, 믿음을 확인하는 과정을 시험에 든다는 표현을 쓰기도 합니다. 또 믿을 만하다는 것은 의심할 만한 점이 적다는 뜻이며 의심할 만하다는 것은 믿을 만한 점이 적다는 표현이며, 믿고 싶다는 것은 의심스럽다는 말이며 의심이 가지 않는다는 것은 믿음직하다는 말입니다.

참선에서 깨달음이란 의심을 타파한다고 말하는 경우가 많지만, 사실은 믿음이 타파되는 것입니다. 화두는 알음알이의 반대되는 개념으로 믿음을 바탕으로 하는 알음알이를 타파하기 위한 질문이 화두의 형태로 나타납니다. 그래서 마음속에 자신만의 믿음이 존재하여 알음알이를 이룬다는 것을 발견한다면 알음알이를 타파하기 위해 화두를 잡게 됩니다.

그래서 깨닫는다는 것은 새로운 지식을 습득하는 것이 아니라 자신의 믿음에서 발생한 알음알이로 인하여 발생하는 논리적 충돌을 느끼고 그 문제를 해결하기 위한 의심의 끝자락에서 믿음이 타파되면서 의심도 해결되는 것입니다. 왜냐하면 믿음과 의심은 손바닥과 손등처럼 앞면과 뒷면이기 때문에 믿음의 이면에 있는 의심을 발견하는 것이 화두가 됩니다.

그래서 자신의 믿음을 분석할 수 있어야 자신만의 살아 있는 화두를 발견할 수 있고 자신만의 믿음에 뚜렷한 근거를 찾기 어렵다는 사실을 발견했을 때, 자신에게서 비롯된 의심이 부각되면서,

자신만의 고유한 존재의 모습조차도 감각기관의 느낌을 자신이라고 믿는 마음에서 형성되었다는 것을 알 수 있게 됩니다.

이렇게 종교적 믿음의 역사는 길지만, 의심의 역사는 길지 않고, 믿음을 강조하는 글은 많지만 믿음의 이면인 의심에 대한 연구는 드뭅니다. 부처님께서는 고통을 믿지 말고 질문할 것을 제시했습니다. 부처님의 45년 일생 동안 가장 정확한 역사적 기록은 개인들이 믿고 있는 고통에 대하여 의심의 눈초리를 보내고 자신을 의심하는 것이었으며 사성제라는 이름으로 남아 있습니다.

9. 믿음과 의심의 뇌 과학

끊임없이 변하는 세상에 적응하며 살아가는 것이 우리의 모습이지만, 누구나 자신을 중심으로 세상을 인식합니다. 이때 심리적 상황에 따라 우리의 뇌는 여러 가지 반응을 하며 변화합니다. 뇌의 '보상 네트워크'는 자신이 자신을 믿고 확신을 가질 때 작동하는 기제입니다.

즉 뇌는 우리 스스로가 자신을 믿고 확신을 가질 때 '테스토-스테론'이라는 남성 호르몬을 분출시키고, 이것이 뇌신경 세포의 흥분을 전달하는 도파민을 분출하게 만듭니다. 도파민은 교감신경을 흥분시키는 호르몬으로서 짜릿한 쾌감, 희열, 흥분, 신이 나게 일하고 일에 매진하게 의욕이 생기게 하고 목표한 대로 일을 추진하게 하는 즐거움을 주는 것입니다.

그래서 이러한 사람은 더 과감해지고, 모든 일에 긍정적이 되며, 심한 스트레스를 견딜 수 있게 됩니다. 이러한 믿음은 항우울제가 될 수도 있습니다. 또 도파민은 좌뇌 전두엽을 촉진해 믿음이 강해진 사람을 좀 더 스마트하고, 집중력 있고, 전략적으로 만들어 줄 수도 있습니다.

동시에 도파민은 교감신경을 자극하여 일 욕심이 지나치게 많게 하고 목표지향적으로 쉴 새 없이 움직이도록 자극하게 되어 정서적으로 쉬지 못하게 만듭니다. 그래서 조그만 자극에도 분노를 폭발할 수 있으며 평정심을 잃고 화를 잘 내고 쉽게 흥분하게 되어 폭력적인 일까지 저지를 수 있습니다.

또한 지나친 믿음은 카페인과 같은 작용을 하여 중독이 되기도 합니다. 너무 강한 믿음을 가지게 되면, 너무 많은 도파민이 분출됩니다. 다른 사람에게 공감하지도 않고 실패에 대해 걱정하지도 않으며, 터널처럼 아주 좁은 시야를 갖게 되어, 오직 목표 달성이라는 열매를 향해서만 돌진하게 될 뿐 아니라, 인간을 자기애에 빠지게 하고 오만하게 만듭니다. 믿음은 모든 상황을 자신이 통제할 수 있다는 환상에 빠지게도 만듭니다. 믿음은 카페인, 마약, 돈과 마찬가지로 도파민이라는 공동 통화를 사용하고 있습니다.

신념이라는 이름의 믿음은 나라나 회사 전체를 비극에 빠뜨리기도 합니다. 강한 신념을 가진 지도자나 CEO는 분출된 도파민이 좌뇌 전두엽을 자극해서 집중력이 높아지고 용감해집니다. 반대로 우뇌 전두엽의 활동은 둔화시켜서 자가 진단과 자각 능력이 약해지게 되어 자칫 큰 그림을 보지 못하게 만들어 주변의 경고와 신호를 무시한 채 오로지 목표 달성만 추구하게 됩니다.

왜냐하면 자신의 믿음은 자신의 시야를 좁게 만들게 되기 때문입니다. 어떤 리스크나 부정적 결과에 무뎌지게 만들 뿐만 아니라, 뇌가 그런 것을 기억하지 못하게 만들기도 합니다. 동시에 자신이 받게 될 보상에 대해서만 몰입하게 하며, 법과 법치는 자신과 상관없다고 생각하기도 합니다. 또 믿음은 다른 사람의 시각에서 나를 바라보기 어렵게 만듭니다. 믿음은 공감(sympathy)의 적입니다. 키신저는 "믿음은 가장 큰 최면"이라고 했습니다.

이렇게 우리가 믿음을 가지려고 노력하는 이유는 존재감의 확인과 존재감의 확장에서 발생하는 느낌에 있습니다. 보통 자신의 존재가 부각될 때 행복을 느끼고 스트레스를 푼다고 생각합니다. 또 자신의 존재에 대한 부정적 평가는 최악의 스트레스라고 생각하기도 합니다. 그러나 존재의 모습은 긍정적인 모습과 부정적 모습의 두 가지가 항상 공존합니다. 왜냐하면 우리의 기준이 항상 변화하기 때문입니다.

또 두 가지 모습은 항상 같이 움직입니다. 왜냐하면 밝음과 어둠이 동시에 존재하는 것처럼 인간의 인식이란 차이에서 비롯하므로, 이것을 추구하면 동시에 반대의 것이 드러나고 부각될 수밖에 없습니다. 긍정적인 모습을 찾고 확인하고자 한다면 부정적인 경우가 있었다는 것이 확인된다는 뜻입니다. 하나의 모습을 잡고자 하면 비현실적이 될 것입니다.

이런 문제를 해결하는 방법으로서 욕심을 버리고 자신의 믿음을 포기하라고 하기도 합니다. 그렇지만 욕심이란 버릴 수 있는 것이 아니며 마찬가지로 믿음이라는 것이 포기되는 것도 아닙니다. 왜냐하면 버리려고 애쓰는 것도 또 다른 모습의 욕심인 것처럼, 믿음을 포기하고 버리려는 것도 또 다른 모습의 믿음이기 때문입니다.

어떤 심리학 실험에서 첫째 그룹은 자신을 확실히 믿고 성공했던 기억을 떠올리라고 하고, 둘째 그룹은 자신을 의심하고 실패했던 기억을 떠올리라고 시켰습니다. 그런 다음 두 그룹에게 단어 청취 실험을 해 보았더니 첫째 그룹은 33%를 못 듣고 둘째 그룹은 12%를 못 들었다는 것입니다.

이러한 결과는 자신을 믿는 것보다 자신을 의심하는 것이 남의 말을 잘 듣고 공감할 수 있는 능력을 키운다는 것을 보여 줍니다. 그래서 참선에서는 의심을 수행의 특징으로 하고 있습니다. 의심은 질문에서 나오므로 부처님께서는 사성제를 말씀하셨습니다. 질문과 의심은 수행 방법으로서도 중요하지만 뇌 과학에서도 중요한 모습을 보입니다.

믿음이 도파민을 자극하여 교감신경을 흥분시킨다면 의심은 부교감신경을 활성화시키고 도파민의 분비를 절제하게 만드는 효과를 나타냅니다. 또 의심은 목표 의식과 치구심을 쉽게 만들고 아상과 오만함을 잠재우는 효과도 있습니다. 자신을 의심하는 것은 정서적 안정에도 도움을 주지만 자신의 믿음을 깨뜨리는 데 큰 역할을 할 수 있을 것입니다.

1996년 'DNA 이후의 대발견'이라고 할 수 있는 거울 뉴런 (Mirror Neuron)이 발견되었습니다. 거울 뉴런이란 "관찰자가 자신의 내부적 상황을 마치 자신이 실제 그 일을 수행하는 것처럼 둘 수 있게" 만들어 주는 신경 체계를 말합니다. 인간은 거울 뉴런을 통하여 인간이 인간답다고 할 수 있는 공감(共感)을 할 수 있게 되고, 생리적 역지사지를 경험하면서 다른 사람의 행동을 더 잘 이해할 수 있게 됩니다.

그러나 심리적 실험에 의하면 신념이나 믿음이 강한 사람은 거울 뉴런이 거의 작동하지 않았습니다. 공감할 수 없는 사람은 사회성이 떨어지고 현대 사회에 적응할 수 없게 될 것입니다. 의심은 이러한 병을 치유할 수 있는 좋은 효과가 있으므로 뇌 과학은 앞으로 이런 증거를 더욱 다양하게 보여 줄 것으로 예측됩니다.

Ⅲ. 불교학 개요

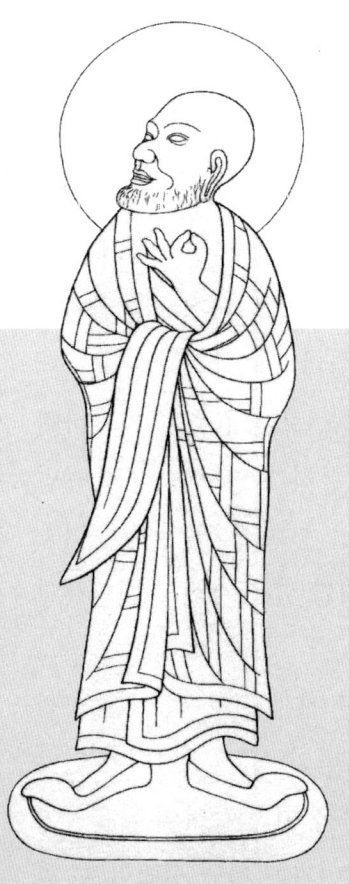

논의제일 가전연

서인도 왕족 출신으로 부처님이 계신 동쪽
마가다 지방으로 와서 법문을 듣고 감동하여 출가하였다.
논리적으로 법을 잘 분별하여 설하였으나
일반적 포교에 능숙한 부루나와 비교되기도 하였다.

1. 불교학의 시원

　부처님께서는 일체가 연결되어 있다고 하셨습니다. 그렇지만 우리의 세계는 자신을 기준으로 자신만의 세계를 만들고 삽니다. 그 세계는 연결되어 있으며 동시에 차단되어 있습니다. 우리는 서로 연결되며 차단된 개체적 세계에서 소통되고 있다고 생각하기도 하고 서로 차단되어 있다고 생각하기도 합니다.

　또 서로가 소통하려고 애쓰기도 하고 서로를 감추고 차단하며 비밀로 할 수도 있습니다. 이때 서로를 통하게 만드는 것은 전법수행이며 자신의 내면에서 논리와 감정을 통하게 하는 것이 집중수행일 것입니다. 그러나 소통할 때 주의할 점은 자신을 변화시키지 않고는 소통될 수 없다는 점입니다.

　즉 나만이 알고 느끼는 것을 다른 사람에게 전할 수 있는 방법은 알음알이로 변화시키는 것입니다. 하나의 상도 고정되어 있지 않기 때문에 전달될 수 있고 무상한 모습을 띠기도 하며 알음알이가 발생할 수도 있습니다. 그래서 알음알이가 아니면 전법할 수 있는 방법이 없다는 뜻이기도 합니다.

　수행자의 큰 깨달음의 체험이 다른 사람에게 전해질 때는 알음알이라는 모습으로 변합니다. 또한 수행자의 깊은 체험도 기억으로 남을 때는 알음알이가 됩니다. 때로는 깊은 신심이 될 수도 있습니다. 알음알이와 믿음은 자신만의 세계를 만드는 재료가 됩니다.

부처님의 법이 다른 수행자에게 전해질 때는 알음알이라는 모습으로 전해지는 것처럼, 아내의 말이 남편에게 들릴 때는 전혀 다른 모습의 알음알이가 되고 아버지의 가르침이 아들에게 전해질 때는 또 다른 모습의 알음알이가 될 것입니다. 그래서 부처님께서는 당신의 가르침도 뗏목이라고 하셨습니다.

그러나 이러한 이해는 한 가지 생각이라는 어리석음에 빠지기 쉽습니다. 법이 전달되려면 알음알이로 변해야 가능한 것처럼, 뗏목이라고 버리는데도 역시 알음알이로 변해야 가지고 있으면서 버릴 수 있게 됩니다. 자식을 키우는 부모도 부처님처럼 이러한 이치를 알고 있어야 알음알이를 연구할 수 있게 됩니다.

자식의 알음알이라는 이름의 지혜는 마치 꽃이 자신의 힘으로 자라는 것처럼 자신의 힘과 자신의 방식으로 자랄 수 있게 되지만, 부모가 자신의 정성과 노력이라는 이름의 한 가지 생각의 어리석음에 빠져 있으면 자식의 힘과 자식의 방식은 자랄 수 없게 되고 맙니다.

그래서 모든 것은 변한다는 제행무상의 가르침은 모든 것은 통해져 있다는 말과 같습니다. 변하지 않으면 통하지 않게 됩니다. 변하지 않을 수 없음에도 우리는 변하지 않기 위해서 발버둥치고 노력합니다. 그래서 소통의 방법은 생각의 변화에 있지만 자신의 생각이 고정되어 있을 때는 자신을 확장하는 것으로 오해하기 쉽습니다.

자신의 입장을 고정시켜 놓고 자신의 느낀 바를 다른 사람에게 전한다는 것은 자신의 아상을 키우고 아상을 확장시키는 길이 될 것이며, 자신의 믿는 마음이 커진다는 것은 자신의 아상이 확실해진다는 표현입니다. 또 자신이 아는 것이 많아지고 옳다고 생각하는 면이 다양해질 때 아상은 더욱 커질 것입니다.

또 소통에는 논리적 소통과 정서적 소통의 두 가지가 있습니다. 논리적 소통은 상대방이 인정하고 이해하는 논리를 연구하는 것이며, 정서적 소통은 상대방과 같이 공감할 수 있는 대화나 행동을 연구하는 것입니다.

즉 논리적 소통은 상대방이 자신의 논리를 개발하고 연구하여 새로운 정보를 자신화시킬 수 있게 만들어 주는 것이지만 상대방이 어떤 논리를 만들지는 알 수 없을 것입니다. 또 정서적 소통은 상대방이 자기 방식의 느낌을 만들고 느낄 수 있도록 분위기를 만들어 줄 수는 있지만 상대방이 무슨 느낌을 느낄지는 알 수 없다는 것입니다.

부처님께서는 법이 전해지기를 원하시면서 알음알이가 전변해 가면서 전해질 수밖에 없음을 알고 계셨으므로, 글자로 기록하지 못했지만 늘 이러한 이치를 말씀하셨습니다. 그러나 법을 듣는 제자들은 알음알이가 전변됨에 따라 알음알이가 얼마나 중요한가를 이해하기보다 알음알이의 폐해를 생각하여 부정적인 입장에 서기만 했습니다.

그래서 부처님께서는 수많은 알음알이를 보이시면서 장광설을 하셨지만, 후세의 용수를 비롯한 대부분의 학자들은 알음알이를 벗어나고 부정하기 위해서 논리를 세우는 것을 지상의 과제로 삼았습니다. 이러한 결과로 발생한 것이 『중론』이며 불교학의 중심 테마가 되었습니다.

즉 불교 교학은 알음알이적인 현실을 부정하고 추상적인 본체[佛性]를 강조하는 두 가지 모습을 띠게 되면서 점차 형이상학적인 이론 체계를 갖추게 되었습니다. 용수의 목적은 알음알이를 척결하는 것이었지만 본체나 불성 또는 '성품'이라는 새로운 알음알이는 다양한 현실과는 거리가 있게 되었습니다.

또한 달마 스님도 알음알이를 벗어나기 위한 노력으로 법을 전하려고 했지만, 초기 선의 4조 도신 스님은 한 물건이라는 알음알이를 부가시켰고, 한 물건을 근거로 선지식들은 격외라는 이름의 알음알이를 양산하여 수행자들의 알음알이를 척파하는 수단으로 삼게 되었으나, 격외의 알음알이는 도리어 알음알이의 원산지가 되고 말았습니다.

이러한 알음알이 선의 모습을 개혁하려는 오조법연 스님은 참의가 아닌 참구라는 새로운 개념을 도입하고 격외에 집중이라는 새로운 수행방식을 부가시켰으며, 이것을 바탕으로 대혜 스님이 만든 간화선은 '오직 모름'과 '격외'라는 추상적 입장에 머무르게 되었습니다.

2. 중도의 의미

부처님께서는 법을 깨달으시고 전법의 길을 떠나게 됩니다. 그 대상으로 처음 공부를 배웠던 스승들을 생각했지만 이미 살아 있지 않았으므로, 다음은 같이 공부하던 도반들이었습니다. 이들은 부처님께서 싯달타 태자 시절 출가하여 수행하고 고행하는 모습을 보고 흠모하거나, 정반왕이 출가한 아들이 걱정되어서 보냈던 사람들로, 부처님과 한동안 함께 수행하였던 다섯 사람이었습니다.

그러나 부처님께서 문득 쌓은 것은 무너질 수밖에 없다는 이치를 깨달으시면서 무작정 노력하고 애쓰면서 경지를 추구하던 수행을 멈추게 되었으므로, 도반들은 부처님께서 고행이 어려워서 그만두고 포기한 줄 알고 실망하고 낙심하여 그 곁을 떠나게 되었습니다. 부처님께서는 새벽 별을 보고 깨달으신 후 전법의 상대로 이들을 떠올리셨습니다.

이에 부처님께서는 초전법륜이라고 부르는 최초의 가르침을 펼치기 위해 바라나시에 있는 녹야원(사슴동산)으로 가게 됩니다. 경전에는 눈썹에 하얀 흙먼지가 앉은 채로 싯달타 존자가 다섯 명의 수행자에게 이르렀다고 표현하고 있습니다. 하지만 오늘날의 선방에서도 그렇듯이 아무도 자리에서 일어나지 않았고, 부처님께서도 쉬는 시간을 기다렸습니다.

쉬는 시간에 부처님께서 다섯 비구에게 말을 건네었지만, 그들은 수행을 포기한 싯달타 존자에게 별로 호의적이 아니었을 뿐 아니라, 법이란 말로 할 수 없다고 생각하고 있었습니다. 그러나 부처님께서는 그들의 실망감을 이해하면서도, 그들이 목적을 향해 추구하는 극단적 고행을 멈추고 자신을 돌이켜보라고 말하고 싶었으므로, 어떤 방식이든 대화를 열기 위해 애썼습니다.

그리고 고행이 어려워서 포기한 것이 아니라, 지나친 고행으로 몸을 학대하여 집중할 기운이 없어지니까 어떤 수행이나 집중도 불가능했다는 것을 말했습니다. 그런 다음 수행의 속성은 노력하고 애써서 집중하는 데 있으므로 정성과 노력을 쌓는 것임을 말했습니다.

생각을 집중하여 털끝만 한 생각의 일어남도 버려야 마침내 경지에 이를 수 있지만, 모든 것을 버리는 수행이라도 버리려는 노력은 역시 쌓는 과정의 일종일 것입니다. 그뿐 아니라 경지에 이르렀다고 해도 머물러 있는 것은 없으므로, 호수의 백조처럼 끊임없는 노력이 있어야 경지에 머물러 있을 수 있습니다.

이 말은 애쓰고 노력하는 집중수행의 결과는 마침내 무너질 수밖에 없다는 뜻입니다. 물론 이것은 모든 법이 변한다는 논리에서 말씀하신 것이라기보다 경험적으로 깊은 경지에 들었다가 다시 나오고 또 다시 깊은 선정의 경지에 들었다가 나오는 과정을 반복하는 가운데 발견한 사실일 것입니다. 그래서 깊은 수행의 체험에서 나오는 간곡한 말씀으로 인하여 교진여부터 그 사실을 인정하고 이해하기 시작했습니다.

교진여는 자신의 수행이 극단적이었으며 법은 극단을 버리는 데 있다고 표현하고 있습니다. 이를 후세의 학자들은 초전법륜이라고 부르면서 부처님께서 중도를 설하셨다고 합니다.

그러나 경전의 일반적 서술 형태는 듣는 사람 위주로 구성되어 있습니다. 즉 "저에게는 이렇게 들렸습니다."라고 서술하는 것이 일반적인 모습입니다. 어디에도 "나는 이렇게 말했다."고 하지 않습니다. 초전법륜도 그와 같아서, 부처님께서 중도를 설했다고 말하기보다 교진여에게는 부처님의 말씀이 극단을 버리는 것으로서 중도처럼 이해되었다는 뜻입니다. 극단이라는 뜻은 한쪽 방향이라는 뜻입니다. 즉 일체법이 하나의 모습이 아니기 때문에, 고행이란 한쪽 방향으로 치우친 수행이 된다는 뜻입니다.

초전법륜 때부터 부처님께서는 법의 모습이 하나가 아니므로 한쪽으로 치우친 수행이 문제가 있다고 하셨지만, 듣는 교진여에게는 중도를 추구하라는 말로 인식되었으므로 중도가 무엇인지, 어떻게 하는 것인지, 명확하지 않은 상태에서 부처님 말씀을 중도라고 생각하고 이해하는 경향이 발생하였습니다.

법의 모습을 본다면 부처님께서는 언제 어디서나 중도를 말씀하고 계시지만, 듣는 사람은 언제 어디서나 자신의 감각기관으로 보고 듣고 생각하기 때문에 하나의 모습인 극단으로 보고 들을 수밖에 없습니다. 다시 말하면 일체에 두루한 중도를 인간의 감각기관은 극단으로 인식한다는 뜻입니다.

『아함경』의 특징은 듣는 사람의 구술 형태이므로 경전마다 서두에는 "부처님의 말씀이 나에게 이렇게 들렸다."라고 기술되어 있습니다. 그러므로 '불교가 중도'라는 말은 교진여가 들은 것이며 교진여가 이해한 법이므로 교진여의 가르침이라고 해야 할 것입니다. 그럼에도 수많은 불교학과 참선학에서 중도가 배제된 적은 없습니다.

용수의 『중론』은 이러한 중도라는 개념을 바탕으로 제목을 붙인 글입니다. 용수는 사람들을 이해시키기 위한 논리를 전개해야 했으므로, 그의 법에 대한 인식과 표현방식은 세속제에 근거할 수밖에 없었습니다. 그리고 법의 모습은 하나의 결론을 맺을 수 없는 구조임에도 불구하고, 서두를 '제법이 무자성하며 이것이 공이다'라는 하나의 결론으로 시작하고 있습니다.

이러한 용수의 서술방식은 중도적 표현방식을 벗어난 것입니다. 중도를 표방하고 『중론』이라는 제목을 붙였음에도 불구하고, 용수는 무자성이나 공이라는 극단적인 표현을 사용함으로써 읽는 사람을 혼란스럽게 만들고 있습니다. 그래서 『중론』은 시작부터 모순적이며 추상적 입장을 근거로 서술되어 있습니다.

『중론』에 제시된 중도나 공과 같은 추상적이며 중의적(重意的)인 개념들로 인하여, 후세의 많은 수행자들에게 개념의 혼란을 공부라고 오해되는 결과를 낳기도 했습니다. 개념의 혼란은 개념 확장이나 탈개념 또는 개념 타파라는 결론을 만들었고, 이것은 또 하나의 중도를 벗어난 표현으로 수행자들의 비현실적이며 추상적인 경향의 원인이 되기도 했습니다.

3. 질문록

부처님의 가르침은 질문록입니다. 보통 4성제라고 불리기도 하지만 두 가지 질문뿐입니다. 왜냐하면 나머지 두 가지는 질문이 아니라 질문에 대한 가설적 답변이기 때문에 2성제라고 보는 것이 옳을 것입니다.

두 가지 질문의 첫째는 개념의 오류를 지적하는 고성제이며 둘째는 인식의 오류를 지적하는 인성제(집성제)입니다. 이와 같이 부처님의 일생을 통틀어서 가르치신 모든 법은 대부분 질문이었으며 듣는 사람이 생각할 수 있도록 돕는 반문도 있었습니다.

그러나 이러한 부처님의 질문은 세 가지 방향으로 만들어진 답변으로 인하여 오염되었습니다. 첫째는 긍정적으로 설명하는 답변이며, 둘째는 설명하는 방법으로 답변했지만 결론적으로 부정적이며 말을 막는 답변입니다. 그리고 셋째는 말을 막는 방법이었지만 은근히 결론을 유도하는 답변이었습니다.

(1) 세 가지 답변

① 설명하는 답변

해석하고 설명하는 답변으로는 중도, 공, 연기, 무상, 무아 등입니다. 이러한 논리들은 맞을 때도 있고 맞지 않을 때도 있으며, 가르치는 사람의 입장이 아니라 듣는 사람의 입장에서 만들어진 논리이기 때문에 희론이나 알음알이라고 부를 수 있습니다. 왜냐하면 이러한 하나의 논리들은 자신에게 적용시킬 때마다 자승자박의 논리에 빠지기 때문입니다. 그러나 많은 학자늘이 듣는 사람에게 일관적으로 들리는 논리를 세우려고 애썼기 때문에 불교학이라는 이름으로 전해지기도 합니다. 주로 초기불교의 모습에서 나타납니다.

② 설명하는 방법이지만 결론은 말문을 막는 답변

『중론』에서 비롯하는 대승교학이나 반야 팔백부가 그것입니다. 『중론』의 구성처럼 희론을 없애기 위해 수많은 논리를 전개하고 아비달마의 모든 교학을 뒤집어서 설명하기도 합니다. 그렇지만 결론적으로는 이제설을 세워서 말로 할 수 없는 부분을 강조하였습니다. 그 결과 대승교학은 믿음을 강조하게 되었고 그야말로 논리로써 논리를 타파하는 것을 보여 주었습니다. 『중론』으로 인하여 방향감각을 잃은 교학은 유식을 창안하여 새로운 가설을 세우게 되지만, 중관학파와 대립하여 불교학을 미궁에 빠뜨리게 됩니다.

③ 말을 막는 방법이지만 결론을 보여 주는 답변

언어도단과 심행처멸을 강조하며 교외별전을 창안했음에도 불구하고 격외구와 이심전심의 신비적인 체험을 주장하며 불성에 귀일하는 면모를 보임으로써, 수행자들을 마음이나 성품이라는 추상적인 개념에 머물게 만들고 말았습니다. 이에 선지식들은 수행자에게 자신을 살피고 자신의 믿음과 알음알이를 의심하는 것을 제시하였으나, 수행자들은 외면적으로 말하는 것은 모순이라고 생각하지만, 내면적으로는 자성청정심일 것이라는 추측을 가지게 되었습니다. 이미 알음알이를 가지고 있으며 알음알이를 추구하기 때문에 결과는 알음알이일 뿐입니다.

(2) 질문식 가르침의 역사

부처님은 출가하면서 바로 집중수행에 몰입하게 됩니다. 온 힘을 다한 수행의 결과로 쉽게 경지에 도달하게 되지만, 경지란 집중했을 때만 드러나는 특징으로 인하여 한계에 봉착하게 됩니다. 이에 혼자서 6년 동안 고행하면서 무너지지 않는 경지를 추구하였으나 변하지 않는 경지는 존재하지 않았으며, 쌓은 것은 무너질 수밖에 없어서 한번 도달하면 무너지지 않는 경지는 없었습니다.

더 이상 갈 수 없는 수행의 한계에 마주치게 되자, 부처님은 거꾸로 자신을 돌이켜보게 되었습니다. 죽음이란 무엇인가? 또는 고통은 무엇인가? 왜 살아야 하는가? 등의 질문으로 인하여 부처님은 자신에게 몰입하기 시작하였습니다. 일주일간 혼돈 가운데 앉아 있었던 부처님은 갑자기 나타난 새벽 별로 인하여 자신이 살아 있다는 것을 발견하게 되었습니다.

자신의 입장에서 모든 세계를 보고 이해하던 시각은 더 이상 자신의 것이 아니었음에도 불구하고 그러한 인식이 자신이었습니다. 이러한 존재의 동시성과 이중성은 전혀 능동적이지 않은 삶을 자신만의 고유한 느낌으로 인식하면서, 자신이 만들어 놓은 우주의 중심에 자신이 존재한다고 느끼게 되는 것을 발견하였던 것입니다.

이러한 전도와 무명은 개인의 내면적인 느낌이므로, 자신을 중심으로 느끼는 감각을 근거로 만들어진 사고방식으로 보고 듣고 남의 말을 인식하는 사람들에게, 그 생각의 뿌리를 돌이켜볼 수 있게 만드는 방법은 별로 없었습니다. 마치 대문을 닫고 있는 사람의 얼굴을 보기 힘든 것처럼 다른 사람의 내면을 표현하는 것은 불가능하기 때문에 부처님께서는 질문을 하게 되었습니다.

또한 그 질문의 내용도 듣는 사람이 인정하고 받아들일 수 있는 것만 인식될 수 있었습니다. 이에 부처님께서는 세상 사람들의 원하는 바가 고통을 해결하는 것이었으므로, 고통에 대한 질문으로 시작하게 되었던 것입니다. 그렇지만 그러한 고통이란 개념이나 느낌조차도 듣는 사람의 전도된 사고방식에서 만들어진 것이었으므로 하나의 모습을 갖추고 있었습니다.

즉 듣는 사람들이 생각하는 고통이란 하나의 모습이었으므로 부처님은 고통이 무엇인가라고 질문하면서, 고통을 대표격으로 하여 사람들이 생각하는 모든 것들을 다시 한번 돌이켜보게 만들었습니다. 사람들이 느끼는 고통이 하나의 정해진 모습이 아니었지만, 감각기관으로 인하여 발생하는 인식은 하나의 모습일 수밖에 없었습니다.

그래서 부처님은 고통을 돌이켜보는 논리적 접근으로 "고통이 무엇인가?"를 질문하여 직선 논리의 착각을 벗어나게 하시고, 다음으로는 감각기관에서 발생하는 감성적 느낌의 인식조차도 당연한 것이 아니라 전도와 무명에서 발생한다는 사실을 발견할 수 있도록 하기 위하여 고통의 원인에 대해서 질문하게 된 것입니다.

그러나 우리는 누구나 자신이 만든 자신만의 세계에 살기 때문에 같은 말도 다르게 듣고 다르게 인식하므로 질문이라는 소통의 방법이 아니면 대화할 수 있는 방법이 거의 없습니다. 그래서 부처님은 질문이라는 방법을 통하여 전법하시고 질문이라는 대화를 통하여 법을 설하게 되었습니다.

그렇지만 질문을 받는 사람은 언제나 난감하였을 것입니다. 왜냐하면 정확한 답을 요구하는 질문이 아님에도 불구하고 가장 근사한 답을 하기 위해 노력하기 때문이겠지만, 그럼에도 불구하고 어떠한 답변을 해도 자신만의 말 외에 다른 것은 아닙니다. 즉 질문은 공부하는 사람에게 자신을 돌이켜보게 만드는 방법이자 또한 내면을 탐색하는 수단이 되었던 것입니다.

4. 『중론』과 『신심명』의 비교

　『중론』은 인도에서 부처님의 가르침이 다양하게 설명되면서 혼란에 빠졌을 때 용수보살이 그 내용들을 논리적으로 정리한 책입니다. 『신심명』은 중국에서 달마대사의 가르침인 벽관의 내용이 불분명하여 승찬 스님이 격의불교식으로 개념을 정리한 것입니다. 두 책은 교학과 참선의 근거가 되는 전적들입니다.

(1) 탄생 배경

　『중론』의 탄생은 인간의 감각기관을 근거하여 법을 설하는 설일체유부의 모순을 해결하기 위해, 변화하는 모든 세계의 모습은 무상하므로 제일의제를 이루고 있으며, 인간의 입장은 감각기관의 인식에 의지하므로 법을 알았다고 하여도 세속제를 이룬다고 설명하고 있습니다.

　『신심명』은 달마의 가르침이 벽관이나 은산철벽처럼 누구도 알수 없고 잡을 수 없었기 때문에 많은 사람들에게 이 법을 설명하기 위해서 "지극한 도는 어렵지 않고 오직 가리고 선택함을 꺼릴

뿐이니 다만 미워하고 사랑하지 않으면 확 트여 명백하리라."라고 설하고 있습니다.

즉 『중론』의 탄생은 너무나 많은 반야 사상과 유부의 가르침을 정리하여 논리적 모순점을 지적함으로써 인간의 논리를 포기하고 버린다면 쉽게 법을 알 수 있다고 설명하고 있으며, 『신심명』의 탄생은 말이나 생각으로 도저히 알 수 없는 깨달음의 모습을 간택심이나 증애심만 버리면 바로 알 수 있다고 말하고 있습니다.

이 두 가지 책은 외형적으로 반대 방향을 보이는 것처럼 보이지만 너무 많이 아는 것을 부정하거나 아무것도 모르는 것을 부정하는 것은 같은 모습입니다. 『중론』은 모든 것을 논리적으로 설명하고 논리적 모순을 제시하고 있지만, 『신심명』은 양극단을 벗어나는 것을 설명하면서 논리적 접근은 별로 없습니다.

(2) 내용 구성

『중론』은 개체의 성품이 정해져 있지 않기 때문에 연기이며 공이라고 설명합니다. 그러나 다른 방법으로 설명한다면 개체란 하나의 모습이 아니기 때문에 하나의 모습이 존재한다면 반드시 다른 모습도 필연적으로 존재하기 때문에 연기한다는 용어로 부를 수 있습니다.

또 『중론』의 논리적 형식은 개체의 성품이 있다고 가정할 때 발생하는 언어적 모순을 보임으로써 개체적 성품의 존재를 부정하는 방법을 씁니다. 개체는 인연이나 관계의 복합성으로 존재하므로 개체적으로 존재할 수 없다는 의미로 공이나 중도라는 개념을 사용하고 있습니다.

『신심명』은 사려분별을 간택, 자타, 유무, 시비심으로, 감정적 치우침을 증애, 역순심으로 표현하면서 분별과 집착을 벗어나면 중도에 이를 수 있다고 설하고 있습니다. 알음알이를 갖지 말고 언어의 길이 끊어져야 마침내 차별이 사라진 불이(不二)의 세계를 알 수 있다고 역설하면서 믿음을 강조하고 있습니다.

(3) 알음알이 형성

『중론』은 첫 게송에서 희론을 끊기 위해 편집되었다고 말하고 있지만 모든 불교학의 시작은『중론』에서 비롯되었다고 볼 수 있는 것처럼, 불교의 알음알이를 부각시키면서 알음알이로써 학문을 삼게 된 시작은『중론』에서 비롯한 것입니다. 왜냐하면 논리적 방식으로 접근하여 분석하고 논리적 결론을 맺었기 때문일 것입니다.

용수의 논리적 접근과 분석은 인도 철학 사상에 큰 영향을 끼쳤습니다.『중론』의 출현은 당시의 인도 철학계에서 모든 사상들을 파사현정하면서 통일적인 견해를 보였으며, 누구도 그 토론에서 이길 수 없었습니다. 또한 불교학도 하나의 학문적 체계를 가지면서 인도철학사에 큰 발자국을 남길 수 있었습니다.

『신심명』은 한 생각이나 한 마디도 붙을 수 없었던 달마의 벽관을 다양한 말로 표현한 최초의 선종 서적입니다. 듣는 사람에게 친절한 길을 보였던 반면에『대지도론』에 등장하는 언어도단, 심행처멸을 강조하거나 절언절려, 무처불통을 보여서 언어소통을 부정하고 추상적인 체험 중심주의의 원인이 되었습니다.

이러한 승찬의 노력은 알음알이를 부정하고 개인적 체험을 통해서 좀 더 철저한 법의 모습을 보이고자 하였으나, 체험조차도 알음알이일 수밖에 없다는 사실을 몰각했습니다. 이후 중국의 모든 수행자들은 알음알이를 부정하는 체험을 목표로 공부하게 되었고 지금도 그 전통은 이어지고 있습니다.

(4) 문제점

전법이란 알음알이를 연구하는 과정입니다. 왜냐하면 나의 깨달음은 남의 알음알이이며, 남의 깨달음은 나의 알음알이기 때문입니다. 많은 사람들에게 전법하려면 다양한 알음알이를 연구해야 하며 다양한 알음알이는 다양한 치료제가 되어 수많은 사람들을 구제할 수 있을 것입니다.

용수는 알음알이를 부정하기 위해『중론』을 편집하였고, 승찬은 알음알이를 부정하고 깨달음을 전파하기 위해『신심명』을 편집하였으나, 두 책은 세상 사람들에게 알음알이의 원천이 되었습니다. 두 책 모두 중도를 다른 모습으로 강조하면서 잡을 수 없고 말할 수 없다고 주장하였지만, 지금 수행자들은 말하지 않고 잡지 않으려고 애쓰는 수행에 머물러서 방향을 잃어버린 결과를 낳고 말았습니다.

5. 유식 사상과 『육조단경』의 비교

　인도에서 『중론』의 출현은 일시적으로 모든 희론을 잠재우는 효과를 발생하였지만, 동시에 생각하고 말하는 모든 방향을 끊고 막는 것이 공부이며 수행임을 주장하였습니다. 또 중국에서 달마의 등장은 벽관을 보임으로써 모든 알음알이를 끊고 생각의 길을 막는 것이 깨달음에 이르는 직접적인 길이라는 것을 보이고자 하였습니다.

　그러나 이러한 시도들은 후학들의 노력에 의하여 와해되었습니다. 바늘 끝만큼이라도 바람이 빠지지 않아야 유지되는 풍선처럼, 일체의 희론과 알음알이가 끊어진 은산철벽이야말로 깨달음의 문이었지만, 듣는 사람의 눈높이를 강조하는 무착과 세친의 유식학과 『육조단경』의 한 물건이라는 알음알이는, 많은 사람들이 불교를 이해하는 데 큰 역할을 한 반면에, 불법은 알음알이에 가려져 점점 알 수 없게 되었습니다.

(1) 탄생 배경

인간의 논리로 논리를 부정하면서 어떤 것도 잡을 수 없고 세울 수 없는 존재의 모습을 중도라든가 공이라고 부르던 『중론』에 대하여, 무착은 사물이 있다가 없어진 자리를 공이라고 부르며 이때의 공성이 청정식인 아라야식으로 실재한다고 주장했습니다.

무착을 이어받은 세친은 이러한 논리에 근거하여 모든 것을 마음으로 설명하면서, 모든 세계의 모습은 세 가지 마음, 변계소집성과 의타기성, 원성실성이 투사된 결과이며, 마음 외에 존재하는 것은 아무것도 없다[唯識無境]고 주장하였습니다.

달마의 벽관을 이해하기 어려웠던 4조 도신은 한 물건을 말하고 5조 홍인은 본자청정심을 제시하여 동산법문을 열었습니다. 그리고 『육조단경』에서 혜능은 한 물건을 제시하면서 "이것이 무엇인가?"라고 질문하는 방법으로 가르치기 시작하였습니다. 역설과 반문으로 수행자를 가르치는 방법은 격외라고 불리기도 했습니다.

(2) 내용 구성

유식학은 세친이 『유식삼십송』을 지으면서 체계를 세우게 되는데, 그 내용은 선정을 통해 제8식인 아뢰야식을 정화시킴으로써 존재에 대한 바른 깨달음을 얻고, 그때 존재에 대한 집착의 결과로 생긴 욕망을 없앰으로써 정신적 자유인 해탈을 얻을 수 있다고 말했습니다.

『육조단경』은 추측하거나 예측할 수 없었던 법의 모습을, 한 물건이나 근본 성품이라고 주장(교외별전, 불립문자, 직지인심, 견성성불)함으로써 중국불교 사상에서 큰 획을 그었지만, 선지식이 먼저 알음알이를 제시하고 난 다음 수행자의 알음알이를 부정하는 방식으로 가르쳤기 때문에 격외선은 알음알이선으로 귀결되고 말았습니다.

(3) 눈높이의 알음알이

법은 끊임없이 변화하는 모습이지만 인간의 감각은 끊고 고정시켜서 인식하는 디지털적 구조이므로 일체를 담고 있는 법을 언제나 하나의 모습으로 인식합니다. 그래서 인간의 눈높이를 맞춘다는 것은 처음부터 모순적 입장에서 시작한다는 말이며, 전법이란 다른 사람의 개념에 맞추어 표현하는 것이므로 알음알이의 모습일 수밖에 없을 것입니다.

무착의 공(空)은 상대적 인식의 오류에서 비롯한 것임에도 불구하고, 수행자의 감각에 근거한 표현이었으므로 그럴 듯하게 받아들여졌으며, 제법은 오직 식(識)일 뿐이라는 표현도 역시 상대적 인식이며 논리적 모순을 내재한 표현이었지만, 모든 것을 마음으로 귀결시키는 방식은 많은 수행자들의 공감을 얻게 되었습니다.

『육조단경』의 한 물건도, 하나를 부정하고 일체를 표현하려는 목적으로 설해졌기 때문에 한 물건을 제시하면서 이것이 무엇인가(시심마)라는 화두의 시작이 되었으며, 그후 마조의 즉심시불과 평상심이나 임제의 주인공과 무위진인 등으로 용어가 바뀌면서도, 격외라는 이름으로 모든 것을 마음에 귀결시켰습니다.

이렇게 유식과 격외라는 두 가지 가르침은 인도와 중국에서 모든 것은 식이라고 말하거나 어떤 말도 옳지 않고 견성 체험만 성불이라는 서로 다른 법을 설하였음에도 불구하고, 불교가 무엇인지 잘 알려지지 않았던 시대에, 법은 마음이며 마음으로 모든 법을 회통시켰다는 점은 일치하고 있습니다.

(4) 문제점

일체법은 방향성이 없지만, 부분적인 가르침은 항상 특정한 개념과 방향성을 제시하고 있습니다. 이것은 알음알이의 중요한 특징입니다. 무착의 상대적 인식에 대한 오류는, 원성실성과 제8 아라야식이라는 가설을 만드는 근거가 되었고, 세친에게 집착을 없애고 욕망을 벗어날 수 있다는 가정을 하게 만들었습니다.

무착의 공은 '사물이 있던 자리'라는 데서 개념을 도출하였지만, 그것은 있던 것을 유라고 하고 없는 것은 공이라고 생각하는 상대적 인식의 결과라는 뜻입니다. 또 제법유식이라는 표현도 관찰자가 제외된 서술입니다. 관찰자가 제법에 포함되기 때문에 적합한 표현이 될 수 없다는 뜻입니다.

도신이나 혜능 시대에 한 물건은 획기적인 표현방식이었지만, 시대가 변해갈수록 한 물건은 마음의 다른 표현일 뿐이라는 알음알이가 생겼기 때문에 이뭣고라는 화두는 점차 추상적 질문으로 변해 버렸으며 알음알이는 더욱 번성해졌습니다.

그뿐 아니라 하나가 아니라는 부처님의 가르침을 깨닫기 위해 하나가 무엇인지 연구하는 과정에서, 죽기 살기로 한 생각에만 몰두해야만 한다는 가설이 등장하면서 참선은 비현실적인 면으로 변하여 더욱더 신비적인 모습을 띠기 시작했습니다.

위의 두 가지 이론들은 일체에 두루한 부처님의 가르침을 마음이라는 알음알이에 귀결시켰던 것이 가장 큰 문제점일 것이며, 그 가르침들조차도 가설이며 알음알이가 될 수밖에 없음을 몰랐다는 것이 또 다른 문제일 것입니다.

6. 『대승기신론』과 『청정도론』의 비교

　『대승기신론』은 『중론』을 이어받고 유식 사상과 여래장 사상을 내재하여 북방 불교의 모든 경전들의 바탕을 이루고 있습니다. 『청정도론』은 남방 상좌부 불교의 대표적인 논서로서 설일체유부를 비롯한 부파불교의 논리들을 종합하여 편집한 논서로서 남방불교의 기준이 되고 있습니다.

　스리랑카에서는 부파시대의 아비달마를 빨리어인 아비담마로 부르고, '내 안에서' 벌어지는 사물과 마음의 현상을 연구하는 것을 불교라고 봅니다. 그리고 그 현상을 체계적으로 분석하고 관찰하고 사유하여 무상·고·무아를 여실히 알아서 괴로움을 벗어나서 열반을 체득하려는 것을 '아비담마'라고 부릅니다.

　『대승기신론』이 '대승'이라는 명제하에 모든 법을 대승으로 설명하는 것처럼 『청정도론』은 '청정'이라는 명제하에 모든 법을 청정으로 설명하고 있습니다. 역사적 흐름에서는 상좌부가 『중론』의 논리에 밀려서 남하하였다가 사라졌지만, 스리랑카에서는 대승의 논리를 참고한 상좌부가 『청정도론』을 편집하여 결집하였습니다.

(1) 탄생 배경

인도불교가 중관파와 유식파로 나뉘어 의견을 통합하지 못하고 분열상을 보였으므로, 중국불교에서는 이러한 사상적 문제를 해결하고자 등장한 것이 『대승기신론』이었습니다. AD 6세기경 유행한 『기신론』은 저자가 불분명함에도 불구하고 일체를 회통시키고자 하는 원효의 노력으로 동북아시아에서 큰 영향을 끼쳤습니다.

AD 5세기경 스리랑카는 대승 사상이 수입되면서 상좌부 불교 전통에 위기가 왔기 때문에, 자국의 사상 정립과 싱할라어 상좌부의 사상을 집대성하기 위해 인도 상좌부 불교학자인 붓다고사를 초청하여 『청정도론』을 편집하였습니다.

(2) 내용 구성

『대승기신론』은 『중론』의 공 사상과 오직 마음뿐이라는 유식 사상의 충돌을 불성에 대한 믿음으로 통합하고자 편집된 논서로서, 인간의 마음이란 망상과 깨달음의 두 가지 성질(진망화합식)을 동시에 내재하고 있으며, 그 이름을 대승이라고 부르고 이 마음을 수행함으로써 망상에서 벗어나 깨달음에 도달할 수 있다는 이론입니다.

『청정도론』은 스리랑카의 아비담마를 불제자들의 알음알이라고 생각하지 않고, 부처님의 원음이라고 생각하여, 붓다고사가 AD 5세기경 『아함경』의 주석서를 편집한 것입니다. 그들은 『대승기신론』의 대승과 같은 의미로 청정을 설정하여 모든 수행과 법, 열반을 청정이라는 용어로 통일하였습니다.

(3) 사상의 방향

『중론』에서 하나의 모습을 포기하는 것이 중도라고 주장하였으나, 하나의 모습이 없는 것을 공이라거나 청정팔식이라 하면서 일체를 식으로 보는 유식파와, 어떠한 하나도 세우거나 잡을 수 없다는 중관파로 대립한 불교를, 여래장이나 불성에 대한 믿음으로 회통하고자 하는 노력은 『대승기신론』으로 나타났습니다.

즉 유식의 식을 하나의 모습이 아닌 진망화합식으로 만들고, 일체에 두루하여 하나의 모습을 잡을 수 없는 여래장이나 불성을 마음의 근본 성품과 다르지 않다고 설정한 다음 마음의 구조를 진망화합식으로 설명했습니다. 그래서 식과 불성을 마음으로 통일하고, 이것을 대승으로 명명한 다음 믿음을 강조하게 되었습니다.

『청정도론』은 어리석은 가설, 관념, 개념들, 예를 들면 영혼이나 중생 등의 실제론적인 개념들을 부수기 위해 법을 정확하게 설명합니다. 『청정도론』에서 설명하는 위빠사나는 변화와 무상을 관찰해서 찰나를 만나고, 찰나생 · 찰나멸하는 법을 관찰하는 수행입니다. 찰나란 어떤 실체가 아니라 순간적인 흐름 그 자체라고 설명하고 있습니다.

또 "이것은 내 것이 아니고, 이것은 내가 아니며, 이것은 나의 자아가 아니다."라는 표현처럼 『청정도론』은 아비담마의 논서라기보다 『아함경』의 주석서라고 합니다. 이러한 관찰을 통해서 통찰지를 얻는다고 하는데 일체지의 다른 표현이라고 볼 수 있습니다. 그래서 삼매 수행보다 관찰을 통한 위빠사나의 수행이 중심입니다.

(4) 문제점

『대승기신론』은 여래장 사상을 이어받아서 불성에 대한 믿음을 바탕으로 하고 모든 수행과 교리를 대승이라는 이름으로 통일한 논서입니다. 반면에 『청정도론』도 4아함을 부처님의 살아 있는 가르침이라는 믿음 아래 열반과 제법을 청정이라는 이름으로 통일적으로 기술한 논서입니다.

북방과 남방이라는 지역적인 차이는 있지만 두 논서는 공히 AD 5세기 이후에 세상에 출현하였고, 두 논서의 공통점은 믿음을 기반으로 하고 있습니다. 또한 두 논서는 대중적인 설득력을 가지기 위해 일관성을 확보하려고 애쓴 책들입니다. 논리적 귀결은 큰 차이가 없지만, 대승과 청정을 통해서 성불과 열반을 목표로 하고 있습니다.

그러나 일관성과 대의명분을 중심으로 하다 보니 한 사람의 고통을 해결하는 것을 목표로 하고 있지는 않습니다. 또 전법 과정에서 발생하는 알음알이의 모습에 대한 고찰이 전혀 없습니다. 법을 연구하고 수행을 강조하지만 믿음에서 출발하는 모순은 벗어나기 어렵기 때문에 '일초직입 여래지'와는 거리가 있는 논서들입니다.

7. 사띠 수행

염불이란 빠알리어로 '사띠 붓다'의 한문 표현입니다. 사띠(satti)란 기억(remembering), 주의(attention), 알아차림(awareness) 등의 의미가 있습니다. 사띠 수행은 현재의식의 판단을 중지하고 마음을 주시하면 잠재된 기억이 드러나는 것이라고 이해할 수 있습니다. 또 판단 중지하면서 바라보는 것을 깨어 있다고도 합니다.

즉 염불이란 부처님의 명호를 부름으로써 사띠 수행의 효과를 얻고자 하는 것입니다. 그러나 기존의 염불 수행자는 대상에 의미를 둠으로써 왕생이나 치병 등의 소원성취라는 방향으로만 법을 이해하였던 것입니다. 자신을 살피지 아니하고 대상을 추구해 가는 것은 소원성취에 큰 장애가 될 수밖에 없습니다.

수행을 하는 이유는 한쪽으로 소원을 성취하면서 다른 쪽으로는 영원한 법을 깨달아 고통을 해결하고 전법으로 수많은 공덕을 짓고자 함에 있습니다. 안팎으로 두 가지 목적을 달성할 수 있는 수행이 사띠 수행이지만, 초기불교의 가르침이 세월이 흐르면서 이름만 남고 내용이 사라져서 미신만 남을 수 있습니다.

사띠 수행은 마음의 구조가 두 가지로 나누어져 있다는 전제하에서 가능한 수행입니다. 마음이 한 가지 모습이라면 판단을 중지하면서 바라본다는 것은 불가능할 것입니다. 대부분 심리적 고통의 원인은 내면의 잠재된 의식에서 비롯하기 때문에 잠재된 의식을 일깨우는 방법을 사띠 수행이라고 부르게 된 것입니다.

이 세상의 모든 사물은 한 가지 모습으로 이루어져 있지 않다고 하신 것이 부처님의 중요한 가르침입니다. 부처님 이전에는 누구도 언급하지 않았던 사실이며 부처님 이후에도 쉽게 인정하거나 이해하기 어려웠던 사실입니다. 특히 자신의 느낌에 근거하는 수행자는 느낌이 하나의 모습이 아니라는 것을 받아들이기 어려웠을 것입니다.

염불 수행이란 이러한 부처님의 깨달음에 의거하여, 부처님의 명호를 부르는 사마타(집중) 수행의 결과로 현재의식이 차단되면서 판단 정지라는 현상이 발생할 때, 돌출하는 잠재의식을 예의 주시함으로써 고통을 해결하는 동시에 법의 깨달음을 얻을 수 있는 사띠 수행이 형성되는 것입니다.

그러나 이러한 사띠 수행은 이고득락이라는 현실적인 목적을 상실하고, 마음이 하나의 모습이라는 착각에 빠져서 하나의 수행 방법으로 받아들여지게 되어 많은 혼란을 겪게 되었습니다. 위빠사나 수행이라는 이름으로 알아차림이라는 말만 남아서 현재의식으로서 몸의 느낌을 관찰하기 때문에 판단 중지가 불가능한 수행이 되고 말았습니다.

또 현재의식과 잠재의식을 구분하지 못하여 상충되는 두 가지 뜻이 포함된 용어를 만들었으니 무심한 주의집중, 자아 없이 깨어 있음, 언어개념 전의 알아차림, 지금 이 순간의 알아차림, 현재 있는 것을 그대로 보는 수행, 판단하지 않는 관찰, 관찰자와 관찰 대상이 구분되지 않는 관찰, 내려놓기 등의 비현실적인 표현으로 나타나고 있습니다.

중국 선종에 있어서 달마의 벽관도 판단 정지를 보이고 있으므로, 사띠 수행이라고 할 수 있습니다. 현재의식으로 어떠한 알음알이를 제시해도 인정하지 않고 모든 것을 포기했을 때 자신만의 내면적인 고통이 의문으로 돌출하여 화두를 이루고 깨달음을 얻게 되는 것입니다.

그러나 4조 도신과 6조 혜능의 한 물건은 수행자들에게 미리 알음알이를 부여하는 형식이 되어 수행의 방향을 설정하게 되었으므로 직선적 알음알이가 치성하게 되었습니다. 자신의 고통을 살피던 안심법문은 사라지고 화두는 추상적 질문으로 변화하여 마조의 격외선은 비현실적인 가르침이 되고 말았습니다.

이를 타개하고자 대혜가 제시한 간화선은 알음알이의 원인을 알지 못하고 더욱더 비현실적이며 형이상학적 질문인 무자화두를 선택함으로써, 간화선은 격외선의 전성시대를 계승하지 못했을 뿐 아니라, 『무문관』이나 『벽암록』과 『종경록』 등의 격외구를 모은 서적들이 출판됨에 따라 격외구는 그대로 알음알이의 재료가 되었습니다.

알음알이의 번성은 판단 중지가 아니라 새로운 논리로 사유하게 되는 것이므로 은산철벽에 이르지 못하게 되었고, 화두 수행자들은 자신을 살피는 것보다 격외구의 알음알이를 연구하는 데 치중하게 되었습니다. 그래서 격외선이나 간화선에서 사띠 수행은 더 이상 찾아보기 어렵게 되었으며, 깨달음이라는 현상도 발생하기 어려워졌습니다.

사띠 수행은 집중수행으로 판단이 정지될 때 잠재된 생각을 살필 수 있고 일체법을 깨달을 수 있었지만, 법의 잘못된 이해로 인하여 사띠라는 이름은 있지만 판단 정지 없는 깨어 있음을 강조함으로써 실속 없는 형식적 수행이 되었으며, 심리질환 환자들의 증상을 완화시키는 테크닉으로 전락하고 말았습니다.

염불은 말뜻이 사띠 붓다로서, 부처님의 명호를 높은 소리로 부르면서 집중하는 수행입니다. 어떤 생각이 떠오르더라도 염불에 집중함으로써 모든 생각을 쓸어내고 적극적으로 현재의식을 차단하여 쉽게 판단 정지에 이를 수 있습니다. 이러한 집중수행을 통하여 우리는 깨어 있는 상태를 구현하여 잠재의식의 발현을 알아차릴 수 있게 됩니다.

또 감각기관을 차단하는 방법으로 현재의식을 차단함으로써 외부 자극을 멈추게 되면 새로운 생각은 끊어지고 미세한 생각들만 남아서 수행자는 추구하는 마음이 점차로 쉬게 됩니다. 이때 자신이 추구해 왔던 모든 의미를 버림으로써 지루함이 괴롭게 느껴질수도 있겠지만, 살피는 힘이 강해지면서 잠재된 내면이 드러나게 됩니다.

이러한 염불 수행의 가장 중요한 점은 달마 스님의 말대로 치구심을 버리는 것입니다. 치구심을 버려야 밖으로 쫓아가는 마음이 쉬면서 자신이 보이기 시작합니다. 이때 드러나는 자신의 모든 생각을 버리고, 내면에 한 생각도 없을 때 비로소 이것이 진정한 염불(사띠) 수행이라고 할 수 있을 것입니다.

그러나 염불의 집중 효과가 뛰어나고 마음속에서 순간적으로 구하는 생각이 일어나서 대상화되면 빠지기 쉽습니다. 그래서 염불 수행은 선지식과 대중과 더불어 수행하는 것이 필수적이며, 자신의 느낌을 믿지 않아야 짧은 시간에 병을 고치고 소원을 이루며 법을 깨달을 수 있게 됩니다.

8. 판단 중지

사띠 염불의 특징은 판단 중지에 있습니다. 판단 중지를 괄호 치기(내 잣대 내밀지 않기, 일어나지 않은 불안감, 편견, 과거의 실패감), 또는 비평가적 인지로 부르는 사람도 있습니다. 그러나 위빠사나 수행이 근거하고 있는 『대념처경』에는 판단 중지의 원인에 대한 설명은 없고 당위성만 강조하고 있습니다.

예를 들어 『대념처경』에서 보이고 있는 사띠 수행은 판단 중지를 한다고 가정한 후 사념처를 관찰하라고 하고 있습니다. 그래서 수행자들은 판단 중지가 관찰에 내재하고 있다고 착각하지만, 신수심법(身受心法)이라는 사념처는 대상일 뿐이며 대상과 분리된 지켜봄이란 또다시 만들어진 자신이므로 판단 중지는 없습니다.

사념처란 몸과 느낌, 사고방식과 논리를 말합니다. 위빠사나 사띠는 사념처의 변화를 살펴서 느낌의 발생과 사라짐, 사라지고 다시 일어나지 않음을 지켜보면서 '무상·고·무아'를 깨닫고 사띠가 계발될 것이라는 가정을 하지만, 살피는 자신은 더욱 단단해져서, 무아를 깨닫고자 하는 자신은 결코 무아가 될 수 없게 될 것입니다.

관법을 통한 고통의 해결은 불가능합니다. 호흡명상이나 자애명상, 걷기명상, 바디스캔, 이완반응 등의 명상은 생각을 지어 가고 생각을 만드는 관법으로서, 자신과 대상은 언제나 이원화되어 나누어지게 됩니다. 그래서 수행하는 자신이 기준이 되어 대상에 대한 시각과 느낌을 변화시키는 이미지 놀음을 하지만, 자신은 그대로일 것입니다.

판단 중지는 분별심을 벗어나는 방법으로 제시된 것이었지만 부처님께서는 분별심을 버리고자 한다면, 먼저 분별이 무엇인지 알아야 한다고 하셨을 것입니다. 그리고 분별을 버리거나 벗어나라는 말은, 자신의 입장에서 보는 일체법이 한계가 있으므로 자신만의 입장에서 생기는 분별을 버려야 일체에 두루한 법을 알 수 있다고 한 것입니다.

이때의 분별이란 개체적 입장에서의 분별이며 자기 입장에서의 분별을 가리킵니다. 그렇지만 자신의 입장을 떠날 수 없는 것처럼 분별도 떠날 수 있는 것이 아닙니다. 또 판단 중지 한다고 하거나 분별을 버렸다고 하는 수행자가 있어도, 그 역시 다른 이름의 분별일 뿐입니다.

이렇게 분별을 벗어나는 방법으로 남방불교에서는 판단 중지를 주장했다면 북방불교에서는 알음알이를 버린다거나 언어도단, 심행처멸을 주장했습니다. 그러나 알음알이가 무엇인지 설명한 일은 없습니다. 또한 판단이 무엇인지 판단 중지와 어떤 차이가 있는지 연구한 일도 없습니다.

그래서 판단 중지를 주장하는 남방불교는 멍하게 보거나 생각

없는 명상으로 빠졌다면, 사려분별을 금지하는 북방불교는 누구도 생각으로 알 수 없는 성품이나 불성으로 빠졌습니다. 이것은 두 문화권에서 사용된 용어인 판단 중지와 불가사량의 차이에서 발생한 현상일 것입니다.

(1) 판단 중지의 모순

판단이란 인식의 연기적 현상입니다. 인식된다는 것은 이미 판단되었다는 뜻입니다. 판단이 아닌 것이 어떤 것이 있는시 토론해 볼 필요가 있습니다. 그러면 (자신이 생각하는 판단 중지라는 것은) 자신이 만든 생각이라는 것을 발견할 수 있게 될 것입니다. 판단 중지는 버린다든가 자신의 입장을 떠난다는 데서 감각적으로 만들어진 용어입니다.

부처님의 가르침은 모든 존재가 하나의 모습이 아니므로, 판단을 중지하라는 말씀이 아니라 하나의 판단이나 결론은 모순이 발생할 수밖에 없다는 것을 이해하라는 말씀입니다. 자신의 입장에서 발생하는 판단은 자신의 입장이 아니라고 표현해도 여전히 자신의 입장일 수밖에 없는 것과 같습니다.

그러므로 판단 중지라는 이름으로 멍하게 바라본다거나 무심한 주의집중이라든가 하는 표현은 전혀 현실적이지 않습니다. 이러한 표현은 자신의 느낌일 뿐입니다. 그리고 자신의 입장에 결박되어 자신의 입장을 벗어날 수 없게 되는 가장 큰 이유는 자신의 느낌을 믿고 느낌에 의지하여 수행하기 때문입니다.

(2) 불가사량의 모순

사량 분별은 뇌의 신진대사 작용입니다. 분별이란 불수의근에 속하는 것으로 인간의 의지대로 분별할 수 있거나 분별하지 않을 수는 없습니다. 불가사량은 분별해서는 안 된다는 가르침이 아니라 개인의 입장에서 발생하는 어떤 분별로도 일체법을 알 수 없다는 것입니다.

왜냐하면 일체에 두루한 법을 하나의 기준에서 보면 반드시 원근법으로 보일 수밖에 없기 때문입니다. 그래서 개인의 입장은 언제나 모순을 벗어날 수 없기 때문에, 부처님께서는 일체의 가르침을 부정적 표현으로 설명하시는 것입니다. 무분별이라는 경지를 상상하는 수행자도 있지만, 비현실적이며 감성적인 표현입니다.

(3) 판단 중지가 가능한 사띠 염불

사띠 염불은 바라는 생각을 모두 버리고 부처님을 집중해서 부를 때 자신과 부처님을 동시에 잊을 수 있게 되며, 내면에 잠재되었던 생각이 드러나게 됩니다. 그렇지만 판단 중지라는 경지가 따로 있는 것은 아니라 집중수행의 결과로 판단 중지라는 현상이 나타날 수 있다는 뜻이며, 또 자신의 내면이 살펴질 수 있다는 것입니다.

수행을 시작할 때부터 마음이 두 부분으로 나누어졌다는 사실을 이해할 필요가 있습니다. 그래서 한 부분을 중지시킬 때만 다른 부분이 드러날 수 있는 구조이므로, 판단 중지는 수행의 필수조건이 될 것입니다.

부처님에 대한 간절한 기도는 사띠 염불의 완결이며 심리치유법일 뿐 아니라 부처님의 거룩한 법을 깨닫는 지름길이기도 하지만, 반드시 혼자 수행하는 데 머무르지 말고 선지식을 통해서 대중이 함께 공부하여, 버리는 법을 이해하고 잡지 않는 수행이 되어야 할 것입니다.

9. 사유 중지와 지관, 격외구

　남방불교의 판단 중지는 초기불교의 사유 중지에서 비롯되었습니다. 사유 중지는 개체적 사려분별로써 일체에 두루한 법을 알 수 없기 때문에, 자신의 입장을 벗어나기 위한 방법으로 제시되었던 것입니다. 그렇지만 부처님께서는 자신의 입장이 원래부터 별개로 존재하는 것이 아니라는 것을 발견하면 된다고 가르치고 있습니다.

　부처님께서는 모든 법이 하나의 모습이 아니라고 말씀하셨습니다. 하나의 법이 아니라는 것은 자신의 입장이 자신만의 입장이 아니라는 말이기도 하며, 자신의 입장이 본래 없다고 표현하기도 하고, 자신의 입장은 하나의 모습이 아니라고 말하는 방법도 있지만, 자신의 입장과 남의 입장이 구분되지 않는다고 말하기도 합니다.

　그래서 부처님께서는 어떤 수행도 권장하지 않고 이미 존재하는 그 자체에서 일체법이 구족하다고 말씀하셨지만, 후세 수행자들은 자신의 입장이 원래 존재하지 않는다는 법을 잘 이해하지 못했으므로, 우선 알기 쉽게 설명하기를 사려분별을 중지한다면 자신의 입장을 떠날 수 있고 일체법을 알기 쉽다고 설명하게 되었습니다.

(1) 지관(止觀)과 사유 중지

이러한 과정에서 성립된 사유 중지의 느낌은 집중수행에 의하여 나타날 수 있는 심리적 현상입니다. 그리하여 등장한 수행방법은 인도에서 사마타와 위빠사나가 있었다면 중국에서는 지관 수행이 있습니다. 지관 수행이란 외면적인 모든 생각을 끊고 내면적으로 자신과 법을 살핀다는 의미이며 정혜쌍수를 말하기도 합니다.

천태지의는 지관 수행을 강조하면서 이것을 선 수행이라고 표현하기도 했습니다. 그러나 지(止)의 의미가 사유 중지에 있다고 생각하는 것보다 번뇌망상을 끊고 고요한 성품으로 돌아간다고 표현하였고, 관(觀)의 의미를 알아차림이나 사띠로 표현하지 않고 성품과 법성을 살핀다고 말하고 있습니다.

그러나 지관 수행의 내용은 사유 중지를 통하여 자신의 내면이 드러나는 것을 살피는 것입니다. 복잡한 마하지관이나 공가중(空假中)이라는 추상적인 교설은 듣는 사람을 이해시키고자 노력한 바가 있지만, 치구심을 버리는 사유 중지가 고통을 해결하는 것이며 법을 깨닫는 지름길이라는 것을 이해한다면 번잡한 이론은 버려야 할 것입니다.

천태의 지관이 수행을 강조했다면 화엄의 신심은 믿음을 강조했습니다. 법장은 『화엄경』을 편집하면서 믿음을 기초하여 신해행증이라는 교학 체계를 설립했습니다. 법장은 믿으면 화엄을 이해할 것이며 화엄을 이해하면 믿는 마음이 확실해질 것이라고 생각했지만, 믿음이 사유 중지에 가장 큰 장애가 된다고 생각하지는 못했습니다.

그래서 화엄은 화장장엄세계에 대한 묘사를 중심으로 법을 설명하면서 일초직입여래지를 말하지만, 화엄의 공관(空觀)은 사유 중지를 직접 표현하기보다 법의 이치와 불세계의 모습을 살피고 연구하면 자신의 입장을 떠날 수 있다고 가정한 것입니다. 그러나 화엄의 알음알이는 자신을 버리기보다 자신을 강화시키기 쉬운 것입니다.

(2) 격외구와 사유 중지

사유 중지의 가르침은 중국불교 수행자에서 무념이나 무상을 상기시켰습니다. 도가의 가르침에서 무념무상은 수행의 목표였으므로 중국에서는 유사한 의미로 인식되기도 했습니다. 즉 겉으로 드러난 생각을 가라앉히고 내면의 본래 성품으로 환원한다는 뜻으로 인식되었다는 것입니다.

이러한 사고방식은 불성이라는 개념이 수입되면서 중국불교의 성격을 결정짓는 계기가 되었습니다. 달마 스님의 전법으로 벽관이 전해졌다고 하지만 벽관의 내용을 알지 못하므로 사유 중지라고 생각하지 않고 안심법문이라고 전하고 있습니다. 사유 중지의 목적은 개인적 시각을 벗어나는 데 있지만, 성품을 본다는 것은 가설입니다.

달마 스님이나 혜가 스님, 승찬 스님의 3대까지는 질문자의 사유를 중지시키기 위해 말끝마다 잘못된 견해를 부정합니다. 4조 도신 스님은 이러한 대화에서 막막함을 느낍니다. 그래서 그는 한 물건이라는 개념을 창안하고 전심전력으로 한 물건을 연구하고 추구할 것을 제안하게 되었고, 이것을 5조 홍인 스님은 본자청정심이라고 부릅니다.

6조 혜능 스님은 본격적으로 한 물건을 제시하면서 일체의 알음알이를 끊어야 부처의 성품을 깨달을 수 있다고 가르칩니다. 얼핏 들으면 맞는 말이었지만 결과적으로 불성이라는 목표를 제시하는 것이었으므로 사유 중지가 발생하는 것이 아니라 깨달음이라고 부를 수 있는 새로운 논리를 찾는 일이 생겼습니다.

하나의 입장에서 일체에 통하는 논리를 표현한다는 것은 처음부터 모순이었으며 탈격이나 파격이었습니다. 또 자신의 입으로 자신을 부정하는 표현도 그러하겠지만, 자신이 자신을 없다고 표현하는 무아 등은 불교의 가르침이 원래 역설적이라고 생각하기도 했습니다.

이것을 중국 선종에서는 격외라는 용어로 표현하게 되었고, 모순적이면서도 인간 사회의 경직되고 억압된 언어적 형식을 날카롭게 지적하여 마치 자유로운 사고방식을 보여 주는 듯한 표현은 당송 학자들의 찬사를 받았습니다. 이에 따라 선종의 선사들도 내용은 사유 중지였음에도 불구하고 격외라는 새로운 형식논리로 표현하였습니다.

이러한 격외구나 격외선으로 인하여 중국 선종은 알음알이의 전성시대를 맞게 되었습니다. 달마 스님의 의도와 전혀 다른 모습으로, 현묘한 이치를 역설적인 표현이나 중첩된 뜻을 나타내기도 하면서, 이런 격외구만 깨달으면 그대로 성불할 수 있다고 주장하는 조사어록이나 『무문관』 등의 서적들도 나타나게 되었습니다.

　　현대 한국불교의 간화선도 화두의 본래 목적인 칠통, 은산철벽이나 사유 중지라는 가르침은 감춰져 버리고 남이 알 수 없는 엉뚱한 격외구를 추구하는 모습을 보이고 있습니다.

10. 절언절려(絶言絶慮)

(1) 불가설이 언어 금지로 변천

초기불교의 사유 중지나 판단 중지 또는 『유마경』의 불가사의나 『중론』의 희론을 버리는 것, 또는 이제설의 제일의제(승의제)는 인간의 언어로 알 수 없다고 하는 것처럼 법은 말로 할 수 없다는 이치는, 점차 법을 말로 해서는 안 된다는 금지의 형식으로 나타나기 시작했습니다. 중국 선종의 3조 승찬 스님은 '절언절려 무처불통'이라고 했습니다.

절언절려(絶言絶慮)란 말과 생각을 끊는다는 표현으로, 말과 생각이 끊어지면 분별을 떠날 수 있으므로, 걸림 없이 자유로울 것이라고 생각하는 사람도 있고, 분별을 넘어서 텅 비어 고요하고 신령스러운 경지라고 생각하기도 하며, 온갖 언어문자로 고민을 하고 사량분별을 해도 공(空)의 가르침과는 아주 어긋난다고 말하기도 합니다.

이런 학자들은 사려분별을 끊어야 하는 이유를 모르고 도리어 사려분별을 끊을 때 높은 경지에 든다고 하거나, 공이라는 말의 의미를 잘못 이해하여 마음을 텅 비우려면 사려분별을 끊어야 된다고 생각하였으며, 사량분별만 하지 않으면 저절로 진여의 지혜가 나타난다고 하는 상상을 하기도 하였습니다.

부처님께서는 우리의 삶의 모습이 아상에 근거하고 아상에 의해서 사물을 인식할 수밖에 없다는 사실을 인식하는 것이 필요하다고 하셨지만, 듣는 사람은 아상을 벗어나기 위해 언어문자를 떠나야 하고 사려분별에 대한 부정적인 인식을 가지면서 언어도단 심행처멸을 강조하게 되었던 것입니다.

일체법을 이해하는 데 아상이라는 이름의 자신만의 입장은 항상 장애가 될 것입니다. 그래서 자신만의 입장을 벗어난다면 통하지 않는 곳이 없다고 말했으나, 『신심명』에는 절언절려할 수 있는 방법은 뚜렷하지 않고 그냥 절언절려하면 된다고 합니다. 이러한 표현은 불가능하든지 말든지, 수행하다 보면 될 것이라는 『신심명』의 특징입니다.

절언절려를 위해서 수행자들은 다양한 수행을 하기도 했습니다. 묵언을 한다거나 고요하게 명상하고자 하거나 아무 생각 없이 바라본다는 등 짓는 생각으로 수행하고자 했지만, 고요하게 만들고자 하는 생각이 시끄러운 이유가 되며, 묵언을 주장하는 생각이 묵언을 방해하는 것이며, 아무 생각 없이 바라보고 있다고 하는 생각이 따로 있는 것과 같이 우리의 사고는 역동적이며 역설적이기도 합니다.

집중은 이러한 문제를 해결하기 위해 고안된 수행방식입니다. 집중수행의 목적은 끊는 데 있으며 버리는 데 있습니다. 혹시 어떤 수행자는 집중수행의 목적이 기운을 쌓는다든가 경지에 도달하기 위한 것이라고 생각하기도 하지만, 부처님께서는 쌓은 것은 무너질 수밖에 없는 필연성을 말씀하셔서, 경지는 버려야 할 대상일 뿐입니다.

즉 집중의 내용은 절언절려이며 모든 것을 버리는 것이며, 집중의 결과는 자신을 발견하는 것입니다. 『아함경』에는 우리의 마음을 여섯 가지 동물이 한 기둥에 묶여 있는 것과 같다고 표현하면서 쉴 새 없이 뛰어 나가기 위해 발버둥친다고 합니다. 그래서 집중은 수행이나 집중된 상태를 지칭하는 말이 아니라 집중하기 위해 노력하는 것을 말합니다.

마음이 하나라면 끊는다거나 버린다는 말이 의미가 없을 것입니다. 왜냐하면 자신이 자신을 버릴 수 없을 것이며 자신이 자신을 끊는다는 말이 성립되지 않기 때문입니다. 그렇지만 마음이 하나가 아니기 때문에 우리는 버릴 수 있고 끊을 수 있으며 집중할 수 있을 것입니다. 하나가 아닌 마음도 연결되어 있어서, 서로 다른 것은 아닙니다.

(2) 능동적인 면과 수동적인 면

또 마음이란 한 가지 모습이 아니므로 능동적인 마음도 있으며 수동적인 마음도 있습니다. 절언절려하는 방법도 두 가지 방식으로 구분해 보면 첫째는 능동적인 방식이며 둘째는 수동적인 방식입니다. 능동적인 방식이란 노력하고 애써서 수행하는 것이며 수동적인 방식이란 자연스럽다든가 있는 그대로라는 방식으로 생각하는 것입니다.

그렇지만 능동적으로 집중하여 용맹정진하고 자신을 돌이켜봄으로써 자신을 깨달아 보면 자신의 존재가 수동적이었다는 사실을 발견할 수 있게 됩니다. 이것은 한 가지 모습이 아닌 것을 한 가지 방향으로 구하다가 이면을 발견하는 것일 뿐입니다. 그것은 마치 손바닥만 구하다가 생각이 갈 곳이 없어지면 갑자기 손등이 보이는 것과 같습니다.

능동적 집중수행에서 주의해야 할 점은 구하는 마음입니다. 달마 스님도 경계를 했지만 치구심이 있으면 집중수행은 치구심을 따라가 경계에 빠져 버립니다. 능동적이란 아상을 강화시킬 수 있다는 뜻입니다. 아상을 버린다는 것은 아상이 아상이 아니었다는 것을 발견하는 것이지만, 아상을 버린다는 생각을 만드는 것은 아닙니다.

수동적이라는 것은 내 뜻으로 세상을 살아가는 줄 알았는데 알고 보니 내 뜻이 아니었다는 것을 발견하는 것입니다. 내 의지라는 것이 마치 내 의지처럼 보이지만 실제는 내 의지가 아니었다는 것입니다. 그렇지만 내 의지가 아닌 것을 우리는 내 의지로 삼아서 세상을 열심히 살아가면서 내 의지라고 위로하며 행복할 수 있습니다.

그래서 내 의지가 전혀 없다고 생각하는 것이나 모든 것이 내 의지만이라고 생각하는 것은 여전히 양 극단적인 인식일 것입니다. 일체유심조이므로 모든 것은 마음먹기 달렸다고 생각하는 사람이나, 이 세상 모든 것이 마음대로 되는 것은 하나도 없다고 생각하는 것은 모두 치우친 시각입니다.

이 세상을 능동적으로 지극정성 노력하며 살아간다는 것은 아상이 지극하다는 것이며, 모든 것을 신의 뜻이라고 수동적으로 생각하는 것은 또 다른 모습의 아상일 것입니다. 왜냐하면 신의 뜻이라고 인정하는 것도 자신이기 때문입니다. 그래서 능동과 수동이 둘이 아니므로 우리는 능동에서 수동을 보고 수동에서 능동을 보기도 합니다.

사띠 염불 수행은 수동적 기복을 능동적 기복으로 바꾸고 능동적이고 집중적인 고성 염불로 현재의식의 절언절려를 성취함으로써 수동적 살핌이라는 현상이 발생하여 잠재된 기억(사띠)에서 일어나는 모든 고통을 해소시키면서 동시에 법을 깨달을 수 있는 수행법이 될 수 있습니다.

11. 『유마경』과 『육조단경』의 비교

(1) 두 경전의 출현 배경

『유마경』은 부처님께서 열반하신 후 500여 년이 지나서 인도에서 편집된 글입니다. 당시는 승단 중심으로 교리연구에 몰두하던 부파불교가 성행하였습니다. 이러한 사조에 반발하여 발생한 대승불교 운동은 부처님은 법신불로, 깨달음은 보편적으로, 출가·재가 불이 사상으로 불법승 삼보를 새롭게 해석하였고 일체법을 공 개념으로 대체하면서 모든 법을 마음으로 설명하기 시작하였습니다. 『유마경』은 이러한 대승 사상을 집약하고 설명하기 위해 편집되었습니다.

『육조단경』은 520년경 달마가 서래한 후 6대째인 6조 혜능의 가르침을 편집한 것입니다. 당시의 중국은 교학적 논리로 기존의 유가나 도가와 사상경쟁을 벌이던 중이라서 현묘한 이치와 고고한 교학은 서민과 거리가 있었습니다. 그래서 이러한 사조에 반발하여 모든 번잡한 교학과 별개로 문자를 세우지 않고 마음의 직접적 체험으로 부처님의 법을 깨닫는다는 견성성불의 사상이 등장하였습니다. 『육조단경』은 이러한 견성성불의 사상을 집약하고 설명하기 위해 편집되었습니다.

(2) 『유마경』의 특징

『유마경』은 출가자보다 재가 수행자인 유마거사를 재가보살이라는 모델로 설정하고 있습니다. 그는 출가자의 유형적이며 상대적인 면을 비판하면서 유심정토를 주장합니다. 그의 불이 사상은 보살의 병이 자비심의 표현이며 보리와 번뇌가 둘이 아니고, 부저와 중생이 둘이 아니며, 불국토와 사바세계가 둘이 아니라고 표현하지만, 실상의 진리는 형상이 없어서, 생각이나 말로 할 수 없는 공의 경지라고 가정하고 있습니다.

이러한 유마거사의 불이 사상은 불완전하고 선택적인 논리로 이루어져 있습니다. 그에게서 깨달음과 알음알이는 둘이며 절대평등과 상대는 둘로 나누어져 있습니다. 또한 실상과 공의 경지라는 가설을 제시함으로써, 불이 사상을 몰각하고 생각할 수도 없고, 말할 수도 없는 추상적인 경지로 수행자들을 이끌고 있습니다. 마치 출가를 비판하면 보다 현실적이라고 생각할 수 있겠지만, 이것이 또 하나의 비현실적인 모습을 보이고 있습니다.

유마거사의 불이 사상에 대한 시도는 좋았지만 철저한 불이가 아니라 선택적 불이가 될 수밖에 없었던 것은 법에 대한 무지와 방향성을 추구하는 것이 원인일 것입니다. 이러한 결과는 경의 전반부의 번뇌즉 보리라는 표현이 후반부에서는 번뇌즉 깨달음의 가능성으로 바뀌고 있습니다. 이것은 유마거사가 법을 한 가지 모습으로 파악하기 때문에 불가사의 해탈이라는 환상을 만들 수밖에 없었던 이유로 보입니다.

(3) 『육조단경』의 특징

『육조단경』은 수많은 교학과 전혀 상관없이 마음을 깨달은 6조를 모델로 하고 있습니다. 그는 어떤 교학도 언급하지 않고 '즉심즉불'을 강조합니다. 『단경』에서는 무념을 종으로 삼고 모양 없음을 몸으로 삼고 머무름 없음을 근본으로 삼는다고 합니다. 이것은 대승불교의 여러 개념들을 마음이나 성품으로 집약시키게 되었습니다. 이러한 시도는 모든 교학을 벗어나서 생활 속에서 쉽게 부처님 법을 접할 수 있는 보편성을 제시할 수 있는 방법이 되었습니다.

그러나 현묘한 교학을 벗어난다고 해서 바로 현실적일 수는 없었습니다. 『단경』에서 제시하는 무념의 내용은 진여 본성을 말하는 것으로 모든 법을 보되 마음이 물들어 이끌리지 않는 경지가 있다고 상상한 것입니다. 『능엄경』에 말하기를 본다는 것은 이미 물든 것이며 끌리는 것입니다. 모든 경계에 물들지 않는 추상적인 무념이나 진여 자성은 또 하나의 환상이 되고 말았습니다.

(4) 두 경전의 같은 점과 다른 점

『유마경』과『육조단경』은 출현 목적이 비슷합니다. 기존의 추상적인 교학이나 번잡한 이치를 벗어나서 자신의 마음을 깨침으로써 모든 법을 이해할 수 있다는 점입니다. 그렇지만『유마경』은 불이 사상으로 절대평등이라는 경지를 설정하고 침묵으로 경지를 보였다면,『단경』은 물들지 않는 무념이라는 경지를 설정하고 밖으로 모든 생각과 경계를 부정함으로써 안으로 움직이지 않는 진여정념을 얻을 수 있다고 가정하는 것입니다.

두 경전은 부처님의 말씀인 경전이 아니라 수행자가 편집한 것이지만, 그 가르침의 의미를 살려 경이라고 존중한 것입니다. 그럼에도 불구하고 두 경전은 부처님의 가르침과 달리 가설을 제시하고 추상적인 경지를 주장하고 있습니다. 당시 인도인들에게 보살의 질병은 자비심의 표현이라는 불이 사상은 충격적이고 혁신적이었으며, 역시 중국인들에게 수많은 교학 외에 비밀스럽게 전해졌다는 견성성불의 사상은 현묘한 이론의 홍수 속에 휩쓸리던 많은 사람들에게 지식적 평등을 보였으므로, 새로운 세계와 새로운 불국토를 여는 데 큰 희망의 메시지가 될 수 있었습니다.

(5) 두 경전의 문제점

『유마경』과『단경』이 주는 불국토 건설의 의미는 분명합니다. 그러나 그 과정에서 설정된 가설은 또 다른 어리석음의 원인이 되었습니다. 『육조단경』은 돈오로써 모든 것을 버릴 것을 제시하였으나 36대법에서 보이는 것처럼 이것을 말하면 저것으로 부정하는 방법으로 어떤 것도 잡지 못하고 세우지 못하면 마침내 중도에 이를 것이라고 표현합니다. 이것은 중도나 무념이나 본래면목도 잡을 수 없다는 것을 몰각한 것입니다.

　『유마경』이 선택적 불이 사상에 근거하여 불가사의 해탈을 주장하였다면 『단경』도 또한 선택적 대법을 주장하여 진여무념이라는 새로운 가설을 제시한 꼴이 되었습니다. 부처님 법이 일체에 두루하여 적용되지 않는 곳이 없지만, 수행자들의 선택적 적용은 말은 비슷하지만 잘못된 가르침이 많은 사람을 어리석게 만드는 원인이 되었던 것입니다.

Ⅳ. 알음알이(解)의 역사

다문제일 아난

부처님의 사촌동생으로서 출가한 후 주로
부처님을 시봉하면서 공부하였다. 그래서 부처님의 법문을
누구보다도 많이 들었다. 또 부처님의 법문을
가장 많이 외우기도 하였다.

1. 앎의 양면

앎이란 인류 역사에서 중요한 정보로 전해져 왔습니다. 인간에 삶에 있어서 수많은 난관이 있었지만, 인류의 문화는 그러한 자연의 재난을 극복하는 지혜를 짜내었고 재난을 극복할 때마다 기억이라는 기록을 통하여 후손들에게 삶의 지혜를 전수하였고 이러한 삶의 지혜는 지식과 문화라는 이름으로 전해져 왔습니다.

그러나 앎에도 법의 모습과 마찬가지로 이면의 모양이 있고 역정보가 있으므로 앎으로써 독이 되고 병이 되는 경우도 있습니다. 그러므로 '아는 것은 힘이다'라는 말과 '아는 것은 병이다'라는 말이 공존하고 있습니다. 이렇게 앎이 이득도 되지만 손해가 있음에도 불구하고 지금까지 많은 수행자들은 한쪽으로 치우친 입장에 서 있었습니다.

(1) 앎이 손해라는 입장

아는 것은 자신만의 입장에서 아는 것이기 때문에 어떻게 표현해도 자신의 관점을 벗어날 가능성은 없습니다. 이것은 유심론이나 관념론으로 설명할 수 있을 것입니다. 이러한 이데올로기적 관점을 벗어날 수 있는 방법을 연구하였으나 특별한 방법이 없었으므로 인류는 침묵이라는 수단을 선택할 수밖에 없었습니다. 그냥 말을 안 하면 된다고 생각했던 것입니다. 이러한 침묵은 많은 이득이 있었으며 사회적 관계의 안전판이 되기도 하였습니다.

그러나 침묵의 문화는 많은 문제점을 가지고 있었습니다. 대화단절은 문화단절을 가져왔을 뿐 아니라 인간관계의 단절을 초래하고 말았습니다. 인간 사회의 가장 큰 특징은 언어적 표현이라고 해도 과언이 아니었지만, 묵언이나 침묵은 개체성을 강화시키고 인간관계를 차단시킴으로써 사회를 해체시키고 분열을 조장하여 수많은 고통과 투쟁의 직접적인 원인이 되었습니다.

표현을 하지 않고 감정을 억제하는 것은 높은 경지의 수행과 뛰어난 정신능력이라고 생각하였으며, 얼굴에 사소한 감정을 표출하지 않는 것이 상대에 대한 배려라고 생각했을 뿐 아니라, 경쟁사회에서 살아남는 유일한 방법이라고까지 이해하게 되었습니다. 이러한 사고방식은 만들어진 얼굴로 살아가는 것을 자랑스럽게 생각하면서 자신도 자기 마음을 알 수 없게 되는 원인이 되었을 뿐 아니라 생활 속에서 어떠한 행복도 느낄 수 없게 되었고 오직 목표 지향적 인간을 양산하는 체제를 만들고 말았습니다.

목표 지향적 생활방식은 지금 이 자리에서의 행복을 이해할 수 없는 행동으로 만들고 말았으며 끝없이 추구하면서도 왜 살아야 하는지 알 수 없는 딜레마에 빠지게 되면서, 도리어 목표 달성에 더욱 큰 장애를 만들기도 하였습니다.

목표 지향적 사고는 가정에서 육아를 담당하는 여성을 우울증에 빠지게 만들었으며 방향을 알 수 없이 치닫는 현대 사회를 발전이라는 미명하에 치열한 경쟁사회로 내몰게 되었고, 어디로 가는지 알 수는 없지만 지금 이 순간을 부정하고 벗어나고자 하는 몸부림으로 표현되고 있습니다. 그리고 자신이 설정한 목표가 임시적이었다는 것을 잊어버리고 목표와 어긋나는 모든 것에 대하여 적대감을 가지게 되면서 나와 남을 나누어 투쟁을 일삼는 사회를 만들고 있는 것이 현실입니다.

(2) 앎이 이익이라는 입장

이 세상의 변화는 알 수 없으므로 미리 정보를 알아서 대비해야 될 것입니다. 그래서 인류는 지구상에 살아남기 위한 방법으로 수많은 정보를 축적해 왔으며 이러한 정보의 독점은 계급을 형성시키고 사회 지배세력을 이루어 왔습니다. 그러나 그 정보나 지식이 한 쪽으로 치우쳐 있었기 때문에 어느 정도까지는 설득력을 가지고 대중을 지배할 수 있었지만, 세월이 흐르면서 내재되어 있었던 부정적인 정보로 인하여 멸망할 수밖에 없는 결과를 보이기도 하였습니다.

예를 들면 조선 초기는 성리학이 이 사회를 개혁할 수 있을 것이라는 생각으로 성리학자인 사대부가 집권하였고 개국에 큰 역할을 할 수 있었지만, 성리학의 독단적인 면으로 인하여 조선 사회는 분열되었고, 마침내는 성리학적 사상 때문에 멸망하고 말았습니다. 또 고려 초기 왕건은 불교의 통합적 사고로서 삼국을 통일하였지만, 불교의 정치 단체화는 또 다른 사회분열의 원인이 되었습니다.

그래서 역사 속의 수많은 건국자들은 당시의 사회에 적합한 대의명분을 가지고 나라를 건설하였지만, 도리어 그러한 대의명분의 한 면으로 인하여 멸망하는 직접적 원인이 되기도 하였습니다. 마치 주나라의 봉건제도가 나라의 근간이었지만 멸망의 원인이 된 것과 같습니다.

(3) 앎의 문제점과 필요성

공자는 온고이지신(溫故而知新)이란 말처럼 옛것을 돌이켜 지금을 살핀다면 후회하는 일을 더 이상 하지 않을 수 있을 것이라고 주장했습니다. 마치 재판에서 판례를 중시하는 것처럼, 미리 법을 이해한다면 우리는 안전장치를 설정할 수 있을 것이며 손해 보지 않고 살 수도 있을 것입니다.

그러나 문제는 앎의 내용에 있습니다. 아는 것은 아무리 잘 알아도 자신만의 한계 안에서 일어나는 앎이라는 것을 이해해야 할 것입니다. 그러나 대부분은 그렇게 생각하지 않고 내가 말로 하면 다른 사람도 알 수 있을 것이라고 생각합니다.

그래서 가장 가까운 부부도 대화를 하면 부부대화라고 하지 않고 부부싸움이라고 부르는 것처럼, 대화로써 소통하는 것이 거의 불가능에 가까운 것입니다. 그렇지만 대화를 통하지 않고는 다른 방법이 없다는 것을 이해할 필요도 있을 것입니다. 그것도 상대방이 항상 오해를 할 수밖에 없다고 생각하고 대화하는 방법뿐일 것입니다.

(4) 알음알이와 지혜

고대 인도에서도 오랜 세월 동안 알음알이의 문제점을 지적한 면이 있어서 우파니샤드라는 사상이 생겼습니다. 우파니샤드는 무릎 사이라는 뜻으로 두 사람만의 비밀한 면이 있다는 표현입니다. 그러나 부처님이 나타나셔서 알음알이를 극복하고 깨달음의 지혜를 말씀하기 시작하였습니다. 이때의 알음알이는 일시적이며 뗏목과 같다는 것을 늘 강조하시면서, 부처님이신 당신의 말씀도 언제든지 틀렸다고 말할 수 있음을 강조하셨습니다.

그러나 후세 학자들은 이러한 사실을 잊어버리고 부처님의 법을 '공(空)'이라는 신비적인 용어를 사용하여 표현하기 시작하였습니다. 왜냐하면 말로 표현할 때마다 모순이 생긴다고 생각하였기 때문입니다. 그러나 모순을 벗어나는 것이 아니라 모순이 그대로 법이라는 것을 몰랐기 때문에 한쪽으로는 알음알이를 비난하고 다른 쪽으로는 지혜라고 부르게 되었던 것입니다.

2. 알음알이의 대응책

알음알이는 생활의 지혜로 작용하는 면이 있었으므로, 살아가는
데 많은 도움이 되었습니다. 그러나 동시에 새로운 병의 원인이 되
었습니다. 왜냐하면 알음알이는 항상 한 가지 면으로만 인식되기
때문이었습니다. 그러나 알음알이의 병폐를 강조함에 따라 알음알
이 자체에 대한 연구도 알음알이로 치부되기 시작하여 알음알이에
대한 연구는 거의 불가능하게 되었습니다.

또 알음알이를 부정하기 위한 갖가지 논리와 새로운 수행법으로
인하여 알음알이는 더욱 부정적 대상으로 전락하였고, 법을 공부하
는데 수많은 단계는 부정되고 사라지면서, 공부하는 사람은 깨닫는
것과 무지몽매함의 두 가지로 나누어지게 되어 부처와 중생으로 구
분되었습니다.

(1) 알음알이를 부정하는 논리

알음알이가 문제가 생긴다고 생각한 수행자들은 첫 번째로 우선
아는 것을 부정하기 시작하였습니다. 안다는 것은 인식의 문제이므

로 인식의 오류를 지적하였습니다. 아는 것을 분석하는 것보다 아는 것 자체를 부정하고 아는 것이 아니라는 논리를 구사하기도 하였습니다. 이것은 소크라테스처럼 너 자신을 아는 것처럼 보여도 아는 것이 아니라고 말하는 것과 같습니다.

두 번째는 말의 모순을 지적하는 방법이었습니다. 말이란 언제나 전달에 오류가 있을 수밖에 없다고 생각하여 침묵을 새로운 방법으로 제시하기도 하였습니다.『유마힐경』은 이러한 모순적 입장에 서 있는 대표적인 경우입니다.

세 번째는 신비적인 입장을 설정하여 인간의 앎과 다른 별개의 경지를 주장하는 방법도 있습니다. 새로운 경지에 들 때는 평범한 사람의 앎과는 다르다고 표현하였습니다. 대부분의 대승경전은 이러한 입장에 서 있다고 말할 수 있습니다.

넷째는 오직 특별한 체험으로만 가능하다고 주장하면서 그러한 체험이 아니면 다른 것은 모두 부정하고 인정하지 않습니다. 중국의 선사들의 입장이 여기 있고, 혹시 아는 소리를 해도 그 체험이 얼마나 강하고 크냐에 따라서 인정하거나 하지 않는 잣대로 삼기도 합니다. 작은 체험은 체험이 아니라고 보는 입장입니다. 그래서 여러 번의 체험이나 여러 종류의 화두를 말하기도 하는 것입니다.

(2) 알음알이를 부정하는 수행의 특징

자신이 옳다는 것을 버리는 방법은 여러 가지가 있습니다. 수많은 고생을 하면서 자신의 사고방식의 모순에서 원인을 찾을 수도 있지만, 그것은 정말 자존심이 상하는 일이 될 것입니다. 그러나 거룩하고 영원한 진리를 공부한다는 미명하에 새로운 알음알이, 새로운 지식을 공부한다면 자존심을 충족하면서도 자기혁신을 성취하기 위함이라고 말할 수 있을 것입니다.

그래서 더 훌륭하고 고차원적인 원리, 즉 둘이 아니라든가 본래 없다든가 하나의 모습이 아니라는 법을 이해하면서 원래 알았던 것의 모순을 발견하게 되었고, 그 모순으로 인하여 생겼던 병을 고치게 되었다고 생각하지 않고, 도리어 새롭고 거룩한 알음알이를 얻음으로써 자신이 훌륭한 존재가 되었다고 생각하면서 보살의 수행으로 전법을 빙자하여 다른 사람 위에 군림하는 새로운 병이 생기고 말았습니다.

외형적으로는 보살의 길을 추구하지만, 가정 내에서는 마음을 여는 대화가 없고 배우자를 어리석은 중생으로 인식하여 포기하고 내 말을 들어주는 다른 사람들과 그룹을 만들고 가르쳐야 한다는 사명감으로 인생을 즐기게 됩니다.

그래서 하나의 깨달음을 얻는 것이 하나의 병을 얻는 것임을 알면서도 그 깨달음을 벗어날 수 있는 방법을 모르기 때문에 자신의 알음알이에 빠지게 됩니다. 그 결과 다른 사람도 자신처럼 알음알이에 빠지도록 만들기 위해, 전법한다는 명분으로 쉴 사이 없이 가르치면서 수행을 멀리하게 만들고 버리지 못하게 하는 일이 발생하였습니다.

이러한 사람들의 특징은 버리는 수행을 이해하지 못하고 알음알이를 중시하여 새로운 알음알이를 추구하는 것을, 깨달음을 추구하는 것이라고 오해하게 된다는 것입니다. 이러한 종류의 수행자들은 다음과 같은 여러 가지 수행적 특징을 보이게 됩니다.

① 체험 강조

자신이 먼저 느낀 바가 있어서 갑자기 큰 알음알이가 생긴 사람은 다른 사람을 볼 때, 사람들이 부분적인 알음알이에 머물고 있다는 사실을 발견하게 됩니다. 그래서 누구나 가지고 있는 부분적인 알음알이를 벗어나게 하기 위한 방법으로 체험을 강조하기 시작하였습니다.

그러나 큰 체험으로 인하여, 알음알이는 더욱 강해지고 넓어질 수 있었음에도 불구하고 강해지고 넓어진 체험은 생활 속의 어디서나 작용하였으므로 스스로 모든 법을 다 안다고 착각하기에 이르렀습니다. 그러나 시간이 지나면서 그러한 체험이 희미해지면서 알음알이도 따라서 희미해진다는 것을 발견하게 되지만, 그때는 이미 늦어 버려서 과거의 체험은 더 이상 살아나기 힘들게 되고 맙니다.

이때 이르러 체험을 돌이켜 생각해 보기도 하지만, 이미 과거의 체험이므로 기억 속에만 존재한다는 것을 이해하게 됩니다. 그리고 여기서 벗어나는 방법으로서 계속적인 수행과 용맹정진이 요구된다고 생각하게 되어 죽을 때까지 열심히 수행하는 무리가 생기기도 하였습니다. 그러므로 하나의 체험을 중시하고 그것을 근거로 또다시 새로운 체험을 추구하게 되면서, 법을 연구하거나 체험을 얻었다고 생각하는 자신의 한계를 벗어나는 것은 불가능하게 되고 말았습니다.

② 직관 강조

여기서 수행자들은 체험이라는 갑작스럽고 신속한 심리적 변화를 겪으면서 그 동안 막혀 있던 어리석음이 한 순간에 해결되는 것처럼 보이면서 억지로 생각하려고 노력하지 않아도 저절로 모든 법이 보이고 이해된다고 생각하게 되었습니다.

이러한 개인의 심리적 경험을 근거로 수행자들은 '직관(直觀)'이라는 새로운 인식법이 따로 있다고 생각하게 되었습니다. 그러나 심리적 인식방법이 특별한 것이 아니라 조금 빠르거나 조금 늦은 차이일 뿐이며 미리 생각해 두었던 것과 지금 새로 생각해 보는 것의 차이일 뿐임에도 불구하고 특별한 수행의 경지라고 오해하게 된 것입니다.

또 직관적 표현방식은 체험한 이후의 일인데도, 새로 수행하는 사람들이 수행은 직관적으로 해야 하고 사려분별을 해서는 안 된다고 여기게 되었습니다. 이러한 오해로 인하여 많은 수행자들은 처음부터 연구하지 않고 아무 생각 없이 시간을 낭비하는 일이 발생하게 되었습니다.

그러나 우리의 생각을 분석해 보면 저절로 우러나는 것처럼 보이는 것이 있고 억지로 짓는 것처럼 보이는 것으로 나누어 볼 수 있습니다. 저절로 일어나는 것을 직관이라고 부르고 억지로 짓는 것을 사려분별이라고 부를 수 있지만, 깊은 사려분별이 잠재의식까지 통해서 무심코 생각이 일어나는 것처럼 보일 때, 이것이 직관이 되는 것입니다. 또 직관이 느려지고 생각이 막히면 사려분별이 되는 것이므로 생각의 깊이의 차이일 뿐이지, 원래부터 다른 것이라고 나눌 수는 없을 것입니다.

③ 분별 금지

분별이란 생각하고 연구하는 것이며 인식의 기능입니다. 그러므로 분별을 벗어나서 생각한다거나 인식한다는 것은 있을 수 없는 일입니다. 그럼에도 불구하고 개인적 체험을 근거로 하여 마치 분별하지 않을 수 있는 직관적 경지가 따로 있다고 생각하는 사람들이 생겼습니다. 그 원인은 개인의 수행적 입장에서 살펴볼 때, 자신의 생각이 점차 가라앉고 고요해지면서 마치 아무 생각도 일어나지 않는 것처럼 보일 때가 있다는 것입니다. 이것은 보는 사람의 기준에서 충분히 있을 수 있는 상황입니다.

그러나 큰 나무만 보다가 초원을 보면 평평한 것처럼 보이지만 사실은 조그마한 관목이나 잡초들이 무성한 것이며 잔디밭이 평평한 것처럼 보여도 수많은 풀이 있는 것과 같습니다. 그러므로 기준이 변하면 다시 조그마한 생각들이 보이게 될 것입니다.

이러한 과정을 알지 못할 때 자신의 느낌에 의지하여 아무 생각도 일어나지 않는다고 단언한 결과, 마치 남이 알지 못하는 자신만의 경지에 도달하였다고 주장하게 되는 것입니다. 여기서 분별을 떠나서 수행하기를 권장하는 이론이 발생하게 되었던 것입니다.

또 우리의 의식 상태는 한 가지로 이루어진 것이 아니라 드러난 큰 생각(현재의식)과 감추어져 있는 조그만 생각(잠재의식)으로 이루어져 있습니다. 그래서 정신 집중을 통해서 한 가지 경계로 통일하려고 할 때 심층의 잠재의식이 항상 장애가 되는 것입니다.

그러다가 현재의식의 잡다한 번뇌가 정리되고 청소되어 고요해지면 마치 마음이 열리는 것처럼 감추어져 있던 생각들이 드러나게 됩니다. 그래서 잠재의식 속에 존재했던 많은 생각들이 풀어지고 쉬어지며 드러나면서 해결되어 더 이상 마음에 붙잡아 둘 필요가 없을 때, 비로소 정신 집중이 가능하게 됩니다.

만약 잠재의식 속에 적대감이나 충격으로 인한 상처 등의 문제가 있으면 정신 집중은 불가능해지며 절에서는 이것을 업장이 두텁다고 불러왔습니다. 정신 집중을 하지 못한다는 것은 현재의식과 잠재의식에 서로 배치되고 반대되는 입장이 존재한다는 뜻이며, 발목 잡는 생각이라고 부를 수도 있을 것입니다.

이러한 심리적 문제로 인하여 사회적응도 어려울 뿐 아니라 갖가지 정신적인 병을 보이기도 하며, 작은 면으로는 공부하는 데 있어서도 기억력을 떨어뜨리는 직접적인 원인이 되기도 합니다.

그러나 수행을 통해 정신 집중을 체험해 본 입장에서 이러한 구조적 모순을 발견하지 못하고, 다만 감각적인 면에서 아무 생각도 없는 경지가 있을 수 있다고 생각한 나머지, 처음부터 아무 생각도 하지 않으면 쉽게 경지에 도달할 수 있게 된다고 착각하는 일이 생겼습니다. 이러한 착각은 신비적인 종교적 체험을 강조하는 원인이 되었습니다.

이렇게 사려분별을 금지하는 사상은 신선 사상(道家)에 차용되어, 다른 생각은 아무것도 하지 않고 오직 기(氣)에 집중하고 기를 모아서 기체(기의 몸)를 만드는 수행방식으로 오인되기도 하였습니다. 그러나 다른 것을 추구하거나 무엇인가를 만들기 위해서 집중하는 것은 불교공부의 목적이 아닙니다.

불교는 원래부터 자신에게 존재하였던 일체법을 발견하고 이해하는 것으로서, 새로운 것을 만드는 것이 목적이 아닙니다. 정신 집중은 수행하는 가운데 일어날 수 있는 현상에 불과할 뿐입니다.

그러므로 사려분별을 하지 말라고 해도 그렇게 되는 것이 아니므로 이러한 가르침은 모순이 될 것입니다. 그런 말보다 '구하는 생각(馳求心: 치구심)'이나 '짓는 생각(造作心: 조작심)'을 하는 것이 자신을 살피고 연구하는 데 장애가 된다는 것을 이해하라고 말하는 것이 옳을 것입니다.

④ 깨달음을 특별하게 보는 시각

깨닫는 것은 자신의 논리적 사고방식이나 자신의 개념 또는 자신의 방식으로의 삶이 벽에 부딪쳐서 고통을 느낄 때, 그러한 문제들을 질문을 통해서 또는 자신을 돌이켜보다가 자신의 생각이 잘못되었다는 것을 느끼면서 기존의 가졌던 생각이 깨뜨려지는 현상을 말합니다.

그런데 이러한 현상은 모든 생각들이 꽉 막힌 것이 마치 제방이나 댐에 물이 막힌 것과 같아서 둑이 터지거나 댐이 터질 때는 막혔던 것들이 동시에 터져 나오기 때문에 발생하는 것입니다. 그래서 생각이 막혔던 기간이 길면 길수록 터져 나오는 에너지는 클 수밖에 없습니다.

그래서 터져 나오는 생각의 변화가 순간적이어서 충격적으로 다가온다는 것이며 그 충격으로 인하여 갑자기 이 세계가 전혀 다르게 보이고 전혀 다르게 느껴지는 현상이 발생합니다. 깨달음이 순간적일 수밖에 없는 이유가 여기에 있으며, 깨달은 사람이 자신을 돌이켜보지 못하는 이유도 여기에 있습니다. 왜냐하면 관찰자의 위치가 갑자기 바뀌는 것이 마치 동굴 속에 갇혀 있다가 사방이 터져 있는 산꼭대기로 옮겨간 것과 같기 때문에, 처음에는 무슨 일이 일어났는지 알지 못하는 경우도 많습니다.

그렇지만 누구나 변화가 큰 것이 아니며 변화가 작을수록 새로운 상황에 적응하면서 기존의 사고방식을 바탕으로 새로운 환경에 적응하면서 새로운 이치나 지식을 습득하기가 쉬울 수도 있습니다. 그러나 너무 변화가 클 때는 어떤 새로운 것도 알지 못하게 될 뿐 아니라, 생각은 텅 비어서 마치 아무것도 없는 것처럼 느낄 수도 있습니다.

그리고 다른 수행자가 어떤 현묘한 이치를 말하거나 깊은 경지에 이르렀다고 말해도, 그러한 수행의 반대 방향과 병통이 쉽게 보이기도 하고 그야말로 입만 벌리고 눈만 찡긋해도 그런 수행자들이 붙잡혀 있는 생각의 실마리들이 저절로 보이기도 합니다. 그래서 일체가 전도되었다고 표현하기도 합니다.

그러나 작은 변화와 조그마한 깨달음을 느낀 사람은 금방 현상의 세계에 적응하는 것이, 하룻밤만 푹 자고 일어나도 어제 무엇인가를 느꼈던 기억만이 남아 있을 수 있기도 합니다. 그럼에도 불구하고 그 느낌이 있고 난 이후에는 어떠한 종류의 법이나 이치나 화두와 깨달음이라 할지라도 약간의 연구나 생각할 수 있는 시간이 주어지면 알지 못하는 것은 없게 됩니다.

그럼에도 이러한 모든 깨달음들은 시간이 지나면 충격이 가라앉고 다시 평범한 사고방식으로 돌아오게 됩니다. 그렇지만 기억 속에 생각의 잘못이 각인되어 자신만의 기준이 모순일 수밖에 없음을 뼈저리게 느끼게 되어, 생각이 유동성을 갖게 됩니다. 또 이러한 체험이 있는 사람들은 세상의 어려운 일을 해결하는 데 있어서, 새롭고 창의적인 아이디어를 쉽게 내는 경우도 많습니다.

이런 사고의 유동성은 이 세상에 적응하고 살아가는 데 많은 도움이 되며, 수많은 난관을 타파하는 데 큰 힘이 되어 능력을 인정받기도 합니다. 그러나 이런 능력이 사고의 깨뜨려짐에서 발생하는 일이라는 사실은 잘 알지 못하는 경우가 대부분입니다.

그러나 이러한 현상이 발생한 이후 그들은 자신이 남들과 다른 무엇인가를 깨달았다고 생각하기 쉽고 또 자신이 다른 사람과 다른 특별한 면이 있다고 생각하는 일이 발생하게 되었습니다. 마치 위인전에 표현된 것처럼 남달리 뛰어났다거나 남달리 현명하다거나 하는 것들은, 수행자나 속인이나 마찬가지로 큰 병이 될 수 있습니다.

왜냐하면 원래 있었던 사실을 몰랐다가 새롭게 느꼈던 것뿐이며 어떠한 새로운 법이나 이치라고 할지라도 익숙해지면 새로운 것은 없을 것입니다. 그래서 단지 자신의 생각만 바꾸면 쉽게 깨달을 수 있다고 말하기도 하지만, 어떤 수행자는 이것을 아주 특별하거나 별스럽고 신비하게 생각하여 자신과 남을 어리석게 만들 수도 있다는 것입니다.

그들은 다른 사람들도 깨닫게 만들고자 하였으나 체험은 개인적인 것이므로, 크게 깨달으면 크게 깨달을수록 더욱 더 주관적인 경향을 보이게 되었을 뿐 아니라 이러한 주관적 경향이 강하면 강할수록 다른 사람과 소통하는 것은 더욱 어려운 일이 되고 말았습니다. 그뿐 아니라 깨달았다고 생각하는 사람끼리도 서로 통하지 않게 되는 일이 발생하였습니다.

왜냐하면 무엇을 깨달음이라고 하는지 분명하게 알지 못하기 때문에 내면적 깨달음을 외면적인 면에서 찾고 확인하고자 하는 시도를 할 뿐 아니라 격외라는 특별한 대화법을 쓰기도 하고 누가 더 빨리 내납하는지 경수하기도 하고 때로는 방할이라는 순간적이며 직관적 호통을 침으로써 상대방의 생각을 막는 것도 지혜라고 생각하게 되었습니다.

이러한 시도들은 5가 7종이라는 다양한 모습의 알음알이로 표출되었고, 서로가 자신이 깨달은 것이 가장 분명하고 확실하다고 주장하면서 깨닫지 않은 사람을 불쌍하고 어리석다고 생각하게 되었습니다. 그렇지만 수많은 제자를 양성하면서도 한 사람의 내면도 자세히 알 수 있는 방법은 없었으므로 10년 시봉이나 40년 시봉까지 하는 일도 있었습니다.

또 어떤 수행자는 대화할 필요조차 느끼지 않게 되면서 스스로를 훌륭한 사람이라고 생각하고 자신을 사회에서 소외시키고 외로워하면서, 쉽게 죽는 것도 수행이라고 생각하고 책에 쓰기도 했습니다. 방거사 어록이 대표적인 것입니다.

이렇게 나눌 수 없는 것을 나누고 가르칠 수 없는 것을 가르치려고 할 때, 많은 문제가 발생하고 자신을 특수한 존재라고 착각하게 되면서 종교적 지도자가 되기도 하고, 다른 사람을 불쌍하다고 생각하고 자신을 전법의 보살이라고 생각하면서 자존심으로 삼기도 합니다. 이러한 알음알이는 큰 병이 될 것입니다.

이러한 경향의 원인은 알음알이를 부정하면 바로 깨달음을 얻을 수 있을 것이라는 가정에서 비롯하였습니다. 그리고 알음알이를 부정하는 형식을 격외라는 표현에서 찾게 되면서 『무문관』이나 『벽암록』을 편집했지만, 점차 깨달은 사람과 깨닫지 않은 사람을 구분할 수밖에 없는 함정에 빠지는 일이 발생하였습니다.

3. 알음알이의 기원

(1) 알음알이의 기원

부처님께서는 이 세상 모든 존재의 모습이 하나의 모양으로 이루어진 것이 아니라고 말씀하셨습니다. 그러나 우리가 사물을 인식하는 형태는 이것과 저것을 구분하면서 하나의 모양으로 형상을 짓고 하나의 의미를 부여하여 일대일 대응으로 기억한 후 그 기억을 토대로 자신의 기준을 설정해 두는 방식으로 이루어져 있습니다.

이러한 하나의 형상과 하나의 의미는 드러난 하나의 생각이며 모습일 뿐이었지만 하나의 느낌으로 느끼면서 자신의 감각을 따라갈 때 하나의 형상과 의미는 현실이 되었고 동시에 고통의 원인이 되고 말았습니다. 부처님께서 사성제를 연구하실 때 고통이 무엇인가 하는 질문은 내가 생각하는 고통이 아니었다는 것을 발견할 수 있게 하는 질문이었으며, 고통의 원인은 무엇인가 하는 것은 고통이란 감각 속에서 살아 있는 법의 모습을 발견할 수 있도록 가르쳐 주신 것입니다.

그러나 자신의 감각기관을 유일한 판단 근거로 삼는 세상 사람의 입장에서는 법의 다양성을 모르는 바는 아니지만, 때때로 자신의 문제에 봉착할 때마다 감각기관을 근거하지 않을 수 없었고 감각기관의 느낌만 진실이라고 생각하면서 고통스러워합니다. 그리고 이러한 자신의 느낌은 다른 사람이 알 수 있는 것이 아니라고 생각합니다.

이러한 잘못된 인식을 고치기 위해서 부처님께서는 바른 법의 모습을 '깨달음'이라고 부르기도 하고 '삶의 지혜'라고 칭하기도 했지만, 배우는 사람이 새로운 법과 새로운 깨달음을 구하려고 애쓰기 때문에 두 가지 방식으로 표현하게 되었습니다.

첫째는 인간은 누구나 자신의 감각기관에 의지하여 인식하는 것은 오류가 있을 수밖에 없다고 말씀하시고, 둘째는 법이 전혀 새로운 것이 아니라 이미 알고 있는 것의 이면(裏面)이며 나의 아는 것과 다르지 않다고 표현하시기도 했습니다.

후세의 수행자는 첫 번째의 인식을 두 번째 인식으로 바꾸고자 노력하면서 첫 번째의 인식을 알음알이라고 불렀고 두 번째의 인식을 깨달음 또는 법이라고 억지로 구별하였던 것입니다. 억지로 구별한다고 표현하는 이유는 알음알이 속에 깨달음의 법이 있고 깨달음의 법 속에 알음알이가 있기 때문입니다.

이렇게 법과 알음알이는 구분할 수 있는 것이 아니기 때문에 부처님께서는 수많은 법을 말씀하시면서 이 모든 법을 뗏목이라고 표현하기도 했고, 후세 학자들은 방편이라는 표현을 쓰기도 했습니다. 그렇다고 방편 이외에 또 다른 법이 있다고 말하지는 않았습니다.

또 부처님께서는 응병시약(應病施藥)이라고 말씀하시기도 했습니다. 약은 병이 있을 때만 약으로써 기능하는 것입니다. 병이 아닐 때는 약도 아니란 뜻입니다. 이때 병이 아닐 때의 약을 '알음알이'라고 불러도 될 것입니다.

마찬가지로 법도 고통을 발견하고 고통을 치료하고자 할 때 법이 될 수 있지만, 고통에 대한 치료가 아니라 그냥 많이 아는 쪽에 선다면 알음알이일 뿐입니다. 우리가 공부하는 구경의 목표는 이와 같이 고통을 치유하는 데 있다고 해야 할 것입니다. 남보다 많이 알아서 잘났다고 하기 위한 것이 아니란 뜻입니다.

(2) 원시불교의 알음알이의 문제점

알음알이로 인하여 처음 문제가 생긴 것은 가섭이었습니다. 그는 스스로 법을 깨달았다고 생각하고 스스로 판단하여 부처님이 거룩하시다고 생각합니다. 그리고 질문하거나 대화할 필요성을 느끼지 못합니다. 그리고 홀로 수행하면서 떠나갑니다.

그는 자신의 깨달음이 옳다고 생각하였고, 말할 필요가 없다고 생각하여 침묵을 즐겼으며 대중과 어울리는 일은 없었습니다. 가섭과 사리불의 논쟁은 없었습니다. 가섭은 그의 알음알이로 인하여 사후에 그의 제자는 거의 없어졌습니다.

두 번째로 문제가 생긴 것은 데바닷따였습니다. 그는 법의 한 면을 보고 좇았으며 당시의 수행자들 가운데 유명하고 훌륭한 모습으로 보이기를 원했습니다. 그래서 부처님이 한 사람의 고통을 해결하는 것을 보고 늘 불만스러워했습니다. 그것보다 당시의 많은 종교 지도자들처럼 수많은 수행자 가운데에서 존중받고 단체를 만들기를 원했습니다. 그러나 부처님께서 찬성하지 않으시자, 스스로 승단을 떠납니다.

그리고 자신의 종단을 만들어 많은 수행자를 모으고 단체를 결성하기도 하였습니다. 그러나 한 사람의 고통을 확실히 해결하는 방향이 아니었으므로 가섭보다는 오래갔지만, 그의 가르침도 오백 년 후 한 책에 이름만 남아 있게 되고 맙니다.

4. 초기불교의 알음알이

부처님께서 열반하신 후 아난이 주도가 되어 법을 설하기 시작하였습니다. 부처님 사후 100년경 불제자는 거의 99%가 아난의 제자였습니다. 가섭과 데바닷따의 제자는 거의 사라지고 없었습니다. 아난은 120살까지 살았다고 할 정도로 오래 살았습니다.

아난존자는 질문보다 주로 답변하는 방식이었으므로 듣는 사람이 마음대로 생각하고 이해하는 경우가 많았습니다. 그래서 이러한 경향을 극복하기 위해서 사마타와 위빠사나라는 수행법이 생겨났습니다.

(1) 사마타와 위빠사나의 의미

법을 듣고 이해하는 사람은 자신의 현재의식에서 생각하고 분석하는 방식으로 이해할 수밖에 없습니다. 그래서 잠재의식의 감정적 문제에는 전혀 영향을 미치지 못하고, 듣고 논리적으로 이해하는 것이 대부분이었습니다. 그래서 법을 들어도 그때뿐이었으며 감정은 전혀 변화하지 않았습니다. 이런 문제를 해결하기 위해서 체험을 강조하고 직접 수행하기를 권장하면서 생각으로 아는 것은 아는 것이 아니라 체험으로 느낀 것만 아는 것이라고 말하기 시작하였습니다.

이때 위빠사나는 법을 연구하고 분석하는 논리적인 부분이었으므로 현재의식에서만 통용되는 것입니다. 이 부분은 생각하고 토론하며 대화하여 문제점을 찾고 법을 이해하는 것을 말합니다. 그러나 항상 자신의 생각하는 한계 안에서 따지고 토론하므로 자신이 아는 한계 안에서 생각할 수밖에 없었습니다.

이러한 문제를 해결하기 위한 방법으로 수행하는 것을 강조하였으니, 이때의 수행은 집중하는 방식으로 사마타 수행이라고 불렀습니다. 자신의 한 가지 생각에 집중할 때, 생각 속에 있는 자기중심적 번뇌 망상들이 제거되면서 자신을 억압하는 현재의식이 희미해지고 잠재의식이 드러나게 됩니다. 왜냐하면 자기중심적인 생각이 현재의식을 잠재시킴으로써 내면적이며 감정적인 잠재의식을 만드는 원인이 되기 때문입니다.

이렇게 집중수행하는 사마타 수행은 머리로 알고 가슴으로 느끼지 않던 부분을 고칠 수 있는 면이 있었습니다. 그래서 부처님 열반 후 100년이 지나면 점차 많은 수행터가 생기기 시작하는데 대표적인 모습이 동굴법당이었습니다.

이때의 수행은 위빠사나를 중심으로 하고 사마타를 보조수단으로 시작했지만, 장로들이 하나둘씩 열반에 들면서 점차 토론은 줄어들게 되었고 질문을 받아줄 장로가 없었으므로 수행자들은 점차 사마타를 수행의 중심으로 인식하게 되었던 것입니다. 그러나 이러한 모습은 대승불교가 발현하면서 깨달음의 체험을 강조하는 논사가 출현하여 다시 위빠사나가 중심이 되었지만, 용수의 이제설과 체험을 강조하는 면으로 인하여 법의 담론의 무의미성이 부각되었을 뿐 아니라 공유논쟁의 발생은 불교학을 분열시키고 말았습니다.

(2) 사마타와 위빠사나의 관계

초기에는 부처님의 설법이 중심이 되었으므로 위빠사나가 불교의 핵심이라고 생각하였지만, 부처님께서 열반하신 후 아난이 설법하면서 점차 알음알이의 문제가 제기되기 시작하였습니다. 일부에서는 아난존자가 120살이 되어 기억이 희미해져서 믿을 수 없다고 말하는 제자들이 출현하면서 이에 실망한 아난존자가 열반에 들 수밖에 없다고 표현한 기록도 있습니다.

이에 사마타는 위빠사나의 알음알이를 보조하는 입장에서 새로운 수행으로 도입되었지만, 수행하는 가운데 깨달음이라고 할 만한 알음알이의 급격한 변화는 위빠사나와 체험이 합쳐져서 대승불교의 깨달음이라는 개념을 만들어 내었습니다. 그래서 인도의 논사들은 위빠사나를 중심으로 하면서 사마타를 참고하였다고 볼 수 있습니다.

그러나 후세 학자들은 사마타의 결과가 위빠사나라고 생각하거나 위빠사나의 결과가 사마타라고 생각하게 되었습니다. 왜냐하면 심리적 구조를 단순하게 생각하여 위빠사나를 지혜(知慧)라고 번역하고 사마타를 정(定)이라고 번역하면서 정을 근거로 지혜가 발생하고 지혜를 근거로 정이 생긴다고 생각하게 되었습니다.

이러한 생각은 정이라는 것이 따로 있다고 생각하는 착각이 있으며, 번뇌를 벗어난 지혜가 따로 있다고 생각하는 교학적 입장이 부각되어 발생한 문제일 것입니다. 정과 지혜는 직선적 논리의 시작과 끝이 아닐 뿐 아니라 정과 지혜를 따로 정의할 만한 것이 존재할 수 없다는 점에 주의해야 할 것입니다.

지금도 많은 사람들은 계·정·혜 삼학이라고 부릅니다. 불교는 정학이나 혜학이 따로 있지도 않지만, 정이나 혜조차도 따로 존재할 수 없다는 것입니다. 사마타나 위빠사나는 인도 당시에 있어서 수행자들의 모습에서 일시적으로 나눈 것을 말하는 것뿐입니다.

5. 사마타 수행

 '고통이 무엇인가'에 대한 답변과 해결책으로 나타난 수많은 지혜들은, 후세에 『아함경』에 부처님의 가르침으로 기록되었습니다. 그러나 이러한 지혜들은 특정한 고통에 대한 해결이었으므로 병에 대한 약으로서 효과가 있었습니다. 그래서 종류가 다른 병에 대해서는 역시 약도 다양하였고 때로는 약성이 서로 반대일 때도 있었습니다.

 그래서 하나의 가르침만 반드시 옳다고 할 수 있는 것이 아니라는 입장이 되어 점차 법을 알 수 없게 되었을 뿐 아니라, 듣는 사람이 자신의 입장에서 적당히 이해하는 모습이 되어 '알음알이'로 부르게 되었습니다. 알음알이는 잘못되었다는 뜻보다 하나의 입장에서 이해하는 임시적인 지혜일 뿐이라는 말입니다.

 학자들은 방편이나 대기설법이라는 용어를 만들기도 했지만 맞는 말이 아닐 것입니다. 왜냐하면 부처님의 가르침은 일체법이므로 항상 전체를 말씀하시지만, 듣는 사람의 입장에서 방편이냐 진설이냐로 구분하여 다르게 이해하는 것입니다. 또 듣는 사람이 다양하므로 다양한 모습으로 듣고 이해할 수밖에 없음에도 불구하고 가르치는 사람이 상·중·하를 구분하여 가르쳤다는 것은 잘못된 표현일 것입니다.

부처님의 일체법은 듣는 사람에게 다양하게 들리므로 알음알이의 발생은 필연적이었습니다. 부처님께서는 알음알이로 알음알이를 없애는 방법으로 말씀하셨지만, 후세의 수행자들은 부처님의 말씀조차도 알음알이를 벗어날 수 없다는 표현에 거부감을 느끼고 부처님의 지혜와 중생의 지혜를 구분하기 시작하였습니다.

그리고 개체적 알음알이를 벗어나기 위한 몸부림으로 수행을 강조하고 체험을 주장하기 시작하였습니다. 수행방식은 과거의 수행자들이 했듯이 번뇌를 가라앉히고 고요함에 머무르려고 노력했습니다. 그러나 우리 마음의 구조가 겉으로 드러난 현재의식과 잠재의식으로 이루어진 복합적 구조이므로, 현재의식을 고요히 하고 생각을 그친다고 해도 아무 생각이 없어지는 것은 아니었습니다.

그뿐 아니라 한 생각이 고요해지면 금새 다른 생각이 일어나며, 현재의식이 고요해지면 내면에서 다시 생각이 떠오릅니다. 마치 큰 생각이 가라앉으면 조그마한 생각들이 쉴 새 없이 일어나는 것과 같습니다. 그래서 이에 대한 대책으로 고안된 수행법이 집중이었습니다. 이러한 수행을 사마타 또는 번뇌의 그침이라고 부르기도 했습니다.

집중은 하나의 생각에 집중함으로써 다른 생각을 가라앉히는 좋은 방법이 될 수 있었습니다. 그러나 집중을 강조하면서 번뇌를 가라앉히는 것이 목적이었던 초기의 생각을 잊어버리고, 집중하는 데 따른 새로운 경지에 집착하는 오류가 생기는 일도 있었습니다.

사마타의 목적은 버리는 데 있습니다. 그러나 집중하는 사마타 수행은 단계를 설정하고 점점 깊고 높은 경지에 이를 것이라는 오해를 일으키기도 하였습니다.

집중수행의 형태는 하나의 생각에 집중함으로써 현재의식이 고요해지면서 잠재의식이 조금씩 드러나는 현상이 발생하게 됩니다. 그런 과정에서 점차 작은 생각들이 보이기도 하고 맺혀 있던 스트레스성 오해들도 사라지면서 생각이 고요한 상태가 될 수 있습니다.

그러나 이때 주의해야 할 점은 집중하는 생각이나 단어의 개념에 따라 다른 방향으로 흘러갈 수도 있다는 것입니다. 집중하는 사람의 사고방식에 따라서 한 생각의 의미를 가질 수 있고 수행자가 내면적으로 가지는 의미에 따라 집중되는 에너지가 흘러갈 수 있다는 것입니다.

그래서 이러한 수행은 위험할 뿐 아니라 미신에 빠질 수도 있고 큰 병이 날 수도 있습니다. 그것은 마치 어린아이 손에 날카로운 칼을 쥐어 주는 것과 같습니다. 이러한 면에서 사마타 수행의 목적은 그치는 데 있으며 버리는 것임을 이해할 필요가 있고, 일념에 집중하는 것은 허상이며 나만의 기준에서 일어나는 현상이라는 것을 이해해야 한다는 것입니다. 왜냐하면 일념이나 집중이 기준에 따라서 다르게 변화하고 다르게 느껴지기 때문입니다.

요즘도 많은 수행자들이 명상을 수행한다고 하고 고요하고 행복한 경지에 머무른다고 주장하기도 합니다. 그러나 얼마나 고요한 것을 고요하다고 판단해야 하는 것은 자기 기준에서 적당히 정한 것이며 감각적인 것일 뿐이므로, 어리석고 허망한 생각일 것입니다. 불확실한 기준에서 시작한 수행은 불확실한 결과를 낳게 될 것입니다.

또 어떤 학자들은 끊임없는 수행을 하라고 강조하기도 하고 '사띠 수행'이라는 용어를 쓰기도 합니다. 사띠란 집중할 때 발생하는 판단 중지의 상태에서 잠재된 기억이 돌출하는 것을 알아차리는 수행입니다. 그렇지만 우리의 생각은 잠시도 멈추지 않고 끊임없이 변하기 때문에 끊임없는 수행을 강조하는 것은 실현 불가능할 뿐 아니라 허상에 빠질 우려가 많습니다.

또한 높은 경지를 추구하고자 억지수행을 하는 것은 상기병을 일으키기도 하고 환상에 빠지기도 합니다. 수행을 열심히 하는 것은 필요하지만, 끊임없이 하지 않으면 안 된다고 생각하는 강박관념은 만드는 수행이 되어 자신을 살필 수 없고 오히려 장애가 될 수 있습니다.

그래서 부처님께서는 외형적인 수행을 강조하지 않으시고 내면적으로 우러나는 생각을 살피라고 말씀하셨습니다. 이것이 바로 고통의 문제를 연구하는 고성제인 것입니다. 인간의 관심을 끄는 가장 큰 부분은 고통이기 때문이며 고통스러울 때만 끊임없는 수행이 가능한 것입니다.

법이란 안팎으로 구하는 생각을 버리고 자신을 연구하여 고통을 해결하는 데서 드러나는 것이며, 지금까지 살아오면서 만들어 왔던 자신의 모든 것을 버릴 수 있을 때 비로소 새로운 지혜가 알음알이의 모습으로 드러난다고 보는 것이 좋습니다.

6. 위빠사나의 기원

부처님께서는 출가하시면서 기존의 전통으로 내려오던 사마타 수행을 시작하였습니다. 그러나 수행의 특징은 노력하는 것이었으므로 노력하면 효과가 있고 노력하지 않으면 효과가 사라지는 것이었습니다. 즉 선정에 들었을 때는 고요하고 편하지만, 선정에서 나왔을 때는 해결되지 않는 인생의 문제가 다시 고개를 들었던 것입니다.

부처님께서는 이러한 사마타 수행에 몰두하였지만, 선정의 경지에 들어갔더라도 그 상태에 머물 수 있는 것이 아니었습니다. 마치 선정의 깊은 경지는 백조가 물 위에 떠 있기 위해 물 속의 발을 끝없이 젓고 있는 것과 다르지 않았습니다. 왜냐하면 이 세상의 모든 것은 변화하기 때문에 선정의 경지도 다르지 않았던 것입니다.

그러나 깊은 선정에 머물러 있지 못하는 이유를 수행의 부족이라고 생각하신 부처님께서는 6년 동안 고행으로 집중수행하게 됩니다. 또 습관의 문제일 수도 있기 때문에 끊임없는 수행을 지속하였지만, 6년이 지난 어느 날 홀연히 떠오른 생각은 수행의 허망함이었습니다. '쌓은 것은 무너질 수밖에 없다'는 아주 사소하고 단순한 논리는 부처님으로 하여금 일시에 모든 고행을 멈추게 만들었습니다.

사마타의 정신 집중은 항상한 것이 아니었으며, 항상할 수 있는 것도 아니었고 항상해서도 안 되는 것이었습니다. 왜냐하면 인간의 삶은 다양한 모습을 가지고 있기 때문입니다. 집중도 필요하고 분산도 필요한 것입니다. 일념이 필요하지만 일념을 버려야 할 때도 있습니다. 동시에 모든 것을 보고 듣고 살아가야 하는데, 하나밖에 보지 못하는 일념은 오히려 장애가 될 수도 있습니다.

인생의 행로가 정해지면 생활이 안정되고 편안하다고 생각할 수 있지만 답답하고 지루하며 무료해서 살맛이 나지 않는 면도 있습니다. 그러나 정해지지 않으면 늘 새롭고 혁신적이며 참신하다고 하지만 늘 불안할 것입니다. 그래서 월급자는 경영자가 되기 어렵고 경영자는 월급자가 되기 어렵다고 합니다.

모든 생각을 포기하고 극복하며 집중하는 사마타 수행에 익숙했던 부처님께서는 다시금 모든 수행을 포기하고 왜 이러한 수행을 하고 있는지에 대해서 돌이켜 생각해 보기 시작했습니다. 그러면서 출가할 때부터 생각해 왔던 당신의 문제가 떠올랐습니다. 그것은 어머니는 왜 돌아가셨는지? 나는 또 왜 살아야 하는지? 등의 삶의 문제였으며 존재의 문제였습니다.

그러나 이것은 무엇을 열심히 하는 것이라기보다 돌이켜 생각해 보는 것이었습니다. 그렇다고 그 문제를 연구하지 않으면 안 된다고 생각하고 그 문제 말고 절대 딴 생각을 해서는 안 되겠다고 마음먹는 것도 아니었습니다. 오랫동안 마음에 있었던 문제였는데 그동안 사마타 수행한다고 바빠서 미처 생각해 보지 못한 것뿐이었습니다.

다시 말하면 사마타 수행한다고 목표를 세우고 모든 생각을 집중해서 열심히 쫓아가는 수행만으로는 법을 연구하거나 자신을 돌이켜 생각해 볼 수 있는 심리적 여유가 있을 수 없다는 것입니다. 부처님께서는 6년 동안 사마타 수행으로 인하여 도리어 공부를 할 수 없었다고 말할 수 있다는 뜻입니다.

그렇게 열심히 수행하던 사마타 수행과 고행을 포기하고 그야말로 생각의 벽에 봉착했을 때 부처님께서 할 수 있었던 일은 돌이켜보는 일밖에 없었습니다. 이때 부처님께서 마주쳤던 문제가 삶의 문제였으며 고통의 문제였다고 볼 수 있을 것입니다. 생각의 벽에 봉착한다면 누구나 자신이 평상시 해결하지 못하고 마음에 걸려 있던 문제가 드러날 수밖에 없습니다.

이때 부처님께서는 고통이 무엇인가에 대한 문제를 제기한 것으로 보입니다. 차후 많은 분들과 상담할 때 부처님께서 항상 하시던 질문이 바로 이 문제였습니다. 이때 고통이란 문제는 바로 인식의 문제이며 실존의 문제를 말한다고 볼 수 있습니다. 그리고 이 문제에 대해서 많은 사람들이 크게 깨닫기도 했다고 합니다. 왜냐하면 이것은 인식의 바탕을 돌이켜보는 것이었기 때문입니다.

이렇게 공부란 인식의 바탕을 돌이켜보는 것으로 시작하는 것이며, 세상의 모든 믿음과 알음알이는 바로 인식의 바탕을 발견할 때 무너진다고 볼 수 있습니다. 그래서 자신의 모든 믿음과 알음알이로부터 벗어날 수 있을 때가 비로소 자신을 버리고 자신을 극복할 수 있게 되는 길이 될 것입니다.

그러나 이러한 심리적 변화의 시작과 결과에 대한 관찰이 분명하지 못했기 때문에 많은 수행자들은 단지 부처님의 질문을 수행의 시작이라고 생각하였고, 후세에는 이름만 남아서 위빠사나 수행이라고 불렸던 것입니다. 비파사나 또는 위빠사나라는 말은 '고통이 무엇인가'라는 뜻의 산스끄리뜨 'Vipassana'의 음역일 뿐입니다.

근래에 들어와서 남방불교의 위빠사나 수행이라는 말이 수입되었지만, 그것은 남방에서 관찰하고 통찰하는 수행을 위빠사나 수행이라고 새롭게 명명한 것이라고 보입니다. 도리어 북방불교에서는 집중하는 수행이 아니라 '생각해 보는 것'을 의미하는 용어로서 선(禪) 또는 선나(禪那)라는 이름이 전해지게 되었습니다.

그러나 이러한 선(禪)도 중국식으로 새롭게 노력하고 애쓰는 방식으로 변화하게 되어 부처님의 가르침은 희석되었습니다. 즉 현재의 선수행자들은 부처님의 가르침이 질문과 의심에 있다는 데는 동의하지만, 의심하는 것이 쉽지 않다고 생각하여 참선 수행을 각고의 노력으로 비상한 수행이 필요하다고 오해하고 있습니다.

부처님의 질문이 다만 현실에 있으며 의심도 단지 자신의 이해하고 인식하는 방식의 문제에 있다는 것을 이해한다면 누구나 쉽게 깨달을 수 있을 뿐 아니라 일체법을 이해하는 것은 어렵지 않겠지만, 신비적 격외문답과 거룩한 선지식이 초래하는 아상(잘 났다는 것)의 유혹은 벗어나기 어려운 함정이 되고 말았습니다.

7. 위빠사나의 변천

부처님께서 연반에 드시자 수행자들은 부처님 법을 공부하는 체계를 세우고자 하였습니다. 부처님께서는 집중수행을 권장하시지는 않았습니다. 왜냐하면 당시의 수행자라면 누구나 집중하는 방식만 다르지만 대부분 사마타 수행에 몰두하였고, 높은 경지에 이르기만 한다면 마침내 변치 않는 경지가 있을 것이라고 생각했던 것입니다.

그러나 부처님께서는 쌓은 것은 무너진다는 이치로 집중수행의 한계를 발견하셨습니다. 모든 것은 변하기 때문에 아무리 높은 경지라 해도 머물러 있을 수는 없다는 뜻입니다. 이렇게 일반적인 집중수행의 풍토에 찬물을 끼얹은 부처님께서는 평생 고성제라는 질문적 가르침을 베풀게 되었습니다.

고성제란 질문의 형식과 고통의 내용으로 이루어져 있습니다. 이때 고통은 현실 인식을 말하고 질문은 의문을 내포하고 있습니다. 즉 고통은 인간 사회의 모든 문제를 총체적으로 지칭한 말이며, 질문의 형식 속에 의문을 제시하고 있습니다. 의문이란 자기 자신에게 던지는 질문일 것입니다.

그래서 부처님의 항상한 질문이었던 고성제는 특별한 지각 (special seeing)이라는 의미의 위빠사나라는 이름으로 하나의 정형화된 수행법이 되었습니다. 위빠사나를 특별한 지각이라고 부르는 이유는 인식 대상이 고통이며 법(무상, 무아)이었기 때문입니다.

　빨리어로서 위빠사나의 위(Vi)는 특별하거나 뛰어나다는 의미가 있지만 빠사나(passanā)는 꿰뚫어 본다거나 눈앞에 있는 것처럼 직접적 지각을 말합니다. 그래서 '있는 그대로'라거나 '통찰'로 번역하기도 합니다. 그 말은 개인적 입장의 추론이나 논증 같은 사유를 부정하고 현실(법)을 직시한다는 뜻이므로 깨달음을 의미합니다.

　위빠사나에 대한 해석과 번역의 차이는 북방불교와 남방불교에서 다른 모습으로 나타납니다. 남방불교에서는 통찰로 이해하거나 있는 그대로 또는 판단 중지의 모습으로 표현되었습니다. 통찰은 일체법을 보는 것으로 설명되기도 하지만, 있는 그대로나 판단 중지는 개인의 입장을 떠난다기보다 개인의 수행방식으로 받아들여졌습니다.

　북방불교에서 위빠사나의 모습은 달마의 역할로 인해 개인적 입장의 모순을 지적하는 벽관 수행으로 나타났습니다. 일체법을 깨닫기 위해서는 개인적 시각이 벽에 부딪쳐야 하나의 입장에서 벗어날 수 있다는 말입니다. 고성제가 법에 대한 질문과 의심으로 이루어졌던 것처럼 질문과 의심으로 이루어진 벽관은 화두 수행이라는 새로운 이름의 수행이 되었습니다.

　그래서 화두 수행의 특징은 질문과 의심입니다. 그리고 그 대상은 고통이며 인간의 현실이었습니다. 현실적 의심에 고통을 해결하는 깨달음이 있을 수 있고 현실적 질문에서 현실적 의심이 있게 됩니다. 비현실적 질문이나 의심은 알음알이로 배척되었고 어떠한 학력이나 수행도 요구되지 않았습니다.

그러나 중국불교의 화두 수행은 4조 도신 때부터 마음을 전제하였으며 불성에 대한 믿음을 내면에 깔기 시작하였습니다. 이러한 대의명분적인 믿음을 바탕으로 출발한 중국 선종은 마침내 불성이나 마음에 대한 믿음에서 발생하는 알음알이를 벗어날 수는 없었습니다. 그리고 알음알이와 깨달음은 혼재되어 방향을 잃고 말았습니다.

그럼에도 불구하고 조건 없는 깨달음의 대중화는 중국불교를 황금시대로 이끌 수 있었습니다. 선사들의 방식은 단지 수행자들에게 의심을 불러일으키는 것이었습니다. 질문의 종류는 다양했으며 의심은 일상생활 속에 어디에서나 발견할 수 있었습니다. 활구라는 표현도 여기에서 나왔습니다.

그러나 일상생활 어디서나 발견할 수 있었던 의심은, 동시에 일상생활 어디서나 발견되는 알음알이로 인하여 생각은 막히고 깨달음은 점차 오리무중이 되었으니, 생각을 하는 수행자는 알음알이를 공부하게 되었고 생각을 끊으려는 수행자는 방향을 잃고 멍청하게 되고 말았습니다.

알음알이의 발생을 가르침의 흉내에 있다고 생각하여 비밀스럽게 입실 점검을 하기도 했지만, 인쇄문화의 발달로 인하여 알음알이는 홍수처럼 쏟아져 나왔으며, 질문과 답변은 형식화되었고 질문의 다양성에 따라서 5가 7종의 종파까지 발생하는 일도 있었습니다.

그러나 아무도 혼란의 원인이 불성에 대한 믿음에서 비롯되었다는 사실을 발견하지는 못했습니다. 그리고 더 간절히 노력하고 의심하면 될 것이라는 가정과 생각을 끊고 집중하면 의심이 더 잘 될 것이라는 가설에 의지하여 지난한 노력을 요구하게 되었지만, 이 세상의 어떠한 것이라도 의심할 수 있는 수행자는 없었습니다.

이러한 위빠사나의 흐름에 반하여 위빠사나를 평범한 관찰[觀]로 해석하는 학자들도 있었습니다. 그들은 사마타를 정(定)으로 해석하여 생각을 끊는 수행으로 이해하면서, 위빠사나를 그에 상대되는 개념인 살핌[觀]으로 해석하여 생각을 굴리는 지혜로 설명하였습니다. 이것은 선정과 지혜의 두 가지 수행을 상보적인 모습으로 설명하는 것입니다. 이러한 관점은 지관타좌나 정혜쌍수로 명명되면서 이어져 왔습니다.

그러나 선정인 지(止)와 지혜인 관(觀)의 수행은 추상적이며 공부라고 하기 어렵습니다. 왜냐하면 선정이란 집중수행으로 부처님께서 포기하신 법이며, 관이란 자신을 중심으로 알음알이를 얻거나 자신을 기준으로 다양한 모습을 관하는 수행이므로 깨달음과 거리가 있는 용어입니다. 또 정에서 혜가 나온다는 것은 가설입니다. 왜냐하면 정과 혜는 상반된 개념이기 때문입니다.

8. 알음알이의 구조

(1) 알음알이의 구조

우리가 사용하는 말들은 한 가지 뜻으로 고정된 것이 아니라 다양한 뜻을 가지고 있지만, 앞뒤의 말 속에서 적당한 한 가지 뜻으로 인식되고 있습니다. 그래서 글을 읽을 때 글 밖에 뜻이 있다거나 언외의 의미가 있다고 말하기도 합니다. 그 이유는 한 가지 용어마다 고정된 한 가지 뜻으로만 대응되는 것이 아니라, 사용되는 글마다 다른 의미로 사용될 수 있다는 뜻이기도 합니다.

이렇게 하나의 단어가 문장마다 다른 뜻으로 사용될 수 있다는 것은 한 가지 단어가 여러 가지 의미를 가지고 있다는 뜻이므로, 듣는 사람도 한 가지 단어나 문장을 여러 가지 의미로 받아들일 수 있다는 말입니다. 이렇게 듣는 사람마다 자신의 입장에서 적당한 의미로 받아들이고 이해하는 것을 알음알이라고 표현할 수 있습니다. 또 우리는 누구나 자신의 입장에서 자신에게 적당한 의미로 받아들일 수밖에 없습니다.

이것을 존재의 한계로 이해하는 면도 있지만, 존재의 구조라고 이해할 수도 있습니다. 이러한 구조 때문에 우리는 누구나 알음알이를 가질 수밖에 없고, 또 자신이 이해하고 알고 있는 것은 알음알이일 수밖에 없습니다. 그러나 우리는 그러한 사실을 모르기 때문에 자신이 말하고 이해하는 것은 옳고 바르다고 생각하고, 다른 사람이 이해하고 말하는 것은 문제가 있고 부족하다고 생각하는 경향이 있게 됩니다.

왜냐하면 우리는 자신만의 입장을 떠나서 생각할 수 없기 때문입니다. 그래서 자신을 버릴 수 있는 유일한 방법이 있다면, 자기 생각이나 표현에 문제가 있다는 것을 발견하는 것입니다. 그래서 자신을 버린다는 것은 '내가 내가 아니다[비아: 非我]'라는 것을 이해하는 것입니다. 이것을 중국 학자들은 '내가 없다[무아: 無我]'라고 표현하였고, 이런 표현은 신선사상(神仙思想)의 표현과 흡사하여 많은 오해를 받았습니다.

알음알이를 공부하는 것은 알음알이를 버리기 위한 것이지만, 사실은 버려지는 것이 아니기 때문에 반대의 알음알이로 무력화시키는 것입니다. 또 혼자만 알음알이로 살아가는 것이 아니라, 누구나 자신의 알음알이로 살아가고 있다는 것을 이해할 필요가 있습니다. 말하는 사람과 듣는 사람이 모두 알음알이로 말하고 알음알이로 듣는다는 것입니다.

그러므로 자신이 말하는 것은 절대 옳고 자신이 보는 것은 분명하다고 생각하거나 자신이 말하는 것은 부처님의 원음이고 사실이며 솔직하다고 생각한다면, 얼마나 큰 오류를 만들고 남을 괴롭히고 있는지 모른다는 것입니다. 그것은 흘러가는 강물에서 티끌 하나 붙잡고, 그것을 나의 생각이며 나의 모습이라고 생각하는 것과 같습니다.

(2) 알음알이에 대한 오해

이처럼 누구나 자신의 알음알이로 살아가고 있으므로, 말하는 사람과 듣는 사람이 모두 알음알이로 말하고 알음알이로 듣습니다. 그러나 말하는 알음알이와 듣는 알음알이가 반드시 같을 수는 없을 것이므로 자신만의 알음알이를 버려서 일체에 통하는 알음알이를 공부하고자 하는 것입니다.

그러나 이런 알음알이의 구조를 상대적이라고 잘못 이해하여, 알음알이를 벗어난 상태나 경지, 또는 진실이 있을 것이라고 생각한 수행자들이 있었습니다. 그러한 가설위에서 체험을 중시하던 수행자들은 한 생각이 깨뜨려지는 순간의 체험 속에서, 그야말로 체험적이며 시각적인 경계를 발견하게 되었습니다.

감각기관의 상대적인 인식의 모순점을 미리 알지 못했던 수행자들은 체험 속에서 발견하고 느꼈던 맑고 밝은 경계야말로 알음알이를 벗어난 공이라거나 바탕이라거나 당체라는 것 등의 용어로서 인정하기 시작하였습니다. 그것은 무착의 공(空)에서 크게 부각되기 시작했습니다.

어떤 것도 잡을 수 없고 세울 수 없었던 일순간의 체험이야말로 그런 알음알이가 존재할 수 없을 것이라고 생각하거나, 그 속에 모든 알음알이가 다 녹아 있다고 상상하기도 하였습니다. 그리고 이러한 체험이야말로 알음알이를 벗어날 수 있는 유일한 방법이라고 주장하였습니다.

그러나 체험의 순간은 그야말로 순간일 뿐입니다. 그것은 경지가 아닙니다. 그럼에도 불구하고 용수는 버릴 수 없는 알음알이(희론)를 버리게 하기 위해서 『중론』을 편집하게 됩니다. 그는 무자성시공이라고 하여 개체적 성품이 없는 것을 공이라고 정하면서 즉비사상이 아니라 본무사상에 근거한 『중론』을 저작하게 되었습니다.

이러한 용수의 입장을 이어받아 중관학파가 발생하였으나 또다시 체험을 바탕으로 있다고 말할 수 없는 유(有)를 주장하는 유식학파가 발생하게 됩니다. 그들은 중관학파에게 허무한 공[無記空]을 주장한다고 비판하기 시작했습니다. 설일체유부를 극복했다고 생각했던 중관학파는 새로운 벽을 만났던 것입니다.

무착을 이은 유식학파에서는 모든 것을 식(識)으로 설명하고 중관학자들을 허무한 공이라고 비판하면서 공유논쟁은 시작되었고 불교학은 천년 분열을 시작하게 됩니다. 그 결과 인도불교는 멸망의 길로 가게 되었고 중국불교는 추상적 수행불교의 모습으로 귀착하게 되었습니다.

중국불교의 추상성을 극복하기 위한 노력으로 달마가 서래하였으나 달마의 벽관은 대중성을 강조하던 동산법문의 도신과 홍인의 노력으로 인하여 또다시 중국적 불교로 변모하기 시작합니다. 대의명분적 중국불교는 모든 수행과 깨달음을 마음으로 모으고 그냥 아는 것을 벗어나 깨달음의 체험을 주장하게 되었습니다.

이후의 선사들은 이런 체험과 직관을 주장하면서 깨달음을 강조하게 되었고, 모든 알음알이를 지해(知解)라고 부르면서 부정하기 시작하였습니다. 이러한 중국 선종의 입장은 또 하나의 알음알이일 뿐이었지만 불립문자(不立文字)를 주장하면서 침묵을 강요하였습니다.

또 여기에 근본바탕이나 성품, 또는 불성이라는 개념을 도입하면서 모든 알음알이와 사고방식의 바탕에 말로 표현할 수 없지만 알음알이를 벗어날 수 있는 불성이라는 것이 존재한다는 가설을 제시하기에 이르렀습니다. 또 그것을 체험해야만 한다는 입장을 설정하면서 알음알이에 대한 부정적 인식은 더욱 커져갔습니다.

(3) 알음알이의 부정

알음알이와 깨달음을 구분할 수 없었던 중국 선사들은 깨달음의 체험을 중시하고 체험에 의한 격외문답을 기준으로 삼기 시작하면서 알음알이를 벗어난 경지를 체험과 격외문답에서 찾게 되었던 것입니다. 그래서 벗어날 수 없는 현실적 알음알이를 부정하는 경향을 띤 중국 선종이 택할 수 있었던 마지막 길은 침묵과 수행이었습니다.

이때 수행은 노력하고 애쓰는 하나의 알음알이에 근거하여 큰 체험을 구하고자 하는 몸부림이었습니다. 수행의 강조로 인하여 중국불교는 점차 도교의 신선에 가까워졌으며 마음의 수행보다 몸의 수행으로 가는 경향을 띠기도 하였을 뿐 아니라, 체험과 격외문답은 신비적인 경향을 띠기도 하였습니다.

이에 수행에만 전념할 수 없었던 일반 대중들은 점차 불교에서 멀어지기 시작하였으며, 어디서나 두루 편재하는 알음알이를 부정하면서 현실성은 사라져 갔습니다. 그래서 깨닫기 전에는 어떤 것도 의미가 없으며 가치가 없다고 생각하게 되었습니다.

수행을 강조하면서도 미처 깨닫지 못한다면 그러한 수행들조차도 전혀 의미가 없다고 생각하였고, 깨달음과 영원의 가치를 강조하면서 법이 살아 있는 현실의 모든 문제들은 도외시하기에 이르렀습니다. 결과적으로 인간사회의 현실에 필요한 지혜와 점차 멀어져 가게 되었고 불교는 더욱더 추상화되어 갔습니다.

9. 알음알이와 법의 관계

부처님께서는 일체법을 깨닫고 많은 사람을 상담하면서 법을 표현하기 시작하였습니다. 그러나 수많은 가르침들도 법을 표현하는 것이 목적이 아니라 사람의 고통을 해결하는 것이 목적이었으므로, 고통의 구조와 고통의 원인, 그리고 고통의 존재방식에 대한 자세한 말씀은 많은 사람들을 깨닫게 할 수 있었습니다.

그리고 그 깨달은 많은 사람들은 새로운 법을 배웠다는 환희심에 젖었다고 말하기보다는 고통을 해결했다는 후련함이 더욱 컸다고 할 수 있으며, 다른 사람도 자신처럼 생각하는 방법을 배우면 고통을 해결할 수 있을 것이라고 생각하였습니다. 그래서 가전연 존자처럼 내 고향 사람들과 일가친척들에게 법을 전하러 가기도 했습니다.

이때 부처님의 가르침은 당신의 마음속에 한정되어 있거나 기억된 사실을 말하는 것이 아니라, 질문하거나 말하는 사람의 생각을 들어보고 그 생각을 따라가면서 반문하고 다시 분석하고 확인하여, 단순한 사고의 모순을 지적하면서 사고방식의 중층적이고 복합적인 구조를 설명하는 방식이었습니다.

그러므로 법을 듣는 사람들은 언제나 자신이 미처 생각하지 못했던 부분을 듣기도 하고 또는 충격적이면서 모순적으로 들을 때도 있었지만 그것은 언제나 사실이었으며 다만 잊고 있었던 부분이었을 뿐이었습니다. 이러한 표현방식을 중국 선사들은 '번뜩이는 선지(禪旨)'라고 이름하였으며, 법이며 지혜라고 부르기도 하였습니다.

이렇게 부처님의 가르침은 항상 상식을 말씀하시면서도 동시에 이면을 보이고 있었으며, 한 가지 말 속에 많은 의미가 동시에 존재하는 것을 보이기도 했으므로, 부처님의 가르침을 일체법이라고 부르기도 하고 설일체유부라는 부파가 존재하기도 했지만, 대승불교시대에는 뒤집어서 공(空)이라고 부르기도 했습니다.

왜 공(空)이라는 이름을 붙였는지 살펴본다면, 하나의 모습에 탐착할 때는 일체법을 알 수 없게 되므로 자신이라는 하나의 입장을 부정하고 기준을 떠나는 것이 일체법을 이해할 수 있는 유일한 방법이므로 자신을 부정하기 위한 극단적인 표현으로서 공이라는 용어가 채택되었으며 많은 학자들에게도 호응을 받았다고 볼 수 있습니다.

이렇게 부처님의 가르침에서는 어떠한 법도 살아 있는 현실을 보여 주는 것이었으므로, 알음알이라든가 지해라는 말은 없었습니다. 또 이러한 가르침만 소중하다고 기록하거나 다른 것이 틀렸다고 하는 말은 별로 없었습니다. 그렇지만 공(空) 사상을 표방하는 대승불교 시대가 되면서 『유마경』이나 『중론』을 필두로 알음알이나 지해를 비난하는 논조가 시작되고 있습니다. 유마의 침묵과『중론』의 파사현정은 대표적인 사례입니다.

하나의 법도 버리는 것이 없었던 초기불교는 그 후로 어떠한 법도 버려야만 하는 것으로 인식되기 시작하였습니다.『금강경』에 있어서 모든 법은 버려야만 하는 뗏목과 같다는 가르침과, 이어령 비어령(코에 걸면 코걸이, 귀에 걸면 귀걸이)식의 대기설법이라고 설하는 것은, 균형과 조화 속에 특별한 법이 드러날 수 없다는 것을 오해하여, 어떤 것도 의지할 수 없고 잡을 수도 없어서 허망하다고 생각하는 것을 법의 이해라고 오해하게 된 결과, 자신의 주장과 자신의 지식과 수행, 자신의 느낌만 의지하고 쫓아가도록 만드는 원인이 되고 말았습니다.

사실 우리가 버려야 할 것이 바로 자기 자신의 주장과 자신의 지식과 수행, 자신의 느낌이며, 알음알이라고 지적하는 것은 바로 자기 자신의 주장과 자신의 지식과 수행, 자신의 느낌일 것입니다. 부처님 열반 후 오백 년이 되었을 때 유마거사가 할 수 있었던 것은 그 수많은 논리적 가르침보다 신비적 침묵이 더욱 쉽게 보였을 것입니다.

이러한 유마의 침묵을 시발점으로 하여 불교는 말로 할 수 없는 체험의 가르침(선종)과 말로 할 수 있는 논리적 가르침(교종)의 대립으로 양분화되었고, 또『중론』과 유식으로 구분되기도 하였습니다. 이것은 인도에서 '존재의 유무'를 따지는 대립으로 표출되었다가 중국의『대승기신론』에서 여래장설이라는 믿음으로 봉합하게 되었습니다.

현재 동북아불교는 여래장설의 믿음에 기반하는『대승기신론』

의 사상에 근거하여 근본 바탕 위에 만물이 임시적으로 허망하게 세워져 있다고 보는 입장에 있습니다. 그래서 논쟁에서 방패의 입장을 가지고, 하나도 아니고 둘도 아니면서도 근본 바탕을 설하고, 그 근본 바탕을 마음이라는 개념의 추상적 입장을 설정하고 있는 형편입니다.

그리고 모든 것을 마음이라고 설명하고 있습니다. 그래서 마음을 깨닫고 마음을 찾고 마음을 닦고 마음을 수행하는 것이며, 마음이야말로 모든 것의 근본이라고 생각하고 있습니다. 이러한 표현은 현실을 외면하기 쉬운 면이 많으며 사람마다 생각하는 마음이 같지 않다는 것을 몰각한 이해입니다.

중국의 선종도 이러한 경향을 벗어나지 못했습니다. 오히려 앞장서서 이러한 입장을 대변하고 있습니다. 더욱이 선종은 알음알이를 과격하게 배격하고 공(空)을 체험할 것을 강조하고 있습니다. 알음알이 하나하나가 삶의 지혜이며 인생의 엮음이지만 이 모든 것을 한꺼번에 깨닫게 하기 위한 욕심에서 하나의 알음알이를 부정한다고 생각하지 않고, 알음알이는 막무가내로 비난하고 부정하고 있습니다.

현대 한국불교는 이러한 딜레마에 빠져 있습니다. 중층적이고 복합적인 법의 모습을 벗어나 하나의 순수한 법을 구하고자 하는 입장은 언제나 딜레마에 빠질 수밖에 없습니다. 원만한 법의 모습을 벗어나 단순한 하나의 법을 구하고자 하는 입장은 과격해지고 남을 비난하기는 쉽지만 자신의 입지도 무너지는 딜레마에 빠지게 되는 것입니다.

10. 알음알이의 인식

(1) 알음알이의 인식

알음알이는 공부하는 데 나타나는 일반적 현상입니다. 그러나 항상 도중에 있다고 생각하고 머물러서는 안 된다고 말하고자 합니다. 왜냐하면 단독으로 떨어져 있는 존재는 없기 때문이며 알음알이도 그와 같습니다. 이것을 가지고 저것을 아는 것이며 저것을 가지고 이것을 아는 것입니다. 마치 우리의 인식작용이 배경에 따라서 다르게 이루어지는 것처럼 알음알이도 그와 같습니다. 내가 사전에 어떤 알음알이를 가지고 있느냐에 따라서 새롭게 아는 것도 달라집니다.

우리가 공부하는 목표는 어떠한 알음알이도 버리는 것이지만 일체를 알기 전에는 일체를 버리기 어렵습니다. 모든 것을 이해하는 것은 모든 것을 버리는 것입니다. 6조 혜능 스님은 말하기를 "마음 가운데 한 물건도 없다."고 했습니다. 이 말은 아무 생각도 없다는 뜻이 아닙니다. 하나의 중요한 생각이 따로 있는 것이 아니라는 말입니다.

이런 말을 오해하여 마음을 가라앉히고 마음을 갈고 닦아 고요하게 만들기도 합니다. 이러한 수행은 모두 미봉책이며 공부라고 할 수 없습니다. 아무리 생각을 고요한 상태로 만들어 놓는다고 하더라도 한 가지 종류의 생각이므로 반드시 방향성을 가지고 있습니다. 그렇게 구하는 생각은 상황의 변화에 따라서 작용할 수밖에 없습니다.

수많은 수행자들은 이러한 착각에 대하여 생각해 보지 않고 그저 고요하면 생각이 잘 될 거라고 생각할 수 있지만, 고요하면 도리어 한 가지 생각에 사로잡히기 쉽습니다. 선정은 잡다한 생각을 가라앉히는 데 도움을 주는 정도일 뿐입니다. 그렇지만 선정을 즐기면서 고요한 가운데 있기를 좋아한다면 문제의식이 사라져서 자신을 연구하는 것은 불가능해질 것입니다.

그래서 다른 사람의 알음알이를 인식하기 가장 쉬운 방법은 자신의 알음알이를 버렸을 때입니다. 알음알이는 방향성이 있는 하나의 모습을 가지고 있기 때문에, 자신에게 어떤 알음알이가 있을 때는 다른 사람의 알음알이가 보이지 않습니다. 마치 보석이라도 눈에 넣으면 앞이 보이지 않는 것처럼 알음알이도 자신의 눈을 가리기 때문입니다.

자신이 자신의 모든 알음알이를 버렸을 때만 다른 사람의 알음알이를 이해하기 쉽고 잘 보이며 고칠 수 있게 됩니다. 이것이 법을 바르게 아는 것이며, 반대의 법을 아는 것이며, 하나가 아니라는 법을 이해하는 것이며, 내가 아는 것이 잘못 알고 있다는 것을 아는 것이며, 알음알이가 부분적이라는 것을 아는 것입니다.

(2) 알음알이의 경향

부처님께서 법을 설하실 때는 일체법이었습니다. 혹시 듣는 사람이 듣고 싶은 대로 듣는다고 해도 부처님께서는 동시에 많은 의미를 내포한 법을 설하셨습니다. 하나의 이치로 일체를 설하고 똑같은 법으로 반대의 것도 해결하고 설할 수 있었기에 언제나 항상 했습니다.

그러나 부처님께서 돌아가시고 난 후 법을 들은 제자들은 자신의 입장에서 이해한 법만 설했습니다. 그 법은 방향성을 가지고 있었고 기준이 분명한 모습을 띠고 있었습니다. 동시에 모든 사람이 다르게 듣는 법보다 자신의 체험이 분명한 법을 주로 설했던 것입니다. 이렇게 법은 알음알이로 변해가기 시작하였습니다.

그래서 법을 듣는 사람도 처음 부처님 말씀을 들을 때는 모든 가르침을 맞는 말씀이라고만 생각하였지만, 차후에 제자들이 법을 전할 때는 듣는 사람마다 다른, 대기설법이라는 생각으로 맞기도 하고 틀릴 수도 있다고 생각하게 되었습니다. 그리고 언제나 항상 한 부처님 법을, 때에 따라서 적당히 말할 수 있는 법으로 이해하게 되었습니다.

그 결과 가르침을 듣고 배우는 것보다 수행하는 것이 더욱 중요하다고 생각하게 되었으며, 점차 법문을 듣는 것보다 귀를 막고 수행하는 길로 가기 시작하였습니다. 또 『중론』은 알음알이를 버리면 깨달음이 있다고 말했겠지만, 아는 것을 버리는 쪽으로 가지 않고, 수행하면서 체험을 구하면 알음알이를 버릴 수 있다고 생각했습니다.

또한 수많은 법을 들음으로써 아는 것을 깨뜨리고 반대의 것을 이해함으로써 깨달음을 구하던 수행자들도 공(空)이라는 용어에 속아서 아무 생각을 하지 않고 고요히 앉아 있으면 저절로 지혜가 발생할 것이라고 오해한 나머지 아는 것을 무시하고 침묵을 지키기 시작하였습니다.

그뿐 아니라 본체나 근본 바탕, 성품, 또는 불성이 심리적인 내면의 바탕에 있을 것이라고 상상하고 믿었던 수행자들도 본 성품을 찾기 전에는 어떠한 말도 필요 없다고 생각하게 되어서 자신에 대한 관찰이나 내면의 표출을 자제하여 말하지 않게 되었고, 질문하는 문화나 담선 문화도 단절되고 말았습니다.

이렇게 침묵에 대한 알음알이가 많아지면서 점차 모든 수행자들도 공부의 방향을 잃게 되었을 뿐 아니라 전법도 점점 불가능해지기 시작했습니다. 조금 알아서는 감히 법을 설할 수 없었을 뿐 아니라, 법을 설하지 않는 사람을 존중하는 문화가 생겼을 정도가 되었기 때문에 수행자들과 불교 신도들은 점점 무지몽매해졌습니다.

다시 말하면 알음알이는 생활에 꼭 필요한 지혜입니다. 그렇지만 우리의 모든 고통은 알음알이를 하나의 모습으로 인식하고 이해함으로써 발생하므로, 반대의 알음알이를 공부하여 하나의 알음알이를 버림으로써 고통을 해결하고 깨달음을 얻을 수 있게 됩니다. 그렇지만 자신의 감각과 느낌, 또 체험을 기준으로 듣고 이해한다면 법을 알 수 없게 될 것입니다.

11. 알음알이의 결과

    이 세상에서 가장 위험한 것은 아는 것입니다. 개인이 하나의 사실을 잘못 알 때 일생을 망칠 수 있고 사회가 하나의 사실을 잘못 알 때 멸망의 길로 갈 수 있습니다. 바르게 안다는 것은, 내가 아는 것이 사실이 아니라 한 가지 면일 수밖에 없다는 것을 이해하는 것입니다.

    지혜라는 말은 안다는 뜻입니다. 부처님께서는 삶의 지혜로써 일체중생을 이롭게 하셨고, 전법이란 살아 있는 지혜를 전함으로써 일체의 공덕을 성취할 수 있다는 말입니다. 다시 말하면 부처님 당시의 인도 사회에서는 알음알이를 부정하고 침묵을 지키면서 비밀로 지혜를 전한다는 우파니샤드 사상이 있었습니다. 부처님께서는 이러한 생각을 부정하신 것입니다.

    그렇지만 지혜는 다른 말로 알음알이라는 뜻이므로 칼날의 양면처럼 이 세상에서 가장 큰 공덕을 지을 수 있으면서 동시에 가장 위험한 것입니다. 어떠한 권력이나 금력, 또는 군대의 힘이라도, 아는 것보다 위험한 것은 없습니다. 다른 힘은 당대에 끝나거나 몇 대를 갈 수 있지만, 아는 것(알음알이)이나 사상(思想)은 천 년도 가고 이천 년도 갑니다.

부처님께서는 이렇게 위험한 알음알이도 깨달음을 통하여 금새 바꿀 수 있음을 보이셨고, 또 그러한 알음알이를 지혜로 바꾸어서 영원한 행복을 얻을 수 있는 길을 보이셨습니다. 세상 사람들의 알음알이가 체험적이고 신비적이며 부분적이고 일시적인 면이 있었던 것을, 부처님께서는 논리적이고 사실적이며 일체에 두루하고 영원한 면으로 말씀하셨던 것입니다.

말하자면 부처님의 법은 한 개인만의 특별한 체험을 벗어나서 듣는 사람에게 지극히 논리적으로 들릴 수 있으며, 동시에 실제의 존재를 그대로 묘사하므로 누구도 부정할 수 없었을 뿐 아니라 눈앞의 일을 그대로 확인하는 것이므로 사실을 말씀하는 것이었습니다. 또 동시에 이러한 현실에 근거한 법이 일체에 충만하고 두루하여 영원한 법으로 작용되고 있음을 말씀하시기도 했습니다.

그러나 후세의 수행자와 학자들은 지혜를 전하려고 하면 알음알이로 들리고, 알음알이를 부정하고 체험적으로 말하자니 신비적으로 변하고 말았습니다. 알음알이를 멀리하려고 하니 지혜를 멀리하는 것과 같아서 추상적이고 신비적인 종교로 오해받게 되어서, 그저 어렵게만 들리고 비현실적인 가르침만 남게 된 것입니다.

그러므로 현대의 수행자들은 알음알이의 이러한 성질을 잘 알아서, 하나를 아는 것은 하나의 병이 생긴다는 것을 미리 알아야 하지만, 알음알이를 벗어나서 공부할 수 있는 것은 아닙니다. 그럼에도 불구하고 나의 체험과 지혜는 살아 있다고 생각하지만 다른 사람의 체험과 지혜는 알음알이이며 병이라고 생각하기 쉽습니다. 그래서 공부를 한다는 것은 하나의 알음알이를 이해하는 것이며 동시에 이러한 알음알이는 병이므로 반대의 알음알이를 또 알아야만 한다는 것입니다. 나의 체험이 크면 클수록, 알음알이가 많으면 많을수록, 새롭게 배우고 알아야 할 것은 많아지게 될 것입니다.

이러한 면에서 법문은 소중한 것입니다. 공부라는 것은 혼자서 할 수 있는 것이 아니라 법문을 듣는 것이 그대로 수행이며 법문을 듣는 것이 그대로 공덕을 짓는 일입니다. 왜냐하면 법문을 들음으로써 알음알이가 생길 수 있고 또 알음알이를 버릴 수 있기 때문입니다. 혼자서 알음알이를 버린다는 것은 거의 불가능합니다.

이렇게 대중적으로 공부하는 것이 법문을 듣는 것이며 질문하는 것이며 대화하는 것이 될 것입니다. 그래서 대중이 공부하는 것이 가장 빠르고 많은 알음알이를 만들 수 있으며 단체로 생각할 수 있게 됩니다. 그러나 혼자서 깊이 있게 생각할 수 있는 시간이나 기회는 거의 없을 것입니다.

또 혼자서 생각해서 질문하는 것은 한계가 있으며 혼자서 대답하는 것도 한계가 있습니다. 혼자서 질문하고 공부할 때는 감정에 빠지기도 쉬우며 자신만의 한계에 부딪히기도 쉬울 뿐 아니라 체험적으로 느끼기도 쉽기 때문에 병에 떨어질 확률도 높습니다.

이렇게 공부란 대화와 질문을 통해서 생각이 바뀌는 것이며 기도의 성취도 또한 생각이 바뀌는 데서 이루어지는 것이므로, 생각이 바뀌는 것을 깨달음이라고 부를 수 있고 생각이 바뀌는 것을 수행이라고 부를 수 있을 것입니다. 그리고 생각이 바뀔 때 새로운 알음알이가 생기고 생각이 바뀔 때 견고한 알음알이가 사라지기도 합니다.

이때 새로운 알음알이가 생기면 우리는 기뻐하고 자랑스러울 수 있지만, 견고한 알음알이가 사라지면 섭섭하기도 하고 부끄럽기도 하고 허전하기도 하며 창피하기도 합니다. 그러나 새로운 알음알이는 새로운 병이 될 수 있지만, 견고한 알음알이가 사라지면 견고한 병도 사라진다는 것을 이해해야 할 것입니다.

그래서 깨달음은 항상 맑고 밝고 찬란할 것이라는 생각은 환상일 수 있습니다. 다만 자신이 처한 현실과 반대의 모습을 발견하고 충격을 받는 것뿐입니다. 그러므로 현실의 어렵고 어두운 면이 있을 때의 깨달음은 맑고 밝고 찬란할 수 있지만 한계적이라는 사실을 이해해야 한다는 뜻입니다.

12. 알음알이의 원인(하나의 입장)

(1) 하나의 입장의 발생

영원하고 항상한 부처님의 말씀을 이해하는 데 가장 큰 장애가 되는 것은 하나의 중심이며 자기의 기준이며 자신의 입장일 것입니다. 하나의 입장은 전도된 시각이므로 하나의 관찰자가 우리 존재의 모습임에도 불구하고 수행자가 경계하고 버려야 할 덕목인 아상(我相)을 이루기도 하면서 수행의 중심적인 대상이 되어 왔습니다.

후세의 수행자들은 이것을 관찰자의 입장이라고 생각하지 않고 주체적 개념인 마음이라고 인식하기도 하고 마음 바탕이라는 감각적이며 체험적인 용어로 표현하기도 했습니다. 그렇게 느낌으로 표현하는 것은 듣는 사람에게 오해를 일으켜 유식학이라는 학문을 만들기도 했지만, 두루한 법을 이해하는 데 필요한 것은 하나의 입장을 벗어나는 것이었습니다.

하나의 입장을 벗어나는 데는 다양한 가르침이 있었지만, 그러한 가르침 속에 도리어 자신의 입장을 강화하는 독소조항이 들어가 있는 것들이 많았습니다. 예를 들면 부처님께서 열반에 드신 후 질문하는 일은 줄어들고 마음속으로 부처님의 가르침을 믿고 수행하는 무리들이 생겼습니다. 그들은 법신은 불멸이라고 믿고 법신 상주설을 신봉했습니다.

또 수행자의 입장에서 법을 이해하고 깨달음을 추구하다 보니까 수행하면서 생기는 수많은 알음알이는 마치 깨달음의 지혜라고 오인되기도 하면서 자신의 입장을 강화하는 수단이 되기도 했습니다. 그렇지만 수행자가 자신의 알음알이를 버릴 수 있는 방법은 거의 없었으므로 오직 모를 뿐이라든가 묵언 수행 등의 방법을 강구했지만 대책은 없었습니다.

이러한 알음알이를 버리는 방법을 강구한 『중론』은 그 대안으로 공을 제시했지만, 공은 또다시 새로운 알음알이가 되었습니다. 오히려 『중론』으로 인하여 인도불교는 공유논쟁의 늪에 빠져 고사하였으며, 『중론』의 이제설로 인하여 말 없음은 진제이며 말과 논리는 속제라는 이원론으로 빠져들게 되었습니다.

그뿐 아니라 알음알이를 벗어나려는 몸부림 속에서 알음알이를 부정하는 좋은 방법으로 채택된 것은 체험이었습니다. 중국의 수행자들은 부처님 법을 공자의 도덕과 혼동하여, 법은 알기 쉽지만 행동으로 옮기는 것은 어렵다고 생각했습니다. 그리고 행동 과정을 신해행증이라는 말로 표현하여 체험의 중요성을 강조하기도 했습니다.

이러한 법신의 믿음은 여래장 사상이 되었고 알음알이를 부정하는 노력은 중관학파를 이루었으며, 깨달음의 체험을 수행의 궁극적 목표로 삼았던 중국식 선종의 수행자들도 있었습니다. 그렇지만 불성에 대한 믿음과 수많은 알음알이, 그리고 다양한 깨달음의 체험들은 모두 다같이 수행자에게 있어서 하나의 입장을 강화시키는 데 큰 역할을 한 것은 공통점이었습니다.

(2) 세 가지 병의 특징

믿음과 알음알이, 체험은 서로 연관되어 있으며 하나가 다른 것들의 원인이 되기도 하고 결과를 이루기도 했습니다. 이러한 세 가지 병의 특징은 첫째 개인적이며 주관적이라는 것입니다. 둘째는 침묵을 강조한다는 것입니다. 셋째는 사려분별과 연구심을 부정하고 직관을 강조한다는 것입니다. 넷째는 느낌을 중시한다는 것입니다. 다섯째는 심리적 개념임에도 불구하고 마음의 구조를 하나로 본다는 것입니다. 여섯째는 수행을 중시하는 사람의 일반적 경향입니다.

첫째 특징의 결과는 다른 사람의 시선이나 의견을 듣지 못하게 됩니다. 자신의 입장에 경도되어 있을 뿐 아니라 자신만의 느낌이며 환상일 소지가 있음에도 불구하고 남들도 나처럼 생각할 것이라고 혼자만의 생각에 빠지게 됩니다.

둘째 특징은 외형적으로 남과 나를 나누고 혼자서 모든 일을 결정지을 뿐 아니라 질문도 하지 않고 말을 하지 않기 때문에 사회적 분열의 원인이 됩니다. 그리고 말하지 않는 것을 높은 경지라고 자랑스럽게 생각하기도 합니다.

셋째 특징은 사려분별을 부정하면서 멍청해지기도 하고 용맹스럽게 되기도 합니다. 직관적인 시각을 강조하면서 연구하지 않고 내키는 대로 하면서 인간적이며 자연스럽다고 생각하기도 합니다.

넷째 특징은 자신의 느낌을 중시하기 때문에 느낌에 빠져서 고통스럽게 됩니다. 그렇지만 느낌을 추구하게 되어 또 다른 환상을 만들게 됩니다.

다섯째 특징은 마음을 하나의 모습으로 파악하기 때문에 마음을 개체라고 생각하고, 세상은 마음 먹은 대로 바꿀 수 있다고 착각하기도 합니다. 또 마음을 찾을 수 있다고 주장하기도 하고 마음을 바꿀 수 있다는 희망을 갖기도 합니다.

여섯째 특징은 부처님의 공부를 수행이라고 생각하는 사람의 일반적 경향입니다. 왜냐하면 그 자리에 모든 것이 구족되어 있다고 생각하는 것이 아니라 현실을 부정하고 현실을 벗어나고자 하기 때문에 새로운 것을 추구하고 꿈을 꾸면서 열심히 노력합니다.

이와 같은 여러 가지 특징들은 불교학의 역사 가운데 빈번히 드러나는 현상들입니다. 또한 수행자들이 쉽게 빠지는 함정이기도 합니다. 그래서 어떤 수행을 하든지 미리 법의 성격을 공부하거나 『금강경』 정도는 읽고 수행하는 것이 안전할 수 있습니다. 위와 같은 세 가지 병의 결과는 현실을 벗어나서 추상적 수행이 되기 쉬울 뿐 아니라 고통을 벗어나고자 하는 목적이 도리어 고통스럽게 되는 일도 있을 수 있습니다.

V. 수행(行)의 원리

지계제일 우파리

석가족 왕가의 이발사로서 노예계급이었으나
부처님의 허락을 받고 출가하였다.
학자 출신이 아니었으므로 외형적 수행과 마음가짐에
많은 신경을 기울였다. 그래서 부처님의 계율을
잘 외운 제자로 유명하다.

1. 수행의 정의

(1) 기준을 변화시키는 것

수행이란 기준을 변화시키는 행위를 말합니다. 우리의 판단이나 시각은 항상 자신이 만든 생각들이 기준이 되어, 자기가 생각하고 느끼는 대로 보고 듣기 때문에, 좋아하거나 보고 싶은 것은 잘 보이지만 관심이 없거나 싫어하는 것은 잘 보이지도 않고 잘 들리지도 않습니다.

또 마음에 상처를 받거나 큰 고통에 부딪쳤을 때, 우리의 마음은 근심·걱정으로 가득차서 마음이 어두워졌다고 합니다. 이렇게 근심스러운 마음으로 인하여 우리의 마음에는 자신만의 기준이 발생하게 됩니다. 이렇게 자신의 기준이 분명해지고 강해지면, 기준에 적합한 것과 반대되는 입장에 대한 호불호가 나누어지게 됩니다.

이렇게 개인의 호불호에 따라서 치우쳐 있거나 근심으로 마음이 어두운 사람도 자신의 기준이 분명해지면서 나눌 수 없는 것을 나누고 벽을 만들어 소통을 할 수 없게 되므로, 기준을 변화시키는 수행을 함으로써 치우친 것을 해소하고 자기만의 기준을 떠나 모든 사람이 인정하는 법을 공부할 수 있게 될 것입니다.

이때 수행이라는 것은 자신의 생각이나 마음을 맑히는 효과를 가져올 뿐만 아니라, 감정에 사로잡혀서 생긴 판단이나 자신만의 기준에서 치우쳐 있었던 사고방식을 완화시킴으로써 반대 방향의 생각을 할 수 있게 되고, 나와 반대의 생각도 인정하고 받아들일 수 있는 마음의 상태가 되기도 합니다.

즉 수행이란 어떤 목적을 달성하기 위해 생각을 집중하는 것이라고 생각하기 쉽지만, 집중하면 집중할수록 생각이 맑아지고 밝아지는 효과가 나타나면서 자신의 집중이 어리석은 기준에서 시작되었다는 것을 발견할 수 있게 됩니다. 한편 집중하는 의미가 사라지기도 하기 때문에 판단이 흐려질 수도 있고 간혹 환상에 빠지거나 미신에 빠지기도 합니다.

특히 하나가 존재할 수 없다는 것을 모르고 일념의 경지를 추구해 갈 때, 생각이 가라앉아 고요하고 텅 빈 경계에 빠질 수도 있지만, 잡으려는 생각 때문에 마음이 쉬지 못하고 경지를 추구하게 되어 자신의 특별한 존재나 깊은 경지에 더욱더 집착하게 되어, 아상이 높아질 뿐만 아니라 보통 사람보다 조금 밝게 보고 넓게 본다고 생각하여 자신의 입장이 더욱 강해질 수 있습니다.

이렇게 수행은 집중하여 일념 정진하는 모습을 띠고 있지만, 그 내용은 집중하는 힘으로써 잡다한 생각들을 정리하고 생각을 맑히는 면이 있는 반면에, 집중하기 때문에 오히려 판단이 흐려지고 자신의 생각에 집착할 수도 있습니다. 마찬가지로 일념이 되어야 한다고 생각하기 때문에 아무 말이나 생각도 하지 않아서 어리석게 될 수도 있습니다.

즉 일념으로 집중하는 모습은 사량 분별이나 연구심을 부정하고 침묵을 강조하므로 자신이 만든 환상 속에 갇혀서 눈 감고 뛰어가는 사람이 될 수 있습니다. 경전에는 이러한 병을 예방하기 위해서 육바라밀을 설하기도 했지만, 처음부터 한 생각은 반드시 두 가지 다른 생각이 합쳐져서 이루어져 있다는 것을 이해하는 것이 더 좋을 것입니다.

수행하면 누구나 자신의 생각의 모습을 발견할 수 있겠지만, 처음부터 환상을 가지고 수행하게 된다면 큰 병이 생길 수도 있습니다. 자기 자신의 참 모습을 보고 싶어 하지 않고 추상적인 경지를 향하여 몰두하게 되어 환상에 빠져서 어리석음이 더해질 수도 있습니다. 왜냐하면 자신이 좋아하고 원하던 방향으로 쫓아가기 때문입니다. 그래서 수행이 집중하는 행위처럼 보이더라도, 사실은 모든 것들을 버리기 위해 하나의 생각에 집중하려고 애쓰는 것입니다.

(2) 존재의 구조에 의한 수행

우리 존재는 하나의 모습이 아닙니다. 그렇지만 단순하게 두 개가 합쳐서 하나의 모습이 된 것이 아니라, 드러난 모습과 감추어진 모습이 합쳐져서 하나의 모습으로 보이는 것입니다. 드러난 모습과 감춰진 모습은 언제나 상대적 구조를 갖고 있습니다. 마치 양자

역학에서 양전자와 음전자가 동시에 있지만 우리는 음전자밖에 보지 못하는 것과 같습니다.

그래서 옳은 것을 연구하면 자꾸만 틀린 생각들이 드러나고, 밝은 것을 구하면 어두운 것이 드러나며, 똑바르게 가려고 하면 굽은 모습들이 자꾸 보입니다. 깨끗한 것을 구하면 더러운 것이 잘 보이고, 맛있는 것을 구하면 맛없는 것들이 자꾸 보일 것입니다. 예를 들어 결벽증이라는 정신병은 겉으로는 깨끗한 것을 구하는 것처럼 이름을 붙였지만, 사실은 자꾸만 더러운 것이 보이는 병입니다. 이런 이름은 우리의 내면을 잘 모르고 겉모습을 보고 붙인 이름이기 때문입니다.

이러한 수행의 모습을 논리적으로 표현해 보면, 동쪽 벽을 치면 서쪽 벽이 울린다는 말이며, 이것이 있다고 생각했는데 자세히 보니 저것이 있다는 것이며, 이 문제를 연구했는데 저것이 풀어진다고 하기도 하고, 열심히 화두를 들었지만 화두는 깨지지 않고 자신이 깨진다고 말하는 것입니다. 왜냐하면 하나의 모습이 아니기 때문입니다.

수행이나 공부가 항상 이것을 구할 때 저것을 얻게 되는 것처럼, 세상 일도 돈을 구하면 돈을 벌 수 없게 되고, 남을 위하고 공덕을 지으면 돈은 저절로 따라오게 되는 것과 같습니다. 또한 자기를 버리려고 하면 자기가 살아나게 되지만, 자기만 살려고 하면 마침내 죽게 되는 것과 같습니다. 왜냐하면 자기를 버린다는 것은 모든 사람을 살리려고 하는 것이며, 자기만 살려고 한다는 것은 모든 사람을 버리려고 하는 것이기 때문입니다.

이렇게 존재의 구조가 하나의 모습이 아니기 때문에, 우리는 늘 오해하고 착각하는 일이 많습니다. 특히 일념으로 집중수행하는 것도 그와 같아서 열심히 수행하면 일념이 되는 것처럼 보이지만, 일념이 되려고 하는 순간 일념은 사라집니다. 왜냐하면 일념을 구하는 생각과 일념은 두 생각이기 때문입니다. 또 집중하는 것도 그와 같아서 부처님만 부르면 집중할 수도 있겠지만 집중하고자 애쓸 때 집중은 사라집니다.

그래서 존재의 구조에 의하여 수행의 정의를 살펴본다면 수행이란 버리는 것을 뜻합니다. 그렇지만 버리려고 할 때 버리려는 생각을 잡게 되므로 우리는 부처님의 명호만 부르게 된 것입니다. 소원도 잡으려고 하는 것보다는 수행해 보고 버려지지 않는 소원을 발견해야 합니다. 왜냐하면 외형의 소원과 내면의 소원은 같지 않기 때문에 겉으로 일어난 생각으로 인하여 내면의 진짜 소원은 감추어질 수 있기 때문입니다.

이렇게 수행이란 기준을 강화시키는 집중과 기준을 완화시키는 의심이라는 두 가지 방법으로 기준을 변화시키는 것을 말합니다. 그러나 존재의 구조로 인하여 집중의 결과는 상반된 모습으로 드러나면서 역설을 보이므로 집중은 목표가 될 수 없습니다. 그러므로 수행은 집중과 의심으로 자신의 기준을 버리는 것이 될 것입니다.

2. 수행의 목적

우리가 수행하는 목적은 소원을 성취하고 행복을 얻기 위함입니다. 그래서 존재의 구조를 연구하고 마음의 구조를 밝히며 법을 깨닫고자 하는 것입니다. 종교를 찾는 사람들은 처음에 누구나 그러한  목적을 가지고 오지만, 어느 정도 지나면 목적이 다른 이름으로 바뀌어 있을 때가 많습니다.

왜냐하면 소원성취와 행복을 구하는 데 선행조건이 필요하다고 생각하거나, 법을 잘못 이해하여 집중수행을 해서 경지에 이르러야 소원이 이루어진다거나, 남을 위해야만 복을 짓는다거나, 또는 마음의 구조를 잘못 이해하여 깨닫기 전에는 복을 지을 수 없다거나, 또는 대가를 치러야 소원이 이루어질 수 있다는 생각을 가질 때가 있습니다.

이런 대부분의 생각들은 법의 잘못된 이해에서 발생합니다. 첫째는 소원의 구조가 하나의 모습이 아니라는 것을 모르기 때문에 겉으로 드러난 하나

의 생각을 자신의 소원이라고 착각하는 경우가 많습니다. 모든 존재의 모습은 이면적 구조이므로 드러난 한 가지 생각의 이면에 반대의 생각이 숨어 있지만, 그런 사실을 인식할 수 없기 때문에 소원이 이루어졌음에도 불구하고 이루어지지 않았다고 생각하는 경우가 많습니다.

둘째는 남을 위해야만 복을 짓는다고 생각하는 것은 남과 나를 나누는 생각이 강하게 되어 현실을 잘못 이해하는 원인이 됩니다. 처음부터 내 마음속에서 내가 내가 아니라는 것을 이해하는 것, 그래서 나를 버리는 것이 남을 위하는 것과 조금도 다르지 않다는 것을 이해하는 것이 훨씬 중요합니다.

셋째는 집중수행을 해서 경지에 이르러야만 소원이 이루어진다고 생각하는 경우도 있습니다. 『신념의 마술』이라는 책을 쓴 사람도 있는데, 이러한 경우야말로 감각기관의 대상으로서 생각을 하나의 단순한 모습으로 오해했기 때문에 생긴 말입니다. 혹시 집중수행이라 말할 수는 있겠지만, 겉으로 드러난 생각과 이면에 감추어진 생각 중 어느 생각에 집중했는지 스스로 알 수 없게 됩니다.

또 집중수행하여 정신일도하게 되면 잡다한 여러 가지 생각들이 정리되는 효과가 드러날 수도 있지만, 자신이 만들었던 소원조차도 다른 생각들과 더불어 희미해지고 정리되어 버리는 경우도 있습니다. 그뿐만 아니라 법을 알지 못하면, 수행 가운데 과거에 어리석었을 때 만들어져서 감추어졌던 착각이 드러나 더 큰 병이 들기도 합니다.

넷째는 깨닫기 전에는 복을 지을 수 없다고 생각하여, 모든 것을 다 포기하고 오직 깨닫기만 바라는 경우도 있습니다. 깨달음의 환상은 남과 내가 분리되어 있다고 생각하기 때문에 나타날 수 있습니다. 깨달음은 생각의 오류가 타파되는 경우에 발생하는 느낌이므로, 남을 생각하는 마음이 지극할 때 자신의 생각을 버리기 쉽지만 남을 생각하지 않는 사람에게 있어서 자신의 생각을 버리거나 오류를 타파한다는 일의 발생은 불가능합니다. 왜냐하면 남과 내가 나누어져 있지 않기 때문입니다.

다섯째는 대가를 치러야 소원이 이루어진다고 생각하는 것도 존재를 개체적으로 생각하기 때문에 일어난 오해입니다. 남과 내가 나누어져 있기 때문에, 주지 않으면 받을 수 없다고 생각한 것입니다. 고대 사회의 희생물 제도나 바닷물에 제사 지내는 등의 문화가 그러한 사상에서 발생하였습니다. 이러한 미신은 사회를 파괴하고 어지럽히는 사상입니다. 이런 미신으로 멸망한 고대 국가(마야문명 등)가 많습니다.

여섯째는 오늘날 대부분의 종교들의 입장이 믿는 데 근거하고 있기 때문에, 몰라도 믿기만 하면 복을 받는다고 합니다. 그렇지만 믿음이란 아상(에고)의 씨앗입니다. 얼핏 보면 자신을 믿지 않고 남을 믿거나 신적 대상을 믿는다고 말하기도 합니다. 그렇지만 다시 잘 생각해 보면, 대상이라는 것은 남이라는 이름의 자신의 생각, 또는 신(神)이라는 이름의 자신의 생각의 다른 모습일 뿐입니다.

우리가 대상을 생각할 때는 자신이 생각합니다. 그래서 남을 믿는다고 말하지만 자신이 생각하는 남의 모습을 말하는 것이며, 신을 믿는다고 말하지만 자신이 생각하는 신의 모습을 말하는 것입니다. 이러한 경우는 불교에서도 마찬가지입니다. 불교나 부처님을 믿는다고 말하지만, 사실은 자신이 생각하는 불교나 부처님일 뿐입니다.

그래서 불교의 시작은 질문에서 시작하게 된 것입니다. 부처님이 일생 동안 말씀하신 내용은 '고통이란 무엇인가?'라는 질문으로 이루어진 사성제입니다. 그렇지만 부처님께서 그런 질문에 대하여 답변하신 적은 거의 없습니다. 왜냐하면 질문이야말로 그대로 가르침이며 자신을 돌이켜보는 방법이기 때문입니다.

이런 면에서 수행자가 가장 주의해야 할 일은, 자신이 만들어 놓은 대상이나 자신이 만들어 놓은 생각에 속는 것입니다. 그럼에도 불구하고 『대지도론』에서 "불법은 믿음으로 들어갈 수 있다."고 하고, 『화엄경』에서 "믿음은 부처님의 어머니이다."라고 표현한 것은 자신의 생각에 빠지라고 강조하는 것과 같습니다.

또한 모두 모여서 "믿습니다."라고 외치는 것은 각각의 머릿속에 자신만의 아상을 강조하는 것과 조금도 다르지 않습니다. 왜냐하면 이때 각각의 머릿속에 있는 대상은 각각 다르기 때문이며, 같은 생각은 아무것도 없습니다. 그래서 믿음이란 우리가 가장 버려야 할 아상(에고)의 다른 모습이라는 뜻입니다.

그래서 수행의 목적은 행복을 성취하기 위함이지만 행복의 구조나 마음의 구조 또는 수행의 구조에 대해서 모를 때는 눈 감고 달리는 사람과 같아서, 오히려 거꾸로 가기 쉽습니다. 부처님의 법에서는 기복과 수행이 다르지 아니하고 소원성취와 기복이 둘이

아니며 행복은 노력에서 오는 것이 아니라 올바른 지혜에서 온다
고 해야 할 것입니다.

3. 기도의 대상

종교를 믿는 사람 가운데는 절대자에 대한 자신만의 믿음을 가진 사람들이 많습니다. 사실을 확인할 수 있는 방법이 없지만 어쩔 수 없다고 생각합니다. 그러나 부처님 법에서는 다릅니다. 부처님 법에서는 먼저 사물의 인식 방법에 대해 설명합니다.

형광등이 보인다는 것은 배경에 어두움이 깔려 있기 때문입니다. 마찬가지로 우리의 인식은 다른 것과 차이가 나기 때문에 사물을 인식할 수 있습니다. 만약이라도 주위와 구분되지 않으면 우리의 감각기관으로는 구분할 수 없게 됩니다. 그러므로 만약이라도 절대자가 존재한다면 주위와 구분되는 절대자가 존재한다는 말입니다.

그렇지만 절대자라는 말의 의미는 유일한 존재를 말하므로, 그것 외에는 어떤 것도 별개로 존재하지 않는다는 뜻이기 때문에 주위의 어떤 존재도 가정할 수 없을 것입니다. 주위의 어떤 것도 가정할 수 없다면, 어떤 구별된 이미지를 그려낼 수 있는 방법이 없습니다.

또 어떤 사람은 태초에 빛이 있었다고 상상하지만, 빛이 인식되는 방법은 배경에 이미 어두움이 있었기 때문에 가능한 것입니다. 어두움과 구별되는 빛은 밝기(조명도)의 차이에 불과하므로 빛과 어두움은 동질의 사물일 뿐입니다. 그러한 구분은 관찰자의 시각이 기준이 되어서 구별된 것입니다.

그렇다고 해도 절대자를 상상하고 의지하고 싶어할 수 있습니다. 그러나 절대자처럼 생각할 수 있는 것은 지금 자신의 입장에서 상대적으로 느껴지는 것입니다. 예를 들면 나보다 높고 훌륭해 보이는 사람도, 나의 지위가 높아지면 그 사람이 그렇게 높거나 훌륭하게 보이지 않게 되는 것과 같습니다.

또 모든 것을 마음대로 할 수 있는 존재가 있다고 상상할 수도 있습니다. 그러나 이 세상에서 가장 고통스러운 것이 마음대로 하는 것입니다. 왜냐하면 이 세상은 이런 면과 저런 면이 동시에 있으므로 마음대로 되는 면과 마음대로 되지 않는 면이 동시에 있을 것입니다.

그럼에도 불구하고 마음대로 되는 면만 자신의 모습이라고 인식한다는 것은 항상 불만의 소지가 있을 수밖에 없을 것입니다. 또 마음대로라고 하는 그 마음의 출처를 잘 알지 못하고 그 생각이 자신의 것인지 남의 것인지 알지 못하여 다른 사람의 생각에 끌려다니는 경우도 많습니다.

그리고 마음대로라는 것이 감정적인지 논리적인지 구분되지 않아서 오해하는 경우도 있습니다. 만약 감정적이라면 절대자가 화를 낼 것을 생각만 해도 두려울 것이며, 절대자가 자신이라는 하나의 기준에서 원근법적으로 세상을 파악한다면 그 차별상과 불평등에 억울해 할 것입니다. 또 만약 논리적이라면 냉정하고 차가워서 일말의 용서도 없을 것입니다. 또 감정적인 면과 논리적인 면이 다 있다면 어떤 기준으로 판단하는지 알 수 없을 뿐만 아니라, 하나의 기준이 있다면 인간과 차이가 없을 것입니다.

불교에서는 절대적인 존재가 있을 수 없다고 하지만, 인간의 입장에서 절대적으로 보일 수 있는 존재는 있을 수 있다고 합니다. 그렇지만 하나의 존재로 보는 것이 아니라 다양한 천신, 즉 33천왕이라거나 4천왕으로 보는 등 여러 가지 표현을 하고 있습니다. 인간보다 뛰어나게 보일 가능성이 있다는 뜻입니다.

기도 수행은 소원을 비는 데서 비롯되었습니다. 그렇지만 소원을 이루어주는 대상이 따로 존재하는 것이 아니므로, 바깥으로 구하거나 남에게 부탁하는 것은 더욱 아닐 것입니다. 그럼에도 사람들은 자신이 부족하다고 생각되었으므로 외부의 대상에 기대거나 빌어야 한다고 생각하는 일이 많았습니다.

기도란 빌 기(祈) 자와 빌 도(禱) 자로 이루어져 있습니다. 즉 기도란 빈다는 말로서 외부의 대상에게 기대거나 소원을 비는 것을 뜻합니다. 그러나 소원이 이루어지는 기제를 분석해 보면, 남이 해 주는 것이 아니라 자신의 마음이 변하면서 주위를 변화시켜서 마침내 바라는 바가 이루어지게 됩니다.

그뿐 아니라 외부의 대상을 살펴보면 절대자 같은 존재를 찾고 싶어도 대상이 그렇게 생기지도 않았으므로 불교의 기도 수행은 어느 정도 다른 면이 있습니다. 우리의 기도 대상은 진리의 상징이며 대중의 대신으로 존재하는 부처님입니다. 또 부처님은 우리의 마음과 다르지 않으며 기도의 표상으로 거룩한 상호를 갖추고 있습니다. 그래서 우리는 부처님의 한 가지 모습을 보면서 기도할 때, 수행이 깊어질 때마다 생각이 바뀌어서 부처님이 다르게 보일 뿐 아니라, 염불 소리와 부처님의 명호가 거울이 되어 자신을 살필 수 있게 되는 것처럼 우리 앞에 앉아 계신 부처님도 또 하나의 거울이 되어 수행을 돕고 소원을 성취시켜 주시게 됩니다.

수행을 하지 않으면 염불의 공덕이나 염불 수행의 힘이 없는 것처럼, 수행을 하지 않고 모시는 부처님의 공덕이나 위신력도 크다고 할 수 없을 것입니다. 우리가 뜻을 모아 존경하고 의지하여 모시면서 지극정성으로 수행할 때, 부처님도 가피력이 수승하고 위신력이 더해가는 부처님으로 변해 가게 됩니다.

즉 불상이었던 부처님은 우리가 모시고 우리가 만들었지만, 수행의 힘으로 모든 소원을 성취시켜 주시는 부처님으로 만든 연후에 믿고 의지하고 기댈 수 있게 됩니다. 부처님의 가피력이나 위신력이 부처님의 형상에만 있다고 보거나, 수행하는 사람의 마음에만 있다고 보는 것은 치우친 하나의 견해입니다. 옛사람들이 첫 번째 치우친 견해를 가졌다면 지금 사람들은 두 번째 치우친 견해를 갖고 있습니다.

그러므로 기도는 자신의 힘만으로 되는 것도 아니고 부처님의 힘만으로 되는 것도 아니므로, 마음만이라는 한계와 착각에 빠지지 말고 일체에 두루한 마음은 이미 마음이 아니기 때문에 안과 바깥을 평등하게 이해하여 모든 사물을 존중하는 것이 수행자의 지혜일 것입니다.

4. 일념정진

수행은 일념으로 정진해야 된다고 생각하는 경우가 많습니다. 그러나 일념의 의미나 현상에 대해서 연구하는 일은 드물고 스스로 상상하는 일념을 향해서 매진하는 경우가 대부분입니다. 마찬가지로 수행의 내용이나 효과를 정확히 분석한 일은 드물지만, 수행하지 않으면 안 된다고 생각하는 사람은 많습니다.

이러한 경향은 불교가 중국으로 전해져 올 때부터 비롯되었습니다. 중국인들은 부처님의 가르침을 지극한 도라고 생각하고 지극한 도는 도덕의 기본이며 선행의 원인이 된다고 여겼습니다. 그래서 도덕은 누구나 알 수 있지만 도덕적인 행동은 누구나 할 수 없다고 생각했던 것입니다.

여기서 행동이 나오지 않는 도덕이나 깨달음은 도덕도 아니고 지혜도 아니라고 생각하였고, 이러한 결과로 수행을 강조했습니다. 즉 법을 도덕적 당위라고 이해하고 하나의 법으로 파악했습니다. 도덕적 당위에서 도덕적 행위는 필연일 것입니다.

그러나 부처님의 법은 도덕적 당위라는 하나의 모습이 아니라 수많은 경우의 수에서 도덕적 당위가 도출될 수밖에 없는 필연성을 말하는 것입니다. 그래서 처음에 법을 논리적으로 분석하면 마치 잡을 수 없고 고정되어 있지 않으며 인간의 알음알이로 알 수 없는 불가해한 것으로 이해하는 경우가 발생하는 것입니다.

이렇게 인간의 이해를 벗어나는 법이라는 모순을 해결하기 위해 제시된 것이 체험이며 깨달음으로 표현되었던 것입니다. 그리고 그러한 체험이나 깨달음에 도달하기 위한 방법으로 일념 수행이 제시되었습니다. 그러나 일념 수행의 의미나 자세한 설명은 없고 먼저 수행한 선각자들의 체험만 부각되었으므로 많은 오해가 있을 수 있습니다.

먼저 일념이란 하나의 생각이라는 뜻이지만 불교의 가장 기본적인 개념은 이 세상의 모든 존재가 하나의 모습이 아니라는 것입니다. 또 삼매라는 경지가 있어서 삼매에 들면 바로 깨닫는다고 말하는 사람도 있지만, 삼매도 불확실한 의미이며 하나의 체험적인 용어일 뿐인데도 그 신비적인 용어에 현혹되는 사람들이 많습니다.

여기서 체험적인 용어라는 의미는, 느낌으로 느껴지지만 실제로는 존재할 수도 없고 불가능한 경지라는 뜻입니다. 느낌은 감각기관에서 오기 때문에 감각기관의 한계를 넘으면 적멸한 경지이거나 본래 없다거나 일념이라거나 삼매라는 용어를 쓸 수 있겠지만, 모든 것은 변한다는 부처님의 말씀에 어긋나는 내용입니다.

그러면 일념이나 삼매가 존재할 수 없는데도 일념 수행을 강조하는 이유는, 생각이 복잡하고 끌리는 것이 많으면 자신의 생각이 잘 살펴지지 않기 때문에 수행 정진을 통해서 생각이 정리되면서 그 변화를 잘 살펴볼 수 있기 때문입니다.

또 자신의 생각을 극복하는 방법으로 염불처럼 정근하는 것이 권장됩니다. 어떤 생각이 일어날 때마다 부처님의 명호를 부르는 생각이 그 생각을 밀어낼 수 있기 때문입니다. 이렇게 생각이 변화되는 순간을 잘 살펴보면 생각의 구조를 발견할 수도 있습니다. 그래서 일념을 권장하지만 일념이 존재하는 것은 아닙니다.

염불은 마치 기차를 타고 가면서 바깥으로 사과를 던지는 것처럼 나무아미타불을 부르는 것인데 그 던져진 사과를 모아서 일념을 만든다고 생각하는 사람도 있습니다. 오히려 그 사과를 던짐으로써 자신이 가지고 있는 모든 것을 청소하고 버리는 과정이라고 생각하는 것이 더 적합할 것입니다.

똑같이 염불하고 똑같이 수행해도 구하는 모습에 따라서 전혀 반대 방향으로 수행하는 경우도 많습니다. 한 사람은 버리는 것을 수행으로 삼지만 다른 사람은 쌓는 것을 수행으로 삼을 수도 있습니다. 또 버리는 수행도 집중해서 열심히 정근하면 기운이 쌓이고 큰 힘을 발휘할 수 있기도 합니다.

이때 주의할 점은 버리는 수행이므로 그 마음이 맑아지고 고요해지며 어리석은 생각을 벗어나 지혜에 근거할 때, 자신이 변하고 또 주위가 변화하여 소원이 이루어지는 경우가 대부분이지만, 수행 가운데 기운이 쌓이고 모여서 보통 때와 다른 경지를 느끼는 경우가 생길 수도 있습니다.

이러한 기도의 힘과 심리적 황홀은 기도를 멈추고 10여 일이 지나면 사라지게 됩니다. 이것을 기도의 힘이라거나 부처님의 위신력이라고 생각하는 경우도 많습니다. 이 두 가지 효과가 배치되거나 모순되는 것은 아니지만 그 내용을 잘 알아야 오해하지 않기 때문에 구분해서 이해할 수 있어야 합니다.

두 가지 기도 효과를 잘 알아서 자신이 원하고 필요로 하는 방식을 선택해도 될 것입니다. 보통 두 번째 방식을 기도라고 강조하고 수행에 빠지기도 하지만 부처님의 법은 첫 번째 방식에 토론을 통해서 법을 이해할 때 더 확실한 공부 방법이 될 것입니다. 그렇지만 두 가지 방식을 구분힐 수는 없고 언제나 그 효과가 동시에 있습니다.

나이가 어리고 선택의 길이 많은 사람은 첫 번째 방식의 기도가 안전하고 확실한 길이지만, 시간은 촉박하고 이미 만들어 놓은 현실을 빨리 바꾸고 싶은 사람은 두 번째 방식에 더 집중하는 것이 필요할 것입니다. 단 두 번째 방식은 자신의 기운이 모이는 시간이 필요하고 또 선신의 도움에는 맑은 기운이 필요하므로, 반드시 계율을 지키고 보시하면서 집중적으로 기도해야만 효과가 있습니다.

사분정근으로 삼일기도를 하거나 출가하여 백일기도를 하는 것은 이런 기도의 모습입니다. 집중 기도는 선신과 약속을 지켜야 할 뿐만 아니라 자신의 성질을 극복해야 하므로 쉽지 않을 수도 있지만, 대부분 이런 기도를 수행이라고 이해하는 경우가 많습니다.

5. 기복의 버림과 공 사상의 차이점

불교는 사람들이 생각하고 원하는 용어를 부정하는 것이 아니라 원하는 바를 이루는 바른 방법을 설명하는 것입니다. 사람들은 오랜 세월 동안 검증되지 않는 방법으로 복을 빌기도 하고 자신이 복을 받기 위해서 다른 사람을 죽이는 희생의식을 치르기도 했습니다. 그러나 불교에서 기복이란 속가에서 이해하는 기복과 같지 않습니다.

우리가 부처님 법을 공부하는 이유는 바른 가르침이나 진리에 의해서 고통을 벗어나고 행복을 구하고자 하기 때문입니다. 복을 구하는 것은 다르지 않지만, 그 방법이 법에 근거하고 올바른 이치에 근거하는 것이 다릅니다. 또 복을 구하는 것이 수행의 목적이며 공부의 내용이기도 합니다. 왜냐하면 현실적인 문제를 해결하는 것이 불교이기 때문입니다.

그래서 법을 바르게 이해한다는 것은 복을 짓는 길이며 소원이 성취되는 것이며 병이 낫고 돈을 잘 버는 것이지만, 법을 잘못 이해한다는 것은 아무리 노력해도 속가의 소원성취와 거리가 멀 뿐만 아니라, 남이 알지 못하고 오직 자신만 느끼는 법을 깨달았다고 하면서, 대중과 구별되는 특별한 수행자 계급을 주장할 수 있습니다.

또 분명히 복을 구하고 기도 수행을 말함에도 불구하고 개인적인 욕심을 버리라고 하거나 구하는 바를 버려야 법을 깨달을 수 있다고 합니다. 이렇게 버린다는 용어는 불교를 공부하는 데 있어서 아주 오래된 가르침이며 중요한 내용이지만, 버려서 아무것도 없다는 말이 아님에도 불구하고 적멸이나 공처럼 오해의 소지가 많은 용어입니다.

먼저 버린다는 내용의 출처는 공(空) 사상에서 비롯되었다고 볼 수 있습니다. 공 사상은 부처님께서 열반하신 후, 그 제자들이 이 세상의 모든 존재가 하나의 모습이 아니라는 부처님의 가르침을 쉽게 이해하기 위한 방법을 연구하던 중에 만들었던 용어로서, 반야 사상이라고 부릅니다.

즉 '하나의 모습이 아니다'라는 부처님의 가르침은 누구나 들어도 오해할 점이 적지만, 개인적 수행과 체험의 결과로 '하나의 고정된 모습이 본래 없다'라고 표현한 것이 공(空)이라는 용어로 귀착되었다고 추정됩니다. 이러한 공 사상은 인도 전역에서 널리 유행되었다가, 용수보살이 『중론』을 지으면서 그 첫머리에 "무자성시공(無自性是空)"이라고 쓰면서 공 사상이 불교의 정론처럼 등장하였습니다.

자성(개체적 성품)이 없는 것을 공이라고 표현하면서 연기법도 왜곡되기 시작했습니다. 연기법은 '지금 이 자리'에서 존재하는 사물의 모습을 묘사한 가르침이었지만, 시간적 흐름에 따라서 사물이 변화하는 것이라고 오해되었습니다. 즉 이것이 있으면 저것이 있다는 연기법은, 사물의 시간적 변화 과정이 아니라 우리가 인식하는 하나의 모습이 단독으로 인식될 수 없어서, 이것이 인식된다는 것은 동시에 저것이 배경에 깔려 있다는 말씀입니다.

그러나 『중론』에서는 사물에 고정된 하나의 성품이 존재하지 않는다는 것을 공이며 중도이며 연기법이라고 표현하게 된 것이니, 이때의 연기법은 고정된 성품이 존재하지 않기 때문에 시간의 흐름에 따라서 본래 없는 모습을 보인다는 뜻입니다. 또한 중도라는 용어를 사용하여 유무의 양극단을 부정한 것을 공이라고 표현하고자 하였으므로, 공이라는 용어는 더욱더 추상적인 개념으로 설정될 수밖에 없었습니다.

또 이러한 공 개념의 추상화는 말로 표현할 수 있는 것과 말로 표현할 수 없는 면으로 나누게 되어 이제설이 탄생하였습니다. 이제설(二諦說)은 불교학의 뜨거운 감자와 같은 개념으로서, 말로 표현할 수 없는 진제(제일의제)와 말로 표현할 수 있는 속제(세제)로 나누면서, 현실이 그대로 진제이지만 인간의 감각기관으로는 속제로만 인식된다는 것을 모르고 두 가지를 나누어 설명하기 위하여 수많은 학파가 나타났습니다.

공 사상의 오해는, 중국불교가 공을 무라고 번역하여 격의불교라는 이름으로 표출되는 일도 있었습니다. 용수의 공 사상은 불교학 전반에 있어서 알 수 없고 말로 할 수 없는 부분을 설정한 효과를 보였고 『유마경』의 침묵까지 더해서 불교는 말로 할 수 없는 부분을 깨달음과 연관시켜서 체험을 중시하는 경향에다가 신비적인 면도 추가되었습니다.

그래서 같은 공 사상도 가르치는 사람에 따라서, 어떤 사람은 없는 것이 아니라 꽉 찬 공이라고 하든가 어떤 사람은 없는 것이 아니라고 하지만, 처음 법을 듣는 대부분의 사람은 용어가 그러한 것처럼 '없다'라고 이해할 수밖에 없었습니다. 그 결과 공에 이르고자 한다면 누구나 모든 것을 버려야 한다고 생각하게 되었던 것입니다.

그러나 부처님께서 말씀하시고자 했던 버리라는 말은 자신의 한계에서 벗어나 하나의 고정된 생각을 버렸을 때, 법의 구조가 한 가지 모습이 아니라 이면에서 드러나는 다른 모습을 발견할 수 있다고 하신 말씀입니다. 우리는 언제나 자신의 감각기관의 한계에서 법을 보고 사물을 판단하고 이해하지만, 그 기준을 포기하고 버리라는 말입니다.

자신이 보고 듣고 이해하는 한계를 포기했을 때 이면에는 드러나지 않았던 다른 모습이 존재한다는 뜻입니다. 이렇게 하나의 모습이 아닌 것을 발견하고 이해하는 방법으로 모든 것을 버리고 포기해야 한다고 종종 말씀하신 것입니다. 『금강경』에서는 '제상비상'이라는 표현으로 모든 것을 부정할 때 법을 이해한다고 하시기도 했습니다.

그렇지만 이러한 가르침은 『금강경』 후반부에 이르면 벌써 오해되고 오염된 모습이 나타나기 시작합니다. 본래 없다거나 적멸한 상태가 존재한다는 표현이 등장하면서 다양성을 포기하고 추상적인 입장을 견지하게 되었습니다. 버린다는 용어는 이러한 불교학의 불확실성과 추상성이 현실적으로 오해된 모습에서 받아들여지기 쉽습니다.

다시 말하면 법은 하나의 모습이 아닙니다. 그래서 드러나는 하나의 모습은 항상 이면을 내포하고 있지만, 우리의 감각기관은 그러한 사실을 인식하거나 인지하지도 못합니다. 다만 논리적으로 이해할 수 있을 뿐입니다. 그래서 법을 공부한다는 것은 현실에서 자신이 느끼고 보는 것을 포기하고 버릴 때 비로소 드러나는 이면의 모습을 발견할 수 있게 되는 것을 말합니다.

예를 들자면 열심히 염불하면서 하나의 생각을 밀어내거나 부정하려고 애쓸 때 다른 생각이 나타나는 것을 발견할 수 있게 됩니다. 즉 버린다는 것은 지금 자신이 가지고 있고 보고 듣고 알고 있는 모든 것을 포기할 때만 법을 알 수 있기 때문이지만, 지금의 생각이 없어지거나 사라지는 것은 아닙니다. 잠시 시각이 변화할 뿐입니다.

그래서 버린다는 것은 개념을 부정하거나 잘못된 점을 탐색하고 분석하는 노력도 포함됩니다. 없어지는 것은 아니지만, 항상 하나의 면만 선택하고 머무르는 사람들의 입장 때문에 처음 입문하는 사람들이 불안해하고 가장 많은 오해를 받는 개념이 되었던 것입니다.

6. 소원성취와 깨달음

기도를 하는 것은 소원을 성취하고 복을 빌기 위함입니다. 그러나 기도를 하는 데는 두 가지 다른 내용이 공존합니다. 내면적으로는 공부를 하고 수행을 하면서 외면적으로는 소원을 빌고 고성으로 염불을 합니다. 두 가지 기도는 서로 배치되지 않지만 기도하는 사람의 생각에 따라서 큰 병이 되기도 하고 소원을 성취하면서 큰 공부가 되기도 합니다.

그러나 기도가 이루어지는 체계를 이해하지 못한다면 병이 들고 무당이 되는 일이 있을 수 있기 때문에 주의해야 합니다. 기도는 첫째 모든 법이 통해져 있다는 이치를 기반으로 형성된 수행 방법입니다. 둘째는 개체적 존재가 사라질 때 비로소 일체가 통하게 되며 소원이 이루어질 수 있게 됩니다.

그렇지만 소원이 있다는 것은 개체적 성질에 근거하므로, 이런 점에서 많은 분들이 혼란을 느끼고 수행을 처음 하는 사람들도 착각을 일으키기도 합니다. 이것은 스스로의 마음이 하나의 모습이라는 어리석음에서 비롯된 생각입니다. 우리 마음의 모습은 모든 것을 버리고 포기하여도 여전히 자신이 존재하는 것입니다.

왜냐하면 우리의 마음은 하나의 모습이 아니기 때문인데, 하나는 겉으로 드러나서 모든 것을 내 마음대로 하고 살아간다는 착각을 가진 현재의식이며, 또 하나는 이면에 숨어서 어떤 것도 내 마음대로 되지 않는다는 사실로 이루어진 잠재의식입니다. 개체적 존재가 사라진다는 것은 현재의식의 문제일 뿐입니다.

자신의 느낌을 공부의 기준으로 알고 체험이야말로 참된 수행이라고 생각하는 사람은 언제나 현재의식을 떠나지 못하고 현재의식에서 상충된 논리를 볼 뿐입니다. 이러한 체험과 느낌을 중시하는 수행으로 인하여 기도의 내용도 기운이 쌓이는 두 번째 기도에만 의지하게 되기 쉬우며 깊은 경지에 들어가지 못하고 고집만 강해지는 경우가 생깁니다.

그래서 이러한 체계와 원리를 이해하지 못하더라도, 언제나 안전한 기도 수행의 방법은 바로 구하는 마음을 버리는 데 있으므로, 모든 스승들은 언제나 치구심을 버릴 것을 강조해 왔던 것입니다. 치구심을 버리고 모든 것을 포기함으로써 갈 곳이 없어진 마음이야말로, 가장 높고 깊은 경지에 이를 수 있는 직접적인 방법일 뿐아니라 모든 소원을 성취할 수 있게 되며 부처님의 큰 법을 쉽게 깨닫게 되는 지름길이 될 수 있습니다.

왜냐하면 갈 곳이 없어진 마음이야말로 남을 생각하는 마음이 나를 만든다는 것을 알게 되는 길이 될 뿐 아니라, 어떠한 것도 구하지 않고 모든 것을 포기했음에도 불구하고, 마음속에서는 끊임없이 우러나는 나의 생각이 있다는 것을 발견할 수 있게 되며, 또 그 생각들이 나를 끌고 다니는 것도 발견하게 됩니다.

효봉 스님은 토굴에서 공부할 때 사방을 흙으로 막아버리고 보이지도 들리지도 않는 토굴 속에서 백 일 동안 자신을 바라보았습니다. 희미한 적막 속에서 하나의 미세한 흔들림까지도 가라앉았으며 삶의 모든 것을 포기하고 스스로의 존재를 잊고 있을 때, 멀리서 들려오는 새소리는 자신의 존재를 확인할 수 있는 유일한 근거임을 깨닫게 되었습니다.

또 모든 것을 버리고 부처님을 부를 때 염불삼매에 드는 일을 가끔씩 겪을 수도 있습니다. 자신과 세계를 모두 잊고 시간이 흘러가지만 끊임없는 염불은 죽은 사람이 아니라는 것을 증명하고 있을 뿐입니다. 이렇게 자신의 존재가 사라진 것처럼 보이는 것이, 남과 내가 통하게 되는 것이며 소원이 성취되는 길이 됩니다.

그럼에도 버리지 못하고 포기하지 못하는 이유는, 용기가 없기 때문이 아니라 모르기 때문입니다. 한 점을 찍고 근거를 가지는 것이 개체성의 증거가 되는 것이지만, 스스로 오해하기를 소원하는 바를 잊고 어떻게 소원을 이룰 것인가라고 생각하기 때문입니다. 소원성취는 우리가 가진 수많은 소원 가운데 내면화된 소원만 성취된다고 보시면 될 것입니다.

내면화된 소원이란 우러난다는 표현이며 원하거나 원하지 않거나 상관없이 내면에서 끝없이 우러나서 나를 괴롭히는 것이라고 할 수 있습니다. 소원을 내면화시키는 방법은 기도하면서 저절로 내면화될 수도 있지만, 내면화된 소원을 찾아서 확인하는 것이 더 정확할 것입니다. 보통 기도하면 소소한 감정이나 생각은 청소되고 사라집니다.

그러나 소원이 내면화되었거나 내면화된 간절한 소원이 있음에도 불구하고 치구심을 버리는 기도 수행을 하지 않으면, 도리어 큰 병이 될 수도 있다는 것도 이해할 필요가 있습니다.

치구심을 버리는 방법에 대해서 부처님께서는 모든 것이 알음알이라는 사실을 강조하셨고, 용수보살은 희론을 버려야 한다고 했으며, 『대승기신론』에서는 마음이 법이라고 하면서 대상을 향하는 생각을 포기하라고 했습니다. 선가에서는 분별심을 버리라는 말로 오해를 받기도 했지만, 생각을 하지 말라는 말이 아니라 밖으로 구하는 마음을 버리라는 말입니다.

이렇게 버리라는 표현은 다양한 오해를 일으키기도 했습니다. 마음이 법이며 분별심을 버리는 말은 두 가지 이치가 모여서 본래의 마음이 있다는 착각을 일으키기도 했으며, 번뇌가 일어나기 이전의 마음으로 돌아가는 것이 견성이라고 가르치기도 했습니다. 3조 승찬 스님은 『신심명』에서 간택심을 버리라고 했지만, 버려서 평상심이 되는 것은 아니었습니다.

버리는 것이 가장 강조된 가르침이 참선 수행이었습니다. 임제 스님은 일 없는 사람[無事者]이 귀한 사람이라고 표현했고, 『마조어록』에는 '평상심이 도다'라고 하면서 일부러 조작하지 않고 옳고 그름도 따지지 않으며 취하지도 않고 버리지도 않는 것이 평상심이라고 했습니다.

이러한 표현들의 원래 목적은 밖으로 구하는 생각을 끊기 위함이었으나, 본래청정심(本來淸淨心)이라든가 평상심(平常心)이라는 새로운 개념과 경지를 제시하는 것으로 오해되었습니다. 법장 스님은 『화엄경』에서 마음과 부처와 중생이 다르지 않다든가, 『무문관』에서 본래 불성을 구족한 본래불이므로 도를 닦을 필요가 없다고 강조하면서 더러움에 물들지 않는 마음자리를 말하기도 했습니다.

7. 기도 수행의 두 가지 모습

기도란 부처님께 소원을 비는 것을 수행으로 삼고 있습니다. 그러나 외형적으로 목적을 가지고 소원을 비는 것처럼 보이는 기도 수행의 내용이, 이(理)와 기(氣)의 두 가지 다른 모습을 가지고 있습니다. 첫째는 법의 이치적인 것이며 둘째는 집중 수행의 결과로 나타나는 기운의 효과입니다.

(1) 기도의 이치적인 면

법의 이치적인 면이란 부처님 전에 고개를 숙이고 부처님의 명호를 집중적으로 부름으로써 자신의 모습을 살피면서 자신의 생각을 버리고 포기하는 수행입니다. 이것은 일어나는 어떤 생각이라도 버리고 또 버림으로써 마침내 어떤 것도 세울 수 없고 잡을 수 없는 존재의 모습을 깨달을 수 있게 되는 것입니다.

이러한 법의 이치적인 면은 소원성취와 깨달음의 공부 두 가지 모두에서 효과를 나타냅니다. 소원성취에서 나타나는 법의 이치적인 면은 현재의식을 벗어나고 버릴 수 있을 때 내면의 부정적이거나 상처받았던 감정을 해소할 수 있게 되거나 우러나는 소원이 이루어지는 것으로 설명할 수 있습니다.

깨달음의 공부에서 나타나는 법의 이치적인 면은 현재의식에 억압되었던 내면의 고통스러웠던 생각이 자신의 입장을 이루어서 자신만의 고정된 입장을 형성하고 있었다는 것을 발견할 수 있게 됩니다. 그리고 그러한 자신만의 고유한 입장이 원래부터 있었던 것이 아니라는 것을 깨달을 수 있게 됩니다.

소원성취라는 현상이 남과 내가 나누어져 있다가 서로 통하기 때문에 일어나는 현상이라면, 깨달음은 알음알이가 무너져서 앎과 모름이 통하는 현상이라고 말할 수 있습니다. 자신만이 가지고 있던 하나의 입장이 무너지면서 일체의 입장에 통하게 되었다고 할 수도 있을 것입니다.

모든 법은 원래부터 통하고 연결되어 있었지만, 우리의 감각기관은 자신을 기준으로 세상을 이해하고 판단하도록 형성되어 있으므로, 원근법적으로 보이는 세계의 모습으로 인하여 자신의 존재를 느낄 수 있게 되어, 자신의 중심으로 만들어진 행복을 느끼고 살아가는 것이 인간일 것입니다.

그러므로 법을 이해한다는 것은 자신이 이해하고 판단한다는 사실이 모순이라는 것을 이해하는 것과 다르지 않습니다. 또 자신을 버리는 것도 버려서 없어지는 것이 아니라 자신이라는 사실을 버리는 것일 뿐이며 자신을 버리는 것은 아닙니다. 그래서 공부는 아는 것을 버리며 인식의 모순을 이해하고 깨닫는 것입니다.

그래서 남들보다 더 많이 알고 더 높은 경지를 추구한다는 것은 자신의 아상을 공고히 하는 길이며 자신을 버리는 수행과 반대로 가는 것입니다. 그래서 기도는 부처님을 부름으로써 자신의 생각을 버릴 수 있을 때 수행이 될 수 있습니다.

(2) 기도의 기운적인 면

기도 수행의 기운적인 면이란 부처님을 부르는 집중수행의 결과로서 기운이 모여서 맑아지고 밝아지는 경계가 나타난다는 것입니다. 이러한 경계는 자신의 기운이 모이기도 하고 주위의 기운을 맑혀서 주변 땅을 명당으로 만들기도 할 뿐 아니라 영가의 앞길을 밝혀 주는 효과를 보이기도 합니다.

기운적인 면의 특징은 기운이 쌓여서 신통이란 현상이 발생한다는 것입니다. 다른 사람이 볼 수 없는 것을 보기도 하고 다른 사람이 느낄 수 없는 것을 느끼기도 합니다. 또 높은 경지라고 할 만한 신통경계가 발생하는 일이 다반사입니다. 이러한 효과를 수행의 목적이라고 오해하는 일도 많습니다. 그렇지만 세상에 머물러 있는 일은 없습니다. 그러므로 신통의 경지도 마찬가지입니다. 잘되는 듯하다가 되지 않기도 하고, 잘 보이는 듯하다가 보이지 않기도 합니다. 집중수행할 때는 맑고 밝은 경지가 계속되는 듯 보이지만, 수행을 그만두는 순간 얼마 지나지 않아서 그러한 경계는 사라지고 추억으로 남기도 합니다.

수행자가 처음부터 이러한 기운적인 면의 한계를 이해하고, 수행의 힘으로써 어려운 세상을 헤쳐 나간다면 많은 도움이 될 수도 있습니다. 또 수행을 원만히 성취하려면 이러한 기운의 변화를 알아야 할 필요도 있습니다. 수행의 기운은 외형적인 모든 모습에서 드러납니다. 예를 들면 수행을 많이 하는 도량은 명당으로 변화해 갑니다. 또 기도 수행을 많이 하는 법당의 부처님은 영험스런 부처님으로 변화합니다. 그뿐 아니라 공동묘지나 사고 다발 지역도 기도 수행의 힘으로 터를 맑히고 기운을 맑혀서 더 이상 어려운 일이 발생하지 않게 만들 수도 있습니다.

우리는 개체적 존재가 아니므로 수행의 기운은 그러한 면을 보여 주기도 합니다. 또 수행의 기운은 쌓이는 것이므로 많은 수행은 그만큼 큰 효과를 보이기도 하므로 우리는 정초에 수행자를 초청해서 염불회를 열기도 합니다. 법당에서 기도가 더 잘되는 것처럼 기도 수행을 많이 한 곳에서는 장사가 더 잘되기도 합니다.

이러한 현상들은 추상적이거나 신비적인 것이 아니라 단지 기운의 모임과 흩어지는 현상일 뿐이며, 그 기운들도 맑고 밝은 기운과 탁하고 어두운 기운의 차이입니다. 자신을 버리고 모든 것을 포기하는 수행은 맑고 밝은 모습으로 나타날 수 있지만, 자신의 욕심을 기준으로 집중한다면 탁하고 어두울 뿐 아니라 멀어지면 점점 약하고 희미한 모습으로 나타납니다.

왜냐하면 자신의 입장을 기준으로 하는 원근법적인 모습으로 수행의 기운이 나타나기 때문입니다. 그래서 자신을 버리는 것만큼 맑고 밝으면서 큰 영향을 끼치는 기운은 이 세상에 없습니다. 수행자는 기운이란 반드시 법의 모습을 따라 나타날 수밖에 없다는 것을 잘 알아야 어리석음에 떨어지지 않을 것입니다.

8. 고성염불의 원리

(1) 연기법의 모습

　연기법은 존재의 모습을 표현하는 말입니다. 그러나 왜 존재가 있느냐는 질문에 대한 답변을 존재의 연관성으로 설명하였지만, 시간적 이해는 많은 오해를 일으켰습니다. 그래서 연기(연하여 일어남)라는 표현보다 연재(연존 : 연하여 존재함)나 동재(동시에 존재함)라는 표현이 오해를 줄일 수 있을 것입니다.

　연재나 동재의 의미는 존재가 인식되는 순간에 대비되는 모습이 배경에 동시에 존재한다는 뜻입니다. 그래서 경전에서는 "이것이 있으면 저것이 있다."고 표현되어 있습니다. 그렇지만 관찰자가 배제된 표현으로 오해되어 이것이 없으면 이라는 가설이 설정되기도 했지만, 관찰자가 없는 경우는 없을 것입니다.

　이러한 존재의 연기적 구조는 손바닥과 손등의 관계에서 가장 이해하기 쉽습니다. 손바닥과 손등은 둘이 아니면서 하나도 아닙니다. 또 하나가 없으면 다른 것도 없습니다. 이러한 존재의 연기적 모습은 사물의 개체적 인식이 얼마나 모순적이며, 한 마디 말로 표현될 수 없다는 사실을 보여 줍니다.

그래서 어떤 하나의 사실이나 현상이나 개념조차도 단독으로 설명하는 것이 거의 불가능하다는 것을 쉽게 발견할 것입니다. 예를 들면 깨끗하거나 멋있다거나 또는 자유를 설명하는 것이 얼마나 어려운지 모릅니다. 그러나 대비되는 개념을 도입한다면 쉽게 말할 수 있습니다.

이 세상의 수많은 성인이나 선각자들이 존재의 불가설을 주장하면서, 보다 완벽한 존재를 설정하여 만든 신에 귀의하거나 우주의 원리 또는 도덕이나 진리 등 추상적 대상에 의지할 것을 제시하였지만, 부처님께서는 일체법을 인간의 언어로 표현할 수 있는 방법을 발견하셔서, 모든 것을 말로 할 수 있음을 보이신 것입니다.

부처님께서 발견하신 법은 연기이며 연재라고 할 수 있는 존재의 구조이므로, 이것을 가리키려면 저것을 말하면 되고 저것을 가리키려면 이것을 말하면 되기 때문입니다. 이러한 논리는 이것을 추구하면 저것이 보인다는 인식적 현상에 근거하는 것이었습니다.

당시에 수많은 요가수행자들도 있었지만, 부처님께서는 동일한 일념정진의 수행의 끝에 경지를 두신 것이 아니라, 일념정진하는 가운데 드러나는 다양한 자신의 모습을 발견하여 치유하는 동시에, 일념정진하던 하나의 일념을 탈피하여 일체에 두루한 일념을 발견함으로써, 마침내 해인삼매가 밥 먹고 발 씻는 가운데 존재한다고 말씀하셨던 것입니다.

(2) 고성염불의 원리

　마찬가지로 모든 복잡한 감정에 싸여서 어지러운 마음으로 수행하고자 하는 사람도, 높은 소리로 부처님을 부를 때 생각은 오히려 가라앉고 논리는 기준을 떠나서 자유롭게 되기 쉬운 것입니다. 왜냐하면 마음이란 하나의 모습이 아니기 때문에, 한쪽에서 높이려고 하면 높아지지 않고 가라앉은 생각이 또 있었다는 것을 발견할 수 있기 때문입니다.

　이러한 생각의 반작용은 연기의 모습을 잘 보여 주고 있습니다. 스님들이 수행할 때 만행을 할 때가 있는데, 이때는 수많은 경계 가운데에서 한 가지 수행자의 모습을 견고하게 지키고 싶어하는 마음이 납니다. 그렇지만 한 자리에서 두문불출 6년 고행을 한다면, 마음속에서는 순간순간 다양한 모습을 추구하고자 하는 시도가 나타날 것입니다.

　그래서 집중하고자 하는 노력은 우리를 산만하게 만드는 원인이 될 수 있지만, 다양한 노력들은 우리를 한 생각에 머물게 만들기도 합니다. 즉 나를 연구하면 주위의 사람들만 계속 생각나는 것과 같고, 내 주위의 사람들을 살펴보면 그 속에서 내 모습이 계속 드러나는 것을 발견할 수 있는 것과 같습니다.

　그래서 「범천청불경」에서는 깨끗한 것을 깨끗하다고 아는 순간 깨끗한 것을 얻을 수 없게 된다고 설파하고 있고, 우리 기도에서는 소원하는 모든 것을 버려야, 비로소 자신이 소원하는 바를 얻을 수 있다고 표현하기도 합니다. 선가에서는 동쪽 벽을 치면 서쪽 벽에서 소리가 난다고 표현했습니다. 즉 우리는 하나가 아니라는 것을 깨닫기 위해 하나의 생각(일념)으로 정진한다는 것입니다.

고성염불은 높은 소리로 부처님의 명호를 부르는 것입니다. 고성은 평상시의 모든 소리보다 높은 소리입니다. 그래서 고성염불은 평상시의 어떤 생각이라도 극복하고 이겨내기 쉽습니다. 또 고성염불은 저절로 일어나는 대부분의 생각들도 밀어내기 쉽습니다. 그래서 맑고 청아한 소리가 날 수 있을 뿐 아니라 생각이 집중되기 쉽습니다.

이렇게 고성염불을 하면 자신의 염불소리가 다른 모든 소리보다 잘 들리고 멀리까지 들립니다. 그러면서 주위의 모든 소리가 뚜렷하게 들리게 됩니다. 혹시 다른 사람의 염불소리가 하나도 들리지 않는다면 잡념에 빠져서 고성염불이 잘 되지 않는다는 말입니다. 또 고성염불은 온 몸으로 하는 염불이면서 소리는 두성(머리가 울리는 소리)에 가깝습니다.

또 고성염불은 입으로는 염불을 하지만, 마음으로는 어떤 것도 구하지 말 것을 권장합니다. 온몸의 긴장을 풀고 일체의 추구하는 바를 버릴 때, 소리는 맑아지고 높아질 수 있게 되며 생각은 집중되고 일어나는 모든 생각들은 명경지수와 같이 될 것입니다.

9. 고성염불의 발견

인간 사회에서는 오랜 세월 동안 수행자가 있어 왔습니다. 외면적으로 세상의 변화를 구하는 것이 거의 불가능해 보였기 때문에, 수행을 통한 내면의 길은 인류 사회의 희망이었습니다. 그러나 체험을 기초로 한 수행은 인류를 더욱 어리석게 이끌었습니다. 수많은 수행 체험들은 인류 역사가 쓰여질수록 다양한 모습으로 드러나지만, 개인의 체험을 누구나 알 수 있는 법으로 분석해 주는 일은 드물었으므로, 오히려 수행자가 많아지면 많아질수록 사람들은 더욱 방향감각을 잃기 쉽습니다.

'왜 우리는 수행을 해야 하는가?'라는 설명이 점차 필요해지는 시대가 되고 있습니다. 어떤 이는 결혼해서 부부 싸움을 목숨 걸고 30년이나 했다면서 인생 수행의 길은 멀다고 표현했습니다. 또 인도의 어떤 이는 20년 동안 한쪽 다리를 들고 서 있었더니 실핏줄이 다 터져서 걷지도 못하게 되었습니다. 그래서 지금은 코끼리 다리같이 굵어진 다리를 보여 주면서 먹을 것을 구걸하여 살고 있다고 합니다.

우리는 이런 것을 보면서 과연 수행이란 무엇이며, 수행의 해악은 없는지, 혹은 아무도 모르는 나만의 수행 비법으로 살고 있는 것은 아닌지 따져 볼 필요가 있을 것입니다. 이것이 사고분석 수행법 중 하나일 수도 있습니다.

수행이란 심리적으로 분석해 보았을 때, 감각기관을 통제하는 효과가 있습니다. 그 결과로 무의식을 드러나게 하여 정신병을 치료하기도 하고, 마음속에 잠재된 모든 심리적 문제점을 발견하기도 하며, 동시에 현실 의식에서는 느낄 수 없는 종교적 엑스터시(몰입감)를 체험할 수도 있습니다.

그래서 어떤 학자는 감각기관을 통제하는 장치를 만들 수 있다고 생각해서 깨닫는 기계가 등장할지도 모른다고 주장하기도 했습니다. 이러한 수행의 효과를 생각해 본다면 감각기관을 모두 동원할 수 있는 수행 방법이 가장 효율적이라고 말할 수 있습니다.

듣기만 하는 수행과 보기만 하는 수행, 그리고 생각만 하는 수행 등은 한 가지 방법만 동원했습니다. 그러나 염불은 듣는 것과 보는 것, 그리고 생각하는 모든 것을 동원한 수행법이므로 가장 쉽고 효과가 크기 때문에 주의해야 할 수행으로 인정되었습니다. 특히 염불은 소리의 수행입니다. 오직 소리만 잘 내도 수행의 효과가 있습니다. 그중에서도 고성염불은 이러한 수행의 효과를 극대화하기 위해 감정의 발출을 유도하는 높은 소리를 강조한 것입니다.

필자는 어릴 적부터 염불 수행에 익숙했다가 선방에 들어가는 바람에 입 다물고 살 수밖에 없었습니다. 그러다 서울 시내에 포교당을 열게 되어, 공부하는 사람들이 모여서 할 만한 것이 무엇일까 연구하게 되었습니다. 처음에는 상담 치료에 열중하였는데, 사람들이 많이 모이면서 혼자서 다 해결해 줄 수가 없어졌습니다.

그래서 자신의 문제는 자신이 스스로 해결할 수 있도록 하기 위하여, 누구나 할 수 있는 수행을 연구하였습니다. 그러나 입 다물고 하는 수행은 속을 알 수가 없어 병이 깊어지는지 수행을 하고 있는지 도무지 알 도리가 없었습니다. 그래서 자꾸만 질문을 할 수밖에 없었습니다. 계속되는 질문에 골치가 아파진 사람들은 절에 오는 것을 두려워하고 기피하였습니다.

어떻게 하면 좋을까요? 사람들은 개인의 문제도 해결해야 하지만, 복도 받고 소원도 이루고 싶어서 절에 옵니다. 이런 것들을 다 만족시켜 줄 수 있는 수행법을 고안해야 했습니다. 그래서 경전 독송을 해 보았더니, 자기 자신에 대한 문제 연구가 잘 되지 않았습니다. 또 다라니를 몇만 독씩 읽자고 했더니, 이 수행법은 부처님에 대한 신심이 없어지기 쉬웠습니다. 벽 보고 앉아서 수행하자고 했더니 졸다가 시간 보내는 일이 많았습니다. 이런저런 수행법을 시도하다 궁리 끝에 염불을 하기 시작하였습니다.

염불의 좋은 점은 소리만 들어 보아도 지금 다른 생각을 하고 있는지 열심히 수행하는지 알 수 있었습니다. 염불 소리 속에 인생이 들어 있고 성격이 들어 있었습니다. 아무 질문 안 해도 염불 소리만 듣고 심리분석을 할 수 있을 때도 있었습니다. 그렇지만 신심 없는 사람의 기계적인 염불 소리는 정말 듣기가 괴로웠습니다.

그래서 어떻게 하면 염불하는 사람도 도움이 되고 듣는 사람도 도움이 될 수 있을까 연구하였습니다. 그러다 장례식에 참석하여 화장터에 가게 되었습니다. 필자의 마음에도 슬픈 생각이 났습니다. 그러자 염불 소리가 높아지기 시작하면서 통곡하듯이 하소연하듯이 울부짖듯이 염불 소리가 나기 시작했습니다.

그러면서 장례식장에서 상주들의 울음소리가 잦아들기 시작하면서 주위가 조용해졌습니다. 그리고 하나둘씩 밖으로 나가고, 나중에는 화장하는 곳을 지키는 사람은 나 혼자뿐이었습니다. 그렇지만 나는 염불 소리에 빠져서 하염없이 소리를 높여서 부처님을 부르고 또 불렀습니다.

아미타불이시여! 누가 이 아픈 가슴을 알 것인가요? 나무아미타불의 염불 소리는 창공으로 한없이 올라갔으며 영원히 계속될 것 같은 착각에 빠졌습니다. 목탁 소리와 염불 소리와 몸의 율동은 같은 흐름을 타고 있었습니다. 나는 솟아나는 환희심을 느꼈습니다.

그 이후로 고성염불이라는 말을 책 속에서 찾아보았습니다. 아침 종성에 고성염불 10종 공덕이 있었고, 신라시대의 원효 스님이 염불을 신나게 했다는 기록도 있었습니다. 그래서 사람들에게 실험을 해 보았습니다. 한번 높게 소리를 내보라고 했습니다. 그렇게 6개월을 실험해 보았더니 사람마다 염불 소리가 아주 듣기 좋아져서 요령 없이 몇십 년 수행한 사람보다 나았습니다.

그래서 이번에는 불교학생회 수련회를 고성염불 실습장으로 만들어 보았습니다. 그러자 염불로 그 마음의 변화를 느끼는 사람이 많이 생겼습니다. 아주 짧은 시간, 예를 들면 단지 사흘, 하루에 열 시간 염불해도 학생들은 금세 마음이 시원해졌다면서 눈물을 흘리고 참회하기도 하고 이치를 말하기도 하였습니다. 정말 수행의 효과가 높았습니다.

그 이후로 이것을 고성염불이라고 이름 붙였습니다. 그리고 이 사람 저 사람에게 가르쳐 보아서 누구나 할 수 있는 요령을 터득하고자 연구하고 있습니다. 그런 가운데 고성염불이 가장 효율적인 때는 예불이었습니다. 지심귀명례라고 목숨 바쳐 절하는 것은 반드시 고성이어야 되었고, 고성으로 귀명례하면 천상의 소리처럼 듣기 좋았습니다. 또 예불의 고성은 지극한 마음을 표현하는 데 가장 좋았습니다.

그러나 경전의 가르침이 없는 수행은 정말 위험한 면이 있었습니다. 가락을 타고 리듬을 느끼는 사람은 잘못 가기 쉬운 면도 있었습니다. 반드시 수행은 자기 자신을 살피는 데 주안점을 두어야 안전하게 할 수 있을 것입니다.

10. 참선 수행

(1) 참선의 정의

참선이란 참구의 의미와 사유수(思惟修: 생각하는 수행)라는 뜻을 가진 선이라는 의미가 합쳐진 복합용어입니다. 이러한 선은 생각하는 수행이지만 겉으로 고요하게 보이기 때문에, 생각하지 않는 명상이나 선정과 혼동되기도 합니다. 그렇지만 내면적으로는 깊이 생각하고 연구한다는 의미를 내포하고 있습니다.

참구(參究)란 연구한다는 뜻으로, 선나의 생각하는 수행을 강조하기 위해 말머리에 붙였습니다. 그래서 참선이란 인간이 살아가는 데 발생하는 수많은 문제들을 연구하여 해결책을 찾는 것을 의미하므로, 즉 참선 수행은 자신의 고통에 대하여, 생각하고 또 생각하여 마침내 생각이 깨뜨려지면서 일체법을 깨닫게 되는 수행입니다.

(2) 참선(參禪)의 기원

참선은 때때로 명상처럼 오해되는 경우도 많습니다. 선정이 한 가지 생각에 집중하는 수행이라면, 명상은 잡념을 버리고 생각을 가라앉혀 고요한 생각을 유지하는 수행이므로 비슷하지만, 참선은 선정이나 명상과 달리 생각을 멈추거나 정지하는 것이 아니라, 의심이라는 연구심을 동원하므로 생각하는 수행입니다.

부처님께서는 번뇌의 원인을 무명(無明)이나 전도(거꾸로 된 생각)로 표현했습니다. 무명은 어리석음이며 전도는 잘못 알고 있다는 말입니다. 우리의 감각기관이 대상을 파악하는 방식은, 하나의 모습으로 개념을 잡으므로 알음알이가 될 수밖에 없습니다. 그래서『금강경』에서는 '제상비상'이라는 표현으로 모든 알음알이를 부정하고 있습니다.

사물의 존재방식은 이것이 있으면 저것이 있다는 연기법의 표현처럼 존재하지만, 손바닥과 손등이 동시에 있음에도 불구하고, 인간의 인식은 순차적으로 인식될 것입니다. 그래서 대상과 배경이 동시에 존재하지만, 우리의 인식은 대상이 있다고 인식하는 순간에 배경이 존재한다는 것을 순차적으로 인식할 것입니다.

이와 같이 참선이란 자신의 인식의 모습이 연기법적으로 구성되어 있다는 것을 발견하는 수행입니다. 우리는 배경에 근거하여 사물을 인식하고, 사물을 인식하는 순간에 자신의 존재를 확인합니다. 그러므로 자신이 가지고 있는 인식 배경, 즉 자신의 믿음과 사고의 근거를 발견하고 돌이켜봄으로써, 외형적 인식에 빠지거나 속지 않고 내면적 또는 배경적 인식을 발견하는 것이 참선 수행이라고 할 수 있습니다.

(3) 참선 수행의 내용

이와 같이 세상 사람은 누구나 자신만의 믿음이나 배경지식, 또는 자신만의 체험을 바탕으로 형성된 자신의 기준이나 입장을 근거로 세상을 살아가기 때문에, 자신의 입장에서 벗어날 수 있는 방법은 없을 것입니다. 이때 참선 수행이란 이러한 개인적 믿음이나 배경지식, 또는 체험이 무너지는 것을 깨달음으로써 법을 이해할 수 있습니다.

부처님께서는 범천에 대한 믿음을 버리는 것에서 법문을 시작했지만, 달마 스님은 알음알이를 버리는 것을 강조하였습니다. 그러나 현대 사회에 있어서는 체험을 버리는 것이 더욱 중요한 일이 되었습니다. 왜냐하면 믿음이나 알음알이가 자신의 입장이 되었던 것처럼 체험도 강력한 자신의 입장이 되었기 때문입니다.

(4) 믿음은 아상의 원인

먼저 믿음이란 심리적으로 표현하면 신념이라고 할 수 있고, 종교적으로 표현하면 신앙심이라고 할 수 있으며, 과학적으로 표현하면 사실이라고 할 수 있습니다. 그럼에도 불구하고 개인적인 믿음은 어리석음의 원인이며 아상(에고)의 뿌리일 뿐만 아니라 프라 이버시(사적인 공간)라는 이름으로 아상을 공고히 하는 근거가 되기도 합니다.

그래서 참선 수행은 자신의 믿음을 깨뜨림으로써 깨달음을 표방하고 있습니다. 수십 년을 살면서 한 번도 의심해 보지 않았던 자신의 정당성을 무너뜨리고, 지구상의 모든 인간이 상식적으로 옳다고 인식하는 믿음을 벗어날 수 있을 때, 비로소 부처님 법을 공부할 수 있는 입장이 될 수 있을 것입니다.

그래서 참선은 내면적 믿음을 깨뜨리는 방법으로 질문을 강조하고 질문이 해소되지 않을 때 의심이 발생하게 됩니다. 그러나 남을 믿는 것이 자신을 의심하는 것이며, 남을 의심한다는 것은 자신을 믿는다는 말이므로 믿음이란 항상 의심과 동시적 개념입니다. 이때 참선이란 자신을 의심하고 자신의 믿음을 의심하는 것을 말합니다.

그러므로 참선 수행은 어떠한 믿음도 인정하지 않으면서 자신의 어떠한 주장도 남에게 표현될 때는 나만의 믿음으로 보인다는 것을 이해하는 것입니다. 그래서 참선은 말을 하지 않는 데 있는 것도 아니고 말을 하는 데 있는 것도 아니라고 표현합니다. 즉 참선은 말하지 않고 앉아 있는 것이 아니라는 말입니다. 오히려 열심히 말하면서 나를 반대하는 말을 자세히 들으려고 애쓰는 자세가 선수행자일 것입니다.

옛 수행자들은 한 철 동안 일념으로 자신의 신념을 돌이켜보려고 애썼다가, 또 다른 한 철은 만행이라는 이름으로 전국을 떠돌아다니는 것을 공부로 삼았습니다. 만행의 특징은 어제가 없는 것이며 이력이나 경력이 전혀 쓸모없는 삶을 발견할 수 있게 되는 것입니다. 그래서 자신에게 부정적인 시각을 항상 느낄 수 있는 수행이 됩니다.

불교에서는 나를 버려야 된다는 표현을 많이 쓰고 '무소유'를 강조하기도 했습니다. 그러나 무소유도 또 다른 하나의 신념 체계이며, 거룩한 신에 귀의하고 수행한다고 해도 역시 또 다른 하나의 신념 체계일 뿐입니다. 이 세상에 절대적으로 반대할 수 없는 말은 존재하시 않습니다. 그래서 부처님께서는 항상 법의 한 가지 모습을 부정하셨습니다.

맑고 밝은 것이 하나의 신념 체계인 것처럼 고요한 명상의 경지도 마찬가지로 또 하나의 신념 체계일 뿐입니다. 모든 것이 구족한 자신의 존재를 버리고 신의 노예를 표방하거나 지금 이 순간의 고통을 부정하기 위해 새로운 경지를 추구하는 것은 역시 또 하나의 신념 체계일 뿐입니다.

(5) 살아 있는 참선

참선 수행을 생활 속에서 찾아본다면, 내 생각에 거슬리는 말을 듣는 것을 싫어하거나 거북해하지 않고 감사한 마음으로 기꺼이 들을 수 있는 것이 될 것입니다. 왜냐하면 내가 가지고 있는 나만의 신념을 반대로 표현하고 문제점을 지적해 주는 것이 바로 자신을 버릴 수 있는 좋은 방법이기 때문입니다.

그래서 속가에서 부부생활은 자신을 버릴 수 있는 좋은 방법이 됩니다. 왜냐하면 사랑하는 마음은 배우자에 대한 걱정을 낳게 되고, 걱정하는 생각은 잔소리를 낳게 되며, 더 나아가 바가지를 긁게 되기 때문에, 사랑하는 사람과 부부생활을 한다는 것은, 아침부터 밤까지 끊임없이 잔소리를 듣고 사는 것이기 때문입니다.

그러므로 건강하게 오래 산다는 것은 내 생각을 하나도 빠짐없이 반대해 주는 배우자와 충분히 대화하면서 서로의 감정을 교류하여 마음속의 앙금을 털면서 서로를 이해할 수 있을 때 가능한 일입니다. 그럴 때 가장 현명한 부부가 되어 많은 복을 지을 수 있게 되며, 어떤 자식을 낳아도 건강하고 현명하게 키울 수 있게 될 것입니다.

그래서 자신을 반대하는 말을 잘 듣는 참선 수행은, 자신의 생각에 유동성을 가질 수 있게 될 뿐만 아니라 새로운 아이디어도 잘 낼 수 있게 되는 것은, 우리의 생각이 원래 하나의 모습이 아니었다는 부처님의 말씀과도 일치하기 때문일 것입니다.

이러한 참선 수행의 공덕은 미치지 않는 곳이 없어서, 복을 짓거나 돈을 벌거나 행복한 가정을 꾸미는 데 필수적인 수행이라고 할 수 있습니다. 특히 새로 배우자를 만나 결혼하고자 하는 사람은 영원한 야당을 만나기 위해 노력한 결과라고 할 수 있습니다.

사사건건 나를 반대하는 말을 많이 들을 수 있는 방법은, 배우자를 만나는 것 외에는 별로 없을 것입니다. 그것도 나를 사랑하는 마음으로 걱정하면서 밤낮으로 생각생각 끊임없이 생각해 주는 것이 배우자의 마음일 것입니다. 그래서 이것을 살아 있는 참선이라고 부를 수 있습니다.

VI. 체험(證)의 역사

천안제일 아나율

아난과 난타와 더불어 부처님의 사촌동생으로
같이 출가하였다.
부처님의 법문을 듣다가 졸음에 빠져 꾸지람을 들었다.
이에 분발하여 잠을 자지 않고 수행 정진하다가
눈이 멀었으나 천안통을 얻었다고 한다.

1. 깨달음 체험의 역사

(1) 고대의 체험

　체험이란 사려분별을 거치지 않은 직접적이고 주관적인 경험을 말합니다. 유사이래 인간의 내면적인 경험이라고 부를 수 있는 체험은 정신문화에서 큰 역할을 하였습니다. 과학의 발달이 미흡했던 고대 세계에서는 성현이나 교주라고 불리는 한 인간의 믿음과 체험을 근거로 수많은 수행자들이 출현하기도 했으니, 믿음을 설계도로 체험을 결과로 보았습니다.

　그중에는 논리가 부족하고 비약적이며 신비적인 샤머니즘도 있었고, 믿음을 중심으로 알음알이적 논리를 설정하여 종교라는 이름의 가르침도 있었지만, 한 인간의 내면적 체험을 객관화시키는 작업이란, 체험의 주관적인 성격으로 인하여 처음부터 불가능한 일이었습니다.

　그러나 체험을 믿음의 결과라고 보고 종교라는 이름의 믿음 뒤에 숨어서 논리적 비판을 회피하는 것이 서양식 종교의 모습이라면, 체험을 수행의 결과라고 보고 깨달음이라는 이름의 믿음 뒤에 숨어서 사려분별을 부정하면서 논리적 비판을 회피하는 것은 동양식 종교의 모습일 것입니다.

부처님이 출현하시기 전의 고대 인도에서도 다신교와 범신교가 있었던 것처럼 고대 중국에서도 믿음을 바탕으로 하는 샤머니즘이 있었으며, 인도의 우파니샤드나 중국의 도가처럼 개인적 체험을 추구하는 가르침들도 있었습니다. 논리가 발달하지 않았기 때문에 근거없는 체험들은 많은 수행자들을 어리석음과 환상으로 이끌기도 했습니다.

(2) 체험과 의심의 관계

우리는 보통 깨달음이라고 하면 부처님의 견명성오도의 체험을 떠올리기 쉽습니다. 그리고 그러한 깨달음의 체험은 특별한 것이며 부처님이 부처님으로서의 삶을 시작하는 데 가장 큰 역할을 하고 중요한 의미를 가졌다고 생각하게 됩니다. 그러나 부처님의 체험이 왜 특별하며 큰 깨달음으로서 인정받을 수 있는지 연구된 바는 없습니다.

다만 결과적으로 볼 때 부처님의 깨달으신 법이 일체법이며 수많은 가르침의 원인이 되어 일체중생을 이익되게 하였다고 생각할 수 있을 것입니다. 그렇지만 체험의 성격을 분석해 본다면 감각이 상대적인 것처럼 체험도 느낌이므로 상대적일 수밖에 없습니다. 크게 느꼈다는 것은 느끼기 직전의 심리적 상태와 완전히 반대적인 것을 체험했다는 뜻입니다.

그러므로 체험이라는 느낌은 상대적이므로 기존의 생각과 비교해서 정반대인 모습을 띨 것입니다. 기존의 생각을 A라고 부른다면 깨달은 체험은 -A가 될 것입니다. 즉 기존의 생각이 하나의 모습이라면 깨달은 체험도 또 다른 하나의 모습이라는 뜻입니다. 그러므로 하나의 모습인 체험을 거룩하며 특별나다고 생각하는 것은 어리석은 생각일 것입니다.

또 하나의 모습인 체험의 내용이 무엇인지 불확실함에도 불구하고 그러한 개인적 체험에서 발생한 깨달음이나 알음알이를 거룩하며 수승하다고 할 수는 없을 것입니다. 그러나 거울을 보면 사물의 상대적인 모습을 볼 수 있는 것처럼, 그런 체험 발생의 원인이 되는 기존의 생각, 즉 의문이나 질문을 살펴본다면 결과인 깨달음의 체험을 쉽게 알 수 있을 것입니다.

그래서 부처님께서는 주관적으로 표출된 당신의 견명성오도의 내용을 설명하신 적은 별로 없습니다. 그보다도 항상 가르치신 말씀은 고성제라고 부르는 첫 번째 질문이었는데 그것은 부처님이 깨닫기 직전의 의심이며 질문이었던 것입니다. 그래서 고통이란 무엇인가?라는 질문은 자신을 살피는 방법이었을 뿐 아니라, 동시에 일체법의 반면이었던 것입니다.

(3) 체험과 하나의 입장

체험은 수행자를 가장 어리석게 만드는 원인이 됩니다. 왜냐하면 자신의 감각기관을 근거로 사물을 보고 듣고 느끼는 체험이 발생할 수 있기 때문에, 자신도 모르게 하나의 입장에 머무르게 됩니다. 마치 누구나 자신이 우주의 중심처럼 느껴진다고 해도 그것은 착각이며 전혀 사실이 아닐 뿐 아니라 남에게 인정받을 수도 없는 것과 같습니다.

그럼에도 불구하고 수많은 세월 동안 수행자들이 지표로 참고할 수 있었던 것은 동일한 인간으로서 겪었던 수많은 선지식들의 체험이었으므로, 내면적 사고방식의 차이나 알음알이와 상관없이 체험을 추구해 왔나고 할 수 있습니다. 그러나 체험이라는 구조 자체가 개인적 입장에서 발생하고 개인적 입장을 공고히 하며 개인적 입장에 서 있다는 것을 알아야 할 것입니다.

모든 것을 버리는 출가를 하고 어떤 것도 잡을 수 없다는 법을 이해하면서도, 막상 수행을 할 때는 선지식의 체험을 쫓아가기도 하고 자신의 체험을 근거로 집중수행하기도 합니다. 사려분별을 버리라는 뜻은 개인적 입장의 사려분별이기 때문에 하나의 입장을 떠나기 위해서 한 말입니다. 이런 말을 오해하여 비판없이 자신의 체험에 의존하는 것은 큰 병의 원인이 될 것입니다.

(4) 깨달음의 체험

깨달음이란 생각이 깨어지거나 갑작스럽게 변화하는 느낌을 알아차렸다는 표현입니다. 알아차린다고 표현해도 될 것입니다. 그러나 부처님께서 깨달음을 통해서 법을 발견했다는 말을 들었을 때부터 깨달음이란 특별한 의미로 받아들여질 수도 있습니다. 그렇다고 해도 깨달음이란 여전히 인간의 느낌이며 감각기관의 대상일 뿐입니다.

즉 깨달음이란 현상은 앞의 생각과 뒤에 일어난 생각이 전혀 다르거나 극단적으로 반대적인 모습을 띠었기 때문에 발생한 현상입니다. 그래서 갑작스럽거나 충격적으로 느껴질 수 있을 것입니다. 이때 인간의 생각은 갑자기 전혀 다른 생각이 일어날 수는 없습니다. 왜냐하면 생각은 연속적이며 끊어지는 경우는 없기 때문입니다.

그러므로 연속된 생각의 흐름에서 갑자기 극단적으로 반대적이거나 추상적인 생각이 돌출한다고 하기보다 이미 알고 있었지만 막혀 있던 생각이 특정의 의문이나 질문으로 인하여 새롭게 열렸다고 할 수 있습니다. 그래서 지나고 보면 이미 알고 있었던 것을 다시 알았다고 표현하기도 합니다.

이치로 말하자면 모든 법은 통해져 있지만 우리는 자신의 기준을 어디에 두느냐에 따라서 보이기도 하고 보이지 않기도 합니다. 또 자신이 무엇을 좋아하고 싫어하느냐에 따라서 좋은 것은 잘 보이고 싫어하는 것은 잘 보이지 않으며, 익숙한 것은 잘 보이고 생소한 것은 잘 보이지 않기도 할 것입니다.

2. 깨달음의 인식적 구조

부처님께서 열반하신 지 2500년이 넘었으며 수많은 깨달음이 등장하였습니다. 일각에서는 부처님의 깨달음을 이어받았다는 사람도 있었지만, 체험의 성격으로 본다면 이어받을 수는 없을 것이므로 부처님의 법을 이어받았다고 말하기도 합니다. 깨달음의 내용은 그야말로 생각이 깨어졌다는 것인데 깨어진 결과도 부분적인 모습으로만 추측이 됩니다.

그래서 깨달음을 보편화하거나 깨달음의 지혜를 전달하고자 한다면 먼저 깨달음의 필연성과 깨닫기 전의 심리상태, 또는 깨닫는 순간의 입장, 또는 깨달은 순간의 경지와 깨달은 직후의 느낌 또는 깨닫고 난 다음 평범한 입장으로 돌아왔을 때 느끼는 시각의 변화 등을 구체적으로 이해할 필요성도 있을 것입니다.

(1) 깨달음의 인식

먼저 깨달음이란 현상은 말 그대로 생각이 깨어진다는 것입니다. 그러나 우선 생각이나 느낌이란 주관적인 인식과 주관적 표현이므로 아무리 잘 표현한다고 해도 오해의 소지가 있으며, 아무리 정확하게 인식한다고 해도 인식 자체가 알음알이를 벗어날 수는 없습니다. 또 정확하게 인식한다는 것은 하나가 아닌 것을 하나의 모습으로 인식하는 면도 있습니다.

한 생각이라는 것은 처음부터 하나의 생각이라기보다 과거의 수많은 생각의 기억들과 감정적 느낌과 논리적 판단 등이 모여진 것이지만, 집중적 노력으로 인하여 하나의 질문이나 의문처럼 보였던 것입니다. 이러한 한 생각이 기억 속의 상처와 감성적 고통, 논리적 모순 등의 이유로 생각의 벽을 만나 정체하게 되고 또 정체한 생각을 발견하고 집중 관찰하고 보니 은산철벽이 되었던 것입니다.

여기서 풀리지 않는 한 생각에 집중해서 생각해 보는 것을 수행이라고 하지만, 집중이 중심이 되고 풀리지 않는 의문이 없을 때는 맑고 고요한 경계에 빠져서 깨달음은 있을 수 없게 됩니다. 억지로 집중하지 않더라도 풀리지 않는 생각이 있다면, 즉 의심이 중심이 된다면 일부러 회피하지 않는 한 깨달을 수밖에 없습니다.

그러나 억지로 회피하고 잊으려고 한다면 깨달을 수 없게 되겠지만, 힘든 시간을 단축시키고 빨리 해결하려면 집중해서 생각해 보는 것이 가장 쉬운 길이 됩니다. 풀리지 않는 한 생각을 가진다는 것은 고통이며 괴로운 시간입니다. 만약 의심이 되지 않는데 억지 의심을 짓는다면 상기되고 큰 병이 될 수 있습니다.

의심을 만들고 의심을 발견하는 가장 쉬운 방법은 토론과 대화입니다. 혼자서 생각하다가 의심을 발견하는 것은 쉽지 않을 뿐 아니라 혹시 의심을 발견하고 집중하였다고 해도 다른 사람의 눈에는 보거나 듣지 못하고 집중된 상태가 병자로 보일 수도 있습니다. 그렇지만 존재의 모습은 원래 모순적인 면이 있으므로 토론하고 대화한다면 쉽게 발견할 수 있습니다.

이렇게 풀리지 않는 한 생각에 집중하여 익숙해지고 순숙해 진다면 어느 날 갑자기 깨닫게 됩니다. 생각이 깨어진다는 것은, 분명한 고통이며 모순이었던 상처의 기억과 모순적 판단과 감성적 고통이 순간석으로 동시에 무너지고 부시지는 것이 마치 모든 기억과 상처와 고통스럽던 것들이 통째로 사라져 버린 느낌이지만, 금새 사라진 것이 아니라는 것을 알게 됩니다. 느낌은 분명히 사라졌는데 사라진 것이 아님을 발견할 수 있습니다.

(2) 모순적 인식

깨달음이란 인식 방식이 무너지는 것입니다. 그것은 마치 연못에 조약돌을 던졌을 때 파문이 퍼지는 것과 같고, 물방울이 바닥에 떨어졌을 때 하나의 물방울도 잡을 수 없는 것과 같고, 일체가 연결되어 막힘이 없는 것과 같지만 어느 것 하나도 느껴질 수 없는 것입니다. 만약이라도 텅 비었다고 느껴지거나 밝은 빛으로 느껴졌다면 바로 알음알이로 인식된 것입니다.

그래서 인식의 형식도 전도된 모습이어야 한다는 사실을 이해해야 합니다. 왜냐하면 전도되지 않으면 인식되지 않는다고 해야 할 것입니다. 깨달았다고 인식했다는 것은 벌써 전도되었다는 뜻이며 알음알이화되었다는 말이며, 표현도 마찬가지로 전도된 모습으로 표현될 것입니다. 우리가 깨달음을 분석하고 이해하는 것도 이렇다는 것을 미리 이해하는 것이 좋습니다.

이것을 법으로 표현하자면 어떤 것도 세울 수 없고 잡을 수 없다고 할 뿐 아니라 이러한 표현들조차도 전혀 법에 합당하지는 않지만, 억지로 표현하자면 가장 가까운 표현이라고 할 수 있을 것입니다. 어떤 사람은 심리적 바탕이나 사고방식의 바탕이 무너지는 것이라고 표현하기도 합니다. 어떤 논리나 개념도 사고의 바탕 위에 서 있다는 뜻으로 하는 말입니다.

그러나 직설적인 느낌으로 표현한 다음 그 표현이 모순적이라고 말하기도 합니다. 6조 혜능 스님은 본래 한 물건도 없다고 표현했다가 다른 사람이 말하면 그것은 알음알이며 옳지 않다고 경계하기도 했지만, 나중에는 그런 표현도 자제하고 있습니다. 이처럼 깨달음의 체험은 주관적이며 개인적인 것이지만 개인적 입장에서는 일체 우주가 무너진 대사건입니다.

3. 체험의 의미

(1) 부처님에 있어서 체험의 의미

부처님께서는 일체법을 깨닫는 순간, 모든 법은 통하며 머물러 있지 아니하므로 한 법이 동시에 일체법이었으나, 세상 사람들은 언제나 자신을 기준으로 세상을 보고 듣고 느끼기 때문에 스스로 법의 모습이면서도 자신이 법을 알지 못한다고 생각한다는 것을 발견하셨습니다.

자신이 만든 자신의 체험의 세계에 갇혀 일생을 살아가는 세상 사람들을 보시고는, 말이 통하지 않을 것을 생각하여 절망에 빠지기도 했습니다. 그러나 그러한 체험적 시각은 언제나 하나의 모습이므로 그 생각만 고치면 법을 이해하는 것이 그렇게 어렵지는 않을 것이라고 생각하신 부처님께서는, 녹야원을 향해서 한달음에 달려가게 됩니다.

그리고 당신의 체험보다 녹야원 오비구의 양극단에 치우친 수행에 대해서 말씀하심으로써 그들의 병을 고치게 됩니다. 이때 듣는 사람이 이해할 수 있는 바른 논리는 듣는 사람에게 체험을 만들어 줄 수 있다는 것을 발견하시게 됩니다. 그래서 팔정도는 말하는 사람의 논리가 아니라 듣는 사람의 논리이며 체험적 언어가 아니라 논리적 언어라고 할 수 있을 것입니다.

그후 전법의 길에 나선 부처님은 듣는 사람이 이해할 수 있는 가르침을 설하시면서 수많은 사람들에게 체험을 일깨우시게 됩니다. 즉 논리적 언어를 사용하심으로써 개인적 체험을 발생시키고 사람들이 가졌던 체험과 정반대의 체험을 느끼도록 하실 수 있었습니다. 또 사람들도 논리적 상담을 통해서 자신만의 체험과 깨달음을 얻을 수 있었습니다.

즉 부처님께서는 당시 수행자들의 체험이 주관적이며 독단적이었지만 그들의 체험을 인정하고 받아 주심으로써 그들의 신뢰를 얻고, 바른 논리로 체험을 깨뜨리거나 새로운 체험을 얻게 하심으로써 많은 사람들이 법을 이해할 수 있도록 만들었습니다. 그리고 어느 정도 시간이 흐른 다음 체험의 문제점을 지적하시게 됩니다.

그것은 『법화경』을 설하실 때였습니다. 『법화경』에서는 자신이 느낀 체험을 근거로 하는 수행자를 증상만인이라고 부르고, 그들은 부처님의 가르침을 존중하지만 더 이상 들을 것이 없다는 입장에 있다고 말하고 있습니다. 그러나 부처님께서는 개인적 체험보다 법의 전달이 모든 부처의 출현 목적이라고 강조하심으로써 법의 보편성을 부각시켰습니다.

즉 논리와 체험이 둘이 아니므로 +논리를 -논리로 중화시키는 방법으로 개인의 체험을 타파하는 체험을 일으킬 수 있다는 뜻입니다. 전법의 초기에는 많은 사람들에게 체험을 얻게 해주었지만,

신뢰를 얻고 난 다음에는 개인적 체험을 떠나서 누구나 인정할 수 있고 전달할 수 있는 보편타당한 법을 이해할 때 비로소 깨달음이라고 부를 수 있다고 설하셨습니다.

(2) 부파불교의 체험의 의미

우파니샤드를 비롯한 인도의 체험 위주의 주관적인 수행 전통에 대해 비판하고 보편적인 법과 논리를 밀씀하신 부처님의 가르침은, 수행자 중심의 출가승단에서 알음알이를 벗어나서 교리를 정립하기 위한 몸부림으로 방대한 논서를 작성하고 논쟁을 거듭하게 되면서 점차 추상적인 모습을 띠기 시작하였습니다.

부처님이 열반에 드신 후 100여 년이 지나면 계율에 대한 견해 차이로 불교 승단은 상좌부와 대중부로 나누어지게 됩니다. 상좌부는 경의 가르침을 중시하면서 논리적 경향을 띠었지만, 대중부는 형식적 알음알이를 부정하면서 내면적 사상을 중시하게 되어 출세간(出世間)이라는 추상적인 개념을 설정하게 됩니다.

이때 출세간이란 설출세부나 다문부에서 주장한 개념으로서, 세간의 모든 것을 떠나 무상(無常)·고(苦)·무아(無我)만이 진실된 가르침이라고 생각했습니다. 이와 같이 아비달마 불교는 출가수행자가 부처님의 가르침을 어떻게 이해하고 계승할 것인지가 가장 중요한 의제였으므로, 체험에 몰입하거나 중생구제를 논할 여지는 없었습니다.

(3) 대승불교의 체험의 의미

부처님의 열반 후 사리탑을 중심으로 수행하던 대중은, 초기에 승단에서 소외되었으나 중생구제나 전법 수행이야말로 법을 깨닫는 지름길이라는 생각을 기반으로, 아비달마 논쟁에 참여하면서 대승불교가 시작되었습니다. 그들은 설일체유부의 논리적 입장이 알음알이에 빠질 것을 우려하여 체험적 수행을 통한 아공·법공의 반야 사상을 주장하게 되었습니다.

초기에 반야부 경전들은 사리탑신앙(舍利塔信仰)이라는 믿음을 경권신앙(經卷信仰)이라는 알음알이(지혜)로 바꾸는 데 큰 역할을 하였지만, 나중에는 공(空) 사상에 의거한 바라밀다를 지혜의 완성으로 설정한 다음, 이름은 같지만 뜻은 전혀 다른 육바라밀이라는 이름의 수행방식을 제시함으로써 알음알이(지혜)를 체험(수행)의 형식으로 변화시키고 말았습니다.

이러한 반야부 경전들의 역할로 인하여 믿음은 지혜라는 이름의 알음알이로 변화하고, 알음알이는 반야바라밀(완벽한 지혜)이라는 목적으로 설정된 다음, 육바라밀이라는 수행(체험)을 통하여 깨달음에 이를 수 있다고 가정하게 되었습니다. 이러한 논리는 이미 존재해 있었던 법의 모습인 여래를 몰각하고, 여래를 찾고 구하기 위한 수행에 매진하기 위해 사려분별을 멀리하고 자기 중심적인 체험을 강조하는 결과로 나타나게 되었습니다.

4. 체험의 등장

(1) 반야부 경전

대승불교의 기본전적은 반야 600부입니다. 반야 600부에는『금 강반야경』,『반야심경』,『소품반야경』,『대품반야경』,『대반야경』등 이 포함되어 있습니다.『금강반야경』은『금강경』으로 부르는데 공 (空)이나 육바라밀이라는 체험적 용어는 등장하지 않았습니다. 그 러나『반야심경』에는 공이란 용어와 바라밀이란 용어는 쓰였지만, 육바라밀은 쓰이지 않았습니다.

그리고 소품반야는 8000송, 대품반야는 25000송, 대반야는 십 만 송의 게송으로 이루어져 있으며, 반복적으로 육바라밀 수행을 권장하면서 공(空)을 말하고 있습니다. 또『대반야경』은 위의 모든 반야경들을 모아서 만들어진 경전입니다. 그래서『금강경』이나『반 야심경』을 모태로 하여 인도 남반부에서 수많은 편집자들이 비슷 한 용어로 편집한 것이 반야 600부가 되었습니다. 즉 소품반야부 터 체험 강조가 시작되었습니다.

(2) 금강반야경

『금강경』은 반야부의 가장 초기 경전입니다. 여기서는 대화체이면서 법을 이해하는 입장이 중심이 된 글들입니다. 그래서 공이라든가 육바라밀 등의 체험적 용어는 보이지 않습니다. 그러나 같은 『금강경』에서도 13품 이후 후반부에서는 마치 전반부의 내용을 반복하는 듯이 하면서도 전반부와 다른 관점에서 편집된 글들이 발견됩니다.

모든 경전이 그러하듯이 『금강경』도 수보리의 질문에서 시작됩니다. 법이 일체에 두루하여 우리 존재 자체의 모습이므로 이것은 법이며 저것은 법이 아니라고 하기 어렵습니다. 그래서 물속에서 물을 구별하고자 한다면 바위를 부딪쳤을 때 비로소 물이 아니라는 것을 알 수 있는 것처럼, 부처님의 법도 그와 같이 고통에 부딪쳤을 때 비로소 법을 발견할 수 있게 됩니다.

공부에 있어서 질문이라는 것도 생각이 막히고 법을 알 수 없다고 생각하거나 생활 속에서 고통을 느낄 때 발생하는 것이며 혼자서 생각하기 어렵기 때문에 질문하게 됩니다. 그래서 질문은 법을 공부할 수 있는 통로이며 대문이 됩니다. 수보리는 어떻게 마음을 극복하며 마음을 머무를 것인지 질문하게 됩니다.

2장의 질문으로 비롯한 부처님의 대답은 3장부터 10장까지 이어집니다. 여기서는 "상즉비상"을 말씀하심으로써 즉비 사상을 표현하였지만 13장부터 32장까지는 "즉비시명"으로 표현하면서 이름뿐이라거나 적멸이라든가 허망하다는 말이 등장하기 시작합니다. 그래서 전반부의 즉비(卽非)는 후반부의 즉비시명(卽非是名)으로 변화하면서 수행과 체험을 강조하기 시작하였습니다.

(3) 반야바라밀다심경

보통 『반야심경』으로 줄여서 부르는 경으로서 반야는 지혜, 바라밀은 완벽한 상태, 심은 핵심이란 뜻으로 완벽한 지혜에 대한 핵심적인 가르침이란 뜻입니다. 원시불교에서 반야는 부처님의 깨달음을, 바라밀은 완벽한 상태였지만, 대승에서 반야는 일반적인 지혜를, 바라밀은 완벽한 상태로 가는 것으로 왜곡되었습니다. 그래서 용어의 뜻을 바꾸면서 원래 있었던 법을 발견하는 것이 아니라, 새로운 법을 위해서 수행해야 한다는 의미로 바뀌었습니다.

그리고 내용에서는 관자재보살이 반야바라밀을 행한다고 표현하고 있는데 반야바라밀은 행하는 것이 아니라 발견하고 이해하는 것이라고 해야 맞습니다. 또 오온이 공한 것을 보면 고통을 벗어날 수 있다고 말하고 있지만, 『금강경』의 가르침으로 말하면 오온을 오온이 아니라고 해야 옳을 것입니다.

『반야심경』에는 공(空)이란 용어가 등장하며 육바라밀이란 용어는 사용하지 않았지만, 바라밀다를 최상의 경지로 표현하지 않고 바라밀다를 수행한다는 개념으로 사용하고 있습니다. 그래서 『금강경』에서 『소품반야경』으로 가는 징검다리 경전으로 보입니다.

그래서 반야부의 일반적인 글들은 대부분 믿음을 강조하고 공사상을 이해할 것을 주장하며, 육바라밀 수행을 강조하여 마침내 깨달음을 체험으로 증득할 수 있을 것이라고 가정하고 있으므로 신해행증(信解行證)의 순서를 가지고 있습니다. 이러한 신해행증은 법을 이해하는 데 필요하지만, 자신을 돌이켜보는 데는 장애가 될 수 있습니다.

(4) 신해행증(信解行證)

불교는 하나의 입장, 개인적인 입장을 부정하고 떠나는 것으로 공부의 방법을 삼아 왔습니다. 이때 하나의 입장이란 주관적인 입장이며 독단적이며 아상에 머무르는 것입니다. 주관적인 입장의 가장 대표적인 것은 믿음[信]입니다. 믿음을 극복하기 위한 가르침이 사성제이며 질문이며 의심입니다.

그러나 부처님의 열반 후 사리탑을 공양하면서 수행하던 대승불교 운동가들은 부처님을 믿는 마음을 기반으로 반야부 경전을 편찬하여 믿음을 지혜로 전환하는 계기로 삼게 됩니다. 또 그들은 보살사상을 주창하여 믿음에서 발생한 알음알이를 근거로 수행하고 체험하는 신해행증(信解行證)의 사상 체계를 설정하게 되었습니다.

그러나 믿음만 주관적인 것이 아니라 지혜라고 하는 이해도 역시 알음알이이므로 주관적인 것이며 감각기관에 근거하는 체험은 더욱이 주관적인 면으로 이루어져 있습니다. 그래서 신해행증이란 주관적인 관점을 강화시키고 독단적인 경향을 갖게 되어, 다른 수행자와 토론하거나 소통하는 것을 소홀히 하는 원인이 될 것입니다. 마찬가지로 마음 수행이라는 말도 그와 같은 경향에 빠지기 쉽습니다.

5. 체험적 용어의 문제점

(1) 체험적 용어와 논리적 용어의 차이점

부처님의 법은 일체에 두루하지만, 인간의 인식은 한 점을 기준으로 하나의 입장에서 보고 듣고 이해하는 형식입니다. 이러한 두 가지 차이점은 부처님의 법을 설명하는 데 있어서도 두 가지 표현으로 차이가 나는 원인이 됩니다. 예를 들자면 비아란 용어는 논리적 용어로서 말하는 사람이나 듣는 사람에게 통하는 용어라면, 무아란 용어는 체험적 용어로서 말하는 사람과 듣는 사람에게 전혀 다른 내용을 표현하는 용어입니다.

깨달음을 표현하는 용어도 그와 같아서 논리적 용어로 표현한다면 즉비라고 말할 수 있지만 체험적 용어는 깨달음을 체험하는 수행자에 따라서 다양한 표현으로 드러납니다. 예를 들자면 본래 없다든가 텅 비었다거나 청정하다든가 찬란하다든가 근본 바탕이라든가 본체라는 등의 알음알이가 있습니다. 이것은 그렇게 느꼈다거나 보았다는 등의 표현을 쓰게 됩니다.

체험적 용어는 직감적이고 개인적이며 감각적 표현이기 때문에 실감이 날 뿐 아니라, 누구에게나 쉽게 인식될 수 있는 표현들입니다. 그러나 느낌의 영역이며 개인적이고 주관적 표현이기 때문에 얼마나 깊이 느끼고 얼마나 충격적으로 다가오는지, 또는 얼마나 밝고 빠르게 표현되는지 등에 따라서 더 큰 깨달음이라고 오해하는 일도 많습니다.

느낌이란 상대적이기 때문에 사람마다 다를 뿐 아니라 같은 용어와 같은 표현을 한다고 해도 전혀 같다고 인정할 만한 근거는 없습니다. 이때 상대적이란 깨달음의 느낌이 발생하기 이전의 상태에 따라서 그와 반대의 모습을 가질 수밖에 없으므로, 깨닫기 전의 고통의 크기에 따라서, 또는 마음의 병의 깊이에 따라서 느낌의 깊이와 크기도 달라질 것입니다.

불교학이 이러한 체험적 용어에 근거할 때 수행자들을 어리석게 만들기도 했습니다. 남이 알지 못하고 남이 느끼지 못하는 것을 느꼈다고 주장하면서 자신이 특별한 존재라고 착각하는 일도 있었으며, 다른 사람과의 차이에서 삶의 가치를 느끼고 남과 나를 나누는 것을 수행이라고 생각하는 일도 있었습니다.

인도 수행자들이 즐겨 쓰는 체험적 용어는 청정으로, 초기 대승경전인 『유마힐경』에서 유마힐의 의미는 '청정'이었습니다. 중국 수행자들이 주로 쓰는 체험적 용어는 텅 비었다는 '태허' 또는 '무념무상' 등입니다. 특히 텅 비었다는 의미의 태허라는 용어는 중국 사상의 기초를 이루고 있습니다. 기독교의 체험적 용어는 밝음이며 빛입니다.

이러한 체험적 용어는 수행자들이 환상을 좇게 만드는 원인이 되었으며, 감각적 느낌을 추구하게 만들어서 자신의 입장에 국집하는 아상의 원인이 되었을 뿐 아니라, 법을 알 수 없게 만들고 주관적 믿음에 국집하는 무당의 특징이 되기도 했습니다. 그뿐 아니라 사려분별을 부정하고 직관과 우연을 강조함으로써 심리적 인과를 부정하는 원인이 되기도 했습니다.

(2) 체험적 용어의 발생

인류의 문화가 발생한 이래 수행자들이 초기에 가졌던 용어는 체험적 용어였습니다. 왜냐하면 평범한 개인의 입장에서 깨달음을 표현하거나 느낀다는 것은 불가능했을 뿐 아니라, 더욱이 논리적으로 표현하는 것은 더욱더 어려웠기 때문입니다. 오히려 개인이 생각하는 논리조차도 깨어지기 때문이기도 합니다.

이렇게 깨달음이란 개념은 생각의 급격한 변화에서 발생한 것으로서 일순간적인 느낌을 다른 사람에게 표현해 보고자 할 때 체험적 용어로 표현되었다는 것입니다. 그렇지만 말 그대로 생각이 깨뜨려진 상태가 아주 짧은 순간이더라도 깨어졌기 때문에, 어떤 체험적인 표현이나 용어도 모순적일 수밖에 없습니다. 인식이나 표현은 깨어지기 전의 개념이기 때문입니다.

체험적 용어의 이와 같은 성격으로 인하여 가장 비슷하게 표현하기는 했지만, 듣는 사람에게 항상 오해를 불러일으킬 수밖에 없었습니다. 또 본인도 표현하고 난 다음 이 말이 정확하지는 않다고 부정하거나 어떤 말로도 맞을 수 없다고 표현하기도 하며 아예 말로 할 수 없다고 표현하기도 합니다.

그럼에도 불구하고 수행자가 체험적 용어를 사용할 수밖에 없었던 이유는 논리적 표현이 쉽지 않았고, 말하는 사람의 논리와 듣는 사람의 논리가 항상 다르다는 사실을 잘 이해했기 때문이기도 했습니다. 또 가장 실감나고 현장감을 살릴 수 있었으며 듣는 사람을 감동시킬 수 있는 것이 체험적 용어였기 때문입니다.

(3) 체험적 용어의 역설

체험적 용어의 주관성과 독단성으로 인하여 아상이 깨어지는 것을 아는 것이 도리어 아상을 더 높이는 결과를 가져왔으며 남과 나를 구분할 수 없다는 알음알이를 아는 것이 도리어 남과 나를 더욱더 구분하게 되는 결과가 되었습니다. 이러한 자가당착이며 자승자박의 논리가 체험적 용어의 특징임에도 불구하고, 체험적 용어의 한계를 벗어나는 방법으로 또다시 더욱더 철저한 체험(확철대오)을 가정하게 된 것은 역설적인 사실입니다.

즉 이러한 모순의 발생이 체험적 용어의 특성임을 모르고 체험에 근거한 수행에 의지하던 수행자가, 자신의 선택에 이미 모순이 내재했다는 사실을 전혀 인식하지 못한 채, 또다시 보다 더 완벽한 체험을 가정하게 된 이유는, 체험이란 감각기관으로 인식하고 느낀다는 뜻이므로 또 하나의 알음알이가 생기는 과정일 수밖에 없다는 필연성을 몰랐기 때문입니다.

(4) 체험적 용어의 반전은 의심

수행자들이 깨달음의 주관적 관념적 한계성을 발견하는 데는 많은 시간이 걸렸습니다. 왜냐하면 자신의 문제에 침잠하여 몰두하고 집중적으로 수행하다가 갑자기 마주친 것이, 모든 것이 무너지는 깨달음이었기 때문에 자신의 입장에서 자신을 돌이켜보고 문제점을 발견할 수 있는 새로운 시각을 정비하는 데는 많은 시간이 걸렸기 때문입니다.

또 느낌은 상대적이며 연기적 구조일 뿐 아니라 머물러 있는 것도 아니었습니다. 가장 큰 문제는 선지식의 가설이었으며 먼저 깨달았다는 선배들의 수많은 글들과 알음알이들이었습니다. 왜냐하면 그들의 표현들도 느낌과 체험이었으며 그 외는 가설임에도 불구하고 후학들이 의지하고 따라가는 것은 선지식의 경험밖에 없었기 때문입니다.

그래서 이렇게 허무한 결론에 빠지는 것을 방지할 수 있는 유일한 방법은 질문이며 의심입니다. 돌이켜 생각해 보고 말하는 사람과 듣는 사람이 공유할 수 있는 논리가 아니라면, 믿어서는 안 될 것입니다. 지난 시대의 어떤 한 사람의 착각과 달콤한 가설이 수많은 후학들을 눈멀게 하고 가설에 빠지게 만들어 놓았기 때문에 반문과 의심이야말로 다른 면을 발견할 수 있게 도와줄 것입니다.

6. 중의법(重義法)

(1) 붓다의 중의법

  일체에 두루하고 영원한 법은 하나의 모습일 수는 없습니다. 만약이라도 하나의 모습으로 생긴 것이 있다면, 그것은 변할 수도 없거니와 영원할 수 있는 방법은 더욱 없을 것입니다. 부처님께서는 죽어갈 수밖에 없는 필연성 속에서 살아 있다는 당신의 착각이 부서지면서 삶의 영속성과 죽음의 영속성을 동시에 발견하셨습니다.

  그래서 모든 존재는 하나의 모습이 아니라고 할 수 있지만, 생각과 말과 표현도 또한 하나의 모습이 아니라고 생각하기는 어려운 일입니다. 세상 사람들은 감각기관을 기준으로 모든 것을 하나의 모습으로 파악하고 생각과 말과 표현도 하나의 모습으로 인식하기 때문에 법을 이해하는 것도 언제나 오해하기 쉬웠습니다.

  그렇지만 법의 모습이 언제나 두 가지 모습인 것처럼 부처님의 가르침도 언제나 두 가지 다른 모습으로 인식될 수밖에 없을 것이고 듣는 사람이 기존의 사상에 매몰되어 있다면 기존의 사상으로 들릴 것이며, 듣는 사람이 기존사상을 반대한다면 다른 사상으로 들릴 것입니다.

　마찬가지로 부처님께서 법을 설하실 때도 특별한 용어를 만든
다든가 새로운 개념을 설정할 필요 없이 기존의 용어의 한 가지 쓰
임새를 다른 방향에서 보고 다른 방향으로 표현한다고 해서 안 될
것은 없다는 뜻입니다. 즉 어떤 개념이나 용어라도 반대 방향의 모
습으로 표현하는 것이 어려운 일은 아닐 것입니다.

　즉 같은 논리와 같은 개념이라도 부처님의 가르침을 거친다면
다른 논리와 다른 개념으로 얼마든지 설명하고 해석할 수 있다는
뜻이며 동시에 부처님의 말씀을 얼마든지 다른 논리와 다른 개념
으로 받아들일 수도 있다는 뜻이기도 합니다. 대기설법이라는 말
이 만들어진 것도 있을 수 있는 일입니다.

(2) 중의법의 이치

　부처님 말씀의 중의적 이치는 깨달음의 내용이기도 하거니와
법의 모습이기도 했습니다. 두 가지를 말하지만 두 가지가 아니라
는 불이 사상(不二思想)이나 개체성이 존재할 수 없다는 제법무아
(諸法無我) 사상과 개체의 성품이 존재할 수 없다는 무자성(無自性)
이라는 표현, 또는 역설적 표현이나 진제와 속제를 말하는 이제설
(二諦說), 『화엄경』의 일즉일체다즉일(一卽一切多卽一) 등이 있습니
다.

　그러나 중의적 이치는 듣는 사람이 들을 때 언제나 하나의 모습
으로밖에 인식되지 않기 때문에, 이치조차도 언제나 맞다고 해서

는 안 될 것입니다. 법은 중의적 모습이지만, 인식하는 사람에게는 중의적 모습이 아니라는 말입니다. 그래서 불이 사상은 두 가지를 말하지만, 두 가지가 아니라고 말하는 것입니다.

또 모든 것은 상대적인 면이 있어서 보는 시각과 보는 방향에 따라서 다르게 보일 것이므로, 똑같은 것이 이쪽에서 보면 없는 것처럼 보이지만 저쪽에서 보면 있는 것처럼 보입니다. 즉 자신의 기준에서 지름 1㎜를 먼지라고 생각한다면, 1㎜보다 클 때는 먼지가 있고 지름 1㎜보다 작을 때는 있지만 없나고 말하는 것과 같습니다.

그래서 이쪽에서 보면 유(有)이지만 저쪽에서 보면 무(無)라고 할 수 있는 것처럼 이제설도 그와 같아서 이쪽에서 보면 진제(眞諦)지만 저쪽에서 보면 속제(俗諦)라고 할 수 있을 것입니다. 그렇지만 이것을 두 가지로 분리하여 나눌 때 많은 논리적 문제가 발생하게 된 것입니다.

일즉일체다즉일(一卽一切多卽一)도 그와 같아서 이쪽에서 보면 하나지만 저쪽에서 보면 일체[多]일 것입니다. 그뿐 아니라 하나[一]가 하나가 아니라는 것은 논리적 용어로 사용한 것이며 하나가 일체[多]라는 것은 체험적 용어로 사용한 것이므로 일즉일체다즉일은 두 가지 용어가 동시에 사용되었음에도 불구하고, 그것을 하나의 이치로 이해하는 것은 큰 모순이 될 것입니다.

(3) 중의법의 왜곡

중의법적 표현은 법을 이해하고 인정하는 수행자들에게는 새로운 깨달음을 줄 수 있었지만, 법을 알지 못하고 인정하지 않는 수행자들에게는 새로운 환상을 심어줄 수 있었습니다. 전반의 수행자들은 성문 제자가 되어 법을 깨닫고 고통을 벗어날 수 있었지만, 붓다의 열반 이후에 나타난 후반의 수행자들은 기존의 개념을 바탕으로 새로운 불교를 구태의연하게 이해하기 시작하였습니다.

고성제의 질문과 전법이 수행이었던 가르침은 멸성제의 등장으로 질문은 끝나게 되었고, 해탈은 성인 4과의 한 단계로 편입되었습니다. 열반은 무여열반과 유여열반이라는 개념이 설정되었으며 깨달음은 거룩한 경지로 승화되었습니다. 일체에 두루하며 영원한 법을 말하던 여래는 여래장 사상으로 변질되어, 믿을 때만 등장하는 가능성으로 한정된 모습이 되었습니다.

또 결론을 내릴 수 없다는 무유정법은 무자성시공이라는 표현처럼 결론적인 공 철학이 되었으며, 하나의 모습이 아니라는 제법무아 사상은 무소유라는 엉뚱한 개념으로 표출되었습니다. 또 보는 방향에 따라서 무로 보이기도 하고 유로 보이기도 하는 존재의 모습은, 악취공인지 실상공인지 결정짓는 논쟁의 의제로 채택되어, 비현실적인 불교학의 추상성을 부각시켰습니다.

그뿐 아니라 붓다의 깨달음을 의미하는 아뇩다라삼먁삼보리와 같은 의미였던 바라밀은 보살의 수행으로 격하되어 반야바라밀이라는 수행의 일종으로 바뀌었으며, 진제(眞諦)는 『유마경』에서 불가설이라는 이름이 붙으면서 절대 말로 해서는 안 되는 침묵으로 표현되었습니다. 『유마경』의 특징은 체험적 용어로 논리적 용어를 비판하기 시작하였다는 데 있습니다.

7.『법화경』의 체험

(1)『법화경』의 성립

『법화경』은 기원 전후 서북인도에서 편집된 것으로 봅니다. 그러나 경전의 내용을 토대로 분석해 본다면『법화경』은 사상적 변화를 내포하고 있습니다. 우선 세 부분 가운데 두 부분의 특징적 차이점은 다음과 같습니다.

첫째는 체험적 입장을 부정하고 논리적 입장을 견지한 부분에서, 법신에 대한 믿음과 수행으로 변천하였습니다. 둘째는 사리탑 숭배에서 경전 숭배로 변천했습니다, 셋째는 법의 이해하고 전달하는 데서, 수지독송 해설서사로 변천했습니다. 넷째는 등장인물이 부처님과 십대제자에서 법신과 보살대중으로 변천했습니다.

이렇게 편집 구조가 두 부분으로 대별되는 것은『금강경』에도 나타나는 현상입니다. 그러나『유마경』에서는 전혀 그렇지 않습니다.『유마경』은 처음부터 끝까지 일관성을 유지하고 있으며, 그러한 관점은『중론』에까지 이어지고 있습니다. 그래서『금강경』이나『법화경』은 반야부 경전의 초기 경향을 띤 것으로 보이며『유마경』

은 반야부 가운데 후기에 속한다고 말할 수 있겠습니다.

(2) 『법화경』의 구조

　『법화경』은 서술 구조상 세 부분으로 나눌 수 있습니다. 제1류의 『법화경』(1장~9장)은 원시 8품이라고도 부르는데 부처님과 제자들의 문답으로 이루어져 있고, 제2류의 『법화경』(10장~22장)은 법신불과 과거불, 또는 수많은 보살들이 등장하고 있으며, 제3류의 『법화경』(23장~28장)은 후6품으로서 믿음과 수행을 강조하고 있습니다. 이 세 부분은 성립 시기별로 나열되어 있으며 전혀 다른 논리로 연결되어 있습니다.

　후세 학자들의 『법화경』에 대한 견해는 회삼귀일(會三歸一)인데, 그 뜻은 삼승(소승)을 돌이켜 일승(대승)에 귀착한다는 말입니다. 그러나 다른 말로 표현한다면 주관적이고 체험적이며 개인적인 법의 이해를 부정하고, 전달 가능한 논리적 입장으로의 법(개시오입)으로 이해해야 한다는 점을 부각시킨 경전이라고 할 수 있습니다.

　즉 원시 8품의 내용이 『법화경』 말씀의 전부라고 할 수 있는데 법의 보편성은 개인적 체험에 근거해서는 안 된다는 뜻을 밝혔지만, 초기 대승학자들의 오해로 인하여 전달 가능한 법으로 설명하지 않고 법신이나 추상적 개념의 본체(여래)를 가정하여 신앙적인 면을 강조한 것이 제2류의 『법화경』이 되었던 것입니다.

(3) 『법화경』의 내용

『법화경』은 많은 수행자들이 깨달았다고 생각하고 자신들의 느낀 바에 의지하여 마음을 편안하게 하고 있는 것을 비판하면서, 전달할 수 있는 것이 법이며 깨달음이라고 말씀하신 경전입니다. 대부분의 경전들이 질문에 대한 답변의 모습을 보였지만, 『법화경』은 그러한 형식을 벗어나서 부처님께서 대부분의 수행자들의 공부를 비판하면서 새로운 방향을 제시하는 형식으로 이루어진 경전입니다.

그때까지 대부분의 제자들은 부처님의 가르침을 개인의 내면적이며 관념적인 가르침으로 인식하여, 마음의 고통을 해결하고 열반을 체득하여 아라한에 이르렀다고 표현하고 있습니다. 그러나 부처님께서는 그런 것이 아니라 새로운 법을 말씀하신다고 하시지만 오천의 증상만인들이 자리를 떠난다고 기술되어 있습니다.

이러한 증상만인의 문제는 제7 화성유품에도 언급되어 있는 것처럼 자신의 주관적 입장에서 조금 깨달은 바가 있는 것을 법이라고 생각하여, 다른 사람의 말을 듣지 않으려고 생각하는 무리들입니다. 지금도 자신의 입장에서 크게 느끼고 깨달았다고 생각하여 다른 사람 말을 듣지 않고 혼자만의 주장을 하는 사람들이 많습니다.

그래서 『법화경』에서는 개인적 체험을 벗어나서 모든 사람이 인정할 수 있는 법을 공부하는 것이 전법이며, 법이 전달된다는 수기라는 형식을 통하여 설명하고 있습니다. 각 장별 내용은 2장에서 법의 성격이 전달에 있다고 하고, 3장은 듣는 사람이 이해하는 것을 법이라고 하고, 5장은 전달의 평등성, 6장은 전달의 필연성, 7장은 주관적 한계성, 8장·9장은 전달의 보편성을 설하셨습니다.

이렇게 전반부(1장~9장)에서는 주관적 체험이 법이 아니라 전달될 수 있는 것이 깨달음의 법임을 제시했음에도 불구하고, 후반부(10장~22장)에서는 또다시 법화행자를 설정하여 개인적인 수행을 강조한 다음, 법의 영원성을 법신불로 설정하여 개인적이며 주관직인 믿음을 깅조하게 되있습니다.

이와 같이 『법화경』의 내용은 전반부와 후반부가 변경된 것이 마치 『금강경』의 전반부와 후반부가 변경된 것과 흡사합니다. 변화된 모습은 개인적 체험을 벗어나서 누구나 이해하고 인정하는 법을 말하려고 한 것을, 도리어 수행을 강조하면서 개인적인 체험을 강조하였을 뿐 아니라 영원한 법신을 상정하여 믿음을 주장하는 모습으로 나타나게 되었던 것입니다.

대승불교 경전의 이러한 편집 자세는 많은 수행자로 하여금 진제(바라밀)를 점차 이해하기 어렵게 만들고 추상적으로 생각하게 만들면서, 말로 해서는 안 된다는 생각을 하게 만들었습니다. 그래서 바라밀은 진제(Param)라는 이름만 남고, 지혜바라밀을 닦아야 한다고 반야부 경전마다 반복해 놓았지만, 바라밀을 어떻게 닦아야 하는지는 알 수 없게 되었습니다.

그뿐 아니라 보시바라밀 등의 6바라밀을 설정했지만, 이때 바라밀이라는 용어가 붙어야 하는 필연성은 없어지고, 단지 보시 수행을 강조하기 위해서 보시바라밀이라고 하고, 인욕을 강조하기 위해서 인욕바라밀이라고 했는데, 바라밀이란 뜻이 진제(眞諦)라고 본다면 보시 진제, 인욕 진제가 무엇을 의미하는지 불분명한 말이 되었습니다.

8. 사교입선(捨敎入禪)

(1) 사교입선의 개념

사교입선이란 교학을 버리고 선 수행으로 들어간다는 말입니다. 중국 마조 스님의 제자들 중 이렇게 수행한 스님들이 있다고 하지만, 우리나라에서는 지눌 스님의 영향으로 정혜쌍수나 선교겸수 등의 입장이었습니다. 그러나 휴정 스님(서산대사)의 『선가귀감』에서 사교입선을 주장하기 시작하면서 교와 대립되는 선이 강조되었습니다.

사교입선은 6조 혜능의 불립문자에서 비롯합니다. 혜능 스님은 일자무식이었다가 『금강경』 구절을 듣고 깨쳤다고 하니, 어떤 스님이 "글도 모르면서 어떻게 진리를 알 수 있느냐?"고 물었습니다. 이에 혜능 스님이 "진리는 하늘의 달과 같고, 문자는 달을 가리키는 손가락과 같다. 달을 보는데 반드시 손가락이 필요한 것은 아니다."라고 말한 것이 불립문자의 시작이었습니다.

손가락을 버리고 바로 달을 보아야 한다는 비유적 표현이 사교입선이었지만, 이런 비유는 정확한 표현이 아닙니다. 문자와 진리를 구별하거나 달과 손가락을 구별하는 것은 세간적 기준입니다. 진리는 문자이거나 문자가 아니거나 상관없이 어디에나 있는 것처럼, 달도 또한 손가락이거나 손가락이 아니거나 상관없이 일체에 두루하다고 표현해야 할 것입니다.

그러므로 불립문자는 문자를 세우지 말라는 말이 아니라 문자를 세울 수 없다는 사실을 설명하는 말이지만, 절대 문자를 공부해서는 안 된다고 오해하는 일도 있습니다. 마찬가지로 사교입선도 절대 교학을 공부해서는 안 된다고 오해되기도 합니다. 그냥 몰라야 한다고 주장하는 일도 있으니 교를 버려야 하는 이유나 교의 내용에 대해서 좀 더 살펴보아야 할 것입니다.

(2) 사교입선의 연유

선을 개념적으로 설명하는 것은 쉽지 않습니다. 그래서 교를 버린 다음 입선이 따로 있는 것이 아니라, 입선 수행하는 방법이 사교라는 뜻입니다. 즉 입선이나 선 수행의 실질적인 내용은 사교이며 사교 외에 별다른 수행이 있는 것은 아닙니다. 왜냐하면 교 가운데 이미 모든 깨달음이 구족하기 때문입니다. 교를 벗어나서 새롭고 특별한 것을 구하는 것은 아닙니다.

선이란 자신을 살피고 자신을 연구함으로써, 자신을 버리고 일체법을 깨닫는 것이라고 할 수 있습니다. 그러나 자신의 입장에 머물러서 자신을 살핀다는 것은 착각과 오류가 발생할 뿐입니다. 그러므로 자신의 입장을 부정하고 하나의 입장을 벗어나야 일체에 두루한 법을 이해할 수 있습니다.

부처님께서 자신을 살피고 자신을 연구하라고 하신 말씀이 자등명 법등명이었으니, 곧 수많은 가르침들의 목적은 자신을 살피는 데 있었지만, 자신을 살피라는 말씀과 자신을 살피기 위한 수많은 가르침들이 교학을 이루게 되어, 수행자들은 교학을 공부하다보니 자신을 살필 시간이나 마음의 여유가 없게 되었습니다.

그래서 수많은 가르침들이 잘못되거나 틀렸기 때문이라기보다 자신을 살피는 것을 더 강조하다보니 직지인심 견성성불이라는 말도 생겼지만, 공부하는 방법이나 이론인 교학과 공부하는 선이 두 갈래로 나누어져 이해하는 일이 생겼습니다. 그래서 먼저 교학을 공부하고 난 다음 교학을 버려야 공부하기 쉽다는 뜻으로 사교입선이라는 말이 생겼습니다.

그러나 때때로 교학이 입선에 장애가 되는 일이 발생하기도 했습니다. 예를 들자면 교학을 배우다보니 남보다 많이 안다는 생각이 자신의 입장을 강화할 뿐 아니라 교학이 알음알이가 되어 수많은 논리들이 생각을 복잡하게 만들었으며 불성에 대한 믿음이 치구심이 되기도 했습니다. 또한 깨달음의 체험을 희구하는 갈망은 신앙의 대상이 되기도 했습니다.

(3) 사교입선의 내용

사교입선은 이렇게 형성된 수행자들의 입장을 무너뜨리고 아는 것을 버리게 하기 위하여 설정되었습니다. 이때 수행자들의 입장은 주로 신해행증이라는 과정으로 형성되고 있습니다. 법장 스님은 『화엄경』을 공부하는 과정을 신해행증이라는 차례로 설명한 바 있습니다. 그와 같이 교학을 공부하는 데 선행되어야 할 것은 믿음이므로 신심은 불모라고 설명하고 있습니다.

그러나 동시에 자기 확신이나 믿음이 강하면 강할수록 자신을 돌이켜볼 수 없게 됩니다. 그래서 참선의 시작은 의심이라는 방법으로 자신을 바라보게 하는 것입니다. 또 교학은 듣는 사람에게 자신을 살피는 데 필요한 논리와 법의 모습을 가르치지만, 자신을 돌이켜보는 데 필요한 논리와 법의 모습이 자신만의 알음알이를 만들어 남을 비난하는 일이 많게 됩니다.

또 굳건한 믿음과 팔만사천의 지혜로 큰 깨달음을 증득한 수행자는 이러한 체험이 마음의 수행이며 자신만의 체험이라는 사실을 몰각하고, 본래부터 있던 법을 보지 못하는 일체중생의 어리석음을 탓하게 됩니다. 이러한 주관적이며 개인적인 기억은 자신의 입장을 공고히 하는 원인이 되어 자신을 이루고 수행자를 독단적으로 만들게 됩니다.

그러나 처음 공부하는 사람은 이러한 과정을 알지 못하고 눈에 보이는 교학을 공부의 전부라고 생각하기 때문에 사교입선을 듣고 혼란을 느낄 뿐 아니라, 교학을 공부하는 데도 많은 세월이 필요하므로 아예 교학을 공부하지 않고 참선을 하겠다는 사람도 있습니다. 그래서 겉으로 보기에 마치 교학과 참선이 다른 종류의 수행이라고 생각하는 오해가 생겼던 것입니다.

그뿐 아니라 법을 이해하는 것이 공부라고 생각하지 못하고, 법을 도덕처럼 생각하여 머리로는 알고 있는데 가슴으로 느끼기는 어렵다고 말하면서 오직 마음의 체험만이 공부이며 수행이라고 생각하여 실참(實參) 실수(實修)라는 말을 하게 되었으니, 수행자들은 자신도 모르게 독단적이며 반사회적인 경향에 빠져들게 되었습니다.

그래서 어렵고 고생스러운 수행의 결과로 체득한 깨달음만이 공부라고 착각한 나머지 교학을 책상물림으로 생각하여, 참선하려면 절대 책을 보이시는 안 된다고 기르치기나 대중생활을 거부하고 혼자서 토굴수행을 해야 한다고 생각하게 되어, 언제 어디서나 찾고 확인할 수 있는 법을, 수행과 체험에서만 느끼고자 하는 경향은 독단으로 빠져드는 원인이 되었습니다.

(4) 사교입선의 문제점

초기 불교에서 선과 교는 다르지 않았고 선이나 교란 용어도 없었지만, 중국불교에서는 분리되었습니다. 그 이유는 참선을 교외별전이라고 생각하거나, 지관겸수나 정혜쌍수처럼 다른 수행이라고 생각했기 때문입니다. 인도에서 유식학과 중관학이 논쟁을 벌였던 것처럼 고려 이후 해동에서도 선교논쟁은 지속되었습니다. 이것은 부처님의 가르침을 오해한 결과입니다.

그러나 법은 하나의 모습이 아니므로 이것을 설명하여 저것을 버리게 하는 것입니다. 그래서 교가 그대로 선입니다. 교는 듣는 사람을 이해시킨 후 막고 선은 듣는 사람이 알 수 없게 만든 후 알

게 하는 방법의 차이가 있지만 신해행증을 벗어나는 것은 아닙니
다. 그래서 잡으면 교라고 할 수 있고 버리면 선이라고 부를 수 있
을 뿐입니다.

9. 돈오와 체험의 주관성

(1) 돈오(頓悟)

돈오란 몰록 깨닫는다는 뜻입니다. 그렇지만 이 용어는 시간적 개념과 공간적 개념으로 나누어서 말할 수 있습니다. 보통은 시간적으로 이해하기 쉬운데, 깨달음이 순간적이라고 생각하기 때문입니다. 그러나 공간적인 면은 법이 일체라는 것을 말하기 위함입니다. 이렇게 돈오는 두 가지 의미가 있지만 체험주의에 입각한 수행자들로 인하여 느낌으로 받아들여지고 있습니다.

깨달음과 깨닫지 않은 것은 둘이 아닙니다. 법은 연결되어 있어서 나누어지지 않지만, 수행자의 생각과 시각이 변화하였으므로 깨닫는다고 부르고, 법은 깨닫거나 깨닫지 않거나 다르지 않습니다. 깨닫는다는 것은 사람의 일이기 때문입니다.

또 깨달은 후에 살펴보아도 깨달음과 깨닫기 전이 조금도 다르지 않습니다. 전체와 부분처럼 설명하는 일도 있음에도 불구하고 법은 차이가 없지만, 수행자의 시각이 변화한 것입니다. 그것도 알고 있었던 것을 새롭게 안 것이며, 기존에 보고 있었던 것을 새롭게 발견했다고 생각하는 것일 뿐입니다.

즉 인간의 입장에서 보는 돈오의 시간적 의미는 순간적인 변화를 강조했다고 볼 수 있지만, 개인의 느낌에 근거해서 판단하는 일이 많기 때문에 정말 깨달음이라고 인정하기 어려운 일도 많습니다. 부처님의 법은 한 개인의 입장과 주관적인 느낌을 떠나야 발견할 수 있는 법이기 때문에 개인의 느낌은 부정되어야 합니다.

그럼에도 불구하고 중국 선종에서 돈오를 말하면 체험을 중심으로 표현하기 때문에 느낌을 근거하게 되었던 것입니다. 그 결과 마조의 제자 대주혜해는 『돈오입도요문론』을 지으면서 철저히 자신의 체험(느낌)에 의지하여 글을 쓰게 됩니다. 그는 이 글에서 오직 돈오만이 해탈도이며 본성을 깨치는 것을 돈오라고 주장하고 있습니다.

그러나 이러한 돈오는 중국식 돈오이며 혜해식 돈오입니다. 돈오의 공간적 의미처럼 일체법을 깨닫기 때문에 돈오라고 할 수 있지만, 일중일체다중일처럼 어떠한 한 물건도 일체법이 갖추어져 있지 않은 곳은 없을 것입니다. 그러므로 어떤 것을 깨달아도 일체법이 있으므로 돈오가 아닌 것은 없을 것입니다.

그뿐 아니라 한 경계[一境]라든가 시각(始覺) 또는 초견성(初見性)이라고 부르기도 하는 화두 타파는, 그 의미가 대상에 있지 않습니다. 즉 자신이 무너지고 자신이 깨어지는 것이므로 한 번을 깨닫거나 열 번을 깨달아도 그 깨달음은 마찬가지입니다. 즉 법은 한 개를 깨달으나 일체를 깨달으나 다르지 않다는 뜻입니다.

그러므로 일체법을 깨닫는 돈오가 따로 있는 것이 아니라 일체처 일체시에 돈오가 있다는 것을 발견하는 것이 깨달음이며, 한 순간에 깨닫든지 긴 시간에 깨닫든지 그런 문제가 아닙니다. 같은 의미로 확철대오가 따로 있다고 생각하는 것도 그와 조금도 다르지 않습니다.

돈오란 말은 중국에 불교가 수입되고 얼마 후 축도생이 발견하여 등장한 논리입니다. 도생은 일체에 두루한 불성을 생각할 때 법은 차례가 없으므로 깨달으면 전체를 깨달았다고 할 수 있어서 돈오일 수밖에 없다고 밝혔습니다. 즉 법의 성격을 중심으로 설명하기 때문에 돈오야말로 중도이며 제일의공이라고 설명합니다.

또한 무아 사상조차도 불성이 없다는 뜻이 아니라 개체로 존재할 수 있는 것이 아니므로 일체가 연결되어서, 일체에 충만한 불성을 설명하는 말로 이해하고 있습니다. 이때 불성은 여래의 종자로서 성불의 씨앗을 가리키는 여래장 사상과는 다른 의미입니다.

즉 돈오 사상은 불성론을 기반으로 형성되었다는 뜻입니다. 일체에 두루한 불성을 깨닫는 것이 불교라는 입장이므로, 부분적으로 불성을 이해하고 깨달을 수는 없다는 뜻입니다. 이렇게 중국불교는 불성론과 돈오론을 바탕으로 이루어졌습니다. 불성론은 본체론을 대체하고 돈오론은 인식론을 대체하여 수행불교를 이루었습니다.

(2) 삼예의 논쟁

티베트의 삼예에서 794년에 벌어진 돈오논쟁은 외형적으로 중국 선불교와 인도『중론』학파의 논쟁이었지만 내면적으로는 티베트불교의 방향을 결정하려는 노력이었습니다. 중관학파의 까말라실라와 선불교의 마하연이 대론에 참석하여 논쟁을 하였습니다. 여기서 마하연은 돈오로써 무분별지에 이르면 무념 무상의 경지라고 표현하지만 까말라실라는 돈오 이전과 돈오 이후를 구분하여 수행을 강조합니다.

까말라실라의 자세한 분석과 비판 앞에서, 지금 이 자리에서의 무분별지의 모습을 보이지 못한 마하연은 논쟁에 패배하게 되었고, 티베트는 마침내 중관학파를 기준으로 불교의 모습을 갖추게 되었다고 합니다. 이러한 결과는 마하연이 중국 선종의 돈오와 격외논리의 주관적인 속성에 대하여 무지하였던 까닭으로 발생하였던 것입니다.

까말라실라는 인도 중관학의 치열한 논쟁을 겪으면서「수습차제론」을 설정하였지만 마하연은 돈오와 격외에 근거하여 분별심을 버릴 것을 강조하고 체험과 직관을 위주로 하였기 때문에 어떠한 비판과 논쟁에도 허약했을 뿐 아니라, 격외선의 주관적인 면을 극복할 수 있는 전법 수행에 대해서 알지 못했기 때문에 논쟁에서 졌던 것입니다.

(3) 돈오 수행

돈오는 법의 성격을 잘 표현하였으므로 여기에 근거하여 수행을 두 가지로 구분할 수 있습니다. 까말라실라의 표현처럼 돈오의 전과 후로 나누어 깨닫기 전에는 집중수행을 필요로 하고 깨달은 후에는 전법 수행을 필요로 할 것입니다. 왜냐하면 깨달음은 마음의 깨달음이며 극단적인 주관론으로 빠지기 쉽기 때문입니다.

10. 돈오점수

(1) 돈오점수(漸修)

규봉종밀은 『원인론』에서 법을 중심으로 말하는 돈오와 수행자를 중심으로 표현하는 점수를 모두 말했지만, 돈오점수론을 듣는 사람은 법을 중심으로 표현했다고 생각하지 않고 수행자를 중심으로 펼친 가르침이라고 생각하면서 돈오점수 논쟁은 시작되었습니다. 보조지눌도 돈오점수론에 의거하여 수행을 말했습니다.

그러나 이러한 논쟁은 문제가 있습니다. 돈오점수란 법을 공부하는 차제를 설명한 것이 아님에도 불구하고 돈오점수를 수행 모델이라고 착각함으로써 논쟁이 발생한 것입니다. 수행은 점수 돈수가 없습니다. 왜냐하면 수행이라는 의미는 수행자가 법을 알거나 모르거나 상관없이 자신의 마음을 닦는 과정이기 때문입니다.

마음은 고정되어 있지 않으며, 한 가지 모습을 띠고 있지도 않고, 다양한 모습으로 변화하는 것일 뿐 아니라, 흔들리는 파도처럼 머물러 있지도 않으면서 일체법으로 이루어져 있습니다. 그렇지만 언제나 하나의 모습으로 드러나며 언제나 인과를 벗어나지 않기 때문에 어떤 것도 구하지 않는 마음은 일체를 성취할 수 있게 됩니다.

다시 말하면 법이 돈오의 구조라는 것을 잘 알고, 일체를 버리고 포기하는 것은 일체를 이룰 수 있는 좋은 수행이 될 것입니다. 그래서 돈수나 점수라는 용어는 수행자의 기준에서 만들어진 허망한 말이며, 수행은 자신의 입장에서 자신의 입장을 떠날 수 있는 방법이 될 수 있으므로 돈오의 다른 표현이 될 수 있을 것입니다.

그래서 돈오점수나 돈오돈수라는 말보다 돈오 수행이라고 이름 붙이는 것이 훨씬 분명할 것입니다. 왜냐하면 수행도 역시 단계가 없기 때문이며, 또 자신의 입장을 떠난 경지가 따로 있는 것이 아니기 때문입니다. 그래서 염념이 자신의 생각을 밀어내고 버리는 것은, 자신의 입장을 부정할 수 있는 수행이 될 수 있을 것입니다.

여기에서도 하나의 모습으로 법을 듣는 사람은 또 다시 자신의 입장을 부정하는 것이 새로운 자신의 입장이 될 것이라고 항변할 수 있기 때문에, 흘러가는 생각에 의미를 두지 않고 오직 부처님의 명호에 집중한다고 표현하는 것입니다. 또 집중수행의 목적이 집중에 있지 않고 생각을 버리는 데 있다고 말하기도 합니다.

(2) 확철대오(廓撤大悟)

깨달음을 시각(한 경계)과 구경각(확철대오)으로 구분하기 때문에 돈오점수라는 논쟁이 발생하게 됩니다. 한 경계를 깨달은 다음 어떻게 수행해야 구경각을 이룰 수 있을 것인지에 대하여 돈오점수나 돈오돈수 등의 이론들이 등장하게 되었던 것입니다. 이러한 논쟁은 돈오에 대한 시각의 차이에서 비롯된 것입니다.

돈오점수란 수행자의 입장에서 순간적인 깨달음 이후 그때 생긴 지혜에 의하여 점차로 수행한다는 의미일 것입니다. 이때 깨달음과 수행을 같은 성격으로 보는 입장에서는 긴 수행의 결과로 깨달음이 있다고 생각하거나 순간적 깨달음 이후 긴 수행이 필요하다고 생각하기도 합니다.

그러나 깨달음과 수행은 다른 성격으로 보는 것이 좋습니다. 왜냐하면 깨달음이란 자신의 시각과 입장이 바뀌는 것을 의미하므로, 수행이나 고통이나 문제점 모두가 전혀 다른 모습으로 인식된다는 것입니다. 또한 깨달음은 철저히 주관적인 변화이므로 순간적일 수 있지만, 객관적인 것이나 대상의 변화는 시간이 필요할 것입니다.

이러한 수행의 문제를 언급할 때, 얼마나 노력을 기울이는지 또는 전혀 노력의 문제가 아니라고 생각하는지에 따라서 구분을 하기도 합니다. 이미 시각의 변화가 있었으므로 노력하지 않아도 저절로 수행이 된다고 생각하여 무수지수(無修之修)라는 표현을 쓰기도 하고 돈수라고 말하기도 합니다.

그러면 깨달음과 수행을 어떻게 보아야 할까요? 바깥의 모든 것을 버리고 자신에 몰입하여 깨닫게 되면 이것을 다시 외면화시켜야 할 것입니다. 깨달음이란 내면의 모든 문제를 해결하고 한 법으로 일체를 소통하는 것이기 때문입니다. 즉 내면의 모든 것을 소통하게 만들고 난 연후에, 외면의 모든 것을 다시 소통시키면 될 것입니다.

그러나 처음 깨달음과 다른 확철대오라는 외면적 현상은 있을 수 없습니다. 한 경계나 두 경계를 말하는 것은 대상적 표현이지만, 깨달음의 내용은 자신에게 있습니다. 물론 체험적이기 때문에 한 경계에서 느끼는 한계는 다를 수도 있습니다. 그렇지만 자신이 무너지고 깨어지는 것은 다르지 않다는 뜻입니다.

그러므로 확철대오를 가정할 때 한 경계 후 수행해야 하는지 그렇지 않으면 저절로 수행이 되는지 등의 문제로 논쟁이 벌어졌던 것이므로, 확철대오라는 가설을 버린다면 이러한 논쟁은 별다른 의미가 없을 것입니다. 또 확철대오가 가설이라면 돈오와 깨달음에 대한 견해도 바뀌어야 할 것입니다.

즉 깨달음의 체험은 소중하지만 극단적인 주관일 수 있습니다. 그리고 이러한 주관적 한계를 벗어날 수 있는 방법은 전법 수행에 있습니다. 부처님께서는 전법 수행을 강조하셨고, 까말라실라의 『수습차제』에서는 세속 보리심 수행이라고 부르기도 했지만, 전법을 통한 소통과 대화로써 깨달음의 주관적 한계를 벗어날 수 있을 것입니다.

또 돈오는 법의 성격이며 수행자 개인의 깨달음을 표현한 말은 아닙니다. 그러나 수행자 개인의 깨달음이라고 표현한다면, 이때의 돈오는 고정된 한 가지 모습이 아니라 전법 수행에 따라서 그 외연이 변화하게 될 것입니다. 돈오라는 개인적 체험이 전법이라는 벽을 만나 하나의 모습을 버리고 일체에 두루하게 될 것입니다.

『법화경』에서 부처님의 원력이 개시오입인 것처럼 다른 사람을 깨닫게 만들 수 있는 것이 돈오이며 깨달음이라고 할 수 있지만, 전달되지 못하는 개인적 체험은 버릴 수밖에 없을 것입니다. 또 이 때에 이르러 돈오나 깨달음은 일체에 두루하므로 더 이상 마음 가운데 하나의 모습으로 머물러 있지 않게 될 것입니다.

VII. 불이법문(不二法門)

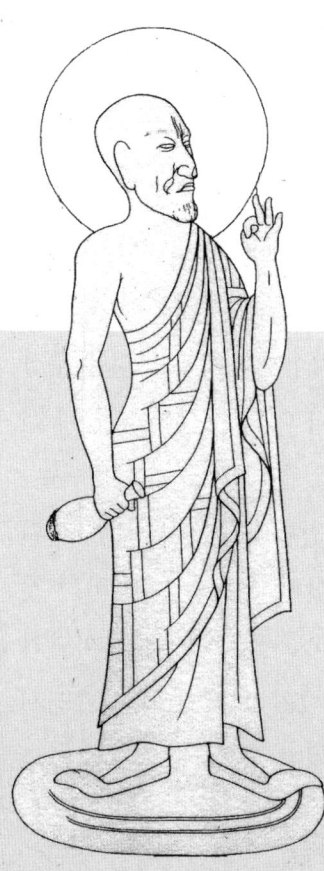

설법제일 부루나

바라문족 출신으로 이치를 잘 분별하여
널리 법을 설하는 데 익숙하였다.
어려운 가운데 전법에 힘썼으며 새롭고 험한 지역으로
전법을 떠나 큰 성과를 올렸으나
박해를 받아서 순교하였다.

1. 파사현정(破邪顯正)

(1) 파사현정의 개념

파사현정이란 삿된 것을 깨뜨리고 바른 것을 드러낸다는 뜻입니다. 이 용어는 『삼론현의』에 처음 등장하지만, 그 내용이 처음 나타나는 곳은 『유마경』입니다. 유마힐은 경의 제목에서 청정을 주장하면서, 그 내용은 부처님의 십대제자들과 여러 보살들의 법에 대한 이해에 모순이 있다는 것을 지적하고 있습니다.

원래 불교에는 파사현정이란 말이 없었습니다. 왜냐하면 삿된 것이 단독으로 존재하는 것도 아니지만 삿된 것을 버려서 바른 것을 구할 수는 없습니다. 그 이유는 삿된 것과 바른 것은 손바닥과 손등처럼 한 가지 법의 다른 두 가지 면이기 때문입니다. 그래서 적멸이라는 것이 따로 존재하지 않는 것처럼 바른 것도 역시 따로 존재하지 않습니다.

(2) 파사현정의 등장

이러한 파사현정이 불교사에 최초로 등장하는 것은 『유마경』입니다. 유마거사는 십대제자들의 잘못을 지적함으로써 자신의 법을 표현하고 있습니다. 그뿐 아니라 유명한 '유마의 침묵'조차도 자신은 아무 말도 하지 않고 문수보살이 대신 찬탄하는 방법을 구사하고 있습니다. 그러나 이런 방법을 쓰더라도, 파사현정의 의미는 자신은 옳고 남은 틀렸다는 말이므로 아상의 표현일 뿐입니다.

『유마경』을 이어받은 『중론』의 입장도 다르지 않습니다. 『중론』은 설일체유부의 삼세실유와 법체항유라는 실상론을 비판하고 사물의 무자성(無自性)을 천양하면서 공(空)이라고 주장하고 있습니다. 그렇지만 자성이 있다고 하는 것과 자성이 없다고 하는 것은 똑같이 한 면입니다. 사물은 자성이 없는 것이 아니라 하나로 정해져 있지 않을 뿐입니다.

그래서 용수의 제자 제바가 지은 『백론(百論)』에서는 "공(空)을 설하는 사람들에게는 아무 주장[執]이 없다."고 하고, 용수의 『회쟁론(廻諍論)』에서도 "나의 주장은 없다. 다만 그대의 주장을 논파할 뿐"이라고 하면서 중언부언하지만, 『중론』의 기본입장은 "사물은 관계적 존재이므로 자성이 없이 공이다."라고 주장함으로써 파사현정의 입장을 택하고 있습니다.

(3) 존재의 구조

파사에 선행되어야 할 것은 무엇을 사(邪)라고 하고 무엇을 정(正)이라고 해야 하는지 결정하는 일입니다. 그러나 바른 것을 상정한다면 삿된 것을 구분할 수 있으며, 마찬가지로 삿된 것을 상정한다면 바른 것도 구분할 수 있겠지만, 삿된 것과 바른 것을 구분하는 기준이 정해져 있지 않기 때문에, 삿된 것과 바른 것을 구분할 수는 없습니다.

삿된 것도 경우에 따라서 바른 것이라고 볼 수도 있고, 바른 것도 경우에 따라서 삿된 것이라고 볼 수도 있습니다. 이것은 상대적 입장에 따라서 하나의 모습 속에 삿된 것과 바른 것이 동시에 존재한다고 할 수도 있을 것이며, 삿된 것과 바른 것이 서로 다른 것이 아니라는 근거가 되기도 합니다. 즉 불이 사상처럼 둘이 아니라는 뜻입니다.

존재의 구조가 이러하므로 부처님께서는 파사현정이라고 표현할 수 없었습니다. 왜냐하면 삿된 것은 정해져 있지 않을 뿐 아니라 삿된 것을 버리고 바른 것을 설정할 수는 없었기 때문입니다. 그래서 삿된 것을 버리고자 하는 사람에게, 부처님께서는 삿된 것의 이면에 존재하는 바른 것을 발견하면 삿된 것은 저절로 버려진다고 말씀하셨습니다.

삿된 것을 버리는 것은 삿된 것을 다시 한번 발견하는 것이며, 삿된 것을 버리는 것은 바른 것을 발견하는 것일 뿐 아니라, 삿된 것을 버린다는 것은 바른 것을 얻는 것이라고 할 수 있습니다. 또 삿된 것을 버린다고 해도 버려지는 것이 아니라고 말하기도 합니다. 왜냐하면 삿된 것이 아닌 것을 찾기 어렵기 때문입니다.

혹시 삿된 것을 버리고자 하는 사람이 질문을 하면 삿된 것은 본래 없다고 말하기도 하지만 이러한 답변도 체험적 용어이므로 듣는 사람이 오해하기도 쉽습니다. 삿된 것과 바른 것의 이와 같은 관계는, 항상 자신이라는 하나의 관찰자의 입장에서 비롯하지만, 관찰자의 입장이 유동적이므로, 하나의 상황 속에 삿된 것과 바른 것이 동시에 존재하는 것처럼 보이는 것입니다.

(4) 파사현정의 문제점

『유마경』이나『중론』의 파사현정은『백론(百論)』에서 설하는 것처럼 '나의 주장은 없다'라는 입장에 서 있습니다. 또 무자성시공이란『중론』의 표현도 역시 공이라고 주장하는 것입니다. 그러면서도 '주장이 없다'라고 강변하는 것은, 본래 없다는 마음의 상태 또는 경지라는 체험적 입장에서 표현하기 때문입니다.

그러므로 이러한 수행자들의 입장에서 표현하는 본래 없다거나 공이라는 상태는 일반적으로 이해하는 없다는 것이 아닙니다. 유마힐의 공이나『중론』의 공은 중도나 연기를 표현하는 또 다른 용어일 뿐입니다. 그래서 말하는 사람은 텅빈 공이나 악취공이 아닌 꽉찬 공을 말하지만 듣는 사람에게는 그냥 공(空)이란 없다는 뜻일 뿐입니다.

이렇게 화자와 청자가 다른 개념을 사용하면서 내로남불처럼 나의 주장은 없지만 공을 설한다고 설명합니다. 파사현정은 이것을 근거로 설정된 개념입니다. 그러므로 자신은 옳은 것을 말하려고 하는 것은 아니지만 삿된 것은 지적하고 타파한다는 뜻입니다. 그래서 이런 표현은 마치 손바닥으로 손등을 치려고 하는 것과 같을 것입니다.

오히려 부처님은 삿된 것이 무엇인지 바르게 알아야 한다고 답변할 것입니다. 삿된 것을 타파하고 바른 것을 드러내는 것은 무명을 타파하고 지혜를 얻는다거나 어리석음을 버리고 깨달음을 구하려는 것과 같으므로 나무 위에서 물고기를 잡으려는 것과 같고 현실을 떠나 환상을 추구하는 것과 다르지 않다고 해야 할 것입니다.

2. 불이법문(不二法門)의 대립적 구조

불이법문과 『유마경』은 한국불교에 큰 영향을 미쳤으며, 지금도 불이라든가 격외 등의 이름으로 한국불교의 근간을 유지하고 있다고 해도 과언이 아닙니다. 그러나 불이법문은 동북아불교에서 오랜 기간동안 인정되어 왔음에도 불구하고 점검해야만 할 문제점도 존재합니다.

불이법문이 등장하는 『유마경』은 인도에서는 인정받지 못했지만, 중국에서는 크게 유행한 경전입니다.

먼저 불이법문의 출처는 나눌 수 없다는 이치에 기인합니다. 그러나 법의 모습이 하나가 아니라고 이미 천명한 다음이므로, 둘이 아니라는 것은 큰 의미가 없음에도 불구하고 현실의 문제점을 대립적으로 부각시키는 충격요법을 보이기 위해 채택되었다고 생각됩니다. 『유마경』의 특징은 유마와 다른 모든 대중을 상대적 대립구조로 설정했다는 데 있습니다. 즉 『유마경』의 대립구조의 이론적 배경을 꾸미는 사상으로 불이법문이 만들어지고 설정되었다는 뜻입니다.

그러나 법의 구조는 대립적으로 보이는 양극단 모두 옳은 면과 틀린 면이 있기 때문에, 어느 것 하나만 선택적으로 옳다고 할 수는 없습니다. 마찬가지로 불이법문도 옳은 면과 틀린 면이 있지만, 『유마경』에는 이러한 언급이 없습니다. 그리고 일방적인 파사현정의 모습을 보이고 있습니다.

먼저 불이법문은 체험적 용어입니다. 마치 불이는 법의 성격을 말하는 듯이 보이지만 제2차적 의문이며 탐색이라고 해야 할 것입니다. 왜냐하면 법은 일체가 연결되어 하나라고 말할 수도 없는데 인간의 감각기관에는 모든 것이 잘 구분되고 분별되어 보입니다. 이것은 자신을 기준으로 하는 원근법적 시각에서 두 가지로 보이기 때문입니다.

그러나 법은 그렇게 생기지 않았습니다. 한 사람에게 보이는 세계와 다른 사람에게 보이는 세계가 다르지만, 법의 구조는 두 사람 모두에게 다를 수 없습니다. 그래서 부처님께서는 사람의 눈에 보이는 하나하나가 하나가 아니라고 하신 것입니다. 그렇지만 하나가 아닌 법의 모습이 사람의 눈에는 하나로 보이고 인식된다는 뜻입니다.

그러므로 하나를 인정하고 난 다음 둘이라는 개념이 성립할 것이며, 하나의 입장이 설정되자마자 이쪽과 저쪽이 생기게 됩니다. 그래서 둘이라는 것은 하나가 합치거나 변해서 둘이 된다고 생각하기 쉽지만, 그런 개념이 아니라 하나의 입장이 설정될 때 자신의 입장은 보이지 않고 설정된 입장에서 분리된 대상이 보일 뿐입니다.

보통 하나를 설명하거나 둘을 설명할 때 주체적인 입장은 이미 있었다고 생각하기 때문에 무시되거나 잊어버리고, 자기 입장을 기준으로 하는 대상으로서 하나를 말하는 경우가 많습니다. 그래서 하나라는 개념과 둘이라는 개념을 동일시하고 또는 하나에서 둘이 생긴다고 말하기도 합니다.(천부경) 그렇지만 부처님 법은 자신의 인식이 이미 기준이 되어 있다고 말하고 있습니다.

그래서 대상을 보고 하나라고 말하고자 해도 이미 그것이 하나가 아니라는 뜻일 뿐 아니라 대상을 보고 말하는 그 주체가 하나가 아님에노 이미 하나를 이루고 있기 때문에, 그 하나의 입장은 대상을 적시하고 표현할 때 임시로 만들어진 것뿐입니다. 그러므로 둘을 설정하고 둘을 말한다는 것은 이미 관찰자가 정해져 있다는 뜻입니다.

여기서 말하는 관찰자란 수행자의 입장입니다. 수행자의 입장이 정해져 있고 수행자의 입장에서 표현하는 이치이므로 체험적 용어라고 말하는 것입니다. 불이법문의 두 가지 대립적 입장은 「입불이법문품」에서 부각되었다가 『중론』에서 팔불중도로 표현되었고, 『신심명』에서 다시 두 가지 대립적 입장으로 법을 설명하고 있습니다.

(1) 『유마경』의 「입불이법문품」

불이법문이란 용어는 『유마경』 「입불이법문품」에서 처음 등장합니다. 불교에서는 이 세상에 절대적인 존재란 없고, 모든 사물은 상대적인 존재라고 봅니다. 그러나 『유마경』에서는 절대평등한 것이 있다고 강조하고 그것을 불이법문의 경지라고 부르고 있습니다. 그러나 불생불멸이란 생과 멸이 동시에 있기 때문에 생이나 멸이라는 한 가지로 말할 수 없으므로 발생한 용어로서 절대적 입장이나 불이법문의 경지라는 것은 있을 수 없습니다.

이러한『유마경』의 절대평등한 불이법문의 경지는, 법자재보살은 무생법인을 체득해야 한다고 하고, 불사보살은 집착을 떠나야 한다고 하고, 보수보살은 자아나 무아라는 생각을 일으키지 않는다고 하고, 희견보살은 물질이나 인식이 본래 공하다고 하고, 낙실보살은 지혜안으로 보는 것이 본래없다고 하고, 문수보살은 모든 질문과 대답을 떠나 말과 인식이 없다고 하고, 유마거사는 침묵하면서 불이법문의 경지를 말하고자 합니다.

그러나『유마경』의 등장인물들이 아무리 찬탄해도 내용은 추상적일 뿐이며 뚜렷하지는 않습니다. 다만 역설적인 법의 모습이나 체험적인 용어를 사용하여 상대를 비난하는 파사현정식 표현이므로, 날카로운 지적처럼 보이겠지만, 법을 표현하는 자신의 입장은 감추어져 있거나 왜곡되어 있습니다.

이렇게 대립적 입장이 발생하는 원인은 몰각하고, 상대적 표현은 그 표출된 결과에 의지하여 불이법문이라든가 둘이 아니라든가 중도라든가 공이라든가 본래 없다라든가 등의 표현으로, 듣는 사람에게 법을 왜곡시키고 자신을 살피지 못하게 만들었습니다.

(2) 『중론』의 팔불중도

팔불중도는 용수에 의해 팔불중도 연기 사상을 표현한 말입니다. 팔불은 '생멸단상 일이출래'의 여덟 가지 상대적 개념을 통하여 연기를 설명하고자 합니다. 그러나 대립적 상대를 설정한 것은 체험적 요소이며 상대를 벗어난 중도를 말한다면 환상이 될 것입니다. 생멸이나 단상은 동시이며 보는 입장에 따라서 다르게 보이는 깃뿐입니다.

용수는 『중론』에서 시간적 개념을 도입하여 존재의 역설적 구조를 설명하고 있습니다. 그러나 시간적 개념도 체험적 용어이며, 역설적 구조는 수행자의 입장에서 법을 보기 때문에 발생하는 모습입니다. 또한 진제는 속제의 다른 모습이며 속제는 역시 진제의 다른 모습이므로, 진제를 말로 할 수 없다는 것은 모순입니다. 다른 종류의 말과 논리가 필요할 뿐입니다.

(3) 『신심명』

『신심명』도 모든 법의 이치를 대립적 구도 속에서 설명하고자 합니다. 예를 들면 "지도무난 유혐간택 단막증애 통연명백"이라고 시작하고 있습니다. 그러나 도는 지극한 것이라기보다 일상적이며, 간택을 하나 하지 않으나 상관없이 항상합니다. 또한 증애를 멀리하라고 하지만 증애가 그대로 법의 모습입니다. 그래서 이런 설명 때문에 도리어 법을 알 수 없게 됩니다.

처음부터 대립을 설정하는 것은 어리석음의 발로입니다. 간택한다는 것은 현실이며 현실이 법의 모습이므로, 바른 사량분별이야말로 고통을 벗어날 수 있는 길입니다. 대립적 구도는 불이법문이라는 모순적 이론에서 발생한 것이며 제2차적인 개념이라는 뜻입니다.

3. 불이법문과 중도

　불이법문은 『유마경』의 종요라고 할 수 있습니다. 그 뜻은 둘이 아니라는 말입니다. 이 세상의 모든 존재의 모습은 상대적이므로 하나의 모습으로 인식될 수 없어서, 사람마다 다르게 볼 것입니다. 즉 상대적 시각에 따라서 이렇게도 보이고 저렇게도 보입니다. 그러나 유마거사의 불이법문은 상대적 시각을 벗어나서 침묵을 보이면서 절대적 이치를 상상하여 만들어진 글입니다.

　부처님은 한 가지도 개체성으로 존재할 수 없다는 것을 말했지만, 두 가지를 들어서 설명하고자 한 일은 없었습니다. 상대적 개념인 두 가지를 언급하는 것은 체험적 시각이라고 할 수 있습니다. 왜냐하면 세상은 자신을 기준으로 두 가지로 나누어져 보이기 때문입니다. 그래서 듣는 사람에게 이해시키기 쉬운 방법으로 눈에 보이는 두 가지를 예로 든 것입니다.

　그러나 『유마경』의 불이법문은 조금 다릅니다. 『유마경』의 「입불이법문품」에서 문수보살과 유마거사는 대화를 통하여 분별·대립·차별을 떠난 경지가 따로 있다고 설정하고 있습니다. 그리고 그런 불이의 경지는 언어로 표현할 수 없는 절대의 경지라고 표현하고 있습니다. 유마거사가 침묵을 보이면 그 침묵의 모습을 진리의 문에 들어간다고 문수보살이 해석하는 형식으로 가정하고 있습니다.

그러나 유마거사는 불이(不二)를 인식의 한 가지 상태로 오해한 것입니다. 그래서 어떤 말을 하더라도 하나의 입장이 될 수밖에 없기 때문에, 침묵하면 아무 생각도 없는 상태가 될 것이라고 가설한 것입니다. 그러나 불이(不二)란 개인의 인식뿐 아니라 존재의 모습을 그대로 설명한 것이므로 침묵이라도 여전히 하나의 개인적 입장일 뿐입니다.

예를 들자면 내로남불이라는 말이 있습니다. 이 말은 독단적인 모습을 비난하려고 만든 말입니다. 아무리 남들이 로맨스라고 해도 나에게는 불륜일 뿐입니다. 즉 내로남불은 어떤 한 가지 현상이 보는 사람에 따라서 다르게 보인다는 뜻이지만, 우리 시각은 한 가지 입장이므로 (두 가지 모습이 아니라) 반드시 한 가지 모습밖에 보이지 않는다는 사실에 주의해야 할 것입니다.

그렇지만 이러한 두 가지 입장의 중간에 어떤 경지나 마음의 상태[中道]가 있는 것은 아닙니다. 왜냐하면 이것은 한 가지 상황이기 때문입니다. 인간의 느낌이나 생각도 이처럼 한 가지 모습이 다르게 보이는 것과 같습니다. 그래서 중간이라는 말은 성립하지 않습니다. 왜냐하면 둘이 아니기 때문입니다.

마찬가지로 모든 존재는 두 가지 모습으로 보일 수 있는 면이 있습니다. 왜냐하면 자신을 기준으로 형성된, 다른 두 가지 면과 시각이 있기 때문입니다. 보이는 것[有]과 보이지 않는 것[無]이나 좋은 것[好]과 싫은 것[不好], 또는 사랑과 미움 등과 같이 한 가지 현상은 두 가지 모습으로 보일 수 있습니다. 그렇지만 중간이나 중도라는 현상이 별개로 존재하는 것은 아닙니다.

불이 사상이란 이렇게 한 가지 상황을 인식하는 상대적 관점을 묘사한 말입니다. 그러나 이러한 상대적 관점으로 존재를 논리적으로 설명하는 방식이라고 생각하지 않고, 생각이나 마음의 경지나 상태라는 체험적 입장에서 이해하여, 중도라든가 무분별이라든가 부사의라든가 하는 용어를 만들게 되었던 것입니다.

그러나 생각의 변화를 뇌파로 측정하는 방법이 없을 때는 자신이 입 다물고 주장하면 분별을 하지 않는다거나 생각할 수 없는 경지가 있다고 주장할 수 있겠지만, 그런 것은 과학적 사실이 아닙니다. 단지 체험적으로 그렇다고 느낀다거나, 상대적으로 아무 생각도 나지 않았다고 말할 수는 있을 것입니다.

이렇게 『유마경』의 가장 중요한 점은 모든 법을 마음이나 마음을 수행하는 법으로 이해하는 시각을 가지고 있다는 것입니다. 이러한 유심론적 시각은 모든 법을 체험적 용어로 설명하고자 하는 입장을 보이는 원인이 되고 있습니다. 그래서 마음이 움직이지 않아야 한다거나 마음이 평등해야 한다든가 맛을 몰라야 한다든가 분별을 버려야 한다는 등으로 표현하고 있습니다.

이러한 체험적 시각과 체험적 용어의 사용으로 인하여 모든 법은 본래 없다는 체험적 표현을 중심으로 법을 설명하고 있습니다. 한 생각도 없는 청정심을 구한다거나 법이 본래 공하여 언어가 끊어졌다거나 모든 법을 망견이라고 표현하는 것처럼 한 개인의 주관적 느낌으로 법을 표현함으로써 다른 사람이 도저히 알 수 없는 부사의 해탈법문이 되고 말았던 것입니다.

그뿐 아니라 옳고 그름이 둘이 아니라는 불이 사상을 주장하면서, 또 옳은 것과 그른 것이 본래 없다고 주장하면서도, 남의 잘못을 치는 것으로써 자신의 옳다는 것을 말하는 파사현정(破邪顯正)을 보임으로써 인도의 논사문화를 선도하였습니다. 이렇게 법을 체험적으로 표현하였던 이유는, 법을 마음의 법이라고 생각했기 때문입니다.

수행자의 입장에서 법을 이해할 때는 자신도 모르게 법을 마음의 경지나 상태로 이해하기 쉽습니다. 이것은 법을 체험적으로 표현하는 원인이 되었을 뿐 아니라 신비적이거나 추상적인 상태를 가정하기 쉽게 됩니다. 왜냐하면 관찰자의 입장 때문에 법의 인식이 모순된다고 생각하지 않고, 관찰자의 입장이 변할 때 경지에 들었다거나 어떤 상태가 따로 있다고 착각할 수 있기 때문입니다.

예를 들자면 성품이 있다거나 마음자리가 있다거나 근본 당체나 당처로 부르기도 하는 것은, 순간적으로 자신의 눈에 보이는 것을 사실이라고 생각하는 것이지만, 보는 자신의 인식이 문제가 있다는 것은 생각하기 어려운 일입니다. 즉 자신을 연구해야 하고 자신을 분석하는 것인데, 보이는 것을 쫓아가는 것과 같습니다.

그래서 수행자가 먼저 이해해야 할 것은, 인간의 인식 상태가 항상 상대적일 수밖에 없다는 것을 알아서 어떠한 것도 쫓아가지 말고 빠지지 말고, 버리고 또 버린다면 마침내 법을 이해하기 쉬울 것입니다.

4. 불이(不二)와 격외(格外)의 비교

(1) 변화의 기로

불이법문은 인도의 『유마경』에서 시작되었고, 격외문답은 중국의 6조 혜능 이후에 시작되었습니다. 두 가지 법문과 문답의 특징은 비슷한 면도 있고 다른 면도 있지만, 시대적 흐름을 변화시키는 길목에 있었다는 동일한 면모를 보이고 있습니다. 불이법문이 체험을 강조하는 시작이었다면 격외문답은 체험을 강조하는 결과라고 볼 수 있습니다.

불이법문은 『유마경』의 중심적 내용으로서 팔종 교학의 뿌리가 되었던 『중론』의 모체가 되었으며, 법신을 진제로 표현하면서 문자와 언어를 떠날 것을 강조하였습니다. 『유마경』의 불이법문은 인도의 각종 추상적인 사상 가운데 가장 현실적이었던 불교 사상을 부사의 해탈이라는 신비적인 모습으로 왜곡시키는 데 큰 역할을 하였습니다.

격외문답은 조사선의 주된 내용으로서 간화선의 뿌리였던 화두 수행의 지표가 되었으며, 법신을 불성으로 표현하면서 문자와 언어를 떠날 것을 강조하였습니다. 격외문답은 중국의 수많은 불교 종파 가운데 가장 대중적이며 평상심을 강조하였던 참선을 모르고 또 몰라야 된다는 신비적인 모습으로 정착시키는 데 큰 역할을 하였습니다.

불이법문의 대립적 표현은 존재의 모습이었던 법을 심리적인 경지로 변화하는 과정에서 발생하는 역설적 시각에서 시작되었습니다. 상대적 시각에서 보이는 자신의 입장을 표현하였던 불생불멸은 생하지도 않고 멸하지도 않는 경시의 불이법문이라는 이름으로 오해되었다가 중도라는 새로운 개념으로 왜곡되어 『중론』의 기본 바탕이 되었습니다.

격외문답의 유행은 6조 혜능의 본래무일물이라는 뚜렷한 체험적 표현으로부터 비롯된 법의 역설적 시각에서 시작되었습니다. 이때 체험적 표현이 역설이 되는 이유는 자신의 입장과 표현 내용이 어긋나기 때문입니다. 원래 없다면 원래 없다는 것을 아는 주체는 따로 있다는 뜻이기 때문입니다. 체험적 표현의 역설 구조는 수행자의 당연한 모습이 되고 말았습니다.

원근법적 시각으로 일체에 두루한 법을 표현한다는 것은 언제나 역설일 수밖에 없었으나 알음알이를 부정하고 벗어나는 방법으로 제시되었던 체험적 표현은, 또 다른 모습의 알음알이일 수밖에 없었지만, 선지식의 과장된 표현에서 부처님의 깨달음과 동일시하는 경향에 힘입어 격외문답은 단기간에 큰 인기를 얻게 되었습니다.(예; 무문관)

(2) 불이법문의 역사적 위치

원시불교의 가르침이 깨달음의 주관적인 면을 탈피하여 많은 사람들에게 전법할 것을 강조했지만, 부처님의 열반 이후 법의 체계를 세우려는 과정의 부파불교에서는 추상적인 경향이 발생하였습니다. 이러한 경향에 반발하여 논리적인 법의 연구보다 개인적 수행과 전법을 강조하면서 보살 사상을 창안하였던 대승불교 수행자들은 심리적 체험을 강조하면서 『유마경』을 편집하게 되었습니다.

그래서 『유마경』에는 초기 경전에는 별로 등장하지 않는 경지나 마음의 상태 등의 체험적 용어가 다수 출현하게 됩니다. 예를 들자면 깊은 믿음을 가진다든가 부처님의 가르침을 완전히 기억하는 힘에 숙달되었다든가 번뇌로부터 자유롭다든가 집착을 떠난 경지에 머무른다든가 깨달음의 경지를 설한다든가 깨달음을 목적으로 법을 구한다든가 등의 용어가 체험적 표현입니다.

이러한 『유마경』의 불이법문은 출가승단을 비판하는 입장에서 부파불교의 논리적 접근을 부정하고 개인적 체험을 강조하는 과정에서 채택된 이론이지만, 불이 사상이 잘 설명된 것이 아니라 비판하는 부분에만 선택적으로 적용되었습니다. 그리고 유마거사의 입장은 전혀 불이 사상이 적용되지 않은 절대적인 입장을 견지하고 있습니다.

(3) 격외문답의 발생과 특징

중국 사회의 현학적인 분위기를 극복하고 평범한 대중들도 누구나 깨달을 수 있다는 혁신적인 가르침을 천양하는 "불립문자와 직지인심 견성성불"의 기치는 문자 계급주의에 갇혀 있던 중국인들에게 큰 반향을 불러일으켰습니다. 어떠한 믿음이나 지식이나 체험이란 조건 없이 문답을 통해서 마음을 깨달을 수 있다는 메시지는 중국불교의 해방구였습니다.

다만 수행자의 한 생각을 깨뜨리던 달마 스님의 선문답은 일상생활의 모든 것이 역설이며 격외적 구조를 가지고 있음을 보여 주었습니다. 마치 진제와 속제가 같이 있는 것처럼, 또는 손바닥과 손등을 나눌 수 없는 것처럼, 여의도 광장에 길이 없는 것처럼, 존재의 모습은 하나의 입장에서 보면 역설이나 격외처럼 보이지만 하나의 입장이 아니므로 법의 모습 그대로인 것입니다.

그러나 중국 선사들은 이러한 법의 모습을 알지 못하고 다만 자신의 체험에 근거하여 본래 없다고 하거나 밝은 성품이 원래 있다고 하는 등 체험적 용어로써 법의 모습을 표현하고자 하였습니다. 그래서 일상생활의 모든 곳에서 활발히 살아 있는 화두를 발견하지 못하고 특별한 몇 가지 문답에서 나타나는 추상적인 화두를 공부라고 생각하게 되고 말았습니다.

5. 불이와 격외의 문제점

(1) 불이법문의 모습

초기 불교의 세울 수 없고 잡을 수 없는 것은 마치『금강경』의 제상비상이나 무유정법처럼 체감하기 쉽지 않았습니다. 그러나 불이법문(不二法門)은 이것을 부정하면 저것으로, 저것을 부정하면 이것으로 회피하면서 한쪽의 부정은 다른 쪽의 긍정으로 받아들일 수도 있었습니다.

그래서 유마거사의 논조는 어떤 것이라도 비판적으로 말할 수 있었습니다. 왜냐하면 하나의 면을 보인 십대제자들의 모습을 다른 면으로 얼마든지 비판할 수 있었기 때문입니다. 그러나 이것은 부처님의 말씀 가운데 어떤 법도 하나의 면이 아니라는 것을 표현한 것임에도 불구하고, 마치 불이법문이라는 높은 경지가 따로 있고 유마거사가 그러한 경지에 머물고 있는 것처럼 표현하면서 오해를 일으켰습니다.

즉『유마경』은 부처님의 가르침을 잘 외운다는 미명하에 부처님의 가르침을 빙자하여 불이법문이라는 추상적 경지를 설정하였습니다. 부사의 해탈법문이라는 추상적 경지는 부처님에게 공부하는 모든 사람들 즉 십대제자와 모든 보살들을 출현시키지만 아무도 경지에 이르지 못한다는 설정으로 부처님의 법을 격하시키게 됩니다.

부처님께서 강조하지 않으신 체험과 경지를 새롭게 설정함으로써 기존의 모든 경전의 방향과 전혀 동떨어진 모습을 보이는『유마경』은, 비판받을 만한 자신의 논리는 전혀 보이지 않고 다만 십대제지와 여러 보살들의 논리적 미비점을 비판함으로써 자신의 입장을 보이고, 그것을 증명하는 방법을 침묵이라는 체험의 경지로 보이고 있습니다.

(2) 격외법문의 모습

중국불교는 인도에서 새로운 경전이 들어올 때마다 새로운 논리로 법을 설명하면서 20개 종파로 나누어졌습니다. 또 인도의 공유논쟁이 회통되지 못한 상태에서 수입되었으므로 종파마다 서로 모순되는 면도 있었습니다. 이에 깨달음의 체험을 강조하면서 모든 법의 회통을 보이는 격외법문은 큰 환영을 받았습니다.

격외는 6조 혜능 때부터 선풍적인 인기를 누리기 시작했습니다. 왜냐하면 가장 평범한 말로 모든 형식을 무너뜨리면서도 수행자의 생각 속의 착각을 속시원하게 깨뜨리는 장면은 사회적 청량제가 될 수 있었으며, 권위적인 수행자의 허상까지 날카롭게 지적하는 것은, 모든 수행자의 선망적 대상이 될 수도 있었기 때문입니다.

이러한 격외법문은 말 그대로 형식인 격을 벗어난다는 의미이므로 어떤 것도 비판적으로 말할 수 있었습니다. 교학의 20개 종파의 모든 가르침을 얼마든지 비판할 수 있었지만, 이것은 부처님의 말씀 가운데 어떤 법도 하나의 면이 아니라는 것을 표현한 것 외에 특별한 것은 아니었습니다.

그러나 여래선과 조사선을 설정하면서, 부처님의 가르침을 여래선이라고 부르면서 듣는 사람을 의식하여 말로 설명한 것이라고 오해하여, 마치 조사의 깨달음이라는 높은 경지가 따로 있고 중국의 조사들이 그러한 깨달음의 경지를 체험한 것처럼 표현하기 시작하였습니다.

즉 격외법문은 부처님의 깨달음을 직접 체험한다는 미명하에, 격외문 또는 절언절려 경절문 등의 용어로써 사려분별의 끊기를 주장하였습니다. 그리고 주관적이며 체험적 용어임에도 불구하고 살불살조를 말함으로써 수행자들을 혼란스럽게 만들기도 했습니다. 부처님의 전법조차도 무풍기랑으로 부르기도 했습니다.

(3) 불이법문과 격외문답의 문제점 비교

환경에 대한 대립적 시각은 수행자의 입장에서 비롯됩니다. 이러한 대립적 시각에서 시작된 불이법문은 자신의 입장이 강조된 체험적 표현이므로, 남이 들을 때는 오해의 소지가 큽니다. 즉 내 입장은 옳고 너의 입장은 틀렸다는 말이 됩니다. 이것이 유마의 입장이 되었고 십대제자를 격하하면서 자신이 옳다는 입장이 되었습니다.

격외문답은 대립적 시각을 벗어나는 마음의 경지를 법이라고 설명하면서 체험을 강조하는 『신심명』에서 비롯했으므로 주관적 입장입니다. 그러나 주관적인 면을 간과한 수행자들은 한 경계를 깨달았을 때의 느낌을 살불살조나 무풍기랑처럼 직설적으로 표현함으로써 불조를 격하하고 자신이 옳다는 입장만 남는 오류에 빠지게 됩니다.

그러나 격외가 불이법문과 다른 점은 불이법문이 선택적으로 적용되어 십대제자와 보살들에게 적용된 불이법문이 유마거사나 부사의 해탈법문에는 적용되지 않은 것과 달리, 격외법문은 깨달음의 체험을 강조하는 선지식이 자신도 법을 듣는 수행자의 입장과 마찬가지로 주장할 수 없다는 것을 미리 알고 질문한다는 것입니다.

또 불이법문은 대립적 시각으로 법의 모습을 설명하려고 노력하였으나 둘이라는 양극단을 설정함으로써 진제나 속제, 중도나 『중론』이라는 개념이 출현하는 계기가 되었을 뿐 아니라, 하나가 아닌 법의 모습을 하나로 만들고자 하는 수행(일념, 삼매)을 강조하는 원인이 되기도 하였습니다.

격외문답은 하나의 입장 때문에 발생하는 마음의 양면성을 모르고, 『신심명』의 영향으로 마음속의 양면성(대립적 구조)를 탈피하려는 노력이 사려분별을 버리고 무분별지를 추구하는 방향으로 표현되었습니다. 존재의 모습이 양면성이며 분별심임에도 이러한 현실을 벗어나려고 하는 몸짓은, 격외문답이 추상화되는 원인이 되었습니다.

  불이문답은 경지를 보이기 위해 침묵을 연출하게 되었고 나와 남을 구분하는 파사현정을 주장하였던 것처럼, 격외법문도 경지를 보이기 위해 방할을 외치고 수행하거나 하지 않거나 상관없이 항상한 법을 알지 못하고 활구와 사구로 구분하였을 뿐 아니라 깨달음과 깨닫지 못함을 구분하는 바람에 대중과 유리되고 말았습니다.

6. 『유마경』의 설정

『유마경』은 『아함경』의 일반적인 모습과 다릅니다. 『아함경』의 일반적인 모습은 질문하는 수행자에게 부처님께서 잘못된 생각을 고쳐주고 법을 이해시키는 것입니다. 그래서 편집 설정이나 의도가 특별하게 드러나지 않지만, 『유마경』은 몇 가지 설정이 있어서 편집 목적이 따로 있음을 알 수 있습니다.

『유마경』의 주관적 입장은 몇 가지 설정에서 드러납니다. 첫째는 유심적 입장 설정, 둘째는 보살 설정, 셋째는 거사 설정, 넷째는 불국토 설정, 다섯째는 불이법문 설정, 여섯째는 침묵의 설정 등입니다.

(1) 유심적 입장 설정

부처님의 가르침은 존재의 모습이 그대로 법이라고 말씀하시므로 자신의 존재인 육신(몸)이 그대로 법이며 법신일 것입니다. 그렇지만 유마거사는 허망한 육신을 버리고 법신을 구해야 하므로 보리심을 발원하고 수많은 수행을 해야 한다고 말합니다. 즉 존재의 모습을 설명하는 가르침을, 마음을 갈고 닦는 수행으로 설명하고 있습니다.

존재의 모습이란 수행자가 원하거나 원하지 않거나 상대적인 시각에서 보이는 양극단적인 모습이 있지만, 그 두 가지가 자신의 모습은 아닐 것입니다. 그래서 보통 사람이라면 누구나 그런 양극단적인 모습이 아니라는 표현이 불생불멸이라든가 부증불감입니다. 그런데 이런 말을 오해해서 생기지도 않고 멸하지도 않는 절대평등의 경지가 따로 있다고 말하고 있습니다. 그래서 마음의 경지라고 합니다.

(2) 보살 설정

『아함경』이나『금강경』에는 나타나지 않는 보살 대중이 등장합니다. 그들은 십대제자와 부처님의 중간 위치로 설정되어 있습니다. 원래 보살이란 용어는 공부하는 선비라는 의미로서 부처님이 깨닫기 전의 호칭이었습니다. 그래서 보살의 경지를 지나 부처의 경지로 간다는 의미가 부가되기 시작했다고 생각됩니다.

이러한 보살 설정은 불이 사상과도 어긋나지만 종교적 모습을 갖추기 시작하면서 나타나는데, 부처님과 승가 사이에서 마치 완성된 듯 하지만 미완성이며, 승가를 이끌어 가는 것 같으면서도 연결고리가 없는 추상적인 존재로 경전에 나타납니다. 이러한 보살 설정은 현실을 부정하고 승가를 믿지 못하는 현상을 보인다고 하겠습니다.

또한 일반 중생과 구분된 계급으로서 보살을 설정하고 중생이 아프니까 보살도 아프다는 표현으로 마치 자비심처럼 보이겠지만, 인과의 법을 무시하고 남의 죄를 용서받겠다는 것과 같이 환상적인 생각입니다. 이러한 중간 계층의 보살을 설정한 것은 부처님과 십대제자를 분리하는 비현실적인 편집일 것입니다.

(3) 거사 설정

① 재가자의 가장 중요한 사항으로 경제적 문제가 있지만 이에 대한 언급은 없습니다. 또 가족이나 인간관계에 대한 사회적 유대가 전혀 없습니다.

② 몸에 대한 부정관을 강조함으로써 염세주의적 입장을 보이고 있으므로, 생활의 중요성과 필요성을 중시하는 재가자가 아니라 세상을 싫어하고 멀리하는 출가자의 입장을 취하고 있습니다.

③ 『유마경』의 제목처럼 유마힐이 거사라고 주장하고 있지만, 이름은 거사로 붙이고 모습은 출가자입니다. 이러한 설정의 이유는 출가자를 비판하기 위해 거사의 모습으로 설정하고 재가자를 비판하기 위해 출가자의 모습을 띠고 있음을 발견할 수 있습니다. 그래서 이것은 파사현정을 위한 설정이라고 할 수 있습니다.

(4) 불국토 설정

불국토는 불교의 사회적 목표라고 할 수 있습니다. 그래서 많은 사람들에게 부처님의 가르침을 전함으로써 고통을 벗어나게 하고 법을 깨닫게 만드는 것입니다. 『법화경』에서 법을 전하는 것이 부처의 출현 목표라고 하는 것처럼 전법이야말로 수행자의 궁극적 목표이며 깨달음의 내용이라고 할 수 있습니다.

그러나 『유마경』의 불국토는 조금 다른 개념입니다. 보살이라는 수행자가 수행해야 하는 장소이며 수행하는 목표이며 수행하는 과정을 불국토라고 정의하고 있습니다. 즉 수행하는 과정 자체를 그대로 불국토라고 설정하여 전법이라는 개념을 벗어나 개인적인 수행에서 모든 법이 성취된다는 가정을 하고 있습니다.

(5) 불이법문 설정

불이법문은 『유마경』의 중요한 테마입니다. 그 내용 가운데 십대제자나 보살 대중의 잘못을 지적하는 데 주로 사용되고 있지만, 존재의 모습이 둘이 아니라고 말하는 가르침을 왜곡하여, 둘이 아닌 마음의 상태가 되어야 한다고 강조하고 있습니다.

불이법문 설정은, 파사현정을 하는 도구로 불이법문을 주로 사용하지만, 자신의 입장에는 전혀 적용이 되지 않고 절대적 입장이 강조되고 있습니다. 예를 들자면 부사의 해탈경계나 청정 법신 등에는 무엇과 둘이 아닌지 설명이 없습니다. 이러한 불이법문의 선택적 적용의 원인은 감각적이며 체험적인 면을 추구한 것이 원인으로 보입니다.

(6) 침묵의 설정

절대평등이란 처음부터 존재하는 것이 아닙니다. 그렇지만 마음의 상태가 그렇다는 것을 강조하기 위한 방법으로 침묵을 설정하고 있습니다. 이러한 생각은 나중에 『중론』에서 진제나 승의제를 말로 할 수 없다는 결론으로 나타납니다. 마음의 상태나 경지는 주관적인 모습이므로, 다른 사람이 알 수 없기 때문에 신비적으로 보일 것입니다.

7. 대승의 체험

부처님의 가르침에는 대승과 소승이 따로 없었습니다. 왜냐하면 모든 것은 연결되어 있으므로 소승을 하고 싶어도 남과 구분된 자기만의 수행을 하는 소승이 있을 수 없고, 대승을 주장해도 자신의 수행을 벗어나는 대승은 있을 수 없기 때문입니다. 생각 속에서 자기를 위하는가 남을 위하는가라는 문제가 다르다고 생각하겠지만, 그것은 주관적인 생각일 뿐입니다.

예를 들면 면벽하면서 하루 종일 '나란 무엇인가?'라고 연구하고 살펴본다면 그 내용은 내 주위 사람들에 대한 생각만 떠오를 뿐입니다. 분명히 나만 연구하려고 했지만 주위를 생각하지 말고 나만 생각할 수 있는 방법이 없기 때문입니다. 그래서 내면적 수행을 비판적으로 말할 때 소승이라는 표현을 사용하는 경우가 있을 수 있습니다.

마찬가지로 벽을 보고 앉아서 남을 생각하고 남을 위한다고 연구해 보아도 그런 모든 생각들은 자신의 생각일 뿐입니다. 혼자 방 구석에 앉아서 하루 종일 일체중생을 구제한다는 꿈을 꾸는 것과 다르지 않을 것입니다. 그래서 대승이라고 노래를 부른다고 해도 자기 노래일 뿐이므로 일체중생을 구제한다는 보살심과 대원력은 주관적인 관념일 뿐이라는 뜻입니다.

그럼에도 불구하고 보살심과 대원력을 강조하는 이유는 자신의 생각을 바꿀 수 있는 좋은 방법이 될 수 있기 때문입니다. 왜냐하면 자신의 감각기관으로 인식하는 자신의 모습은 언제나 남과 나가 분리되어 있으므로 현실인식이 불가능하지만, 현실의 모습은 남과 나를 나눌 수 없고 통해져 있고 연결되어 있기 때문에, 남을 위한나는 생각이 사신의 생각을 바꿀 수 있다고 가르치는 것입니다.

그래서 대승을 주장하더라도 개인적이며 주관적인 면을 벗어날 수는 없습니다. 수행자가 미리부터 이러한 사실을 잘 이해하지 못한다면, 어떤 종류의 체험을 했을 때 쉽게 자기 생각에 빠져서 자신이 깨달은 법은 일체 우주에 두루 통한다고 착각하면서 주장하기 쉽습니다. 그리고 그 주장이 자기만의 생각이라는 사실을 인정하고 받아들이는 데 많은 어려움을 겪게 됩니다.

또 그 주장이 혼자만의 생각이라는 것을 인정하지 않을 뿐 아니라 다른 사람이 어리석어서 못 알아듣는다고 생각하기도 합니다. 수행자가 가장 빠지기 쉬운 오류가 이와 같습니다. 그는 주관과 객관이 다르지 않고 나누어지지 않는다고 강변합니다. 그렇지만 그 말조차도 주관적이며 독단적일 것입니다. 즉 깨달음을 체험한다는 것은 독단에 빠지는 지름길이라고 말할 수 있습니다.

대승을 주장하기 위해 이러한 주관성을 벗어나는 방법으로 수행과 행동을 강조하기도 합니다. 그러나 그러한 수행과 행동일지라도 개인적 알음알이를 벗어나지 못합니다. 또한 깨달음의 체험이나 종교적 체험을 주장하는 일도 있습니다. 그러나 그러한 체험들도 주관성과 독단성을 벗어날 수 없습니다. 왜냐하면 자신의 생각 속에서 일어나는 심리적인 현상일 뿐이기 때문입니다.

그러나 대승불교 시대가 되면서 대승이라는 새로운 개념이 부각되기 시작하였습니다. 그리고 대승불교 운동은 기존의 부처님의 제자들을 성문제자 또는 삼승, 소승의 무리라고 칭하면서 격하운동을 벌였습니다. 그 내용은 출가자의 수행이 개인적인 것처럼 보이는 면과 부처님의 열반 후 그 가르침을 체계화하는 과정을 불법의 추상적 이론화와 법의 실체화라고 지적하였습니다.

그렇지만 그 대안으로 제시된 공 사상도 비현실적인 면과 추상적인 면을 벗어나는 것이 아니었습니다. 또한 대의명분으로 제시한 보살 사상도 일체중생을 구제한다는 구호는 요란했지만, 중생구제의 내용은 역시 추상적이었으며 불국토 사상조차도 전법의 결과인 불국토가 아니라 상상 속의 부처님 나라인 불국토가 등장하게 되었습니다.

또한 대승이라고 주장하면서 설정한 사상적 내용은 진제와 속제를 구분하여, 말할 수 없고 알 수 없는 진제라는 이름의 영역을 만들었고, 학자들마다 다른 이론을 발생시키는 공 개념의 도입과 더불어 불이법문, 불생불멸 등의 종교적 모습으로 회귀하게 만드는 신비적인 이론들을 정립하게 되었습니다.

이렇게 외형적으로 승가의 개혁을 주장하였던 대승불교 운동은, 내면적으로 부처님의 법을 왜곡시키는 결과를 낳았습니다. 부처님의 법을 듣고 배운 성문 제자들을 등지고 소승이라고 깎아내렸으면서도 부처님의 가르침을 믿고 부처님의 말씀을 거룩한 지혜라고 생각하며 나름대로 열심히 수행해서 깨달음의 체험을 증득하고자 했습니다.

이러한 시도는 세 가지 모습으로 드러나기 시작했습니다. 첫째는 믿음을 바탕으로, 둘째는 반야(지혜)를 수행 과정으로, 셋째는 체험(깨달음)을 목적으로 제시하게 되면서 대승불교의 면모는 종교적인 모습을 띠었고 그 내용은 주관적인 면으로 이루어졌습니다.

첫째 믿음의 대상은 부처님과 부처님의 가르침 또는 법을 인격화한 법신 등입니다. 그러나 모든 개인적인 입장을 떠나야 일체법을 이해할 수 있기 때문에, 부처님의 초기 작업은 개인적 믿음을 포기하고 떠나는 무아 사상에서 시작되었음에도 불구하고, 대승의 첫걸음은 믿음에서 시작하므로 아상에서 시작하는 것과 같습니다. 이러한 믿음에는 대화나 질문이 큰 의미가 없었습니다.

둘째 반야바라밀은 완벽한 깨달음의 지혜를 말합니다. 그러나 대승운동가들은 뗏목이라고 부를 만한 모든 알음알이를 거룩한 지혜로 둔갑시켰으며, 반야바라밀에 수행이라는 의미를 부가하여 마치 특별한 수행방법이 있는 듯이 표현하면서 대화와 토론을 부정하고 말로 할 수 없는 법이 있다고 주장하게 되었습니다.

셋째 부처님의 깨달음을 체험이라고 생각하여, 체험의 주관성을 벗어나 모든 법을 객관화시키고 논리화시키려던 부처님의 가르침을 부정하고, 도리어 관념적이고 체험적인 아뇩다라삼먁삼보리를 증득할 것을 수행의 목표로 설정하게 되었습니다.

8. 불생불멸

일체에 두루한 법은 보편타당한 진리라고 할 수 있습니다. 그러나 하나의 입장에 고정되어 있으면 가까운 것은 크게 보이고 먼 것은 작게 보이는 원근법적 시각을 벗어날 수 없습니다. 그래서 하나의 입장을 벗어나고 버릴 때 비로소 일체에 두루한 법을 알 수 있을 것입니다. 그러나 우리 인간은 감각기관을 근거로 하나의 입장을 느끼고 그것을 자신이라고 알고 있습니다.

그래서 부처님께서는 하나의 입장이 발생하는 원인이 인간의 감각기관에서 비롯함을 살피시고, 육근육식경 등을 통하여 육근이나 육식을 근거로 할 수 없다고 표현하기도 했습니다. 또 자신의 입장에서 발생하는 인식의 오류를 지적하기도 했습니다. 그뿐 아니라 하나의 입장을 부정하는 방법으로 두 가지 방향을 제시하기도 했습니다.

첫째는 나 또는 개체가 따로 존재할 수 없음을 무아라고 표현하였습니다. 둘째는 상대적 시각으로 볼 때 대립적 표현으로 자신의 입장을 부정하는 방법도 있습니다. 즉 첫째가 고정된 내 입장은 존재하지 않는다는 표현으로 하나의 입장을 부정하는 것과, 둘째는 불생불멸[1]이나 부증불감으로 표현하는 방법도 있다는 뜻입니다.

다시 말하면 내 입장은 무아라고 부정할 수도 있지만, 늙은 것도 아니고 젊은 것도 아닙니다. 또 한 사람의 살아가는 모습이 계속적으로 세포는 멸하고 있으며 동시에 새로운 세포가 계속 태어납니다. 생각도 계속 흘러가고 또 멸하고 있으며 동시에 계속적으로 새로운 생각이 일어나는 것이므로 고정되어 있지 않습니다.

그래서 존재의 모습은 상대적 시각에 따라서 두 가지 모습으로 다르게 보일 수 있습니다. 한쪽에서 보면 계속 멸하고 있으며, 다른 쪽에서 보면 계속 생하고 있습니다. 이러한 존재의 모습을 불생불멸, 즉 생한다고만 할 수 없고 멸한다고만 할 수 없기 때문입니다.

마찬가지로 한쪽에서는 늘어나는 것으로 보이며 다른 쪽에서는 줄어드는 것으로 보입니다. 그래서 한 가지 존재의 모습을 증가라고 해도 맞지 않고 줄어든다고 해도 맞지 않기 때문에 부증불감이라고 부를 수밖에 없게 되었습니다. 이러한 예는 부단불상과 불일불이, 또 불래불거 등의 두 가지 대립적인 묘사로 들리는 것이 있습니다. 이렇게 대립적 표현은 자신의 입장이나 관찰자를 설명하기 위해 사용되었던 것입니다.

그러나 『중론』은 이러한 존재의 모습을 시간적 변화 속에서 설명하고자 했습니다. 즉 씨앗과 나무처럼 시간적 흐름에 따라서 연속되어 있으므로 인간의 눈에 두 가지 다른 모습처럼 보이더라도 둘이라고 할 수 없고, 다른 모양이므로 하나라고 할 수도 없다는

---

1 이창욱, 「퇴옹성철의 『백일법문』 연구」, 『범한철학』 104, 2022, 6쪽.

것입니다. 『중론』은 이러한 존재의 변화하는 모습을 불일불이라고 하고 있습니다.

그러나 『중론』의 이러한 이해나 묘사는 하나의 사물이 연속적으로 변화하기 때문에 이런 논리로 설명할 수 있지만, 시간성을 무시하고 지금 이 자리에 있는 한 가지 사물에는 적용될 수 없습니다. 특히 『중론』의 시각은 시간적 변화 위에서 다양한 논리를 전개하므로 이러한 시도나 구조는 인간의 감각기관에 근거한 설명이라고 할 수 있습니다. 왜냐하면 시간적 개념은 인간의 감각을 기준으로 만들어진 것이기 때문입니다.

또 사물은 한 가지 모습이 아니기 때문에 보는 시각에 따라서 다른 모습을 가집니다. 즉 사물 자체는 어떤 한 가지 성격이 아니기 때문에 다양한 모습으로 보일 수 있고 다양한 모습을 가질 수도 있지만, 사물 자체는 그 다양한 모습들 가운데 어떤 한 가지만은 아닐 것입니다. 그래서 한 가지 가운데 일체의 모습이 있다고 하고 일중일체다중일로 표현하기도 합니다.

그렇지만 사람을 하나의 고정된 개체로 생각하고 바라볼 때 이러한 표현은 오해를 일으키기도 합니다. 즉 한 사람이 태어나지도 않고 죽지도 않는 어떤 특별한 경지에 머무른다고 들릴 수도 있다는 뜻입니다. 그러나 한 사람이 고정된 개체가 아니기 때문에, 사람은 누구나 태어나기만 하는 것도 아니고 멸해 가는 것만도 아니라는 말을 한문으로 옮기면 불생불멸의 존재라는 뜻입니다. 이렇게 발생된 불생불멸의 개념은 불교에서 많은 오해를 받아 왔습니다.

특히 윤회 사상에 물든 인도 사람들이 불생불멸이라는 말을 들었을 때 쉽게 착각에 빠져들 수 있었을 것입니다. 왜냐하면 끝없는 윤회의 세계에서 벗어날 수 있는 유일한 탈출구가 열반이라는 이름의 적멸뿐이라고 생각했던 인도 수행자들은 불생불멸을 전혀 새로운 개념의 해결방안으로 인식했을 것이라고 생각되기 때문입니다.

그러나 윤회 사상도 가설이며 상상의 결과이지만 열반이나 적멸도 마찬가지의 가실일 뿐입니다. 왜냐하면 완전히 멸하는 것은 있을 수 없기 때문입니다. 또 그들이 생각하는 불생불멸이란 경지도 마찬가지로 가설이며 상상일 뿐입니다.

또한 불생불멸을 팔불중도라고 해석한 용수도 마찬가지로 가설을 보였습니다. 『유마경』의 불이법문에서 시작된 대립적 표현방식은 용수의 『중론』에 이르러 중도라는 개념을 산출하였고, 중도라는 추상적 개념을 연기법이나 무위법 등으로 적용시킨 것이 오늘날 대승불교 교학의 근간을 이루는 가설이 되었던 것입니다.

또 대립적 구도와 중도 사상은 중국 선종의 『신심명』에도 적용되어 참선조차 가설을 수행의 방향으로 삼게 되었습니다. 불립문자를 주장하였음에도 불구하고 6조 혜능 스님은 36대법을 설명하면서 대립적 표현과 중도를 가르침의 길로 삼았으며, 불생불멸은 성철 스님의 표현에서도 여전히 깨달음의 내용이며 경지로 등장하고 있습니다.

그래서 초기불교에서 내 입장을 표현한 불생불멸이라는 개념이 대승불교에서 불생불멸이라는 마음의 경지로 변화하면서, 수행자들은 끝없는 수행에 몰두하게 되었을 뿐 아니라 토론과 질문을 멀리하게 되어 법을 알 수 없게 되었고, 승가를 모래알처럼 만들어 독단적이며 신앙적인 성직자의 모임이 되고 말았습니다.

9. 공유논쟁

(1) 공유논쟁의 발생 원인

부처님께서는 존재의 법을 말씀하시면서 모든 존재는 실체이면서 실체가 아닌 것처럼 보이는 두 가지 모습을 띠고 있지만, 인간의 시각으로는 실체로만 보기 때문에 실체가 아닌 면을 강조하면서 법을 설하셨습니다. 그러나 부파불교 시대를 거치면서 실체가 아니라는 면을 부처님의 가르침이라고 집중적으로 설하게 되었습니다.

이에 설일체유부는 자신과 개체는 실체가 아니지만, 실체가 아니라는 법은 존재한다고 표현하는 "아공법유(我空法有)"라는 개념을 설정하였습니다. 그러나 용수는 『중론』에서 법도 역시 실체가 없다고 주장하고, 실체가 없음을 무자성이라고 설명하면서 공, 무아, 무상, 연기법, 중도 등의 개념은 서로 다른 것이 아니라고 표현했습니다.

그러나 『중론』의 논리 스타일은 자신의 법에 대한 표현은 없고 유부의 주장에서 틀린 면에 대하여 분석적 부정을 시도하였으므로, 학자들은 용수가 어떤 공을 말하려고 하는지 알 수 없었습니다. 또한 용수는 부처님의 법을 두 가지로 구분하면서, 우리가 보고 듣고 표현하는 법은 속제일 뿐이며, 진제(眞諦)는 실체가 없으므로 볼 수도 없고 말할 수도 없다고 새로운 개념을 제시하였습니다.

용수를 이어받은 무착은 존재가 있었던 빈자리를 공이라고 설명하면서, 인간이 표현할 수 있는 법은 속제이므로, 진제는 가능성으로 표현하기 시작했습니다. 그리고 속제인 마음의 법을 유식이라고 설하면서 유식 외에 어떤 대상도 존재하지 않는다는 유식무경(唯識無境)을 주장하였습니다.

이러한 유식설의 시각은 실체를 부정하기 위한 『중론』의 노력을 인정하면서도, 공에 대한 새로운 의미를 부여함으로써 실체를 인정하는 면을 보이게 됩니다. 이러한 유식설의 가설에 대한 반발로 중관학파가 등장하여, 다만 모든 것을 부정하는 모습으로 공을 표현하고자 하였습니다.

그리고 유식학파의 공과 진제의 가능성을 실체적 모습이라고 부정하게 됩니다. 그래서 유식학파의 가능성이며 내재되어 있다는 공사상과 중관학파의 모든 것을 부정하는 공 사상은 논리적 타협점을 찾지 못하고 끝없는 논쟁에 빠지게 되었습니다.

이러한 논쟁은 공에 대한 시각 차이에서 발생했겠지만, 공 개념의 등장이 상식적이거나 논리적인 것이 아니라 체험적인 용어이기 때문이며, 우리가 쓰는 텅빈 공이 아니라 특별한 개념을 부가시켰기 때문에 일어난 문제입니다. 또한 부처님의 말씀은 둘이 아니면서 둘이라고 강조하셨지만, 실체가 없다는 하나의 뚜렷한 결론은 한 가지 입장이므로, 반론에 부딪칠 수밖에 없을 것입니다.

(2) 공유논쟁의 과정

공 개념에 대한 불분명한 정의는 말로 할 수 없다는 부가적인 묘사로 인하여 더욱더 오리무중이 되었지만, 공 개념 자체의 성격도 또한 체험적 용어이므로 주관성과 독단성을 내재하면서 만들어진 용어입니다. 또한 법의 모습이 하나가 아니라고 표현하지 못하고 두 학파의 논쟁은 수행자들을 또 다른 체험으로 내몰았습니다.

그뿐 아니라 법의 모습을 한 가지로 일관성 있게 논의하고자 하였으나, 가설을 바탕으로 발생하였기 때문에 두 학파 모두 추상적인 모습을 탈피할 수는 없었으며, 세상 사람들의 고통을 해결하는 법이라고 하기보다 어느 학설이 더 정확한지 다투는 모습이었으므로 얼마 못 가서 쇠퇴하고 말았습니다.

또 이러한 논리적 불합리를 해결하기 위해 등장한 것은 밀교였습니다. 초기에 밀교는 세밀하게 연구한다고 했으나 후기에는 비밀스러운 수행으로 체험을 강조하는 방향을 택하게 되었습니다. 체험을 강조하는 경향은 대화나 소통을 멀리하고 한 개인의 독단적인 신념과 믿음을 중시하게 되어 부처님의 가르침과 점점 멀어져서 멸망의 길로 가게 됩니다.

(3) 공유논쟁의 결과

이러한 공유논쟁으로 인하여 승가는 분열되었고 중국에서는 서로 대립적인 학설을 주장하는 종파가 발생하기도 했습니다. 중국 학자들은 이러한 모순적인 모습을 해소하기 위해 법상종이나 법성종, 즉 법의 모습과 법의 성품이라는 이름으로 차이점을 설명하기도 했지만, 공유논쟁이 해결되는 것은 아니었습니다.

이에 『대승기신론』이 편집되어 논쟁의 분열상을 해소하고자 하였으니, 그 방법은 믿는 마음을 강조하는 방법이었습니다. 그리고 진망화합식이라는 가설을 설정하고 믿음으로써 공유논쟁을 화해하고자 하였으나, 법이 하나의 모습이 아니라는 사실을 설명하지 못하고 가설과 믿음에 의존함으로써 또 다른 미신을 만들고 말았습니다.

(4) 공유논쟁의 영향

공유논쟁은 불교사상 최초의 사상적 분열이며 논쟁이었습니다. 최초 분열은 제2결집을 가져왔지만, 사상논쟁은 아니었습니다. 공유논쟁은 천 년 이상 지속되었고, 수많은 수행자들은 화쟁이나 통합을 위해 노력하게 되었습니다. 사상 분열을 해소하는 방법으로 수행과 체험의 증득이 제시되어 밀교가 발생했지만, 인도불교는 멸망했습니다.

부처님의 가르침에 대한 잘못된 이해라고 생각하지 못하고, 또 다른 논쟁 해소 방법으로 믿음을 강조하는 여래장 사상을 제시하는 경전도 있었고 믿음을 기반으로 공과 유가 동시에 존재한다는 진망화합식을 만든 『대승기신론』도 있었습니다. 또한 천태지자는 지관겸수를, 지눌은 정혜쌍수를, 원효는 원융화쟁을 주장하기도 했습니다.

이렇게 수많은 선각자들의 노력에도 불구하고 현대의 수행자들은 생활 속의 불교를 알지 못하고, 부처님의 가르침은 더 이상 평범한 사람들의 삶에 큰 영향을 끼치지 못하고 있습니다. 오히려 수많은 교학들과 사상들의 충돌로 혼란만 느끼고 있을 뿐입니다. 그 시작은 공유논쟁이었습니다.

VIII. 은산철벽(銀山鐵壁)

밀행제일 라홀라

부처님의 아드님으로 어린 나이에 출가하였다.
법을 이해했다고 하나 논리에 익숙하지 않아 남을
가르치지는 못했다. 그러나 부처님의 위신에
허물이 되지 않도록 보이지 않는 곳에서 많은 수행을 했다.

1. 은산철벽(銀山鐵壁)과 역설

(1) 은산철벽

은산철벽은 화두의 의미를 드러내는 비유적 용어입니다. 화두란 두 생각이 충돌하여 사고 중지와 그 모순을 해결하려는 노력으로 의심하는 상황을 말합니다. 가사와 발우를 빼앗으려고 대유령까지 쫓아온 혜명은 6조 혜능에게 법의 요점을 질문하였고, 6조 혜능은 선이라고 생각하지도 말고 악이라고 생각하지도 말라[不思善不思惡]고 대답합니다.

즉 선이라고 생각해도 맞지 않고 악이라고 생각해도 맞지 않다는 뜻입니다. 하나의 명확한 의미를 추구하던 혜명 비구의 생각은 갈 길을 잃고 막막해져 버렸습니다. 후기『단경』에는 본래면목이라는 글귀가 추가되었다고 하지만, 본래면목도 아니라고 해야 옳을 것입니다. 이렇게 생각이 어떤 것을 잡거나 쫓아갈 것을 잃고 막막해진 순간을 은산철벽에 이르렀다고 할 수 있습니다.

화두는 심리적 모순 상황에 봉착한 수행자가 자신을 의심하고 돌이켜보는 것에서 시작합니다. 이때 의심이란 자신의 신념과 알음알이를 뒤집어서 재검색하는 과정입니다. 사람은 누구나 자신만의 믿음을 가지고 있습니다. 믿음의 출처는 자신의 존재감에서 비롯한다고 할 수 있습니다. 즉 감각기관은 우리에게 믿음을 느낄 수 있게 만들어 주는 역할을 합니다. 감각기관에서 비롯하는 존재감은 정확하지도 않고 머물러 있지도 않으며 갑자기 돌출하는 감정과 조금도 차이가 없습니다.

그렇지만 우리는 감각기관에서 느끼는 존재감으로 인하여 자신이 살아 있음을 확신하고, 자신의 눈을 믿고 손을 믿으며 느낌을 믿게 됩니다. 이러한 믿음은 전도된 생각의 근거가 됩니다. 왜냐하면 이 세상은 자신을 중심으로 이루어져 있지 않음에도 불구하고 우리의 감각기관은 자신을 중심으로 세계를 인식할 수밖에 없는 구조이기 때문입니다.

즉 원근법은 우리가 인식하는 세계의 모습을 보여 주지만, 현실과 같지는 않습니다. 인간의 언어와 문자와 느낌도 원근법으로 이루어져 있지만, 이 세상의 구조는 원근법으로 이루어져 있지 않습니다. 그래서 언어와 문자를 벗어나야 법을 알 수 있다고 말하는 것입니다. 이때 언어와 문자나 생각을 돌이켜 검색해 보는 것을 의심이라고 할 수 있습니다.

그러나 자신의 입장을 중심으로 법을 이해한다면 원근법적인 방법으로 세상을 보고 인식하는 것이므로, 자신만의 알음알이가 생깁니다. 항상한 법의 모습을 원근법적 인식구조로 표현하는 데서 역설이 발생합니다. 부처님께서는 세상 사람들이 전도된 생각을 가지고 있다고 말씀하시지만, 세상 사람들은 부처님의 말씀이 역설처럼 들린다는 뜻입니다.

왜냐하면 우리의 인식구조로 보는 세계의 모습은, 좋은 것과 싫은 것이 따로 있으며, 내 눈에는 머물러 있는 것과 머물러 있지 않는 것도 있으며, 또한 한 가지로 이루어진 것도 있으며 한 가지가 아닌 모습도 존재하는 것처럼 인식되지만, 『금강경』에서는 좋은 것도 좋은 것이 아니며 머물러 있는 것도 없다고 말합니다. 또한 한 가지로 이루어진 것은 존재하지 않는다고 합니다.

역설은 이렇게 인식구조의 괴리로 인하여 발생하는 것이지만, 사람들에게 단순하게 이해되지 않았기 때문에 역설적이라고 인식되었고, 중국 선사들은 이러한 역설적 구조를 격외라고 불렀습니다.

(2) 역설과 의심

공부하는 수행자는 먼저 존재의 구조가 역설적임을 이해할 필요가 있습니다. 즉 하나의 기준에서 보는 법의 모습은, 하나가 아니므로 역설적이라고 표현할 수 있을 것입니다. 예를 들자면 깨끗한 것을 깨끗한 것이라고 결정짓는 순간 깨끗한 것에 대해서 알 수 없어진다는 표현이 있습니다. 이러한 표현이 역설적으로 들린다는 것입니다.

하나의 입장에서 보는 깨끗한 것은 더러운 것과 구별되는 것입니다. 그러나 법의 모습은 깨끗한 것과 더러운 것이 구별될 수 있는 것이 아니기 때문에, 하나의 입장에서 깨끗하다고 결정짓는 순간 "더러운 것과 구별될 수 있는 깨끗함"에 대해서 더 이상 알 수 없게 되는 일이 생긴다는 것입니다.

이렇게 존재의 모습은 하나가 아니지만, 우리는 하나의 기준에서 하나의 입장에서 세상을 보고 인식하기 때문에 우리의 기준에서 보는 법의 모습은 마치 역설적인 것처럼 보이고 느껴질 수도 있다는 뜻입니다. 그래서 수행자가 이러한 사실을 잘 모르면 솔직하게 표현하여 자신의 눈이 전도되었는지 아니면 법이 역설적인지 판단할 수 있어야 할 것입니다.

그러나 하나의 정해진 개체적 입장에 서 있는 수행자에게는 역설이 보이지도 않고 이해되지도 않으며 자신의 눈과 손을 더 믿게 됩니다. 그리고 도저히 알 수 없다고 생각하게 됩니다. 그래서 선지식들은 좋은 방법이 없다고 생각한 나머지 별스럽거나 특별한 비유와 질문을 하게 됩니다. 그리고 자신을 연구하고 분석하라고 합니다.

이때 수행자가 자신의 시각이나 생각을 더 확실하다고 생각한다면 도저히 알 수 없게 되지만, 자신이 생각하는 것이 틀릴 수도 있다는 가능성을 조금이라고 가진다면 선지식의 질문이나 비유가 좀더 새롭게 다가올 수도 있을 것입니다. 역설적 비유처럼 보이더라도 생각만 바꾸면 금새 이해할 수 있는 것이라고 생각하면 됩니다.

그러므로 논리를 통하여 역설을 이해한다면 역설적 구조가 일상생활 속에 어디서나 두루하게 존재한다는 사실을 확인할 수 있게 될 것입니다. 시간이 좀 걸리더라도 천천히 자신과 주위를 살펴볼 때, 자신의 느낌을 철석같이 믿는 사람이 아니라면 누구나 쉽사리 법을 이해할 수 있게 됩니다.

그리고 이러한 경우에 비로소 존재의 구조에 대하여 의심이 발생할 수 있게 됩니다. 왜 우리 눈에는 사물이 하나로만 보이는지, 왜 우리는 전도된 상황으로만 사물을 인식하는지 의심하면서 점차 법을 이해하게 되는 동시에 자신의 생각을 포기할 수 있게 됩니다. 또 자신의 시각과 입장에 대한 의심이 생길 수밖에 없습니다.

이러한 이해는 행주좌와 어묵동정에서 화두를 발견할 수 있게 되고, 일체에 두루한 화두를 발견할 수 있으면 쉽게 타성일편이 이루어질 수 있게 될 뿐 아니라 의단을 형성할 수도 있습니다. 이때 역설적 구조는 고통에서 더 뚜렷하게 인식되며 그에 따라 의심도 더욱 내면화될 수 있습니다. 이렇게 우러나는 의심은 집중 노력을 하지 않아도 쉽게 집중되기도 합니다.

어떤 수행자는 성성적적을 말하기도 합니다. 그러나 은산철벽에 이르거나 칠통에 빠진 사람은 그러한 여유가 없습니다. 왜냐하면 생각 생각이 막혀 있기 때문입니다. 그러나 대오지심(待悟之心)이나 조작지심(造作之心), 즉 깨닫기를 기다리는 마음으로 수행하는 사람이나 생각으로 은산철벽을 짓는 사람은 성성적적할 수 있습니다. 왜냐하면 염념으로 의단을 갖지 못하기 때문입니다.

(3) 발견하는 화두, 만드는 화두

화두 수행에서 가장 중요한 점은 우러나는 의심입니다. 우러나는 의심이란 현재의식에서 생각해 보고 잘 이해되지 않는다거나, 또는 도저히 자신의 논리로 받아들이기 어려울 때, 또는 호기심이 발동하는 것 등을 말하는 것은 아닙니다. 감정적으로 자신을 고통스럽게 만드는 문제를 돌이켜볼 때 발생하는 의문을 말합니다.

다른 말로 표현하자면 발견하는 화두를 공부해야 하는데, 만드는 화두를 공부하는 경우가 많습니다. 만드는 화두는 피나는 노력의 결과로 성성적적을 맛보기도 하고 식이 맑아져서 알음알이가 생기기도 하지만, 자신의 문제해결과는 어느 정도 거리가 있습니다. 반면에 발견하는 화두란 자신의 내면에 원래 있었던 문제점을 찾아서 확인하는 것입니다.

다시 말하면 화두란 선지식과 상담이나 대화를 통해서 수행자 자신이 발견하고 확인하는 것이므로 잡아도 고통스럽고 잡지 않으려고 해도 벗어날 수 없는 문제입니다. 그러나 만드는 화두도 자신의 문제가 될 수 있으며, 그렇게 되려면 오랜 시간이 필요합니다. 무문혜개는 6년이나 걸렸다고 하지만, 일생 동안 깨닫지 못하는 일도 부지기수입니다.

왜냐하면 처음부터 화두가 우러나는 것임을 모를 때는, 시중에 범람하는 참선과 관련된 책에서 수많은 알음알이를 접하게 되고, 옛 선지식들의 기상천외한 대화 속에서 역설적 표현법을 발견하면서 이미 아는 것과 체험의 차이점을 구별하지 못하게 됩니다. 그래서 자신을 바라보지 못하게 되고, 격외문구의 말끝을 쫓아서 일생을 낭비하게 됩니다.

공부를 한다는 것은 내면적으로 우러나올 수 있도록, 법을 이해

하는 데 있습니다. 눈 감고 달리는 데 몰두하는 것이 아닙니다. 은
산철벽은 생활 속의 곳곳에 존재하는 모든 역설적 구조를 발견할
수 있을 때 저절로 발생하는 심리적 상황이라고 할 수 있을 것입니
다.

2. 은산철벽의 유래

은산철벽은 벽관의 모습입니다. 중국 선종은 벽관에서 시작합니다. 달마 스님은 어떤 것도 잡을 수 없고 세울 수 없는 벽관을 중국에 전했습니다. 그리고 혜가 스님의 생각을 고치면서 벽관을 보였습니다. 그래서 시작된 선종은 1400년 동안 동북아시아를 풍미했지만, 벽관의 출처는 어디 있는지, 왜 벽관을 해야 하는지에 관련된 설명은 부족합니다. 왜냐하면 벽관이었기 때문입니다.

그러나 그것은 벽관에 대한 잘못된 이해입니다. 왜냐하면 벽관은 이미 존재하는 것을 이해하도록 보인 것이지만, 벽관식으로 생각하고 벽관처럼 해야 한다고 생각했기 때문에 착각을 하는 것입니다. 은산철벽도 그와 같습니다. 수행자는 은산철벽처럼 마음을 만들어야 되는 것이 아니라, 이미 존재하는 은산철벽을 발견하고 이해하면 된다는 뜻입니다.

(1) 은산철벽의 유래

은산철벽이란 법의 모습을 묘사한 말이며 존재의 구조입니다.

초기 불교에 은산철벽이란 말은 없지만 제법무아란 말은 있습니다. 은산철벽은 체험적이며 감성적 용어이지만 제법무아는 논리적 용어입니다. 무아라는 말은 자기의 입장이 존재할 수 없다는 뜻이며, 무유정법이나 은산철벽은 생각 속에서 한 생각도 자신의 입장이라고 할 수 없다는 것을 표현한 말입니다.

그래서 무아란 표현을 자신에게 적용시킨다면 역설이 될 것이지만, 생각이 막혀서 갈 길이 없을 때가 되면 비로소 자신의 입장을 표현하는 한 생각도 맞지 않다는 것을 발견할 수 있게 됩니다. 그러므로 무아의 모습이 수행의 모습으로 드러난 것이 은산철벽이라는 말입니다. 그러나 무아의 상태가 되고자 노력하는 것이 아니라 발견하는 것처럼 은산철벽도 그러합니다.

(2) 은산철벽의 출현

중국 교학의 한계를 극복하기 위해 달마 스님은 벽관이라는 수행을 전하게 되었습니다. 벽관은 말 그대로 벽을 본다는 의미입니다. 구체적으로 드러난 것은 달마 스님이 혜가 스님에게 안심법문을 전한 것과, 혜가 스님이 승찬 스님에게 죄에 대한 고통을 해결한 것이나, 승찬 스님이 도신 스님에게 반문하던 문답으로 표현되었습니다. 이것은 수행자의 모순된 생각을 지적하여 은산철벽을 마주치도록 하는 것입니다.

누구나 자신을 돌이켜본다면 은산철벽을 발견할 수밖에 없지만, 우리는 종종 바깥에서 해답을 구하는 일이 많습니다. 그래서 달마 스님은 치구심을 버리면 누구나 깨달을 것이라고 말합니다. 이러한 은산철벽은 하나가 아닌 존재의 모습을 한 가지로 파악하고자 하는 감각기관의 착각에서 발생하는 현상이므로, 이 세상 어디에나 있을 수밖에 없는 현상입니다.

(3) 은산철벽이 발생하는 이유

인간의 생각이란 수많은 개념들의 연결과 소통으로 이루어져 있습니다. 그리고 이러한 개념들의 연결로 인하여 사고방식이 이루어지고, 사고방식을 근거로 논리를 설정하여 자신의 주장이라고 생각하면서 살아갑니다. 이때 개념들과 논리가 서로 잘 소통되고 적용된다면 큰 문제가 없겠지만, 개념들과 논리가 서로 상충하고 충돌하여 이해가 되지 않으면 소통이 막히게 됩니다.

이러한 현상이 겉으로 드러날 때 은산철벽이라고 부를 수 있습니다. 즉 잘 이해되지 않거나 인정하고 싶지 않는 것 등으로, 내면적 사고방식 속에서 개념들이 소통될 수 없는 새로운 논리나 뜻밖의 개념(격외의 논리, 역설적 논리)에 봉착했을 때, 사고방식은 일시 정지되는 현상이 발생할 수 있습니다.

즉 은산철벽이란 생각이 끊어지거나 말을 할 수 없는 것이 아니라 두 가지 상충되는 정보가 조정되지 않아서 논리 설정이 미흡한 상태일 뿐입니다. 그래서 새로운 논리 길(空)을 발견하게 되면 눈앞에 밝아지는 듯한 느낌을 받으면서 새로운 논리에 적응하게 되고 새로운 느낌으로 세상을 보는 일이 발생하게 됩니다. 이러한 심리적 변동을 깨닫는다고 표현할 수 있습니다.

(4) 은산철벽과 한 물건

그래서 은산철벽이라는 심리적 현상은 깨달음의 필요충분조건
이라고 할 수 있고, 은산철벽이 발생하는 기제는 논리적 바탕이 필
요하다는 뜻입니다. 그러나 깨달음의 경계를 돌이켜 논리적으로
분석하지 못했던 인도나 중국의 수행자들은, 자신의 느낌이 발생
한 원인에 대해서 알지 못하고, 수행 가운데 발생한 느낌은 진실이
지만 현실은 허상이라고 생각하였습니다.

그러나 심리적으로 본다면 느낌은 상대적이며 일시적일 뿐 아
니라 착각일 수도 있음에도 불구하고 그 느낌이 밝고 찬란하고 편
안하다고 생각하여, 불성을 체험했다거나 성품을 보았다고 생각하
는 착각에 빠졌던 일이 다반사였습니다. 또 그것을 마음자리나 본
성자리 또는 당체라는 표현을 쓰면서 물들지 않는다거나 원래부터
있었다고 생각하고 보림을 강조하기도 했습니다.

즉 개인적 사고방식 속에서 개념이란 한 가지 의미를 가지고 특
정한 용어로 사용되는 것이 일반적인 경향이었지만, 논리적 장벽
인 은산철벽을 거치면서 개체적 개념의 부정은 고유한 개념으로서
의 한계가 무너지면서 동시에 다양한 의미로 통해져 있는 구조로
이루어져 있다는 사실이 드러난 것이었지만, 일체에 두루 통하는
모습을 본체라고 착각한 것일 뿐입니다.

이러한 사고방식은 『육조단경』에서 한 물건이라는 표현으로 나

타나지만, 시작은 도신 스님의 교학적 접근에서 비롯하고 있습니다. 그러나 도신 스님은 한 물건에 집중하고 한 물건을 추구하는 입장을 보였다면, 『육조단경』에서는 대중들에게 추구할 것을 제시하는 과정에서 한 물건을 언급하면서 동시에 잡을 수 없고 세울 수 없고 하나라고 할 수도 없다고 천명하고 있습니다.

(5) '이뭣고' 화두의 형성

이러한 『육조단경』의 입장은 "어떤 물건이 왔는고?"라는 질문에서처럼 한 물건을 질문처럼 사용하여 이뭣고(시심마)의 원형을 보이고 있습니다. 즉 혜능 스님은 한 물건의 내용을 상반되는 여러 가지 성질(우주보다 크고 티끌보다 작고, 아주 밝고 동시에 아주 어두우면서 등등)이 동시에 있음을 묘사하면서 이름 붙일 수 없는 이것을 깨달아야 한다고 주장하고 있습니다. 이것을 대법적 이뭣고로 부를 수 있습니다.

즉 혜능 스님은 도신 스님의 서술적 불성을 그대로 차용하여 심리적 은산철벽이 발생할 수 있도록 논리적 장벽을 만들었다는 뜻입니다. 다시 말하면 (어디에나 존재하는 은산철벽을) 혜능 스님은 특별하고 비밀스러운 모습으로 한 물건이라는 개념 위에 설정하여 억지로 은산철벽을 만들고 사람들을 은산철벽으로 밀어붙이기 시작했다는 뜻입니다.

이러한 이뭣고라는 질문은 '내가 무엇인가, 보고 듣는 것이 무엇인가, 마음도 아니고 부처도 아니고 물건도 아닌 이것이 무엇인가?' 등 여러 가지 질문으로 분화되기도 했지만, 그 목적은 일상적이며 상식적인 논리를 부정하고 은산철벽을 만드는 데 주안점이 있었습니다. 그러나 이런 말을 믿지 않는다면 아무런 힘이 없었기 때문에 특히 믿음을 강조하게 되었습니다.

3. 은산철벽의 성격

(1) 은산철벽의 성격

    은산철벽은 하나의 입장에서 일체를 알 수 없다는 표현입니다. 법은 일체에 두루 하지만, 인간의 시각은 하나의 입장을 견지하고 있기 때문입니다. 부처님께서는 자신의 입장을 버리고 벗어나는 것을 무아(無我)라고 했지만, 무아에 도달하는 수행을 강조한 것이 아니라 우리 존재가 그대로 무아의 모습임을 보이고자 하였습니다.

    법을 발견하고 법을 깨닫는다는 것은 은산철벽의 결과나 은산철벽이 무너지면서 발현한 것처럼 보이는 경계에 속아서 경계를 쫓아가는 것이 아니라, 은산철벽이 더 이상 은산철벽이 아님을 발견하고 은산철벽으로 인하여 자신이 깨어지게 되는 것이며 은산철벽이 그대로 법의 모습임을 이해하는 것일 뿐입니다.

    수많은 수행자들이 은산철벽을 발견하고 타파했지만 한 번도 은산철벽이 무너진 적은 없었습니다. 다만 자신이 무너지고 자신이 깨어지면서 경계가 발생한 것이었지만, 이러한 현상을 이름하여 은산철벽이 무너졌다고 불렀던 것입니다. 부처님께서 말씀하신 고성제는 자신의 고통을 연구하면 은산철벽을 발견할 수 있다는 뜻입니다.

(2) 어떤 것[一物 : 한 물건] 설정

4조 도신 스님은 어릴 적에 출가하여 법에 대한 깨달음을 갈구하고 있었습니다. 그래서 자신의 고통을 연구해서 발생하는 은산철벽에 대한 관심보다 은산철벽의 타파로 인한 경계와 체험, 느낌에 관심이 더 많았습니다. 그리고 이런 체험에서 느꼈던 경지를, 교학에서 말하는 자신의 성품이며 불성이라고 생각하였습니다.

이에 도신 스님은 은산철벽을 발견하거나 이해하는 것보다 성품이라고 이름 붙일 수 없는 어떤 것[一物]을 이해하고 찾는 것이 수행자들에게 보다 설득력 있는 가르침이라고 생각했습니다. 또 수일불이(한 물건을 지키는 것)를 주장하면서도 단막증애(승찬의 입장)라고 말하지 않고, 증애가 그대로 한 물건(성품)의 나타남이라고 말하기도 했습니다.

(3) 은산철벽적 이뭣고

그러나 6조 혜능 스님은 도신 스님과 달리 교학적 바탕이 전혀 없었으므로, 자신의 고통을 연구하다가 법을 깨달은 것으로 보입니다. 『육조단경』의 '응무소주'의 이야기는 한문을 알아듣는 사람이 아니었기 때문에 설득력이 없지만, 자신의 고통을 연구하면 누구나 깨달을 수 있기 때문에 혼자서 은산철벽을 깨달은 것이라고 할 수 있습니다.

자신의 고통을 연구하다가 은산철벽 타파의 체험을 겪은 혜능 스님은 법이나 깨달음이 갈고 닦아서 구하는 것이 아니라는 사실을 잘 이해했을 뿐 아니라, 어려운 한문이나 복잡한 불교철학을 배우지 않고도 법을 이해하고 깨닫는 가장 쉬운 방법이 은산철벽을 발견하는 것이라는 사실도 잘 알고 있었던 것입니다.

그는 대유령 고개까지 쫓아온 혜명 수좌에게 "선이라고 생각하지도 말고, 악이라고 생각하지도 말라."라는 가르침으로 은산철벽을 보여 준 적이 있었으나, 수행자들이 적극적으로 질문하지 않는다면 가르쳐 줄 방법은 별로 없었습니다. 그래서 도신 스님이 가르친 것처럼 이름도 성도 없는 어떤 것(한 물건)을 설명하기 시작하였습니다.

즉 마음의 본체란, 생각으로 규정지을 수 없어서 임시로 한 물건이라고 이름하지만, 마음의 성품은 불생불멸로서 만법을 발생시키므로 부처와 둘이 아니라고 했습니다. 그러나 이런 설명은 수행자들에게 치구심을 심어주고 자신을 살필 수 없게 만들 뿐 아니라 새로운 알음알이만 주게 될 뿐이었습니다.

이에 혜능 스님은 불생불멸처럼 상대적인 두 가지 대립적 표현으로 생각의 길을 막는 방법을 설정하게 됩니다. "나에게 한 법이 있으니 이름도 없고, 모양도 없다. 있는 것도 아니며 없는 것도 아니다. 가는 것도 아니고 오는 것도 아니다. 밝은 것도 아니고, 어두운 것도 아니다. 이것이 무슨 물건인가?"라고 제시하는 것이었습니다.

(4) 이뭣고의 두 가지 모습

이름 붙일 수 없는 불성을 의미하는 한 물건에서 은산철벽의 의미를 찾은 혜능 스님은, '이뭣고?'라는 질문을 통해 수행자들에게 은산철벽을 보이고자 하였습니다. 그러나 아무리 조건을 내걸어도 듣는 사람들은 하나같이 마음이나 성품이나 불성이라고 생각하고 있었기 때문에, 혜능 스님은 할 수 없이 체험을 강조하면서 알음알이를 부정할 수밖에 없었습니다.

고통을 연구하고 자신을 돌이켜보는 것이 은산철벽을 이해하는 쉬운 방법이었지만, 도신 스님의 영향으로 수행자들이 불성을 찾고 확인하는 것을 깨달음에 이르는 수행이라고 생각하고 있었기 때문에, 그런 알음알이를 떨쳐버리고 은산철벽을 확인하는 길은 어떤 것(한 물건)을 질문하는 길밖에 없었습니다.

6조 혜능 스님의 질문은 이후 이뭣고(시심마) 화두의 시작이 되었을 뿐 아니라, 은산철벽은 화두 수행이라는 이름으로 정착되면서 중국 선종의 기본적인 수행이 되었습니다. 그래서 모든 선지식과 조사들은 질문하는 방식을 바꾸어 가면서 다양한 방법으로 은산철벽을 보이게 되어, 선종이 5가 7종으로 분류되는 기준이 되었습니다.

그러나 혜능 스님의 '이뭣고'가 상대적이며 대립적인 두 가지 표현(36대법)을 내포한 은산철벽이었지만, 성품을 법이라고 오해한 마조 스님은, 작용시성이라는 알음알이를 내포한 새로운 이뭣고를 만들었습니다. 같은 이뭣고처럼 보여도 은산철벽을 보이는 질문과 성품이나 불성을 제시하는 질문은 전혀 다른 방향이었습니다.

은산철벽을 내포한 이뭣고는 알음알이를 차단하려는 시도로 나타났으나, 성품(불성, 마음)을 내포한 이뭣고는, 알음알이를 제시하면서 동시에 알음알이를 부정하는 격외의 체험을 강조하게 되어 중국 선종에서 조사선이라는 특별한 문화를 만들었습니다.

4. 은산철벽의 특징

(1) 은산철벽의 특징

은산철벽이라고 말하는 이유는 자신을 기준으로 세상을 바라보면, 생각의 길이 막히기 때문입니다. 즉 은산철벽이라는 용어는 인간의 감각기관을 기준으로 만들어진 말입니다. 자신을 부정하고 자신의 기준을 떠나는 것을 강조한 가르침을 무아 사상이라고 부를 수 있지만, 구체적인 사유방식이 설명되지는 않았고 결론만 보이고 있습니다.

이때 자신이란 자신의 사고방식이나 생각을 가리키기 때문에, 사고방식이나 생각의 구성 요소인 개념의 구조와 조직의 연관성을 돌이켜볼 때, 수행자는 자신의 기준에서 이해하면서 근거로 삼아 왔던 개별 개념의 모순적 구조를 발견하고 생각의 길이 막히고 끊어지면서 막막한 심정이 됩니다.

이러한 은산철벽의 심리적 구조로 인하여 몇 가지 특징이 발생합니다. 첫째는 하나의 기준에서 발생하는 느낌이며 주관적 상황입니다. 둘째는 인식의 대상이므로 일체에서 확인할 수 있습니다.

셋째는 고정된 기준에서 발생하므로 직선 논리의 한계상황입니다. 넷째는 은산철벽이 타파될 때 발생하는 경계나 현상들은 허상이며 일시적 느낌일 뿐입니다.

(2) 혜능의 은산철벽 만들기

달마 스님의 은산철벽은 벽관으로 부르지만, 수행자들에게 강요할 수는 없었습니다. 왜냐하면 자신의 고통을 연구한다면 누구나 발견할 수 있기 때문이며, 묻지 않는다면 남의 생각을 알 수 없었기 때문입니다. 그러나 도신 스님은 은산철벽을 이름 붙일 수 없는 불성이라고 생각했기 때문에, 한 물건이라는 용어를 만들고 집중적 수행을 강조했습니다.

그러나 혜능 스님은 도신 스님과 달리 한 물건에서 이뭣고를 말하면서, 은산철벽을 만들어 주는 것을 공부라고 생각했습니다. 이러한 혜능 스님의 노력은 법을 말하는 사람에게 선지식이라는 권위가 필요하게 되었고 수행자들에게 믿음을 요구하게 되었으며, 불필요한 알음알이로 관심을 끌어서 공부의 장애를 초래하게 되었습니다.

이러한 중국 선종의 은산철벽 만들기 전통은 파사현정을 정당화시켰을 뿐만 아니라, 중국문화 속의 스승 숭배 사상과 결합하여 권위적인 조사 개념을 탄생시켰습니다. 특히 마음이라는 특정한 용어에서 법을 연구하고 수행을 강조한 결과, 역설과 격외를 중심으로 하는 신비적인 한계에 봉착하여 반사회적인 수행자 계급을 만들게 되었습니다.

(3) 이뭣고의 변화(은산철벽의 표현 방법 변화)

부처님의 법은 존재의 모습이 무아임을 설명하고 있지만, 무아의 상태를 추구하는 것이 아니라 무아라는 사실을 이해하는 지혜입니다. 그러나 『유마경』을 이어받은 중국의 수행자들은 무아라는 상태나 무아라는 경지 또는 무아의 입장을 추구하는 경향을 보이게 됩니다. 즉 존재에 대한 지혜를 마음의 경지로 이해하고 마음의 경지를 추구하게 된 것이 원인이 되었습니다.

① 은산철벽적 이뭣고

6조 혜능 스님은 이뭣고를 통해 은산철벽을 보이고자 하였습니다. "나에게 한 법이 있으니 이름도 없고, 모양도 없다. 있는 것도 아니며 없는 것도 아니다. 가는 것도 아니고 오는 것도 아니다. 밝은 것도 아니고, 어두운 것도 아니다. 이것이 무엇인가?"라고 질문함으로써 존재의 지혜를 보이고자 하였습니다. 이때 존재의 지혜란 하나의 입장을 떠나야 일체법을 이해할 수 있는 것을 말합니다.

이러한 혜능 스님의 질문은 법의 성격을 설명하면서 이것을 어떻게 이해해야 할 것인가를 묻고 있습니다. 남악회양 스님은 8년간 연구하여, "한 물건이라고 해도 맞지 않습니다."라고 대답했습니다. 이와 같이 혜능 스님의 이뭣고는 어떤 상태나 경지를 묻는 말이 아니라 법을 이해할 수 있도록 생각하는 길을 설명하고 질문한 것입니다.

그래서 혜능 스님의 질문에는 두 가지 모습을 언급하면서 어떤 개념이라도 한 가지만으로 설명하는 것은 옳지 않다는 것을 표현하고 있으며, 회양 스님의 답변도 그와 같이 한 가지 면으로 말할 수 있는 것이 아니라고 하였습니다. 이러한 가르침은 『금강경』의 즉비 사상이나 무유정법과 어긋나는 것은 아니었습니다.

② 작용시성적 이뭣고

마조 스님 때 시작된 작용시성적 이뭣고는 마음의 느낌을 강조하는 것입니다. 이때 마음의 느낌이란 개인의 입장에 적용되는 법의 모습을 표현하는 것이기 때문에 항상 역설을 수반하게 됩니다. "손가락 튕기는 이것이 뭣고? 부모가 낳기 전 본래 나는 뭣고? 보고 듣는 자 이뭣고? 이 몸 끌고 다니는 주인공이 뭣고?"라는 질문은 작용시성이라는 논리에서 출발하는 질문입니다.

작용시성이라는 말은 작용하는 곳에 성품이 있다는 말입니다. 그러나 성품은 작용하거나 작용하지 않거나 항상 있는 것이며, 성품을 특별한 곳에서만 느끼고 본다면 그러한 성품은 개체적이며 한계가 있을 것입니다. 이러한 작용시성이란 마음이 부처라는 개념에서 출발했지만, 체험을 느끼게 해 주기 위한 임시적인 가르침입니다.

그렇지만 어떤 수행자는 참나를 찾아야 한다고 가르치기도 하였고, 본래 자기를 찾아야 한다고 가르치는 사람도 있었습니다. 이러한 말들은 은산철벽과 별 관계 없이 그럴 듯하게 보이는 말들입니다. 또 어떤 수행자는 마음을 깨달아야 한다고 말합니다. 이렇게 다양하게 말하는 가운데 은산철벽이라는 비밀스러운 경지를 말하기도 합니다.

　그러나 이뭣고도 마치 하나의 화두처럼 전해지고 있지만, 그 내용을 본다면 두 가지 전혀 다른 면이 내재되어 있음에도 불구하고 때때로 같은 용어처럼 통용되고 있음에 주의해야 할 것입니다.

5. 은산철벽과 사량분별

(1) 은산철벽의 정의

은산철벽이란 수행하는 가운데 사물을 인식하고 일상생활은 그대로 영위하면서도 탐색 작용이나 사고 기능이 벽에 부딪친 것처럼 더 이상 진행되지 않기 때문에 발생하는 심리적 답답함을 감성적으로 표현한 말입니다. 이러한 현상은 존재의 모습과 인간 인식의 차이에서 발생합니다.

즉 존재의 모습은 하나가 아닌 복합적 구조이지만 인간은 하나의 모습으로 인식하기 때문에, 법을 보고 법을 말하면 인간의 인식은 벽에 부딪친 것처럼 막막해집니다. 그렇지만 다시 한 번 자신의 생각을 돌이켜보면 인식에 문제가 있다는 사실을 확인하면서 법을 깨닫게 되고 은산철벽은 해제되어 더 이상 벽으로 느끼지 않게 됩니다.

그래서 인간의 감각기관은 다양한 법을 보더라도 한 가지로 보고 법을 듣더라도 한 가지로 듣기 때문에 먼저 자신의 감각기관의 문제점을 이해한 다음, 법은 논리적으로 이해할 수 있게 됩니다.

그러므로 은산철벽은 논리적 접근이 가능한 사람에게 일어날 수 있는 현상입니다.

(2) 은산철벽과 사량분별

부처님의 법은 기운을 닦거나 쌓는 것이 아니라 지혜를 깨닫는 것입니다. 지혜란 사량분별의 결과입니다. 그러나 개체적 입장의 지혜를 버리게 하기 위해서 개체적 입장의 사량분별을 금지하였으나, 듣는 사람의 입장에서는 아무 생각도 해서는 안 된다고 생각하여 사량분별을 해서는 안 된다고 오해하게 되었습니다.

즉 개체적 입장의 사량분별이나 개체를 벗어난 입장의 사량분별이 다른 것은 아닙니다. 다만 논리적 체계가 달라질 뿐입니다. 직선논리에서 복합논리로 바뀐다고 할 수 있습니다. 어떤 학자는 논리를 타파한다고 표현하기도 하지만, 직선논리의 타파일 뿐입니다. 그러므로 새로운 논리 체계에 익숙해지면 다시 평범한 논리가 됩니다.

은산철벽이란 직선논리나 단순논리적 방식으로 복합적 논리나 중층적 논리를 판단하고 분석하고 이해하는 것이 불가능하기 때문에 벽처럼 느껴지는 것입니다. 그러나 은산철벽을 타파하는 체험은 은산철벽을 통해서 자신의 사고방식이 타파되고 부정되는 과정입니다. 이러한 과정을 통해서 새로운 논리에 적응하게 됩니다.

그래서 자신을 돌이켜보고 자신의 은산철벽을 발견하고자 한다면 자신에게 질문하는 것이 가장 좋은 방법입니다. 그러나 사량분별이 자유롭지 못하거나 논리가 정연하지 못할 때는 자문자답이 비논리적이며 연결이 되지 않거나 독단적이 되기 쉽습니다. 그래서 은산철벽은 다른 사람과 질문을 통해서 공부하는 것이 가장 좋은 방법입니다.

(3) 은산철벽과 삼매

은산철벽은 치열한 연구심이나 탐색의 결과로 일체저 일체시에 자꾸만 문제점을 발견하는 일이 발생하지만, 새로운 사고작용은 전혀 진행되지 않고 불가능하게 된 상태입니다. 즉 은산철벽은 날카로운 비판력과 이지력(理智力)이 벽을 만나서 허물어지는 것이 아니라 점차 주위가 원래 문제였다는 것을 발견하게 되는 것을 말합니다. 이러한 과정을 타성일편(打成一片: 두드려서 한 덩어리로 만듦)이라고 부르기도 합니다.

이러한 타성일편의 수행 모습은 삼매와 비견되기도 합니다. 삼매는 생각을 모으는 것을 말합니다. 곧 한 생각에 집중하는 것이기 때문에, 연구하거나 생각하는 것 등의 사량분별을 금지하고 고요하고 가라앉은 생각을 추구하는 것입니다. 이러한 삼매 수행의 모습에는 성성적적도 있고 고요도 있고 밝음도 있습니다.

그러나 은산철벽은 한 생각에 집중하는 것이 아니라 두 가지 상반되는 논리에 봉착하여 생각이 진행되지는 않지만, 자신은 치열하게 연구하며 탐색하는 것입니다. 즉 삼매는 대상도 고정시키고 자기 생각도 고정하려고 애쓴다면, 은산철벽은 대상이 고정된 반면 자기 생각은 치열하게 살아 움직이기 때문에 폭발력이 내재되어 있습니다.

(4) 은산철벽과 직지

은산철벽의 전과 후는 전혀 다른 모습을 띱니다. 이러한 변화를 자세히 관찰하지 못할 때는 대부분 은산철벽의 이후만 사실이며 현실이라고 생각하기 쉽습니다. 그러나 이것은 치우친 것이며 부분적인 견해입니다. 왜냐하면 은산철벽을 전후해서 생각이 변화한다고 볼 때 전과 후는 상대적이며 한 가지 생각의 두 가지 모습이기 때문입니다.

그러나 수행자가 은산철벽에 몰두할 때 어떠한 다른 생각도 할 수 없는 경우가 많습니다. 다만 답답한 이 마음을 어떻게 벗어날 것이며 이러한 복잡하고 골치 아프며 불편한 생각에 빠져서 아무 것도 볼 수 없게 됩니다. 그러다가 모든 것이 무너지면서 텅 비었다고 느끼거나 맑다고 느끼거나 깨끗하다거나 밝은 광명이 나타난다고 하는 경우가 발생합니다. 이것을 직지(直指)라고 부릅니다.

이런 것을 경계라고 부르는데 이러한 느낌은 마치 꽉 막혔던 봇물이 터지는 것처럼 느끼거나 답답하던 생각이 일시에 통하면서 시원해지기도 합니다. 또 동시에 사람마다 다양한 감정이 드러나기도 하지만 한 가지 분명한 사실은 경계가 발생하기 이전과 전혀 상반되는 느낌이라는 것입니다.

그리고 경계나 느낌 또는 체험이 진실이며 그 이전의 모든 것은 번뇌 망상이며 고통스러운 현실이라고 생각하게 되는 경우가 비일 비재합니다. 그뿐 아니라 옛 스님들의 어록이나 체험에 대해서 읽 어본 경우가 많을 때는 그런 일과 자신을 동일시하는 경우도 발생 합니다. 이러한 동일시는 첫째 발생한 현상을 돌이켜보지 못하게 되며, 둘째 자기 체험을 절대시하게 되고, 셋째 아무 생각도 하지 않게 됩니다.

IX. 조사선(中國禪)

신통제일 마하목건련

바라문족 출신으로 사리불과 친구이며 같이 출가하였다.
사리불과 더불어 부처님께 질문하는 사람에게
법을 설명하였으며, 수행을 열심히 하여 신통력이 있다는
말도 들었다. 부처님보다 3일 앞서서 열반하였다.

1. 선종의 체험

중국불교는 인도의 불교학을 대승불교라는 이름으로 수입하였습니다. 그리고 대승불교의 체험을 강조하는 전통을 이어받아서 수행불교를 만들게 됩니다. 특히 화엄 사상의 신해행증은 여래장 사상의 믿음을 기반으로 법의 이치를 이해한 다음 수많은 수행을 거쳐서 깨달음을 증득한다는 순서로 설명하는 이론입니다.

경전이 새롭게 수입될 때마다 새로운 종파가 생겨서 마침내 20개에 이르고, 또 각 종파들의 가르침들이 서로 어긋나는 일이 생길 때도 있었으므로, 수행자들은 방향을 잃기도 하고 문자의 어려움에 봉착하기도 했습니다. 이러한 문제점에 대하여 새롭게 발생한 선종은 모든 문자적 한계를 부정하면서 누구나 마음만 깨달으면 법을 통달하여 부처를 이룬다고 주장했습니다.

이때 다양한 종파들의 교학적 가르침은 방향을 설정하고 마음을 수행하면 깨달음에 이른다고 설명하였으므로, 체험적 가르침이라고 해도 경전을 근거로 하기 때문에 특별한 문제가 생겼다고 할 수 없지만, 선종은 모든 것을 부정하고 한 개인의 체험을 중시하는 수행으로 인하여 체험적 용어 사용은 많은 문제를 발생시키게 됩니다.

특히 교외별전 불립문자의 기치는 어떠한 관문이나 조건도 제시하지 않고 누구나 법을 깨달을 수 있다는 것을 강조하는 말입니다. 그러나 이러한 캐치프레이즈(선전 문구)는 수행자들에게 엉뚱한 강박관념을 갖게 만들었습니다. 즉 언어도단처라든가 사려분별 금지, 또는 논리를 떠난 직관적 이해 등의 체험적 용어는, 수행자들이 생각이나 말을 해서는 안 된다고 받아들이게 되었습니다.

인노의 선통석인 수행방식은 무릎 사이를 상소한 우파니샤느처럼 주관적 체험에 머무르던 것이었으므로, 수많은 깨달은 사람이 있었지만, 말을 통한 전법을 강조한 사실은 거의 없습니다. 오직 부처님께서 전법 수행의 가르침으로 깨달음의 일반화를 추구해 왔습니다.

선종도 깨달음의 일반화와 보편화를 지향하였으므로 수많은 경전이라는 관문을 무력화시키기 위해 불립문자 교외별전을 주장하였고 외형적으로 성공한 듯하였습니다. 그러나 내부적으로는 승가의 소통을 저해하고 독단에 빠지게 했으며, 생각을 하지 못하게 만들었을 뿐 아니라 세상의 모든 논리를 척파의 대상으로 이해하게 만들었습니다. 즉 불립문자의 주장은 다른 종파나 교학적 사상을 비판하는 데는 적합했지만, 승가 내부적으로는 분열되고 각 수행자는 독단적이 되어 대중과 점차 어울리지 못하게 되었을 뿐 아니라, 혹시 개인적으로 깨달음의 경계가 있을 때는 남의 논리를 부정하고 대화를 부정하기 때문에 독불장군이 될 수밖에 없는 결과가 되었습니다.

그 이유는 깨달음의 증득을 강조한 결과로서 체험적 용어와 논리적 용어의 혼란에서 비롯되었습니다. 체험적 용어란 객관적 용어 또는 논리적 용어에 상대되는 말로서 개인적이며 주관적인 용어를 지칭합니다. 여기서 용어의 혼란을 원인으로 드는 이유는 깨달음의 첫 경계가 개념 타파라는 일반적 정의로 생각되기 때문입니다. 즉 수행자의 첫 경계는 자신이 내면에 믿음이나 지혜의 근거가 되었던 개념이 무너지면서 발생한다고 볼 수 있습니다. 예를 들면 '부처가 무엇인가?'라는 화두의 질문으로 간시궐이라는 답변을 받았다고 가정해 봅니다. 이러한 선문답으로 인하여 수행자는 지금까지 생각했던 부처에 대한 개념들이 무너지면서, 다른 모든 개념들도 동시에 지각변동을 일으킨다고 합니다.

법을 이해하는 수행자는 개념 타파라는 표현도 맞지 않다고 할 수 있지만, 다른 사람이 들었을 때 그럴 듯하게 받아들여지기 때문에 논리적이라고 부를 수 있을 것입니다. 즉 이러한 개념의 변화는 논리나 말 또는 분별도 그러한 범주에 속한다고 할 수 있습니다. 그러므로 화두 타파의 체험을 얻은 수행자는 다른 사람의 논리나 말 또는 분별을 부정하는 경향이 있습니다. 왜냐하면 자신의 입장에서는 그러한 논리나 말 또는 분별이 무너졌기 때문입니다.

그렇지만 이렇게 개념 타파의 체험을 느낀 수행자들도 사실 각각 체험의 느낌이 다른 것이 일반적입니다. 왜냐하면 수행자들의 체험은 주관적이기 때문에 아무리 말이 비슷하다고 해도 사람마다 느끼는 것이 다를 수밖에 없기 때문입니다. 그럼에도 자신과 비슷한 용어를 쓰는 사람을 보면 서로 통한다고 생각하고 공감하며 인정하지만 각각의 화두마다 합의하는 것은 아닙니다.

그래서 이러한 차이가 생기는 이유를 수행자의 체험적 용어 사용에서 찾을 수 있습니다. 체험적 용어는 실감도 나고 현실적이며 다른 사람을 감동시킬 수도 있습니다. 그러나 객관적인 사실과는 거리가 있을 뿐 아니라, 전혀 논리적이지 않기 때문에 전달 가능성은 없다고 보는 것이 좋을 것입니다.

혹 어떤 수행자는 이심전심이라는 표현도 쓰지만, 이마저도 체험적 용어일 뿐입니다. 왜냐하면 객관석 증거를 제시할 수 없기 때문입니다. 이렇게 체험적 용어란 참으로 사실적이고 개인적 느낌이 그대로 살아 있기 때문에 현실감이 나고 다른 사람을 감동시킬 수 있음에도 불구하고, 객관성이 별로 없기 때문에, 선종에서 다른 사람을 깨닫게 만드는 것은 불가능한 일이라고 생각하게 됩니다.

또 사자상승이나 법맥 또는 선맥 등을 주장하고 말하는 수행자도 있습니다. 그렇지만 중국 선승들의 예를 본다면 조주는 한 선지식 밑에서 40년 공부하거나 위산과 앙산처럼 10년을 동거하는 이유는 그 속을 모르기 때문입니다. 그들의 대화록(어록)을 살펴보면 별 사사로운 일까지 다 물어봅니다. 왜냐하면 말하다 보면 속이 드러나기 때문이며, 믿을 수 없다는 뜻입니다. 이심전심이 있었다면 그럴 필요가 없었을 것입니다. 그래서 선가의 체험중심주의는 브레이크 없는 벤츠 꼴이 되고 말았습니다.

2. 불립문자(不立文字)

(1) 불립문자의 의미

불립문자는 두 가지 의미로 볼 수 있습니다. 하나는 문자를 세울 수 없다는 뜻이며 또 하나는 문자를 세우지 말라는 것입니다. 설명하는 방식은 존재의 법을 말하는 것이지만, 명령하는 방식은 마음의 경지를 말하는 것입니다. 표현은 한 가지로 되어 있지만, 수행자들은 행동하고 생각하는 방식으로 받아들이는 경우가 많습니다.

그래서 표현은 같아도 존재의 법을 말하는 방식은 격외적 표현이나 일반적 표현에 큰 차이가 없지만, 마음의 경지를 말하는 방식에서는 자신의 입장에 근거하여 자신의 입장을 떠나는 말을 하기 때문에, 역설적 입장이 되어 격외적 방식으로 표현하지 않을 수 없게 됩니다.

처음에는 문자의 한계를 벗어나서 누구나 소통할 수 있다는 것을 보이는 가르침이었지만, 문자의 한계를 벗어나고자 하는 노력은 문자를 부정하는 모습으로 나타나면서, 더욱더 개인적이며 독단적인 체험의 형태가 되었습니다. 또 말하는 사람의 문자는 경전을 의미했지만, 듣는 수행자의 문자는 말이나 언어표현, 생각까지 모든 것으로 받아들여지게 되었습니다.

이러한 불립문자의 의미 변화는 폐쇄적 경전 연구를 벗어나려는 시도에서 발생된 용어였으나, 법은 말로 할 수 없다는『유마경』의 영향을 받아 언어도단 심행처멸을 주장하는 데까지 확장 해석되었다가 이심전심이라는 신비적이며 비밀스러운 깨달음을 강조하는 면도 생겼습니다.

(2) 불립문자의 출처

불립문자의 출처는 불분명합니다. AD. 801년『보림전』에 등장하지만 누가 만든 용어인지 알 수 없습니다. 그렇지만 그 뜻을 헤아려 본다면 고정된 것은 없다는 '무유정법'에서 유추할 수 있을 것입니다. 그러나 법은 일체에 두루하므로, 문자에도 법은 존재할 것입니다. 그러므로 문자로 법을 설하지 못한다는 것은 보편성이 없다는 뜻이므로 법이라고 할 수 없을 것입니다.

또 일체법은 불교의 독특한 표현이라고 할 수 있습니다. 그래서 법은 일체법이므로 말 속에도 법이 있고 말 껍데기에도 역시 법이 있습니다. 말로 해서는 안 된다거나 말로 표현하면 오해가 생길 수밖에 없다거나 하는 표현 등은 법을 잘못 알거나 말로 설명하는 방법을 잘 알지 못하기 때문에 생긴 오해입니다.

그래서 깨달음이나 법은 언어를 떠난다거나 특별한 체험으로만 전해진다는 말은 이러한 일체법을 무시하고, 불법에 대한 몰이해에서 만들어진 말입니다. 불타문자(不墮文字: 문자에 떨어지지 않는다)라거나 불매경계(不昧境界) 등의 표현도 마치 문자에 떨어지지 않은 경지나 매하지 않는 경계가 있다는 오해를 받을 만한 표현입니다.

(3) 불립문자의 영향

처음 불립문자가 제시되었을 때는 누구나 깨닫고 누구나 공부할 수 있는 개방적인 가르침이라고 인식되었지만, 시간이 흐를수록 절대 책을 보면 안 되는 특수한 수행 방법으로 오해받기 시작하였습니다. 그 이유는 존재의 모습을 가리키는 말을 마음의 경지로 오해한 결과입니다. 더불어서 책의 대안으로 제시된 수행 체험이나 성품의 강조도 큰 역할을 했습니다.

① 존재의 모습과 마음의 경지

누구나 언제 어디서 보아도 찬성할 수 있고 인지할 수 있는 것을 존재의 법이라고 할 수 있지만, 한 개인의 마음의 경지로 이해하게 되면서 불립문자도 수행자가 수행하는 방식으로 받아들이게 되었습니다. 즉 수행자는 문자를 세우지 않고 또는 사용해서는 안된다는 생각으로 수행하게 되었다는 뜻입니다.

② 수행 체험의 강조

중국 수행자들은 불교를 자신들의 사상적 배경에서 이해하였으므로 불법을 순리라고 생각했습니다. 그리고 순리는 도덕이며 상식적이므로 누구나 알 수 있지만, 행동으로 옮기는 것은 어렵다고 생각하여 수행을 통한 체험을 요구하게 되었습니다. 또한 알음알이를 벗어나는 방법으로 체험 증득을 강조하면서 체험이 중시되었습니다.

③ 성품의 강조

『대승기신론』이나 『능가경』을 비롯하여 『대승열반경』까지 불성을 강조하였기 때문에, 불성을 찾고 확인하는 것을 깨달음이라고 오해하였으며, 자신의 성품을 발견하고 깨달으면 불성이라고 착각한 나머지, 남들이 알지 못하는 개인적 체험에 전력을 투구하게 되었습니다. 둘이 아닌 법을 말하더라도 체험으로 느끼지 못했으면 건혜지라고 비난받기도 하였습니다.

(4) 불립문자의 결과

불립문자를 수행방식으로 강조하고 이해하면서 선종의 수행자들은 단순하고 무지한 것을 수행자의 표상으로 삼기도 했으며, 아무 생각도 하지 않고 배고프면 밥 먹고 목마르면 물 마신다는 도가의 무위자연설(無爲自然說)을 무사한도인(無事閑道人)이라는 수행의 경지로 표현하는 일도 생겼습니다.(한산 습득)

    또한 불립문자라는 말조차 문자이므로 문자를 사용하지 말자는 문자입니다. 이러한 표현은 역설적 구조입니다. 이와 같이 불립문자는 역설을 보이고 있으며 격외의 상징이 되었습니다. 그러나 이러한 역설적 상황을 벗어날 수 있는 방법은, 불립문자의 뜻을 한 가지로 주장할 수 없다는 사실을 설명한 것이라고 이해하는 것입니다.

3. 견성성불의 출현

(1) 견성성불의 태동

중국 선종은 달마 스님의 벽관으로부터 시작됩니다. 벽관이란 안심법문으로 전해지기도 하지만, 그 내용은 심리적 벽을 가리키는 것으로 은산철벽을 의미하기도 합니다. 달마 스님의 벽관에는 마음이나 불성, 성품이라는 목표 설정은 존재하지 않았으며, 안심법문처럼 마음을 공부의 소재로 다루어도 마음을 발견한다는 말은 없었습니다.

또 2조 혜가나 3조 승찬도 어떤 새로운 깨달음이나 새로운 지식을 배우지는 않았습니다. 다만 자신의 고통을 연구하다가 잘못된 생각이 깨뜨려지면서 법을 이해할 수 있었을 뿐입니다. 그러나 벽관의 가르침에는 고통을 연구하지 않으면 안 된다는 논리적 설명이 부족하고, 체험적으로 생각의 길을 막는 것으로만 인식되었습니다.

그러나 4조 도신은 대의명분이 전혀 없는 벽관에서 절망을 느꼈습니다. 벽관을 단지 개념 타파로만 이해한 도신은, 달마선을 그럴 듯하게 보이기 위해 경전적 근거를 찾기 시작했습니다. 그리고 청정한 불성을 지키는 수일불이(守一不移)나 진여본체를 좇는 일행삼매와 마음을 의미하는 '어떤 것[一物: 한 물건]'을 제시하게 되었습니다.

당시 중국의 교학은 유식설을 비롯하여 불성론과 돈오성불론 등으로 인하여, 마음과 성품과 불성이 서로 통하는 개념으로 인식되고 있었습니다. 『화엄경』에도 "삼계는 오직 일심뿐이다. 마음 이외에 다른 법은 없다. 마음과 부처와 중생은 차별이 없다."라는 말이 있습니다. 도신은 이러한 교학에서 벽관을 발견한 것입니다.

즉 도신은 비록 벽관의 겉모습이 모든 것을 부정하고 심리적인 벽에 봉착하도록 만드는 것이기는 하지만, 그 목적은 자신의 생각이 깨뜨려지면서 성품(불성)을 발견하는 것이라고 생각했습니다. 법을 깨닫고 부처를 이루는 길이라면 당시 교학과 경전에서 마음을 지키거나 불성을 찾는다는 수행과 다르지 않다고 생각한 것입니다.

그는 한 물건(마음)을 지킨다는 수일불이의 수행과 불성을 확인하기 위해 일행삼매를 주장하게 되면서, 수행자들은 각고의 노력을 기울여 수행해야만 한다는 가르침을 펴기 시작했습니다. 이렇게 거룩한 깨달음이나 불성을 찾기 위해 피나는 노력을 강조하는 것은, 중국 수행자들의 생각에 수행자다운 모습으로 비치게 되었습니다.

이어서 5조 홍인은 한 사람의 몸 가운데 금강불성이 존재하므로 어두운 번뇌의 구름만 제거한다면 누구나 자성청정심을 찾을 수 있다고 가르치면서, 벽관의 가르침은 여래밀인이나 심인이라는 이름으로 비밀스럽게 감추게 되었습니다. 그러나 그는 도신처럼 한 물건을 말하거나 혜능처럼 없다고 말하지도 않았습니다.

이러한 노력으로 도신과 홍인의 동산 법문은 이름 없었던 달마선을 수백 명의 수행자들이 운집하여 공부하는 모습으로 변모시키는 데 성공했습니다. 그리고 마음을 살피고 성품을 보는 것이 깨달음이라고 말하기 시작하였습니다. 즉 '직지인심 견성성불'이라는 용어는 사용하지 않았지만, 내용은 갖추어졌던 것입니다.

(2) 견성성불의 출현

여래심인의 계승자로 등장한 6조 혜능은, 홍인의 당부대로 여래밀인을 강조하지 않고, 경전의 권위를 빌려 벽관을 표현하기로 했습니다. 도신이 단순하게 이해하였던 개념 타파에 문제가 있다고 생각한 혜능은, 수행 정진을 강조하던 도신의 수일불이나 일행삼매를 버렸을 뿐 아니라 한 물건을 제시하면서도 한 물건을 부정하게 됩니다.

또 여래밀인의 비밀 때문에 목숨을 잃을 뻔했던 혜능은 15년 동안 잠행하면서 깨달음의 체험을 연구하게 됩니다. 그는 여래밀인의 비밀이 더 이상 유지되어서는 안 된다고 생각했을 뿐 아니라, 벽관의 대중화를 위해『금강경』을 선택합니다.

잠행했던 혜능은 풍동번동의 전설을 계기로 다시 여래밀인의 계승자로 복귀합니다. 풍동번동이란 두 가지가 서로 연결된 것이 마치 대혜의 엉켜진 넝쿨의 비유와 같지만, 대혜는 넝쿨 두 줄기만 표현한 것과 비교해서 혜능은 심동을 추가하게 됩니다. 즉 깃발과 바람의 두 가지에 마음이라는 새로운 시각을 추가했다는 이야기입니다.

이러한 과정 끝에 드디어 혜능은『육조단경』의 내용처럼 벽관의 새로운 모습을 등장시킵니다. 그는 먼저 벽관이라고 표현하지 않고『금강경』의 반야바라밀이라고 표현하고 불성을 진여자성으로 나타내면서 모든 알음알이를 부정하고 체험을 강조하게 됩니다. 또 닦는 것이 아니라 마음을 깨달으면 부처라고 직설적으로 표현합니다.

또한 심리적 벽을 만들어 주었던 달마의 수동적이며 반문적이었던 대화방식을 버리고, 상당설법을 통한 적극적인 문제 제시의 방법을 택하게 됩니다. 여기 한 물건이 있다고 제시하는 그의 설법은 그 이후 모든 조사 선지식의 설법 표준이 되었으며, 동시에 한 물건에 머무르지 않고 '본래무일물'이라고 설하기도 했습니다.

즉 혜능의 설법방식은 앞에서 제시하고 뒤에서 부정하는 것이, 어떠한 깨달음의 정보도 손에 쥐어 주지 않는 벽관의 가르침을 그대로 보여 주는 것이었지만, 책에 기록될 때는 후학들이 혼란을 느낄 가능성이 있었습니다. 즉 지금도 혜능의 흉내를 내어서 한 물건을 부르짖는 수좌들이 많지만, 내용은 차이가 있을 것입니다.

그리고 혜능은 임종 시 제자들에게 달마나 혜가와 승찬의 벽관적 대화방식이란 36대법(상대적 양극단)으로 설명할 수 있다고 말하면서 그 목적은 중도를 표방한 것이라고 말합니다. 즉 달마의 벽관을 이어받았다는 것을 다시 한번 강조하면서 달마의 가르침이 교학과 다르지 않다는 것을 역설한 것입니다.

이렇게 혜능은 한 물건을 제시하면서 동시에 한 물건을 부정하는 방법으로 36대법을 보였지만, 어떤 것도 제시할 수 없었던 벽관적 입장을 포기하고, 중도를 제시하거나 근본 성품, 또는 불성을 확인하는 것이 깨달음이라고 설정하였습니다. 이것은 36대법을 선택적으로 적용하여, 중도나 성품 또는 불성은 제외시켰던 결과였습니다. 이것이 후세에 견성성불이라는 이론의 시작이었습니다.

4. 견성성불의 변화

(1) 견성성불의 변화

선종 4조 도신은 교학의 불성 사상을 선종에 처음으로 도입하여 견성(불성을 보는 것)을 주장하게 되었습니다. 이후 견성은 성불과 연계되어 선종에 있어서 깨달음의 모델이 되었습니다. 즉 도신은 벽관의 깨달음의 결과를 불성이라고 이해했으므로, 벽관의 가르침과 불성을 발견하고 깨닫는 것은 다르지 않다고 생각했습니다.

도신에 있어서 불성이란 자신에게 내재된 것을 확인하면 되는 것이므로, 다른 곳으로 눈 돌리지 말라는 수일불이의 수행을 강조했으며, 누구나 집중적으로 수행한다면 불성을 발견할 수 있을 것이라는 생각에 일행삼매를 주장하였을 뿐 아니라, 처음부터 한 물건이라고 생각하고 방향을 잡으면 더욱 쉽게 공부할 것이라고 말하고 있습니다.

또 도신은 불성을 깨달으려면 수일불이나 일행삼매의 수행이면 가능하다고 생각했기 때문에 구태여 벽관이나 벽관적 대화를 강조할 필요가 없었으며, 오히려 은산철벽처럼 꽉 막히게 되는 벽관적 대화를 강조하여 모든 것을 포기하고 버려야 한다고 설명한다면 공부할 사람이 없을 것이라고 생각하여, 벽관을 여래밀인이라는 이름으로 비밀에 붙이게 됩니다.

그래서 도신의 한 물건이나 불성 또는 성품에 대한 입장은, 추구해야 할 대상으로서 또는 수행하는 방법을 제시하는 목표적 개념으로 한 물건을 설정하고 있으므로, 미리 개념을 이해하고 있거나 알고 있는 입장입니다. 그렇지만 혜능에 있어서 한 물건은 깨닫지 못한 사람이 알 수 있는 것이 아닐뿐너러 안다고 밀하면 알음알이라고 비난하게 됩니다.

도신의 한 물건은 단순개념으로 불성 또는 성품일 뿐입니다. 그러나 혜능의 한 물건은 우주를 포함하는 동시에 겨자씨에도 들어간다고 설명하는 것처럼 깨닫지 못한 사람으로서 이해할 수 있는 것이 아닙니다. 그래서 혜능은 한 물건을 화두화시켜서 자신을 바라보고 자신을 깨닫게 만드는 수행의 방법으로 제시하고 있습니다.

그리고 도신은 선종에서 깨닫기 전에 이미 교학적 기반이 튼튼하였으므로, 성불에 대한 언급을 할 필요는 없었습니다. 그렇지만 혜능은 도신과 비교했을 때 학문적이나 교학적 기반이 전혀 없었으므로, 성불에 대하여 별로 특별하게 표현한 일은 없었습니다. 다만 부처의 성격이 특별한 것은 아니라는 입장이었습니다.

그래서 쉽게 견성이 성불이라고 설정할 수 있었던 것입니다. 물론 교학적으로 승랑이 지은 『열반경집해』(AD 509)에 견성성불이라는 말이 나오지만, 『육조단경』「반야품」에 있는 혜능의 주장으로 크게 유행하였던 것입니다. 혜능은 견성성불을 특별한 것이 아니라고 말하고자 했지만, 수행자들에게 있어서 견성성불은 오히려 빨리 특별한 존재가 될 수 있다는 뜻으로 받아들여지는 면도 있었습니다.

(2) 이뭣고 화두의 출현

중국 선종에서 견성과 성불이 연결되면서 견성성불의 사상은 수행의 방법이면서 수행의 목표가 되기도 했습니다. 수행의 방법이 되었다는 것은 이뭣고(시심마) 화두 출현의 계기가 되었을 뿐 아니라, 마조의 역할로 인하여 작용시성이라는 용어가 탄생하여 대부분의 격외문구의 내용을 이루기도 하였습니다.

작용시성이라는 가르침은 눈깜박임, 주먹질과 몽둥이질(방), 고함(할) 등으로 표현되면서, 말을 막고 체험을 강요하는 형식이 출현하게 되었습니다. 작용시성은 임제에 이르러 작용즉성으로 표현되기도 하였고 무위진인이라는 용어까지 등장하게 되었지만, 같은 말을 차후에 다른 수행자가 질문할 때는 부정하기도 했습니다.

수행의 목표가 되었다는 것은 성불을 견성으로 설정하면서 심우도(십우도)가 출현하여, 기존의 붓다라는 이미지는 사라지고 반본환원 입전수수(근본으로 돌아가서 시내로 들어간다)한다는 중국식 붓다가 설정되었습니다. 또 도불용수 단막오염은 마치 오염되지 않는 상태로 오해받을 뿐 아니라 한산 습득과 포대 화상을 깨달은 도인의 상징으로 보여 주기도 하였고, 방거사처럼 일가족이 깨달는다는 설정도 있었습니다.

(3) 견성성불의 결과

견성성불 사상은 이뭣고 화두의 출현에서 비롯하여 중국식 선종의 다양한 모습(격외문구)을 가져왔으며, 각종 알음알이의 원인이 되어 선종 멸망의 씨앗이 되고 말았습니다. 그럼에도 불구하고 견성성불은 지금도 많은 수행자들의 뇌리를 떠나지 않고 잡을 수 없는 성품이나 불성을 구하고 있습니다.

마치 인도불교가 『유마경』으로 인하여 그 성격이 결정되어진 것처럼 중국 선종도 『육조단경』으로 인하여 그 성격이 결정짓게 되었습니다. 그리고 『중론』이 편집된 다음 크게 번성했다가 밀교가 되어 사그라진 것처럼, 중국 선종도 『육조단경』이 편집된 다음 선종의 황금시대를 거쳤다가 간화선이 된 다음 세력을 잃고 말았습니다.

견성의 문제는 이뭣고에서 비롯하였고, 성불의 문제는 도불용수에서 비롯되었다고 할 수 있습니다. 즉 이뭣고는 알음알이가 내재된 화두이므로 벽관과 배치되기 쉬운 것이며, 도불용수는 닦아서 이루는 것이 아니라는 것을 강조한 말이었지만, 본래 없다는 공사상과 법신이나 무위 사상에 물들면서 무사한도인을 부처라고 오해하는 일도 생겼습니다.

5. 즉심시불(卽心是佛)

(1) 즉심시불의 출처

달마 스님은 벽관을 보였습니다. 벽관이란 은산철벽으로 설명할 수 있습니다. 혜가 스님은 안심을 물었으나 은산철벽에 부딪치고 자신의 안심을 버릴 수밖에 없었으며, 승찬 스님도 죄의 속성을 물었다가 죄에 대한 자신의 생각을 포기하게 되었습니다. 이러한 은산철벽은 벽관이라는 이름으로 전해오다가 도신 스님에 이르러 불성이라는 교학사상에 물들게 되었습니다.

4조 도신 스님은 승찬 스님의 가르침에서 은산철벽을 느꼈습니다. 그는 답답한 은산철벽을 회피하기 위해, 교학에서 불성 사상을 도입하여 벽관(은산철벽)의 내용이 불성을 발견하는 것이라고 생각하게 되었습니다. 그리고 불성을 벽관식으로 표현하면서 새로운 방향으로 벽관을 가르친다고 생각하였습니다.

불성을 벽관식으로 표현했다는 말은 이름 붙일 수도 없고 말로할 수도 없지만 말할 수 없는 무엇인가가 있어서, 이 몸을 움직일 때마다 표현되는 것으로 보는 것입니다. 그래서 도신 스님은 벽관식으로 표현된 불성을 한 물건이라고 이름 붙이고, 수일불이나 일행삼매로 일념 정진할 것을 촉구하였습니다. 이러한 시각은 홍인 스님에게 이어져 본래청정심으로 표현되었습니다.

6조 혜능 스님은 도신 스님의 용어를 이어받았으나, 불성을 벽관식으로 표현하는 것보다 양면적인 두 가지 극단적 표현을 부정함으로써 듣는 사람의 생각이 벽에 부딪쳤을 때, 이것이 무엇인가를 질문함으로써 은산철벽으로 유도하는 것입니다. 즉 있는 것도 아니고 없는 것도 아니며, 말할 수 있는 것도 아니고 말할 수 없는 것도 아니라는 표현처럼 상반되는 두 가지 모습을 동시에 표현함으로써 생각의 길을 막고 은산철벽을 보이고자 하였습니다.

이렇게 불성에서 시작된 교학적 시각은 자성이 불성이며 자성이 부처라고 하다가, 드디어 마조 스님에 이르러 마음이 그대로 부처라고 공언하게 되었습니다. 이러한 마조 스님의 입장은 도신 스님의 일물(불성의 벽관적 표현)에 대한 체험을 주장하는 데 불과하였으나, 교학의 한계에 부딪친 중국 수행자들은 마조 스님의 즉심시불을 듣고 모든 법을 마음이라는 입장에서 통일적으로 이해할 수 있게 되었습니다.

(2) 은산철벽 타파의 경계

달마 스님의 은산철벽은 승의제이거나 안심이거나 죄의 성품을 막론하고 은산철벽일 뿐입니다. 어떠한 경계나 느낌이나 깨달음처럼 보이더라도 그것은 특정한 한 경계의 모습입니다. 은산철벽의 답답함이 은산철벽에 있는 줄 알지만, 사실은 자신에게 있기 때문에, 은산철벽이 타파되는 것이 아니라 자신의 시각이 타파됨으로써 은산철벽이 바르게 보이는 것입니다.

도신 스님이나 혜능 스님 등이 깨달았거나 느꼈던 경계들은 다만 경계임에도 불구하고 그 경계를, "있지만 말로 표현할 수 없다"거나 성품이라거나 본체 또는 마음자리라고 말하는 경우도 있습니다. 맑거나 밝거나 텅 비었거나 일체에 두루하거나 어떤 종류의 느낌이라도 주관적일 뿐입니다. 그럼에도 불구하고 청정한 성품이나 바탕이나 마음자리라고 인정하고 믿는다는 것은 참으로 어리석은 일이 될 것입니다.

이러한 경계가 수행으로 계속 나타날 수 있다는 생각을 가지고, 본래청정심이므로 다만 오염시키지 않으면 된다고 하든가[但莫汚染], 원래 청정한데 굳이 수행을 필요로 하지 않는다[道不用修]는 등의 주장을 하는 것을 참선이라고 생각한 것이 마조 스님의 조사선 수행이 되었던 것입니다.

(3) 즉심시불의 비판

① 마음이 부처라는 말에서, 마음은 우리가 알고 있는 마음이 아닙니다. 그래서 듣는 사람이 오해하기 쉬운 말입니다. 즉 속이는 말이며 그럴 듯한 말입니다. 즉심시불이라고 말해놓고 다시 마음이나 부처라고 이름 붙일 수 없다는 조건을 달게 됩니다.

② 마음이 부처라는 말로 인하여 수행자들은 자신의 마음만 살피면 된다고 착각하여, 일체 외경을 멀리하고 마음만 국집하게 됩니다. 이러한 가르침은 전법이나 인과를 무시하고 나만 알고 착한 마음만 먹으면 되는 이상에 빠지는 결과를 낳았습니다.

③ 마음이 부처라고 밝힌 다음, 마음을 찾으라거나 마음을 깨달으라고 강조하는 가르침이기 때문에 수행자는 본인이 알고 있는지 모르고 있는지 알 수 없게 되었습니다. 또 불성을 믿어야 한다는 소선 때문에 마음이나 불성을 믿어야 한다고 생각하면서, 다시 마음을 의심하고 찾아야 하므로 믿음과 의심 사이에서 혼란을 느끼게 되었습니다.

④ 가르치는 사람도 불성에 대한 믿음을 강조하면서 자신을 의심하고 살피라고 해야 했기 때문에, 강조할 수 있는 것은 체험뿐이었습니다. 그러나 체험이란 말로 할 수 없었기 때문에 깨달았다고 주장하거나 눈치를 챘다고 하는 사람이 수없이 많았지만, 검사할 수 있는 시스템은 없었습니다.(예: 대매법상)

⑤ 체험이기 때문에 말로 할 수 없는지, 아니면 체험의 내용을 말로 하면 맞지 않기 때문에 말로 할 수 없는지, 아니면 법은 말로 하면 모순이 되기 때문에 말로 하면 안 되는지에 대한 어떠한 분석이나 질문도 없었습니다.

⑥ 평상심과 조작심은 나눌 수 없습니다. 그러나 마조 스님은 조작심을 부정하기 위해 평상심을 말하고 있습니다. 그렇지만 조작심을 벗어난 평상심은 존재할 수 없습니다. 마치 마음 외에 부처가 없다고 하는 것과 같습니다.

(4) 즉심시불의 영향, 작용시성

마음이 부처라는 즉심시불은 마음의 견문각지 작용을 중시하여 보고 듣고 말하고 움직이는 일상의 모든 행위가 그대로 성품이라는 작용시성(作用是性)의 사상을 만들게 되었습니다. 그리고 마음이 부처라고 할 때 어떤 마음이냐고 질문받을 때 평상심시도(平常心是道)라고 대답하였습니다. 평상심은 무사한도인으로 오해받기도 했습니다.

또 작용시성으로 인하여 발생하였던 일 가운데 가장 큰 영향을 끼친 것은 방할로 표현되는 격외문답이었습니다. 격외문답은 역설의 중국적 표현이었지만, 혁신적이고 충격적이었으며 독보적인 면이 있었던 반면에 독단적일 수밖에 없는 한계를 갖고 있었으므로 현대 한국불교에서 발생한 심각한 딜레마의 결정적 원인이 되었습니다.

6. 작용시성(作用是性)

(1) 작용시성(作用是性)의 의미

마조어록에 최초로 등장하고 있는 작용시성은 작용이 성품이라는 말입니다. 마조 스님의 가르침에서 작용이란 불성의 다른 표현입니다. 그래서 마조 스님은 작용에서 깨달음을 보이려고 애를 썼고, 인간의 입장에서 보는 작용의 의미가 다르겠지만, 그런 의미와 아무 상관 없이 견문각지라는 작용 그 자체를 법이라고 가르쳤습니다.

후세 학자들이 격외법이라고 부르는 내용은 다수가 이러한 생각에서 이루어졌습니다. 예를 들면 주장자를 잡거나 몸을 내미는 것 또는 주먹을 내밀거나 발로 차는 것 등이 사람의 입장에서는 한 동작마다 다른 의미가 있음에도 불구하고, 마조 스님은 작용하는 그 자체가 불성의 작용이며 법이라고 말했다는 것입니다.

그리고 그런 사실을 눈치채거나 깜짝 느끼는 순간에는 그것을 깨달음이라고 부르기도 했습니다. 이런 입장은 달마의 벽관이나 혜가 또는 승찬의 깨달음과는 내용상 전혀 같은 점이 없을 뿐 아니라, 고통의 해결과 큰 관련이 없었음에도 불구하고, 교학적인 논리를 통일적으로 이해할 수 있다는 점에 있어서 큰 환영을 받게 되었습니다.

마조 스님은 이렇게 단순하면서도 직접적인 체험을 느끼게 해줄 수 있었다는 점에서 중국 선종 역사상 가장 큰 환영을 받았다고 할 수 있으며, 조사선의 창시자로 불리기도 하였습니다. 그러나 마조 스님의 깨달은 기연은 무엇을 깨달았는지 그렇게 뚜렷하지 않으며, 단지 공부의 중심이 마음에 있다는 것을 깨달은 것으로 추정됩니다.

(2) 격외문답(格外問答)의 발생

이러한 마조 스님의 가르침은 즉심시불처럼 마음을 중심으로 전개되고 있지만, 마조 스님의 마음은 중생심이라는 표현보다 견문각지의 모든 작용이 불성이며 마음이라고 표현하고 있습니다. 그리고 이러한 불성을 느끼게 하거나 특별한 마음을 알아차리도록 하기 위해, 마조는 일상적 대화와 다른 방식의 질문을 구사하기 시작하였습니다.

즉 우리가 겉으로 보기에 고개를 돌리거나 몸을 내미는 동작을 할 때, 마조 스님은 그 동작을 하는 순간에 우리의 마음이나 생각이 작용한다는 것을 인식시키고자 하였습니다. 그리고 그것을 마음이나 불성을 체험하는 것이라고 하였습니다. 또 불성이 무엇이냐고 묻는다면 주장자를 쿵 치면서 이런 동작하는 가운데 불성이 있다고 생각한다는 것입니다.

이러한 종류의 질문과 답변은 상대방이 마음이나 불성을 잘 인식하고 있는지 시험하는 방법으로 이루어졌습니다. 예를 들자면 도신 스님은 우두법융 스님을 찾아갔다가 호랑이가 있었다는 말을 듣고 짐짓 "아이고 무서워."라고 합니다. 우두법융 스님은 법을 깨달은 큰스님도 무서움이 있느냐고 물었는데, 도신 스님은 "아이고 무서워."라는 동작과 말로써 불성을 보였다고 표현한다는 것입니다.

이와 같이 『벽암록』에는 설두중현 스님이 암자에서 몸을 내밀면서 "이것이 무엇인가?"라고 물었다고 합니다. 또 부처가 무엇이냐고 묻는 질문에 손가락을 하나 세우면서 답변했다는 수행자도 있었습니다. 그러나 동자가 이것을 흉내 내어 답변하는 것을 보고 손가락을 잘라놓고 "부처가 무엇이냐?"고 질문한 적도 있었습니다.

이런 종류의 질문에서 어떤 특별함을 느끼거나 임제 스님처럼 그것밖에 없느냐고 큰 소리 치는 수행자도 있었지만, 말만 배워서 얼마든지 흉내 낼 수 있는 면도 있었습니다. 그뿐 아니라 송나라 이후 인쇄문화가 발달하면서 너도나도 격외 문구를 가르치고 배우면서, 그런 것이 불성을 이해하는 길이며 참선이며 공부라고 생각하기도 했습니다.

이렇게 멋있는 말장난처럼 흉내 내는 사람이 많아지면서 이러한 가르침은 점차 의미를 잃어가기 시작했습니다. 이에 오조법연 스님이나 대혜 스님은 체험을 하지 않고 말만 쫓아가는 수행풍토를 고치기 위해 무자화두로써 은산철벽을 만들어야 한다거나 공안을 질문하는 방향으로 가르침을 변화시키면서 간화선이라고 부르기도 했습니다.

(3) 작용시성(作用是性)의 문제점

마조 스님의 평상심은 조작심을 경계하기 위해 만든 말이었지만, 평상심과 조작심은 둘이 아니기 때문에 두 가지를 구분할 수 있는 방법은 없었습니다. 또 오염되지 않는 어떤 것이 있다는 것을 의미하면서 이름 붙일 수 없다고 말했지만, 무사선이라는 이름의 가르침은 사람들을 어리석게 만들고 노숙자를 도인이라고 생각하기도 했습니다.

또 불성은 일체에 두루하므로 작용이 있는 곳과 없는 곳이 모두 불성인데, 작용시성이라는 말처럼 불성을 구별할 수 있고 느낄 수 있다는 것은 모순이며 착각일 뿐입니다. 또 느낌이란 상대적일 뿐 아니라 항상한 것이 아니므로, 시간이 지나면 기억 속에 남아 있을 뿐입니다.

그럼에도 이러한 느낌과 체험적인 기억을 기반으로 법을 설명하면서 다른 사람의 비판을 피하고자, 말할 수 없다거나 알 수 있는 것이 아니라거나 분별심을 떠나야 한다는 등의 이론들을 동원하여 추상적인 믿음을 이끌어냈으므로 믿는 사람에게는 효과가 있었겠지만, 대중적이 아니므로 멸망할 수밖에 없었을 것입니다.

또 오염되지 않는 어떤 것이 있다는 의미는 무사한도인을 만들기도 하였고 도불용수나 조작심을 경계하는 평상심을 강조하기도 하였지만, 자신의 체험을 근거로 하면서 그러한 체험의 발생 체계나 원인에 대해서 무지한 점에 있어서는 5가 7종이 조금도 다르지 않았을 뿐 아니라 일률적으로 말할 수 없다는 입장에 서 있었습니다.

그래서 현대 한국불교의 가장 큰 문제는 이러한 추상적이고 신비적인 중국 선종을 비판 없이 믿는 데 있습니다. 그뿐 아니라 자신이 간화선이라고 주장하는 무리들이나 자신이 임제종의 후예라고 믿는 무리늘은 비슷한 신비성과 추상성의 문제를 해결하지도 못하면서도 같은 유파라고 주장하고 있습니다.

7. 조사선(祖師禪)

(1) 조사선의 의미

참선이란 자신의 고통을 연구함으로써 법을 깨닫는 수행입니다. 달마 스님은 벽관이라고 표현했고 후세의 수행자는 여래선이라고 말하기도 했습니다. 조사선이란 향엄 스님이 법을 깨닫는 과정에서 앙산혜적 스님이 언급한 용어로서 불성을 깨닫는 것을 공부라고 생각하는 중국 수행자의 입장을 강조하고자 새로 만들어진 말입니다.

여래선은 어떤 것도 믿지 말고 의심하면 일체법을 깨닫게 되지만, 조사선은 불성을 믿지 않으면 공부가 되지 않습니다. 또 여래선은 은산철벽 이전의 소식만 표현하므로 일상의 사소함을 문제삼지만, 조사선은 은산철벽 이후의 소식만 표현하므로 다양함은 5가 7종을 만들고 막막함은 증득을 강조하면서 격외를 일상으로 삼게 되었습니다.

(2) 조사선의 유래

　마조 스님은 혜능의 은산철벽적 한 물건에 반하는 작용시성적 한 물건을 설정하여 이름 붙일 수 없는 불성을 설명하고자 했습니다. 그리고 작용에서 불성이 표현되는 것을 발견하면 깨닫는다고 생각하여 작용시성(작용즉성)이라는 새로운 깨달음을 제시했습니다. 이것은 달마의 벽관도 아니고 혜능의 은산철벽적 한 물건도 아니었습니다.

　왜냐하면 어떠한 것도 제시하지 않았던 달마 스님과 혜능 스님과 달리 마조 스님은 즉심시불이라든가 평상심과 같이 알음알이를 제시했습니다. 그렇지만 마조 스님은 중국 불교학의 혼란 속에서 성품이라는 뚜렷한 경계를 느끼는 것을 보여 줌으로써, 수많은 수행자들에 새로운 깨달음을 제시했으므로 이러한 경향을 조사선이라고 불렀습니다.

(3) 임제의 선

　그러나 마조 스님의 사후 보고 듣는 모든 것(견문각지)이 번뇌라는 비판이 대두함으로써, 황벽 스님은 『전심법요』에서 무심이라는 상태를 제안하게 되었고, 임제 스님은 이를 이어받아서 작용시성을 작용즉성이라고 고쳐 부르고 무심을 주장하게 되었습니다. 그리고 무심을 무위진인이라든가 참사람 또는 주인공이라고 강조하였습니다.

즉 임제 스님은 일체에 두루한 불성의 개념을 주인공이나 참사람 등의 개체적 개념을 동원하여 표현하면서, 동시에 시방에 관통하며 삼계에 자재하는 존재라고 묘사함으로써 마치 개체를 벗어난 듯한 상반된 표현으로 청자의 개념을 혼란스럽게 하거나, 세상 사람을 모두 죽인다는 표현을 쓰면서 어떤 질문에도 방할로 답변하였습니다.

이러한 임제 스님의 탈개념화 주장은 다른 모든 것을 버리고 부정하는 데는 효과적이었으나, 자신의 입장을 버리고 떠나는 것을 언급하기는 어려웠으므로 격외를 강조하게 되었습니다. 모든 것을 부정하고 버리는 것을 강조하면서 격외문답까지 동원하였으나, 마지막 남은 자신의 체험은 임제 스님의 유일한 티끌이 되고 말았습니다.

그뿐 아니라 '방할(榜喝)' '삼현삼요(三玄三要)' '사빈주(四賓主)' '사료간(四料簡)' '사조용(四照用)' 등의 용어들은 신해증(믿음, 이해, 체험)의 순서나 체상용 등의 교학적 용어를 차용하여, 마치 경지나 단계가 있는 것처럼 구분해 놓았습니다. 그렇지만 깨달음과 깨닫지 않음이 둘이 아니므로 이러한 단계들은 허망한 말이 될 것입니다.

그리고 임제 스님의 사후에 편집된 임제록의 내용은 ① 개념과 언어로부터의 해방(不立文字)이며, ② 주체적인 삶이라고 할 수 있지만, 주체적인 삶과 탈개념은 서로 모순되기 때문에, 격외를 말하면서 체험을 강조할 수밖에 없었던 것이 임제 스님의 입장이었습니다. 또 임제 스님의 격외는 수많은 알음알이의 산실이었으므로, 대혜 스님은 작용즉성의 입장을 포기하고 공안 참구를 중심으로 하는 간화선을 창안하게 되었습니다.

(4) 5가 7종의 출현

달마 스님은 벽관을 보여 법을 전하였으니, 깨달음의 내용은 은산철벽이라고 할 수 있습니다. 그러나 도신 스님의 역할로 인하여 불성을 확인하고 불성을 느끼며 불성을 체험하는 것이 깨달음으로 오해되면서, 혜능 스님의 사후 불성을 표현하는 방식과 불성을 은산철벽적으로 제시하는 방법의 차이로 5가지 가풍이 생겼습니다.

첫째, 위앙종은 말할 수도 없고 말을 하지 않을 수도 없다고 하면서, 원상을 그리고 들어가도 30방 나와도 30방 중간도 30방이라는 질문을 제시하였습니다. 즉 말을 막고 생각을 막아야 깨닫는다고 생각했습니다.

둘째, 임제종은 임제 스님처럼 방과 할을 위주로 불성을 표현하는 가풍입니다.

셋째, 조동종은 동산수상행이나 우물이 나귀를 본다는 등의 반어법으로 불성을 보였습니다. 이후 무사선을 근거로 법이 원래 존재한다는 묵조선이 되었습니다.

넷째, 운문종은 어떤 질문을 받아도 의미 있는 한 글자로 답변했습니다.

다섯째, 법안종은 유식과 연계시켜서 법을 설명했습니다.

여섯째, 황룡파는 임제 스님처럼 작용즉성으로 문답하였습니다.

　일곱째, 양기파는 임제 스님의 작용즉성을 버리고 공안 참구를 모범으로 삼았습니다.

　이와 같이 5가 7종은 어느 가풍을 막론하고 불성을 표현한다는 데 주안점을 두고 있습니다. 즉 불성은 가설임에도 불구하고 돌이켜보는 사람은 없었습니다. 그래서 이러한 추상적인 5가 7종은 점차 대중들의 외면을 받게 되었습니다. 또 간화선도 대혜의 가르침이 변화하여 무문이나 고봉처럼 분심을 강요하는 방식이 되고 말았습니다.

　이것은 조사선의 발생 기반인 도신의 불성에서 비롯하는 믿음의 강조에 원인이 있습니다. 불성과 관련된 수행과 교학은 불성에 대한 믿음이 없다면 성립될 수 없기 때문입니다. 또 분별을 금지하는 것은 수행자가 깨달음을 추구하지 못하게 되는 원인이 되었습니다. 그리고 체험을 중시하는 경향은 모든 것을 버리고 남은 자신의 개인적 느낌만을 추구하게 되는 원인이 되었으며, 자기의 느낌만 남게 되므로 독단적인 수행자가 되고 말았으니, 이것이 조사선의 특징이며 조사선 멸망의 원인이 되었습니다.

8. 간화선(看話禪)

(1) 간화선의 출현

중국 선종은 달마의 벽관이라는 이름으로 시작되었으나, 4조 도신의 착각으로 불성을 확인하는 것이 법을 깨닫는 것이라고 오해하게 되었습니다. 이러한 도신의 이해를 바탕으로 한 마조의 작용시성으로 인하여 중국 선종은 조사선이라는 이름을 띠게 되었고, 불성이라는 개념으로 인한 알음알이가 시작되었습니다.

송대 인쇄술의 발달로 등장한 수많은 어록들로 인하여, 작용즉성에서 비롯한 격외문구와 선문답을 주고받으면서 불성으로 인한 알음알이를 공부하는 것을 문자선이라고 합니다. 오조법연은 이런 풍조를 비판하고 어떠한 알음알이도 부정하기 위하여 무자화두를 새롭게 설정하여 수행자들을 은산철벽으로 인도하고자 하였습니다.

무자화두는 "일체중생이 다 불성이 있다는데 개에게도 불성이 있습니까?"라는 질문에 대하여 "없다."라고 대답한 것을 의심하는 것입니다. 오조법연은 "없다"라는 말만 의심하면 된다(單題)고 제시하였고, 이것을 단제참구(單題參句)라고 합니다. 반면에 전체 질문을 모두 생각하면서 그 뜻을 의심하는 것을 전제참의(全題參意)라고 하는데 오조법연은 이것을 부정합니다.

이때 참구는 작용즉성의 의도가 있으므로 따지거나 연구하는 것이 아니라는 것을 보이는 것이 목적이지만, 참의는 질문과 답변의 두 가지 생각의 모순에서 발생하는 충돌에서 생각이 막히는 은산철벽이 생깁니다. 즉 참구는 조사선의 작용즉성의 입장을 이어받았지만, 알음알이를 벗어나기 위해 억지로 말과 생각을 부정하는 노력이었습니다.

또한 법연을 이어받은 제자 원오극근은 수많은 어록에서 발생하는 공안들을 새롭게 편집하여 벽암록을 작성함으로써 생각의 벽을 보이고자 하였으나, 알음알이를 막지 못하고 도리어 문자선의 새로운 지침서가 되었을 뿐입니다.

이에 원오의 제자 대혜종고는 원오의 공안집(벽암록)이 알음알이를 벗어나는 데 실패하였다고 생각하여 불에 던져버리고, 수많은 공안보다 무자화라는 하나의 화두에 의지하면서, 수행자들에게 스스로 자신에게 화두를 자문하면서 참구할 것을 강조하였더니 더 이상 알음알이에 의지하지 않고 잘 수행하게 되었다고 자평하고 있습니다.

이때 간화란 기존의 화두수행의 전제참의(全提參意)를 부정하고, 단제참구(單提參句)를 주장함으로써 작용즉성을 계승하고 알음알이를 벗어나는 방법을 채택한 것입니다. 말[句]만 바라보는 방식이기 때문에 볼 간(看) 자를 써서 간화라고 불렀습니다.

그러나 이러한 단제참구의 약점은 의심이 일어나지 않는다는 것입니다. 그래서 대혜는 번뇌가 일어날 때마다 화두를 드는 수행을 강조하여 의심이 우러나기를 기대하였지만, 이러한 시도는 무문관에서 분심으로 변질되고 말았습니다.

(2) 간화선의 변천

대혜의 간화선은 불성에 대한 믿음의 바탕 위에서 의심을 강조하였으나, 분심을 강조한 일은 없었습니다. 단지 번뇌가 일어날 때 한 번씩 화두를 잡아보라고 할 정도였습니다. 즉 깨닫기를 구한다면 조작지심으로 인하여 법을 알 수 없기 때문에, 우러나오는 마음으로 화두가 잡히고 의심이 일어날 때까지 조금씩 생각해 보라고 합니다.

그러나 100년 정도 지나서 무문혜개(『무문관』 편집자)와 고봉원묘(『선요』 편집자)와 몽산덕이(좌선 강조)에 이르면 새로운 간화선을 주장하게 됩니다. 그들은 대혜의 걱정이던 조작지심을 무시하고 분심을 강조하여 체험 증득을 목표로 수행하게 되었으며, 인가를 강조하고 법맥을 주장하기 시작했습니다.

이렇게 생각을 바꿀 수 있는 선문답을 멀리하고 개인적 체험만 중시하면서 죽기 살기로 수행하는 것을 강조하는 것은 대혜의 뜻과 거리가 멀었지만, 이와 유사한 수행자상은 이후 운서주굉(16C)의 『선관책진』에서도 드러나고 있으며, 오늘날 많은 사람들이 생각하는 참선의 모습을 이루게 되었습니다.

(3) 간화선의 문제점

간화선은 조사선의 연장선상에 있습니다. 그러므로 불성에서 비롯된 조사선의 문제점을 그대로 내포하고 있습니다. 이러한 간화선의 문제점은 ① 불성을 추구하는 것 ② 작용즉성의 문제점을 그대로 계승한 단제참구 ③ 본래무일물로 인한 인과부정이라는 오해 ④ 무사선은 인간의 시각으로 조작된 법의 모습으로 지적해 볼 수 있습니다.

첫째, 조사선의 특징이자 중국 선종의 특징인 불성 개념은 가설이었으므로 은산철벽의 가장 큰 장애였습니다. 그럼에도 불구하고 불성에서 비롯한 일심으로 회통하는 교학과 마찬가지로, 불성에서 비롯한 한 물건으로 회통하는 선종을 형성하였습니다.

둘째, 무자화의 단제참구라는 새로운 수행을 제시하여 알음알이를 극복하려고 노력했으나, 불성에 대한 믿음이 알음알이의 원인임은 알지 못했습니다.

셋째, 인도불교가 법에 몸 개념을 붙여 의인화 작업을 했다면, 중국불교는 일체에 두루한 불성조차 개체화하여 개인적인 느낌으로 불성을 이해하고자 하였습니다. 이러한 현상은 선종에 있어서도 예외는 아니었습니다.

공(空) 개념은 본래무일물이나 은산철벽과 같은 개인적인 체험으로 표현되었고 불성은 자성청정심으로, 또 역설은 격외문답이라는 이름으로 표현되었습니다. 이러한 개체화 작업의 결과는 논리적 용어를 체험적 용어로 이해하게 되었고, 지혜를 경지로 이해하게 되었으므로, 개체적 입장에서 인과를 설명할 수 있는 방법은 없었습니다.

넷째, 항상한 법의 모습을 인간의 시각에서, 인간의 언어로 이해하고자 할 때 무사선이라는 개념이 발생하였습니다. 인간의 시각은 원근법적으로 이루어져 있으므로 어디서나 항상하고 원래부터 존재한다는 개념은 있을 수 없는 말이기 때문입니다.

9. 격외문답의 설정과 논리

격외문답은 중국 조사선의 전통입니다. 이것은 4조 도신 이래로 1400여 년을 전해져 내려오고 있습니다. 그러나 '교외별전 불립문자 직지인심 견성성불'의 기치를 걸고 평범하고 일상적인 곳에서 부처님의 가르침을 공부하고자 하는 좋은 의도가 있었던 반면, 남이 이해할 수 없는 격외문답을 종취로 삼아 주장함으로써 점차 대중을 벗어나 신비적인 모습을 보이고 있습니다.

이러한 격외문답의 내용을 분석하는 이유는 수행자들로 하여금 옛 조사스님네의 뜻을 이어받고 형식적인 문답을 벗어나 바른 수행을 할 수 있도록 하고 비판력을 갖추게 하여 글귀마다 의문을 일으켜 일체처에서 화두를 발견할 수 있도록 하기 위함입니다.

(1) 격외문답이란 무엇인가?

격외문답이란 법을 토론하고 이해하는 데 있어서 기존의 형식을 벗어나는 것을 말합니다. 보통 대화는 대화하는 사람이 공통된 언어와 개념을 사용하여 자신들의 뜻을 교류합니다. 그러나 격외문답이란 선지식이 수행자가 가진 언어와 개념의 한계와 모순을 지적하면서, 겉으로는 대화의 형식이지만 내면적으로는 서로 다른 말을 하는 것입니다.

대등한 입장에서 격외문답을 할 수도 있지만, 보통은 선지식이 새로 공부하는 수행자에게 생각하는 방법을 일러주는 것이라고 할 수 있습니다. 일반적 대화의 형식을 벗어났기 때문에 처음 듣는 사람은 어리둥절하거나 전혀 새로운 방식으로 생각해야 할 때도 있지만, 격외에 익숙한 수좌들은 격외에도 논리가 있다고 생각하게 됩니다.

예를 들자면 부처를 묻는데 "뜰앞의 잣나무"라고 대답하거나 "개도 불성이 있습니까?"라고 묻는데 "없다."라고 대답하는 것 등입니다. 이러한 격외는 듣는 사람이 격외에 대해서 전혀 알지 못할 때는 큰 효과가 있었습니다. 말끝에 바로 깨닫는 사람도 있었다고 합니다. 그렇지만 격외에 대해 미리 아는 사람에게는 더 이상 격외가 될 수 없었습니다.

왜냐하면 격외란 처음 들을 때는 기존의 격식이 있었기 때문에 격외가 될 수 있었지만, 여러 번 들은 사람은 격외라고 말하는 형식에도 그 나름대로의 대화방식이 있다는 것을 발견할 수 있기 때문에, 더 이상 격외가 되지 않습니다. 그래서 듣는 사람의 입장에 따라서 격외가 되기도 하고 격외가 될 수 없기도 합니다.

(2) 격외 문답의 기원

일체 존재의 법은 연속적이지만 인간의 인식은 단속적입니다. 즉 디지털적입니다. 그러므로 법의 모습은 일체에 두루하지만 인간은 하나의 기준으로 법을 이해하기 때문에 가까운 곳은 크게 보이고 먼 곳은 적게 보일 수밖에 없습니다. 그래서 하나의 기준에서 보는 법의 모습은 전도망상이거나 역설일 수밖에 없습니다.

이때 역설이란 정해져 있지 않는 것을 정해져 있지 않다고 결정적으로 말하는 것과 같고, 내가 본래 없다고 말하는 내가 있는 것과 같습니다. 또 조용한 것을 조용하다고 말하는 순간 조용한 것이 없어지는 것과 같습니다. 이렇게 우리의 일상생활은 역설로 가득차 있으므로, 이러한 역설은 인간의 시각으로 인식하는 법의 모습일 것입니다.

그러나 중국 선사들은 법을 개체화시켜서 인식한다고 주장하고 있습니다. 예를 들면 불성을 개체화시켜서 자성이라고 표현하고 공 사상을 개인적 느낌으로 본래무일물이라거나 은산철벽과 같이 체험적으로 표현하기도 합니다. 마찬가지로 법의 역설적 구조를 대화 속에서 표현한 것이 격외도리라고 할 수 있습니다.

벽관의 격외는 문답 속에서 사고의 역설적인 면을 부각시키거나 직선논리의 문제점 또는 한 가지 고정적인 개념의 한계를 지적하는 선문답의 내용입니다. 보통 달마와 양무제와의 대화에서 비롯되어 혜가와의 안심법문으로 연결되고 승찬으로 이어지는 벽관의 모습으로 시작되었다고 할 수 있습니다.

그렇지만 벽관이란 말처럼 초기에는 뚜렷한 의미가 드러나지 않고 있다가, 승찬의 『신심명』에서 그 내용이 부각되기 시작되었습니다. 벽관은 질문자의 잘못된 생각을 지적하는 것으로 생각의 벽을 만들어 주는 모습을 보이고 있지만, 『신심명』에서는 심리적 구조를 대립적 방식으로 설명하면서, 마음의 경지나 이치의 역설적 구조를 보이고 있습니다. 그래서 중국 선종은 격외문답을 강조하면서 역설적 법의 모습을 보이기도 했지만, 수많은 알음알이가 번성하는 환성에서 현실적이며 생활적인 역설보다 추상적이며 비약적인 격외문답을 강조하는 일이 많아지면서 점차 격외문답의 효용성은 크게 의심받고 있습니다.

(3) 역설의 내용

달마에서 승찬까지의 대화는 마음이라는 이름의 존재를 다루고 있지만, 『신심명』에서는 마음의 경지를 강조합니다. 즉 달마와 양무제는 진제를 말하며, 달마와 혜가는 마음을 말하고, 혜가와 승찬은 죄를 말하여 존재의 모습을 설명합니다. 그러나 『신심명』은 생각의 대립적 표현을 통해서 마음의 경지를 추구하는 경향이 있습니다.

이렇게 존재의 구조를 표현하는 깨달음의 법이 마음의 경지로 표현될 때 모순이 발생하면서 역설적 상황이 출현하게 됩니다. 예를 들자면 불생불멸이나 비아비타(非我非他)라고 표현할 수 있는 자신의 입장을 마음의 경지라고 오해할 때 무아의 상태를 말하는 자신의 경지가 발생하게 된다는 뜻입니다.

(4) 격외문답의 출현

『신심명』의 지도와 마음의 경지는 4조 도신으로 하여금 벽관의 깨달음이 불성을 발견하는 것이라는 가설을 세우게 하였습니다. 그는 수행자가 구태여 벽관이나 은산철벽과 같은 막막함에 봉착하여 알 수 없는 깨달음을 추구할 필요가 없다고 생각했습니다. 그리고 말할 수 없는 불성을 '이것[一物]'이라고 명명하였습니다.

5조 홍인은 불성을 자성청정심으로 칭하고, 도신을 이어서 진심을 지켜야 한다고 했으나, 6조 혜능은 한 물건의 구조를 대법적으로 설명하면서 '이것[一物]'이 무엇인가라고 질문함으로써 격외문답의 서막을 올렸습니다. 왜냐하면 혜능의 한 물건은 기존의 관념으로 답변할 수 없는 질문이었기 때문이었습니다.

그러나 마조에 이르면 즉심시불이나 평상심을 주장하는 작용시성적 격외문답이 발생하면서 조사선이 시작되었습니다. 조사선의 격외는 혜능의 한 물건과 달리, 외형적으로는 작용을 보이고 내면적으로는 성품을 의미하는 문답이었습니다. 이러한 격외의 특징은 질문 내용과 전혀 상관없다는 것입니다.

(5) 달마의 선문답과 조사선의 격외의 차이점

혜능의 한 물건은 기존의 관념으로 답변할 수 없는 질문이었던 것처럼 마조의 격외도 그런 모습을 띠고 있었습니다. 그렇지만 달마의 선문답이 질문자의 질문 가운데 이미 답이 존재하고 있었던 것과 달리, 도신의 불성에 대한 믿음과 혜능의 대법적 한 물건을 거쳐 마조의 격외에 이르면 질문 내용과 전혀 상관없는 법을 보이고 있습니다.

달마는 양무제의 성제에 대한 질문에서 그런 것은 없다고 하였으며, 그대는 누구인가라는 질문에 아는 것이 아니라고 합니다. 그러나 마조는 성제에 대한 실문이 있나면 마음이나 성품을 느끼라고 답변합니다. 손가락을 튕기는 것이나 이 몸을 끌고 다니는 것이나, 이것을 느껴야 한다고 하면서 그것이 모든 법이며 본성이라고 합니다.

이러한 마조의 격외는 마음이나 본성을 중심으로 모든 법을 이해하고 깨달을 수 있다고 설명하지만, 인간의 신체적 작용이나 감각기관에 의지하여 법을 설명하다 보니 동일한 작용이나 느낌을 전혀 별개의 마음이나 성품이라고 주장하기 때문에 이러한 발상을 격외라고 부르게 되었던 것입니다.

그래서 부처가 무엇인가 묻는다면 달마는 그런 것은 없다고 했겠지만, 마조는 주먹을 내밀거나 '악' 하고 고함을 쳤을 것입니다. 조주는 뜰앞의 잣나무라고 부드럽게 표현하거나 차 한잔 하자고 했고, 앙산은 동그라미를 그리면서 배촉2을 보였습니다. 임제도 몽둥이로 치거나 발로 차기도 하고 말로 할 수 없다고 강조했을

---

2 『潙山警策註』(X63, 224c11), "정병이라 부르면 그 말에 물들고[觸], 정병이라 부르지 않으면 사실을 등지게 된다[背]."

것입니다.

즉 달마는 질문하는 사람의 생각을 돌이켜 보고 모순을 인식하라고 하면서 생각할 것을 주문했다면, 마조와 조사선의 수행자들이 말하는 것은 어떤 질문을 하든지 말든지 아무 생각하지 말고 질문하는 자신의 몸동작에서 본성이 작용하고 있다는 것을 알아차려야 된다고 주장하면서 이러한 몸동작들을 격외라고 부르고 있습니다.

그러나 이러한 선문답의 변천에 대한 지식이 없는 수행자들은 어록상에 있는 질문을 보고 글자 그대로 질문이라고 받아들이고 답변에 대하여 의심을 해 보는 수행을 이어갔습니다. 예를 들면 부처가 무엇인가에 대한 조주의 "뜰앞의 잣나무"라는 답변은 오랫동안 정전백수자 화두로 알려져 왔지만, 몸동작과 본성에 대한 말은 없었습니다.

마찬가지로 "일체중생 개유불성이지만 개는 불성이 없다."는 무자화두는 조사선의 입장에서 본다면, 중생이나 개가 불성이 있든지 말든지 그런 것보다 그러한 사실을 표현하고 답변하는 조주와 수행자 간의 몸동작에서 본성이 작용하며 성품이 표현되고 있다는 것을 깨달으라는 것이 조사선의 목적입니다.

그러므로 이러한 사실을 지적하고 분명히 천명한 사람이 오조법연입니다. 그는 무자화두를 수행하는 것을, 일체중생이 불성이 있든 없든 상관없이 그저 '무(無)'라고 하면 된다고 주장하고 있습니다. 이것이 단제참구라고 부르는 조사선의 격외의 내용이며 간화선의 중심적인 수행방식이 되었던 간화입니다.

(6) 격외문답의 장애물

    달마선에 있어서 선문답은 벽관의 모습을 천명하는 것이었습니다. 나중에 은산철벽으로도 표현되는 심리적 막막함은 그대로 수행자의 모습이었습니다. 여기에는 격외라는 형식이 드러나지 않았기 때문에 가설이라든가 추측이 끼어들 여지는 없었습니다. 다만 모를 뿐이었다고 할 수 있습니다.

    그러나 대법적 한 물건으로 시작되는 격외문답은 6조 혜능 내 시작되었지만, 불성에 대한 믿음을 바탕으로 하는 마조의 격외는 시작부터 알음알이를 깔고 출발했습니다. 사전에 방향이 설정된 격외는 더 이상의 사려분별적 탐색을 필요로 하지 않고 '직지(直指)'가 의미하는 것처럼 작용을 성품이라고 바로 느끼고 체험하면 되는 것이었습니다.

    이러한 단순함은 수행자들이 쉽게 느낄 수 있었지만, 어떤 느낌을 깨달음이라고 주장한 근거는 확실하지 않으며, 또 쉬운 만큼 쉽게 알음알이에 빠지게 되어, 선종의 장애가 되는 현상이 발생하기 시작했습니다. 왜냐하면 교학의 문제점을 해소하기 위한 선종의 해결책은 깨달음의 체험이었습니다. 그리고 그것을 검증하는 방법이 격외문답이었던 것입니다.

    그러나 격외문답이 결정적 증거가 되지 못하는 일이 다수 발생하게 되었으니, 그 대표적인 모습이 알음알이의 확산이었습니다. 송대의 인쇄문화 발달은 공안이나 화두를 집대성하여 공안집이나 조사어록으로 문자화시켰습니다. 이러한 일은 수행자들이 격외문답에 익숙해지는 계기가 되었으며 점차 공부보다 말하는 방식을 배우게 되었습니다.

어떤 회상에서는 『벽암록』을 정식 교재로 채택하여 외우고 문답하는 방법을 배우고 가르치는 일까지 있었습니다. 격외문답을 익숙하게 한다고 법을 깨닫거나 수행이라고 말하기는 어려울 것입니다. 조사어록의 활성화는 어떤 화두라도 말로 풀이하는 환경이 되고 말았으며, 지금도 추상적 격외를 읊조리는 수행자가 왕왕 존재합니다.

(7) 격외의 문제점

조사선 격외의 문제점은 첫 번째로 불성에 대한 가설과 믿음입니다. 두 번째는 사량분별을 금지하는 것입니다. 세 번째는 교외별전 불립문자의 내용입니다. 네 번째는 직지와 직관의 문제입니다. 다섯 번째는 체험의 독단성입니다. 여섯 번째는 격외가 더 이상 깨달음의 척도가 되지 못한다는 것입니다.

첫째 격외는 불성에 대한 믿음에서 시작된다는 것입니다. 수행자가 마음속에 믿음을 가지는 것은 의심하지 않게 되는 원인이 됩니다. 자신의 느낌이나 생각을 믿고 쫓아간다면 의심이 아니라 집중하는 현상이 발생합니다. 또 방향을 설정하고 수행하면 구하는 바가 있기 때문에 쉽게 느낌에 빠지고 깨달았다고 생각하기 쉽습니다.

둘째는 사량분별의 문제입니다. 의심이란 사량분별의 일종인 심리적 현상입니다. 사량분별을 금지하면서 의심을 하라는 것은 어불성설입니다.

셋째는 교외별전 불립문자는 어디서나 법을 볼 수 있다는 뜻이지만, 책을 보아서는 안 된다는 말로 오해되고 있습니다.

넷째는 직지와 직관은 마치 어떤 경계나 경지가 있는 것처럼 오해의 소지가 있을 뿐 아니라 평상심을 떠난 직관적인 입장이 따로 존재하는 것처럼 생각하기 쉽습니다.

다섯째는 체험의 성격상 개인적이며 심리적인 사항이므로 주관적이며 독단적일 수밖에 없습니다. 그러므로 한 인간의 주관적인 느낌과 체험을 다른 한 인간이 서로 공유한다는 것은 불가능한 일일 뿐만 아니라, 깨달음의 체험조차도 주관적이며 일시적인 체험이므로 시간이 지나면 점점 기억 속으로 사라지고 지혜만 남을 뿐입니다.

여섯째는 격외가 더 이상 깨달음의 척도가 되지 못한다는 사실입니다. 왜냐하면 알음알이와 체험을 구별할 수 있는 방법이 없기 때문입니다. 체험도 시간이 지나면 기억의 일종으로 남을 것입니다.

(8) 격외의 영향

『단경』에서는 알음알이를 벗어나는 방법으로 체험을 제시했지만, 마조와 임제는 체험 외에는 공부라고 인정하지 않았습니다. 그러나 이러한 체험의 개인적이며 독단적인 성격의 문제점은 전혀 고려하지 않았으므로, 사제 간의 소통은 필수적이었지만 언제나 의심스러운 눈초리로 살피거나 실험적 질문을 해야만 했습니다.

또한 이심전심이라는 신비적인 용어를 만들기도 하고 인가를 강조하기도 하였으며 법맥을 주장하기도 했지만, 격외는 불확실한 내용일 뿐입니다. 왜냐하면 하나의 체험에 대해서 말할 수 있는 이치는 다양하기 때문입니다.

그럼에도 불구하고 체험으로 인한 경지나 경계를 강조하면서, 직지를 주장하거나 직관을 강조한 신속한 문답을 주장하는 수행자가 있었기 때문에, 대부분의 선지식들은 대화 자체를 회피하는 경우가 많아졌습니다. 그래서 승가 내부에서는 담선을 무시하고 자기만의 느낌에 빠지는 경우도 많아지게 되었습니다.

또 외적으로는 불교를 수행하는 많은 사람들도 사량분별을 끊는다는 미명하에 역사적 사실과 책을 멀리하고 개인적인 느낌에 빠지는 경우도 많아졌습니다. 그리고 남들이 알지 못하는 이론과 추상적인 격외를 추구하게 되면서 대중을 멀리하고 독불장군이 되는 경우도 생겼습니다.

이러한 격외의 영향으로 승가는 더 이상 대중의 화합을 할 수 없게 되었고, 수행하는 사부대중은 대화를 멀리하고 내면에 몰두하게 되었으며, 개인적 체험을 강조하는 문화는 이 세상의 모든 것을 부정하고 독선적인 자신의 믿음만 남는 경우가 되고 말았습니다.

(9) 격외의 해결책

격외는 말로 할 수 없어서 하는 것이 아닙니다. 법을 이해하는 것은 격외와 격내가 다르지 않고 둘이 아니라는 것을 알아서, 듣는 사람이 이해하기 쉽도록 하기 위해 억지로 격외라는 표현을 쓰지만, 언제나 격내로 표현할 수 있어야 합니다. 격내로 표현하지 못할 때는 법을 알지 못하거나 알음알이로 흉내만 내는 경우가 많습니다.

또한 조사선의 출발점인 불성의 편재성을 이해함으로써 불성을 개체적으로 표현하는 것은 불가능하다는 것을 알아야 할 것입니다. 그뿐 아니라 마조의 즉심시불의 '심'은 우리가 생각하는 마음과 같지 않습니다.

또한 마조의 평상심은 조작지심을 경계하기 위해 만들어진 용어임에도 불구하고, 평상심과 조작심이 둘이 아니기 때문에 나눌수 없다는 사실은 드러나 있지 않습니다.

그래서 조사선의 가장 큰 걸림돌이라고 할 수 있는 알음알이도 알음알이와 체험이 둘이 아니라는 사실을 깨달은 사람이 없기 때문에 발생한 문제입니다. 조사선의 수많은 문제점은 불성에 대한 믿음에서 비롯하여 체험 중심주의를 바탕으로 번성하였고, 사려분별의 금지와 깨달음에 대한 치구심에 가려져서 신비화되고 추상화되었던 것입니다.

모든 법은 자신의 앎 속에 구족되어 있으므로, 격외를 비롯한 어떤 새로운 것도 구하지 말고 남들이 아는 것을 알고 남들이 보는 것을 보고 남들이 듣는 것을 들으면서 자신의 고통을 살핀다면 반드시 일체법을 깨달을 수밖에 없을 것입니다.

X. 화쟁(韓國禪)

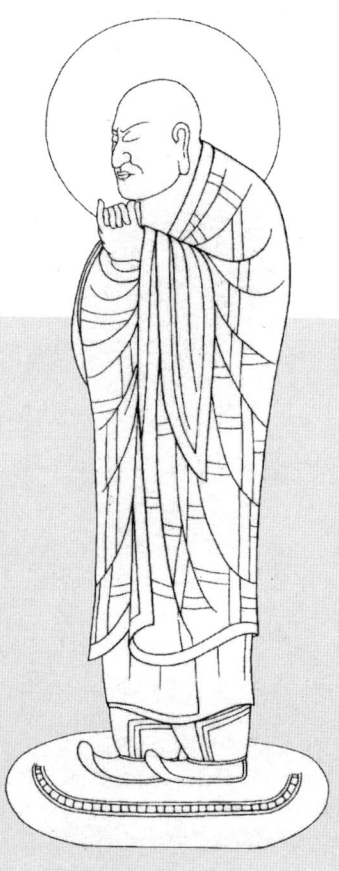

해공제일 수보리

사위성 바라문족 출신으로 지혜가 총명하였다.
금강경을 설법할 때 질문자로 등장하여 법의 성격을
잘 보여주었다. 법을 공이라고 생각한 후세 학자들이
해공제일이라고 이름하였다.

1. 화두(話頭)의 두 가지 모습

(1) 화두의 의미

　화두(話頭)란 말이라는 뜻으로 두(頭)는 어조사입니다. 화두는 선문답처럼 대화 속에서 깨달을 수 있기 때문에 문제가 되는 용어를 화두라고 불렀습니다. 이러한 화두는 후일에 수많은 수행자들이 의심을 내는 글귀로서 공부하는 데 지표로 삼았습니다. 그러나 지금도 화두가 무엇을 의미하는지 또는 화두를 어떻게 의심하는지 불분명합니다.

　그 이유는 불립문자의 강조에 있기도 하지만, 달마선이 도신을 거쳐 마조에 이르렀을 때 조사선이라는 변화를 맞으면서 화두의 성격도 변화했기 때문이며, 조사선 수행자들은 벽관의 계승을 주장하면서 화두의 변화를 인정하지 않았기 때문인 면도 있었으므로, 화두는 혼재되어 점차 알 수 없게 되었습니다.

(2) 화두의 구조

화두는 보통 수행자가 질문하고 선지식이 답변하는 형식을 띠고 있으며, 수행자의 질문에 대한 선지식의 답변이 서로 상충되고 모순되어 의문을 발생시키는 구조로 이루어져 있습니다. 이러한 점은 달마의 안심법문에서도 보이고 있습니다. 즉 혜가는 마음을 편안하게 해 주기를 원했지만 달마는 그런 안심은 찾을 수 없음을 보았습니다.

후세 학자들은 결론에 주목하였지만 혜가의 심리적 과정은 화두를 보이고 있습니다. 곧 편안한 마음과 편안하지 않은 마음을 구분할 수 없었으므로 혜가는 심리적 벽에 부딪친 것입니다. 이러한 마음 상태를 은산철벽이라고 합니다. 이것은 논리적 충돌에서 야기된 사려분별의 결과로 도출되었던 심리적 벽이었습니다.

승찬은 혜가에게 죄를 참회시켜달라고 부탁합니다. 혜가는 승찬이 생각하고 있는 죄를 다시 돌이켜보게 합니다. 승찬은 수많은 사려분별을 동원해 보았지만, 자신이 생각하였던 죄가 사실이 아니었다는 것을 발견하게 됩니다. 즉 화두는 충분한 사려분별의 결과로, 생각의 벽에 부딪쳤을 때 비로소 나타나게 되는 심리적 결과입니다.

(3) 화두의 변화

이러한 벽관적 화두(은산철벽적 화두)는 4조 도신에 이르렀을 때 그 기능은 사라집니다. 그 대신 불성을 의미하는 한 물건이 등장하게 됩니다. 그리고 도신은 한 물건을 지키고 바라보는 수일불이를 주장합니다. 이러한 도신의 시도는 홍인의 자성청정심으로 귀결되었습니다. 도신의 서술적 한 물건을 뒤집은 사람은 6조 혜능이었습니다.

혜능은 불성 사상에 물들지 않고 법을 깨달았지만, 도신으로 인하여 한 물건이라는 용어를 사용하게 되었습니다. 그러나 도신의 서술적 한 물건과 달리 대법적 구조를 가진 한 물건을 제시하고 질문함으로써 은산철벽적 화두를 선보이게 됩니다. 이러한 혜능의 노력은 체험적 한계에 머무른 벽관을 교학적 중도로서 대안을 삼는 계기가 되었습니다.

그러나 마조에 이르면 전혀 다른 모습의 화두가 출현하게 됩니다. 마조는 즉심시불을 천명하면서 홍인을 이어받은 것처럼 보였으나 평상심을 강조하면서 조작지심을 부정하게 되었습니다. 또 그러한 평상심은 작용에 있다고 생각하여 작용시성을 주장하면서 작용시성적 격외문답이 화두로 등장하게 되어 중국적 조사선이 시작되었습니다.

이때 조사선의 격외는 작용시성을 강조하는 화두의 모습을 보였으므로 화두의 의심이나 질문내용과 전혀 상관이 없었습니다. 또 질문 내용과 관계없이 작용 자체에 의미를 두었기 때문에 사려분별을 끊는다고 생각되었고, 이때의 화두는 단제참구(單提參句)의 모습을 띠고 있었습니다. 단제참구란 질문과 관계없이 한 가지 용어만 본다는 의미입니다.

(4) 화두의 두 가지 모습

조사선의 단제참구와 달마선의 전제참의는 화두의 두 가지 다른 모습입니다. 전제참의는 혜능의 한 물건을 질문하는 곳에서도 드러납니다. 이런 점을 볼 때 6조 혜능은 달마선의 벽관을 이어받았다고 할 수 있지만, 마조의 작용시성적 화두는 달마선과 무관하며 도신의 교학적 입장인 불성 개념을 선적으로 표현한 것일 뿐입니다.

이러한 마조의 입장은 중국 선종의 모델이 되어 5가 7종의 기본 사상이 되었으며, 이에 따른 격외문구도 현학에 익숙한 중국 지식인들에게 전파되었습니다. 그러나 전제참의와 단제참구는 형식뿐 아니라 질문의 내용과 의심도 전혀 다른 모습입니다. 그에 따른 화두 병도 다르며 수행의 모습과 깨달은 이후도 차이를 보이고 있습니다.

① 질문의 차이: 조사선은 처음부터 모르는 것을 질문하므로 수행자들은 호기심이나 알고 싶은 생각이 강합니다. 그래서 '이뭣고?'라고 묻습니다. 달마선은 화두 속에 질문과 답이 존재하므로 왜 모순이 생기느냐고 묻습니다. 여기에는 새로운 것을 알고 싶은 생각보다 풀리지 않는 문제에 대한 해결책을 강구하는 것입니다.

② 의심의 내용: 조사선은 알고 싶은 생각에서 시작하므로 호기심이 날 수도 있고 억지로 알고 싶을 수도 있습니다. 그래서 상기병이 나는 경우가 많습니다. 달마선은 논리적 모순에 봉착하므로 처음부터 막막한 생각일 뿐입니다.

③ 화두 병: 조사선은 알음알이를 부정하는 것이 목적이므로 사려분별을 금지하는 것이 중심 내용이지만, 달마선은 의심이라는 이름의 사려분별을 권장합니다.

④ 수행의 차이: 조사선은 불성과 마음을 가정하고 시작했으므로 의심과 집중이 구분되지 않기 쉽습니다. 그래서 성성적적이나 장좌불와나 좌탈입망 등의 모습도 수행으로 봅니다. 그러나 달마선은 의심을 말할 뿐입니다.

⑤ 깨달은 이후: 조사선은 새롭게 느낀 바가 있기 때문에 깨달은 경계가 있다고 생각하기 쉽고, 보림이나 인가 등을 주장하게 됩니다. 그러나 달마선은 문제해결이 목적이었으므로 깨달은 경계를 언급할 이유도 없었지만, 깨달음의 경계라는 표현조차 없습니다.

2. 중국선과 한국선의 차이점

중국선의 특징이라면 조사선이나 간화선이라고 할 수 있지만, 한국선의 특징은 부각된 적이 없었습니다. 왜냐하면 선은 개인적 체험에 근거하며, 한국 선사들도 중국 선사와 소통하고 공부했으므로 중국선을 계승하였다고 추정되었습니다. 그러나 근래에 발표된 화두 참구의 두 가지 형식에 따르면, 중국선은 단제참구의 입장이 중심이었지만 한국선은 전제참의가 주류였습니다.

(1) 벽관의 성격

달마선은 한 마디로 벽관입니다. 그러나 혜가 스님의 질문에 대한 달마 스님의 답변은 안심을 묻고 안심에 대한 혜가 스님의 생각을 답변하므로 전제참의에 속합니다. 이러한 사실로 보아서 벽관은 혜가 스님의 사려분별이 달마 스님이라는 벽을 만나서 생각이 끊어졌다고 할 수 있습니다. 즉 은산철벽은 사려분별이라는 과정을 거쳐서 발생하는 심리적 체험입니다.

또한 승찬 스님의 사려분별적인 죄의 개념이 혜가라는 벽을 만나서 생각이 끊어집니다. 이렇게 생각의 벽을 만들어 주는 반문적 전통은 승찬 스님을 만난 도신 스님에게도 이어지지만, 도신 스님은 당시 교학의 영향을 받아 불성적 한 물건을 창안함으로써 막막한 생각의 벽을 벗어나서 '불성이라고 이름 붙일 수 없다'는 어떤 것(한 물건)이라는 이름으로 만들어진 생각의 벽을 제시하게 되었습니다.

(2) 조사선의 발생

도신 스님의 불성적 생각의 벽은 여래밀인이라는 이름으로 홍인 스님을 거쳐 혜능 스님에게 전해집니다. 혜능 스님은 도신 스님의 불성적 생각의 벽을 벽관적 이뭣고로 재탄생시킵니다. 벽관적 이뭣고란 양 극단적인 두 가지 성품이 동시에 존재한다는 점을 부각시켜 생각의 벽을 만들고 이것이 무엇인지 묻는 것입니다. 이러한 대법적 질문의 이뭣고는 마조 스님의 등장으로 사라집니다.

마조 스님은 자성을 마음으로 바꾸어 즉심시불을 주창한 다음, 여기에 근거하여 평상심시도를 제시하였습니다. 조작지심을 부정하는 평상심은 오해의 소지가 있었지만, 이러한 평상심을 근거로 작용하는 것을 성품[作用是性]이라고 설명하게 되었습니다. 불립문자 견성성불을 주장하는 조사선은 격외문답과 더불어 마조 스님의 작용시성에서 시작되었습니다.

(3) 단제참구의 발생

불성에 대한 믿음을 필수조건으로 하는 작용시성은 더 이상의 사려 분별적 탐색을 필요로 하지 않고 '직지(直指)'가 의미하는 것처럼 작용을 성품이라고 바로 느끼고 체험하면 되는 것이었습니다. 이러한 단순함은 수행자들이 쉽게 느낄 수 있는 만큼, 쉽게 알음알이에 빠지게 되었습니다. 마조 스님과 임제 스님 이후로 그들의 격외적 알음알이를 흉내 내는 사람이 많아지게 되었습니다.

이러한 풍조에 반발한 오조법연 스님을 비롯한 원오극근 스님과 대혜종고 스님은 알음알이의 원인이 작용시성에 있다고 생각하지 않고, 더욱더 굳건한 믿음을 바탕으로 사량 분별을 부정하고 화두의 질문을 무시하면서 단지 화두를 언급해 볼 뿐[但只擧個話頭]으로 수행을 삼기 시작하였습니다. 즉 전제참의(왜 무라고 했을까?)를 부정하고 그냥 "무"라는 글자를 본다고 간화(看話)라고 했습니다.

(4) 단제참구의 변천

단제참구는 말 그대로 간(看)이므로 본다는 뜻입니다. 여기서 대혜가 의정을 강조했다고 하지만 그냥 보는 데서 의심이 발생하지는 않았습니다. 의심도 감각의 활동인데 대상을 정하지 않는데 의심이 일어나는 일은 없었습니다. 이러한 대혜의 단제참구는 비현실적이며 추상적이었으므로, 이후의 수행자들에게 설득력을 잃고 말았습니다.

그래서 무문혜개와 고봉원묘 등은 전제참의로 돌아섰고, 완산 정웅에 이르러 두 가지 방법을 모두 언급하였지만, 그의 제자 몽산 덕이는 더 이상 단제참구를 언급하지 않고 전제참의적 화두만 강조하게 되었습니다.

(5) 한국선의 형성

한국선의 시작은 44세의 원효 스님이 깨달음을 보였을 때(661년)입니다. 달마 스님이 527년 중국에 선을 전했던 때보다 134년 이후의 일입니다. 그는 법을 구하러 중국에 가고자 하였으나 해골 물을 마시고, 일체법이 자신에게도 구족하다는 것을 깨달았습니다. 이러한 원효 스님의 구법 행각은 법을 구하는 생각이 깨어질 때 깨달음에 이르렀으며, 진여와 무명이 둘이 아닌 화쟁 사상을 천명하였습니다.

그의 화쟁은 불이 사상이며 은산철벽이며 벽관이었습니다. 수많은 노력과 연구 끝에 도달한 깨달음은 참의적 모습을 보여 주고 있습니다. 이러한 원효 스님의 노력은 깨달음 이후에 수많은 경전들의 논소를 지으면서 두 가지 논리의 충돌을 해소시킴으로써 의단을 깨뜨렸습니다. 원효 스님의 화쟁은 한국선의 전통이 되었으며 전제참의적 화두 수행의 바탕이 되었습니다.

(6) 한국선의 전개

원효 스님의 화쟁은 고려시대 지눌 스님에 이르러 다시 한 번 표출되었습니다. 그의 정혜쌍수는 자신의 화두가 되었으며, 각고의 노력은 "『단경』의 물들지 않는 진여자성이 육근에 나타난다."라는 표현에서 정과 혜의 동시성을 발견하였습니다. 또한 『화엄경』 「여래출현품」에서 "일체 중생이 부처이지만 자신이 스스로 미혹하여 알지 못하고 보지 못한다. 그 생각을 고치게 하면 여래가 출현한다."는 말을 보고 크게 감동하였습니다.

이와 같이 지눌의 『원돈성불론』은 진여와 무명이 둘이 아닌 화쟁과 다르지 않으면서, 구체적으로 수행하는 것을 보이고자 하였습니다.

그는 화엄이든 참선이든 구분하지 않고 자신을 연구하고 돌이켜볼 수 있으면 수행자의 자세라고 하였습니다. 이러한 입장은 전제참의적 화두 수행과 다르지 않았습니다. 그러나 간화결의는 혜심의 작품이라고 보는 것이 좋을 것입니다.

(7) 한국 선사들의 화두

보조지눌 스님 이후 고려 말기의 태고보우 스님이나 나옹혜근 스님, 조선 초기의 무학자초 스님 등과 조선 중기 벽송지엄 스님, 청허휴정 스님, 그리고 조선 후기 백파긍선 스님, 근현대의 백용성 스님, 경허 스님, 만공 스님, 전강 스님, 성철 스님까지 조주인심도무(趙州因甚道無)의 전제참의의 화두 수행을 이어왔습니다.[3] 이렇게 화두 수행을 "어째서? 왜?"라는 의문사가 붙어야 의심이 일어나서 수행이 된다는 것이 한국선의 특징입니다.

이러한 사상의 배경에는 원효 스님의 화쟁이 깔려 있습니다. 즉 논리적 충돌이야말로 의심의 발로이며 은산철벽에 이를 수 있다는 뜻이며, 논리적 충돌은 충분한 사려분별의 결과로 발생할 수 있습니다. 처음부터 사려분별을 부정하는 도신 스님의 수일불이나 마조 스님의 작용시성 등은 달마선의 벽관과도 상충되는 가르침이지만, 원효 스님의 화쟁은 사려분별로써 벽관에 이르는 것과 다르지 않습니다.

(8) 사성제와 한국선

한국선은 원효 스님에서 비롯되었다고 했지만, 그 근원은 사성제에 있습니다. 부처님께서는 고통이 무엇인지 왜 고통스러운지 질문하셨습니다. 이런 질문에는 불성이나 법신 등의 가설이 없었습니다. 모든 법은 자신에게 구족하므로 자신의 고통을 연구한다면 일체법이 거기에 있습니다. 한국선의 전제참의란 바로 이렇게 자신을 연구하여 "왜 나는?"을 깨닫고 자신을 벗어나는 수행입니다.

---

3 박재현,「수행문화콘텐트로서의 화두 참구에 관한 철학적 연구」,『동양학』77, 단국대 동양학연구원, 2019, 11쪽.

3. 화쟁의 원리

(1) 화쟁의 정의

	깨닫기 전	깨닫는 순간	깨달은 후	결과
사성제	질문(고집)	멸	도	법
불이사상	대립적 개념	번뇌 즉 보리	부사의	교학(중론)
조사선	불성	본래 무일물	돈오	참선
화쟁 원리	대립적 논리(諍)	화(和)	화쟁	사단논법

　화쟁이란 두 가지 의미가 있습니다. 하나는 화와 쟁이 둘이 아니라는 의미가 있으며 또 하나는 논쟁을 화합한다는 의미도 있습니다. 부처님의 사성제는 인도의 불이 사상을 계승한 『중론』으로 교학을 이루었고, 중국의 벽관을 계승한 참선으로 표출되었다가, 해동에 이르러 화쟁의 원리로 귀결되었습니다.

　그러나 인도의 불이 사상은 『유마경』에서 선택적 불이를 보였으며 『중론』에서 공에 치우친 교학을 형성하였습니다. 이러한 점을 보완하고자 출현한 중국의 벽관은 불성을 중시한 조사선으로 한계적 모습을 보였습니다. 그러나 해동의 화쟁 사상은 부처님의 사성제의 가르침을 보다 더 정확하게 구현하기 위해 등장하였습니다.

(2) 인도의 불이 사상

『유마경』은 불이 사상이라는 개념으로 부처님 법을 설명하려고 하였습니다. 그러나 십대제자들의 가르침을 불이적 관점에서 비판하였으나, 자신의 관점은 절대적인 모습을 보이는 선택적 불이의 모습을 보였습니다. 이런 오해는 『중론』에서도 계승되어 희론과 희론 아님의 불이를 극복하지 못하고 파사현정이라는 하나의 모습을 보이고 말았습니다.

또한 『중론』은 연기성과 실체성의 동시성을 이론화하는 데 실패하여, 공사상을 부각시키는 데 그쳤습니다. 이러한 『중론』의 입장으로 말미암아 불교학의 여러 갈래는 공유논쟁을 벗어나지 못하고 쟁론에 휩싸이게 되어, 추상적이고 비현실적인 논쟁의 결과는 인도불교를 멸망하게 만드는 직접적인 원인이 되었습니다.

(3) 중국의 조사선

달마의 벽관은 중국 불교의 새로운 전환이 되었습니다. 그러나 마조 스님의 조사선의 창안은 공 사상을 표현하는 듯한 본래무일물로 시작된 돈오 사상이, 문자로 설명할 수 없는 본래면목이나 주인공을 주장하는 격외로 변화하면서, 신비적인 격외의 알음알이에 빠지게 되어 추상적이며 비현실적인 깨달음이 되었습니다.

특히 작용에 성품이 존재한다는 가르침은 중국 선종의 가장 중요한 부분이 되어 주먹질과 매질과 고함이 법을 가르치는 방법으로 인식되었을 뿐 아니라, 누구나 상식적으로 아는 것도 체험이라는 특별한 관문을 설치함으로써 주관적이며 독단적인 수행자의 모습을 양산하게 되었습니다.

체험을 주장하는 수행자들은, 선문답과 대화를 멀리하고 언어도단과 탈논리를 주장하여 자신들의 논리적 결함을 회피하였을 뿐 아니라 현실의 고통보다 형이상학적인 격외를 추구하였으므로, 깨달음을 얻은 수많은 선지식들이 있었음에도 불구하고 알음알이의 병폐를 극복하지 못했습니다.

또 이러한 경향을 개혁하고자 간화선이 출현하였지만, 마조 스님의 작용시성과 체험의 허구를 부정하지 못하고, 사량분별을 부정하는 단제참구의 한계 때문에 대혜 스님의 간화는 더 이상 수행자들이 채택하지 않게 되어 역사 속으로 사라지고 말았으며, 전제참의를 수행하는 몽산덕이 스님 등이 간화선을 계승하게 되었습니다.

(4) 해동의 화쟁 사상

쟁(諍)은 고통을 의미합니다. 그래서 화쟁(和諍)이란 고통을 해결하고자 하는 것을 말합니다. 즉 화쟁은 글자 그대로 불교의 목적이며 부처님의 가르침입니다. 또한 쟁(諍)은 둘[二]이라는 뜻입니다. 그래서 화쟁은 둘이 아니라는 말입니다. 이러한 화쟁은 구체적인 회통 논리를 제시하는 것이 아니라 회통의 필연성을 말합니다.

유마의 불이를 이어받은 『중론』의 교학은 희론과 희론이 아닌 것의 유무와 자성(自性)의 유무가 둘이 아닌 것을 모르고 하나를 주장했으므로, 『중론』의 교학을 이어받은 중국 불교학도 문제가 발생했습니다. 이런 문제를 해결하기 위해 달마 스님이 벽관을 보였으나, 중국 선종은 조사선으로 인하여 새로운 벽에 부딪친 것입니다.

원효 스님이 중국 선종에 대하여 평한 것은 없습니다. 그러나 중국 불교학의 제문제에 대한 해결책이 화쟁의 원리이므로 달마 스님의 해결책을 대신한 것이라고 할 수 있습니다. 교학의 다양한 논리들의 충돌을 해소시키고 어떤 법도 버리지 아니하고 어떤 법도 세우지 아니한 것이 바로 화쟁일 것입니다.

또 화쟁(和諍)이란 두 가지 논리가 서로 충돌하여 발생하는 모순을 해소한다는 뜻이므로 은산철벽의 다른 표현입니다. 은산철벽은 모순적인 두 가지 생각이 충돌하여 꽉 막힌 상태를 표현한 말이지만, 동시에 은산철벽이야말로 법의 모습일 뿐 아니라 깨달음의 문인 것처럼 화쟁도 법의 모습이며 깨달음의 문입니다.

즉 법의 모습은 처음부터 모순이나 충돌이란 현상이 아님에도 법을 깨닫지 못한 수행자의 입장에서는, 쟁의 모습으로 인식될 수밖에 없습니다. 그래서 화쟁이란 문제해결을 위한 수행이므로 은산철벽을 투과하려는 노력을 참선이라고 하는 것처럼, 화쟁이 그대로 참선 수행인 것입니다.

원효 스님은 이러한 화쟁을 사단논법으로 설명하고 있지만, 체험을 중시하는 수행 문화로 인하여, 깨어질 수 있기 때문에 하나일

수 없다는 가능성의 체험이 필연성을 보이는 논리에 선행되는 것
으로 인식되는 것이 오늘날 한국불교의 현실입니다.

4. 의심과 집중

수행자가 공부하면서 오해하기 쉬운 것은 의심과 집중의 차이점일 것입니다. 의심한다는 것은 자신을 돌이켜보는 것이라고 할 수 있지만, 집중한다는 것은 자신의 생각을 따라가는 것이라고 할 수 있습니다. 그래서 이와 같은 차이점에 대해서 살펴보기로 하겠습니다.

(1) 의심의 의미

의심이란 돌이켜보는 사려분별의 한 현상입니다. 자신의 생각이나 판단 또는 논리와 감정, 느낌 등을 살펴보는 것입니다. 왜 그런 생각을 했는지 왜 그런 판단을 내렸는지, 또는 왜 그런 느낌이 들었는지 자신의 생각을 돌이켜보고 원인을 생각해 본다는 뜻입니다. 이렇게 뒤집어 살펴보면, 생각보다 많은 믿음과 확신이 존재하고 있다는 것을 발견할 수 있게 됩니다.

그러나 우리는 왜 그런 믿음과 근거 없는 확신을 가지고 살았는지 알지 못합니다. 상식적이기도 하고 너무도 당연하며 일상적이라고 느끼는 것들도 많습니다. 그럼에도 불구하고 다시 살펴보면 대부분 그럴 듯하거나 확률적으로 그럴 것이라고 생각하거나 경험상 맞을 것이라고 추측하는 경우도 많습니다.

건강한 사람도 그렇지만, 그렇지 않고 마음에 큰 상처가 있거나 고통을 받고 있는 사람은 더욱더 자신의 감정과 상처에 깊은 믿음을 가지는 경우가 많습니다. 그것도 철저히 주관적이며 개인적인 느낌임에도, 본인의 생각으로는 어떤 사람도 이런 경우에 자신과 같은 상처를 받을 수밖에 없을 것이라고 필연성을 주장하기도 힙니다.

그럼에도 불구하고 이 세상에 모든 존재나 느낌이나 감성이나 논리적 판단이라고 하더라도 하나의 결론이나 하나의 모습으로 이루어진 경우는 없습니다. 언제나 보는 시각에 따라 달라지고 느끼는 입장에 따라서 다른 모습으로 보일 수밖에 없습니다. 그래서 기존의 시각으로 보았던 상처나 감정이나 논리적 판단의 치우친 면을 발견하고 깨달을 수 있으며 고칠 수 있게 됩니다.

즉 의심이란 돌이켜보는 것이기 때문에 추구하는 바와 반대의 모습을 보입니다. 그래서 의심이란 원인을 찾는 것처럼 보이므로 결과를 추구하는 것이 아닙니다. 또 의심이란 멈추거나 정지된 사고가 아니라 치열한 검색이며 의문이며 되새김이 될 수 있습니다. 치열한 검색이란 머물러 있거나 경계를 즐기거나 고요할 수 있는 상태가 될 수 없다는 뜻입니다.

치열하게 의심하거나 간절하게 의문부호를 붙이는 과정은 생각이 줄어들거나 고요해진다는 것을 느끼기 어렵습니다. 왜냐하면 그러한 주변 상황이나 흘러가는 느낌을 살펴볼 마음의 여유가 없다는 뜻입니다. 의심하면 집중된다고 하지만 집중하는 것은 아닙니다.

왜냐하면 의심한다는 것은 탐색과정이므로 머물러 있지 않을 뿐 아니라, 의심이 하나의 고정된 모습을 보이지도 않고, 보고 듣는 가운데서도 자신의 의심이 계속 발견되는 상황이 발생합니다. 이것을 타성일편(打成一片)이라고 부를 수 있습니다. 이때 주의할 일은 억지로 애를 쓴다고 되는 것은 아니라는 일입니다.

(2) 집중의 의미

집중이란 자신의 한 가지 생각을 유지하면서 지켜보는 것입니다. 그 한 가지 생각의 출처나 목적 또는 한 가지 생각이 무엇인지 생각해 보는 것은 의심이며 집중이 아닙니다. 마치 물거품을 좇는 것처럼 한 가지 생각에 집중하다 보면 점차 한 가지 생각이 줄어들면서 고요해지기도 하고, 맑고 밝은 기운이 뜹니다.

이때 수행자가 법이 한 가지 모습이 아니라 유무가 동시에 있는 것을 모르고 본래무일물이라는 말을 오해한 나머지, 미세번뇌가 사라지는 경지가 있을 것이라고 생각[4]하여 꾸준히 수행을 이어간다면, 허망한 경계를 좇아가는 경우가 될 것입니다. 이것이 외형적으로 장좌불와라는 수행의 모습을 보이는 경우입니다.

이러한 경우는 번뇌가 무엇인지 미세한 것이 무엇인지 다시 돌

---

4 성철 지음, 원택 엮음, 『성철스님 화두참선법』, 김영사, 2012, 80쪽.

이켜보아야 할 것입니다. 미세번뇌라는 말은 자신의 입장에서 할수 있는 한계적인 표현일 뿐입니다. 자신의 입장을 포기하고 벗어나는 공부를 하는 수행자가 자신의 느낌을 근거로 수행을 진행한다면 참으로 어리석은 일이라고 해야 할 것입니다.

잡을 수도 없고 머무를 수도 없다는 것을 이해한다면, 치구하는생각이 일어날 리가 없을 것입니다. 그러나 치구심이 일어난다면자신을 돌이켜볼 수 없기 때문에, 집중하는 현상이 일어나게 되는것입니다.

(3) 의심과 집중의 차이점

수행자가 개인적 느낌으로 의심과 집중을 구분하는 것은 쉽지않습니다. 그렇지만 역사적 사실 가운데 의심을 보인 선지식은 달마 스님이나 혜가 스님 또 승찬 스님으로 볼 수 있지만 도신 스님은 집중의 모습을 보이고 있습니다. 수일불이라든가 일행삼매 등은 집중수행의 대표적인 모습입니다.

그뿐 아니라 도신 스님의 장좌불와도 의심수행의 모습이 아니라 집중수행의 모습입니다. 장좌불와는 미세한 번뇌가 없어지기를기다리는 것과 같습니다. 그렇지만 미세한 것이 무엇인지 번뇌가무엇인지 의심해 보지 않고 그 생각을 쫓아가기 때문에 겉으로 보기에 장좌불와라는 수행의 모습을 보이는 것입니다.

또 의심이란 억지로 되는 것이 아니라 모르기 때문에 의심이 납니다. 그러나 억지로 노력한다면 반드시 집중수행이 되기 쉽습니다. 그러므로 분심도 집중에 속하는 수행입니다. 그래서 한마디로 표현한다면 의심이란 생각을 한다는 뜻이며 집중이란 생각을 하지 않는다는 뜻입니다.

5. 의정쌍수(疑定雙修)

이 세상의 모는 것은 성해져 있시 않습니다. 그렇지만 우리는 감각기관을 기준으로 자신을 느끼고, 느낌에 의지하여 자신의 존재를 확인합니다. 그리고 자신의 존재를 기준으로 세상을 판단합니다. 이때 세상을 판단하는 우리 마음은, 사물을 인식하고 판단하는 현재의식과 정보를 저장하는 잠재의식으로 나눌 수 있습니다.

현재의식과 잠재의식은 서로 연결되어 있으면서 서로의 근거가 되고 있습니다. 이때 수행이란 자신을 돌이켜보는 것이므로, 현재의 자신을 돌이켜보는 것이 의심수행이며 잠재된 자신을 돌이켜보는 것이 집중수행입니다. 즉 자신의 기준을 살펴보고 분석하는 의심수행과 자신의 기준을 인정하고 집중하는 것이 집중수행입니다.

이러한 두 가지 수행은 여러 가지 경우에 자신을 중심으로 하는 상반된 두 가지 모습으로 나타납니다. 첫째는 사려분별의 경우, 둘째는 말에 대한 경우, 셋째는 지혜와 기운의 경우, 넷째는 믿음의 경우, 다섯째는 알음알이의 경우, 여섯째는 체험의 경우 등으로 나누어 살펴보겠습니다.

(1) 사려분별의 경우

　의심수행은 사려분별을 필요로 합니다. 할 수 있는 모든 생각과 가능한 모든 질문을 다 해 보아야 합니다. 깊은 생각도 중요하지만 다양한 생각도 필요할 것입니다. 그러나 잡다한 생각에 빠지게 되면 혼란스러울 뿐 아니라 생각이 정리되지 않게 됩니다. 그렇지만 한 가지 생각만 의심하는 것도 큰 병과 고통이 될 수 있습니다. 이때 의문이라고 할 수도 있지만, 호기심이나 알기 위함이 아니므로 의심이라고 합니다.

　그러나 집중은 다릅니다. 집중수행은 사려분별을 버리는 것입니다. 어떤 생각이라도 포기하고 버리며 잡지 않습니다. 흘려보낸다고 하기도 합니다. 그냥 바라보기만 한다고 하거나 멍때리는 수행을 하기도 합니다. 그렇지만 장기간 집중만 하게 될 때 세상에 적응하기 어려울 뿐 아니라 머리를 쓰지 않기 때문에 멍청해지기 쉽습니다.

(2) 말의 경우

　의심수행은 반드시 대화가 필요합니다. 말이 없으면 생각이 되지 않고 생각이 되지 않으면 연구가 되지 않습니다. 혼자서 아무리 연구하고 의심해도 한계가 있으므로 다른 사람과 대화하고 토론하는 것이 필요합니다. 그러나 말이 많다 보면 수다스럽게 되어 공부를 할 수 없게 됩니다.

집중수행은 말을 해서는 안 됩니다. 말을 하면 집중을 할 수 없습니다. 묵언을 하기도 하고, 소리를 내더라도 염불처럼 부처님의 명호에 집중하기도 합니다. 생각을 하나로 모으기 때문에 말도 하나의 말이나 단어를 하는 것이 좋습니다. 그러나 높은 단계를 목적으로 하는 것이 아니므로 말을 하지 않는 것은 큰 병이 될 수 있습니다.

(3) 지혜와 기운의 경우

의심수행은 지혜가 날 수 있지만, 기운은 흩어지기 쉽습니다. 정신은 혼란스럽고 몸에 병이 날 수 있을 뿐 아니라 몸과 마음이 고통스러울 수도 있습니다. 너무나 당연한 자신을 뒤집어서 의심한다는 것은 쉬운 일이 아닐 수 있지만, 아주 짧은 시간에 가장 쉽게 법을 이해할 수 있고 지혜를 발견할 수 있는 방법입니다.

집중수행은 식이 맑아지고 기운이 모이기 쉽습니다. 정신은 또렷하고 몸도 쾌적할 수 있지만, 한번 기운이 잘못 흐르면 큰 병이 생기고 위험하기 때문에 점차 조심스러워져서 계를 지키게 됩니다. 신통이 발생할 수도 있어서 외도가 되기 쉽지만, 세상 사람의 입장에서 무엇인가 얻는 것처럼 보이기 때문에 아상이 아주 강해질 뿐 아니라 자신을 특별하고 선택된 사람으로 생각하기 쉽습니다.

(4) 믿음의 경우

의심수행의 특징은 믿음을 버리고 믿음을 뒤집어서 의심해 보는 것입니다. 그래서 믿음이 있으면 의심수행은 어렵게 됩니다. 그럼에도 믿음을 강조하면서 의심수행을 하고자 할 때 역설이 발생하고 혼란스럽게 됩니다.

또 믿음에서 수행을 시작하므로 의심수행이 한계에 봉착하기 쉽습니다. 적당한 수준에서 멈추게 되고 의심수행에서 얻은 경지를 새로운 확신과 믿음으로 삼게 됩니다. 집중수행은 믿음이 필수적입니다. 집중하면서 믿음이 더 강해지기도 합니다. 그래서 자신의 느낌과 확신을 절대 버리고 싶지 않는 일이 생깁니다.

(5) 알음알이의 경우

의심수행은 알음알이를 버리고 그 근거를 찾는 것입니다. 그래서 알음알이가 버려질 때 의심수행이 잘 된다고 볼 수 있습니다. 그러나 새로운 알음알이를 얻을 수 없을 때 의심수행은 지루해질 수 있습니다. 집중수행은 쉴새 없이 알음알이가 발생하므로 즐겁고 행복할 수 있습니다. 그리고 끝없는 수행으로 보이게 됩니다.

(6) 체험의 경우

의심수행은 어떤 체험이라도 인정하지 않습니다. 왜냐하면 개인적이며 주관적이기 때문입니다. 그러나 집중수행은 수많은 체험이 발생합니다. 무엇인가를 얻는다는 것은 자신의 기준이 더욱 강화된다는 뜻입니다. 그럼에도 불구하고 체험을 추구하는 집중수행은 매력적으로 보일 것입니다.

이와 같이 수행은 마음의 모습에 따라 상반된 두 가지 모습으로 나타날 수 있지만 부처님의 법은 현실 이해이므로 두 가지 수행이 모두 필요할 것입니다. 그래서 두 가지 수행의 내용을 강조하여 의정쌍수(疑定雙修)라고 이름 붙였습니다.

6. 인식의 구조

(1) 인식의 주객적 구조

사람이 사물을 인식하는 데는 자신의 입장이 관찰자가 되어 대상이 인식됩니다. 즉 자신은 주체라고 생각하고 대상은 객체로 생각합니다. 그렇지만 보통은 주체인 관찰자 자신을 인식하지 않다가, 대상이 인식되는 순간 자신이 존재한다는 사실을 확인하는 경우가 많습니다.

예를 들어 낮잠이 들었을 때 감각기관이 작동하는지 모르기 때문에, 자기가 어디 있는지 잠자는지 알지 못합니다. 그러다가 멀리서 뻐꾸기가 우는 소리를 듣고 잠이 깨면서, 자신이 누워 있었다거나 잠이 들었다는 사실을 알게 됩니다. 즉 객체적 대상이 인식되는 순간 자신을 느낀다는 뜻입니다.

이처럼 눈으로 볼 때와 귀로 들을 때, 손으로 사물을 만질 때는 자신과 대상이 분명히 구별되지만, 생각하는 경우는 생각하는 주체적 자신과 생각되는 대상인 논리와 감정이 잘 구분되지 않아서, 주체와 객체가 동일시되므로 주체와 객체를 잘 구별하지 못하게 됩니다.

예를 들면 '나는 옳다'라든가 '나는 슬프다'라는 생각을 할 때, 자신이 따로 있으면서 옳다는 생각을 하거나 자신이 따로 있으면서 슬프다는 생각을 한다고 이해하기보다 옳은 것이 나이며 슬픈 것이 자신이라고 생각하고 느낀다는 것입니다. 즉 주체적 입장과 객체를 혼동한다는 것입니다.

이러한 논리적 판단과 감정적 느낌을 자신과 동일시하는 것을 구별할 수 있도록 하기 위해서, 안경을 쓰고 있나고 표현하기도 하고 가면을 쓴다고 말하기도 합니다. 즉 인간은 논리적 판단을 하거나 감정적 느낌을 느끼는 자신이 있다고 생각하지 못하고, 논리적 판단이 자신이며 감정적 느낌이 자기 자신이라고 생각한다는 뜻입니다.

이것은 자기가 판단이나 느낌이라는 안경이나 가면을 쓰고 있다고 생각하지 않고, 판단이나 느낌을 자기 주체라고 생각한다는 뜻입니다. 그래서 판단이 바뀌면 주체가 바뀌었다고 생각하고 느낌이 바뀌면 자기 자신이 변했다고 생각하게 됩니다. 이때 판단이나 느낌을 자신과 구분해서 생각해 보기 위해서, 자신을 의심해 보는 것입니다.

(2) 인식의 연속적 구조

우리의 생각은 끊임없이 변하여 마치 흘러가는 강물처럼 앞생각이 지나면 뒷생각이 연이어 오는 것과 같습니다. 그리고 뒷생각이 앞생각을 대상으로 인식하고 자신이라고 느끼기도 합니다. 그래서 앞생각이나 뒷생각이 다르지 않고 연결되어 있지만, 앞생각과 뒷생각의 차이로 사물을 인식하게 됩니다.

이러한 인식의 구조로 인하여 우리가 눈으로 사물을 볼 때, 앞생각이 사물이나 대상의 영상이 되고 뒷생각이 주체인 자신이라고 느끼게 됩니다. 귀로 소리를 듣거나 손으로 사물을 만질 때도 그와 같아서, 감각기관을 통하여 인식된 감각이 대상이 되어 앞생각이 되고 뒷생각이 주체로 작용하여 사물을 인식하는 구조입니다.

그래서 눈으로 인식한 나무의 영상이 나의 생각이 되고, 귀로 들은 뻐꾸기의 소리가 나의 생각이 되는 것입니다. 그렇지만 그러한 나무의 영상과 뻐꾸기의 소리의 생각이 나를 만들고 나를 형성시키지만 동시에 그러한 영상과 소리를 인식하고 받아들이는 자신이 다시 존재한다는 뜻이기도 합니다.

(3) 인식의 불이적 구조

이때 눈으로 사물을 보면서 주체와 객체가 구분되는 것처럼 보여도, 객체라는 이미지가 나의 생각을 이루기 때문에 객체는 객체가 아니라 주체의 모습으로 연결되어 있으면서 둘이 아닙니다. 또 귀로 뻐꾸기 소리를 들으면서 자신과 뻐꾸기 소리가 구분되어도 뻐꾸기 소리가 나의 생각을 이루므로 뻐꾸기 소리와 나는 둘이 아닙니다.

이처럼 어떤 객체적인 대상이라고 하여도 감각기관을 통하여 인식된다는 것은 감각이라는 생각으로 나의 모습을 이루기 때문에 더 이상 객체로서 존재하는 것이 아니라는 뜻입니다. 그래서 모든 것은 마음[識]이라고 말하기도 하고 마음 밖에 한 물건도 없다고 할 뿐 아니라, 일체 세계가 내 마음을 이룬다고 말하기도 합니다.

(4) 법의 모습

모든 존재는 사물이며 동시에 내 마음입니다. 이것은 둘이 아닐 것입니다. 동시에 인간은 자신을 기준으로 사물을 인식하고 파악하기 때문에 존재는 존재이며 사물은 사물로서 둘이 됩니다. 그래서 법은 하나의 모습이 아니기 때문에 둘이면서 둘이 아닌 것이 동시적일 것입니다.

그렇지만 우리는 이러한 법의 모습을 모르고 감각기관으로 파악한 하나의 모습으로 법을 이해하려고 하거나 느낌이나 체험으로 법을 이해하려고 하므로, 때로는 둘의 모습으로 보고 때로는 하나의 모습으로만 이해하게 됩니다. 즉 법의 모습이 항상하게 적용되는 것이 아니라 때로는 하나로 때로는 둘로 봅니다.

눈으로 보거나 귀로 듣거나 손으로 만질 때는 주체와 객체의 둘로 나누어서 사물을 이해하지만, 옳은 것이나 속상하게 느낄 때는 하나의 모습으로만 인식한다는 뜻입니다. 이처럼 때에 따라서 다르게 이해하기 때문에 항상한 법을 알 수도 없고 추상적인 깨달음을 추구하는 경우도 있습니다.

또 이렇게 사물을 보고 듣고 느낄 때, 구분해서 마치 주체가 따로 있는 듯한 것을 작용에서 성품을 본다고 착각한 수행자도 있었습니다. 작용시성은 이러한 느낌에서 만들어진 용어입니다. 그러나 이것은 별개도 아니고 특별한 것도 아닙니다. 그래서 이러한 느낌을 부각시켜 깨달음이라고 주장하는 것이 중국 선종의 모습입니다.

XI. 버림 수행

문수보살

많은 복덕과 반야지혜를 상징하는 보살.
일반적으로 연화대에 앉아 오른손에는 지혜의 칼을,
왼손에는 푸른 연꽃을 들고 있다. 그러나 때때로
위엄과 용맹을 상징하는 사자를 타고 있기도 하고,
경권(經卷)을 손에 든 모습으로 묘사되는 경우도 많다.
문수보살은 지혜의 완성을 상징하는 화신(化身)이다.

1. 버림 염불

염불의 겉모습은 고성염불입니다. 우러나오는 억눌림을 높은 소리로 표출하고 그 마음속을 비워서 맑고 밝은 지혜가 드러나는 수행의 모습입니다. 그러나 외형적인 수행을 강조하면서도 마음의 구조를 알지 못할 때는, 높은 소리를 내기 어려울 뿐 아니라 염불 수행의 효과도 적게 됩니다.

고성염불이 보통 웅얼거리는 염불보다 소원을 성취하는 데 있어서 뛰어난 효과를 보이는 이유는, 짧은 시간에 감정적 장애를 쉽게 극복할 수 있기 때문입니다. 감정이나 감성적인 면은 우리에게 가장 현실적인 느낌을 줄 뿐 아니라 자신에게 결박될 수 있도록 하는 직접적인 원인이 됩니다.

그러므로 수행자나 소원을 빌고자 하는 사람에 있어서 가장 먼저 선행되어야 할 점은 자신의 감성적인 면을 탈피하는 데 있습니다. 그렇지 않으면 자신의 입장과 기준에 결박되어 현실감각을 벗어날 수 없기 때문에, 보편적인 법을 깨닫고자 하거나 소원을 성취할 수 있는 가능성이 적습니다.

우리 마음의 구조는 한 가지 면으로 이루어진 것이 아니라, 인식한계 안에 있는 부분과 도저히 알 수 없는 부분으로 구성되어 있습니다. 첫째 부분은 자신이 생각하고 판단하며 변화시킬 수 있기 때문에 자신의 생각이며 자기 마음이라고 생각할 수 있지만, 둘째 부분은 자기 마음대로 되지 않을 뿐 아니라 그런 부분이 존재하는지조차도 알지 못합니다.

그래서 첫째 부분은 지금 당장 생각하고 판단하며 느끼는 면이므로 현실적이며 무엇이든지 자신이 고칠 수 있다고 생각하며 또 고칠 수 있기도 합니다. 그러나 둘째 부분은 돌집의 기둥처럼 보이지 않고 인식되지 않지만, 자신의 내면의 기둥이며 바탕을 이루고 있기 때문에, 원래 자기 모습이라고 생각하고 바꿀 수 없는 팔자라고 생각하기도 합니다.

그렇지만 부처님께서 이 세상의 모든 것은 고정되어 있지 않다고 하신 말씀처럼, 변하지 않는 고유한 내면은 존재할 수 없습니다. 그럼에도 우리는 현재의 감각을 기준으로 자신의 내면이나 보이지 않는 성격적 문제 등이 변할 수 없는 자신의 모습이며 고정된 팔자라고 착각하고 살아가는 경우가 많습니다.

그래서 수행을 통하여 마음이 열리는 부분은 첫째가 아니라 도저히 알 수 없었던 둘째 부분이 될 것입니다. 안개 속이나 희미한 어둠 속에 있었던 장애가 해결되거나 풀어진 다음에, 비로소 그런 면이 있었다는 것을 인식할 수 있는 것이 심리적인 문제입니다. 내면의 문제는 논리적·감성적·개념적인 면 등이 있지만, 과거의 현재의식의 뒤끝일 뿐입니다.

수행자가 수행을 시작할 때 장애는 여러 가지 면으로 나타나지만, 머리로는 이해되는데 마음으로는 이해되지 않는다는 표현처럼 감성적인 면이 많습니다. 이런 감성적인 면을 벗어나는 데 가장 큰 효과가 있는 것은 수많은 수행법 가운데 단연 고성 염불입니다. 요즘 명상 수행이나 화두 수행도 있지만 침묵하는 수행은 자기 방식에 빠지기 쉽습니다.

그래서 고성 염불의 내면을 표현해 본다면 한 마디로 버림 염불이라고 부를 수 있습니다. 버린다는 것은 심리적 환경의 첫째 부분을 버린다는 것입니다. 첫째 부분과 둘째 부분은 연결되어 있기 때문에 아무리 버려도 끝이 없는 것처럼 느낄 수도 있지만, 먼지 나는 들판에서 거울을 닦는 것이나 펑펑 내리는 함박눈을 쓸고 또 쓰는 것이 수행의 모습입니다.

『화엄경』에 표현된 것처럼 중생이 끝이 없기 때문에 보살의 발원도 끝이 없다는 말이 있습니다. 우리의 삶은 먼지로 이루어져 있어서 먼지를 벗어날 수 없으며 먼지가 그대로 재산이며 행복입니다. 마찬가지로 겨울의 아름다움은 함박눈이므로 끝없는 적막감이나 보름달의 설경은 극락정토처럼 고요하며 그 포근함은 어머니의 품처럼 편안합니다.

그럼에도 불구하고 버림 염불을 하는 것은 버리고 또 버리는 가운데 생각의 구조를 발견하게 되며, 힘들고 어려운 감정들은 벗어버리고 우러나는 행복감을 발견할 수 있기도 합니다. 내가 원했거나 지금 원하고 있는 어떠한 한 생각도 모두 현재의식이며 만든 생각들이기 때문에 자신의 입장에 결박되는 효과를 발생시킵니다.

그래서 이 모든 생각들을 모두 버리려고 노력하는 것이 우리가 현재의식에서 느끼는 수행의 모습이지만, 실제로는 첫째 부분만 버려지고 청소되며 사라질 뿐이고, 둘째 부분은 전혀 사라지지도 않고 없어지는 것도 아니며 겨우 그 모습을 드러낼 수 있게 됩니다. 어느 정도 수행이 진행된 후에야 자신의 변화를 감지할 수 있게 됩니다.

마음의 구조를 잘 이해하지 못할 때는 버림 염불을 오해하여 버리는 것에 대하여 두려워하기까지 합니다. 모든 생각을 버리면 자신의 존재가 사라지거나 의미 없어진다고 생각하기도 합니다. 그래서 믿음을 강조하기도 하지만 수행이 깊어지면 자신의 믿음까지도 포기해야 비로소 수행이 성취될 것입니다.

특히 소원성취를 원할 때는 버림 염불이 아니면 소원을 이룰 수 없게 됩니다. 왜냐하면 자신의 입장이 강화되는 수행은 점점 남과 나를 나누고 구분하는 벽이 두텁게 되기 때문에 소원도 벽 속에 갇히게 됩니다. 그뿐 아니라 남과 구분된 소원이 이루어 질 때는 반드시 대가를 치러야 합니다. 이것을 무당식 기도라고 부를 수 있습니다.

버림 염불의 특징은 나의 기준과 입장을 벗어나는 경지에 가깝게 도달하기 위해서 노력하는 데 있습니다. 우리는 나의 기준을 떠날 수 있는 존재가 아닙니다. 그래서 나의 존재를 느끼는 감각기관을 정지시키고 모든 느낌을 벗어나기 위해서 집중으로 정근하는 것입니다. 집중수행의 결과는 부처님과 나를 모두 잊고 몰두하게 되는 것입니다.

이때 나의 한계를 극복하여 내면의 소원하던 모든 생각들은 일시적으로 모든 사람을 공감하게 만들어서 어떤 소원이라도 모두 성취할 수 있게 되는 것입니다. 크게 강조해서 말한다면 나라의 법까지 바꿀 수 있는 것이 수행의 힘이며 버림 염불의 효과라고 할 수 있습니다.

또한 버림 염불은 참선과 다르지 않습니다. 어떤 생각이라도 버리고 또 버리면 마침내 억눌렸던 모든 어리석음을 벗어나서, 막혔던 생각은 자유로워지고 부처님의 일체법이 드러나는 것은 시간문제일 것입니다. 버린다는 것은 자신의 입장이 본래 없었다는 것을 발견하는 것과 다르지 않습니다. 그래서 고성염불의 내면은 버림 염불입니다.

● 버림 염불
1. 염불 수행의 두 가지 효과 — 깨달음의 공부, 소원성취
2. 염불의 원리 — 첫째 부분은 버림(논리), 둘째 부분은 변화(감정)
3. 마음의 두 가지 부분
4. 염불의 형식 — 외면적 고성 염불, 내면적 버림 염불
5. 소원성취의 원리 — 버림 염불은 나를 버려서 전체에 동화되는 것, 일시적 심리상태를 나라는 개체가 사라지는 상태로 만드는 것
6. 감정의 현실감이 주는 두 가지 효과 — 추상성을 벗어나서 현실을 타파하는 방법
7. 자기의 입장을 떠나는 방법

2. 버림 수행의 세 단계

모든 것은 머물러 있지 않아서 잡을 수 없기 때문에, 부처님 법은 일체를 버리는 것이라고 할 수 있습니다. 그래서 수행은 버리는 과정이므로 버림 수행이라고 부를 수 있습니다. 버림 수행은 3단계로 나눌 수 있습니다. 법을 하나의 모습으로 알고 있는 세간의 모습을 1단계라고 하고, 하나로 알고 있는 어리석음을 깨뜨리는 1차 깨달음을 2단계라고 하며, 깨달았다는 체험의 인식을 버리는 2차 깨달음의 3단계로 구별할 수 있습니다.

수행을 깨달은 단계에 따라 3부분으로 나누는 이유는 깨달음으로 인한 알음알이가 수행자에게 큰 영향을 끼쳐 전혀 다른 심리적인 모습을 보이기 때문입니다. 특히 1차 깨달음의 체험은 태어나서 처음으로 깨닫는 것이므로, 깨달은 순간의 심리적 전도는 한계가 없어서 순간적 착각은 자기 마음대로이므로 가장 버리기 어렵습니다. 또 한 번 깨달은 느낌을 근거로 새로운 느낌을 추구하게 되므로 2차 깨달음은 거의 불가능하기도 합니다.

깨달음이란 왜곡된 자신만의 입장이 깨어지는 순간에 느낄 수 있는 현상입니다. 그렇지만 처음부터 단단한 자신만의 입장이 깨어질 수는 없을 것입니다. 그래서 집중수행을 통해서 잘못된 생각을 완화시키고, 유동성 있게 만드는 과정이 필요할 것입니다. 집중수행이 아니면 잡다한 생각의 끝을 쫓아다니므로 생각의 뿌리를 살피기는 어려울 것입니다.

또 집중수행은 자신의 입장을 기준으로 수행하는 것이므로, 아상이 더욱 강화될 수도 있습니다. 그럼에도 집중수행을 권장하는 이유는 집중수행을 통해서 현실감을 주던 감정적 찌꺼기가 청소되면, 마치 따사로운 봄 햇살에 그림자가 뚜렷이 드러나는 것처럼 자기 생각의 이면의 모습이 드러날 수 있기 때문입니다.

우리는 감각기관의 느낌의 확실성으로 인하여 자신의 존재를 확인하는 동시에, 사물을 대상화시키면서 한 가지 면으로 인식하게 됩니다. 이러한 단순 인식은 자신의 사고방식을 단순 논리나 직선 논리로 채워서 사물에 대한 고정관념이 정착하게 됩니다. 사물이 한 가지 면이 아닌 것처럼 우리의 관념도 이면이 있음에도 불구하고 잘 드러나지 않습니다.

그래서 집중수행은 "이것이 있으면 저것이 있을 수밖에 없다."는 연기의 구조를 확인할 수 있는 계기가 될 수도 있지만, 구하는 목표가 있으면 이러한 구조가 잘 드러나지 않게 됩니다. 또한 경지를 추구한다면 한 가지 면을 쫓아가게 되므로, 생각의 구조가 드러난다고 해도 그런 것들이 보이지 않게 됩니다.

그래서 집중수행하는 수행자는 어떠한 목표나 경지나 생각이라도 구하지 않는 것이 가장 쉽게 공부할 수 있는 방법이 될 것입니다. 티끌만 한 생각이 남아 있더라도 지혜의 눈을 가리는 장애를 이루게 됩니다. 그렇지만 아무 생각도 하지 않는 것은 아닙니다. 왜냐하면 현재 의식의 짓는 바 생각을 하지 않을 때 잠재된 생각들은 더 많이 나기 때문입니다.

혹시 어떤 수행자가 텅 빈 경우를 생각한다거나 허공을 상상하는 경우도 있을 수 있지만, 그것은 짓는 생각의 한 가지 모양일 뿐입니다. 우리 존재는 신진대사를 멈출 수 없기 때문에, 생각의 작용을 하는 뇌도 일순간의 멈춤도 없습니다. 또한 뇌파도 정지상태는 없습니다. 그것은 언제나 어떤 형태의 생각이라도 할 수밖에 없다는 것입니다.

깨달음의 경지란 멈추는 것이라든가 비어 있다거나 허공과 같다거나 하는 느낌과 같지 않습니다. 설사 그런 느낌이 발생한다고 해도 깨달음은 경지가 아니기 때문에, 그 느낌을 깨달음이라고 하지는 않습니다. 하필 깨달음이라고 부르는 것은 깨닫기 전과 깨달은 후의 심리적 상태가 전혀 다르기 때문입니다. 어떤 새로운 사실을 획득하는 것과는 다릅니다.

그래서 자신의 입장을 분명히 세우고 집중수행하는 것은 깨달음과는 전혀 반대 방향일 수밖에 없습니다. 이러한 한계를 극복하는 방법으로 논리적 충돌을 통한 의심을 제시하고 그 의심이 화두가 될 때, 집중수행은 생각의 길이 끊어진 것을 발견할 수 있게 하고 은산철벽을 발견할 수 있게 만들어 주기 때문에 참선 수행이라고 부릅니다.

그러나 혼자서 참선 수행한다는 것은 자신의 내면에 논리적 충돌을 발견하는 것이기 때문에 쉽지 않습니다. 그래서 처음부터 논리적 관찰을 하면서 염불이나 진언으로 정근하되 집중적으로 수행한다면, 자신의 생각이 뚜렷하고 분명하게 됩니다. 그런 다음 이치에 대한 토론을 할 수 있다면 이러한 문제는 어렵지 않게 됩니다.

이러한 수행 1단계를 지나면 누구나 깨달음을 얻게 됩니다. 마치 긴 물소 뿔에 들어간 쥐가 갈 길이 없어지는 것처럼 수많은 질문과 정근 수행을 통하면 마침내 말길이 끊어지고 은산철벽이 무너지는 순간이 그대로 깨달음의 통로라는 것을 알게 될 것입니다.

수행 1단계에서 가장 어려운 것은 자신을 버리는 것입니다. 자신의 알음알이를 버리고 자신의 신념과 확신 또는 믿음을 포기하는 것은 한 번도 가보지 않은 길을 가는 것과 같습니다. 그 길에는 적막하고 고요하거나 맑고 차분한 명상은 없습니다. 오직 칠흑 같은 어둠만 있을 뿐입니다.

수행 2단계는 깨달음의 단계입니다. 구태여 이렇게 표현하는 것은 1단계와 수행방식이 전혀 다르기 때문입니다. 같은 점은 버리는 데 있지만, 대부분의 수행자가 갈 길을 잃고 헤매는 단계입니다. 왜냐하면 1단계가 갈 길이 막혀서 가는 길이 분명한 반면에, 2단계는 길이 너무나 많아서 도저히 갈 수가 없다는 것을 알기 때문입니다.

수행 2단계의 가장 큰 특징은 모든 것을 말로 답변할 수 있는 반면에, 자신은 자신의 말과 알음알이와는 전혀 다르다는 것을 잘 안다는 것입니다. 즉 모든 것이 자신의 알음알이의 한계 안으로 보이기 때문에, 자신이 알음알이에 빠졌다고 생각하지 못하고 자신이 가장 올바른 것으로 보이기 때문에 다른 사람의 말이 잘 안 들린다는 것입니다.

수행 3단계는 깨달음의 체험이 자신의 느낌이므로 인식의 오류를 벗어나는 것입니다. 또 깨달음과 깨닫지 않은 것이 둘이 아님을 알고, 자신이 깨달은 모든 것을 버리기 위해 노력하는 단계입니다. 깨달은 바가 자신의 느낌에 근거하고 있다는 것을 이해하는 단계입니다. 여기서는 혼자서 집중수행하면 더욱더 자신의 생각에 빠져들 수 있기 때문에 집중수행과 전법의 두 가지 방법으로 가능합니다.

그리고 수많은 질문과 답변을 통한다면 자신이 깨달은 체험의 한계를 벗어날 수 있게 됩니다. 그래서 자신의 체험의 한계를 벗어나서 모든 사람이 이해하고 느낄 수 있는 법을 공부하는 것입니다. 그래서 자신만의 삶의 의미가 사라지게 될 것입니다.

3. 버림 수행 3단계의 이론적 근거

　버림 수행 3단계는 깨닫기 전과 1차 깨달음, 그리고 2차 깨달음 으로 나누어 수행을 구분하였습니다. 이것은 고성제와 인성제의 질문을 근거로 나눈 것입니다. 고성제는 '고통이란 무엇인가?'라는 질문으로 개념의 오류에 대한 질문이며, 인성제(집성제)는 '고통의 원인은 무엇인가?'라는 질문으로 인식의 오류에 대한 질문이며 깨 달음은 왜 일어나는지 묻는 것입니다.

　보통 사성제는 4가지 거룩한 질문이라는 뜻이지만 2가지 질문 밖에 없고 나머지 2가지는 설명이며 해설일 뿐입니다. 고인멸도라 는 말은 법을 알지 못하는 사람에게 공부하고 수행하는 차례를 설 명하는 말로서, 멸성제나 도성제는 마음의 법으로 볼 때 듣기만 그 럴 듯할 뿐 논리에 맞지 않습니다.

　왜냐하면 마음의 법은 고성제라는 질문의 대답으로 개념 타파 를 설정할 수 있고 인성제라는 질문의 대답으로 개인적 깨달음의 체험을 버리는 것으로서, 고성제라는 질문의 답변으로 더 이상 멸 할 만한 고통을 찾을 수 없으므로, 멸성제는 아무 의미 없는 말이 될 것이며, 도성제는 더욱이 멸하는 법이 따로 있는 것이 아니기 때문입니다.

다시 말하면 객관적인 입장에서 고통이란 무엇인지 알고 고통의 원인을 알아서 고통을 멸한 후 고통을 멸하는 법을 이해한다고 설명하는 것은, 자신의 마음에서 '고통이란 무엇인가?'라는 문제가 해결되는 순간 고통이 본래 없다는 논리처럼 사성제의 의미조차도 본래 없는 것처럼 사라져 버리는 것을 몰랐기 때문에 듣기에 그럴듯한 논리로 표현한 것입니다.

또한 '고통의 원인은 무엇인가?'라는 질문은, 만약 고통을 벗어나서 고통이라는 존재는 본래 없다는 것을 깨달았을 뿐만 아니라 고통이 행복과 다르지 않고 고통의 모습과 행복이 둘이 아니라는 것을 깨달았더라도, 고통을 인식하는 오류에 대해서는 잘 모르기 때문에, 또다시 고통이 존재하는 문제를 해결해야 합니다. 이것은 경허 선사의 임종게에서 제기되었던 문제입니다.

그래서 고성제와 인성제를 공부의 단계로 이해하여 고성제를 깨달으면 수행 2단계라 할 수 있고, 인성제를 깨달으면 수행 3단계라고 할 수 있지만, 보통 수행자들은 1단계의 수행만 수행이라고 생각하고 수행 2단계에서는 더 이상 수행이 필요하지 않을 것이라고 생각하는 경우가 많습니다. 왜냐하면 1차 깨달음 때문에 수행이라는 개념조차도 의미가 불분명해지기 때문입니다.

그래서 처음부터 이런 단계를 잘 알아서, 공부하는 가운데 큰 혼란을 만나더라도 수행을 버리지 말고 일체법을 깨달을 때까지는 물러서지 말아야 될 것입니다. 수행자가 조금 느끼고 조금 알음알이를 얻어서 행복을 느낀다면, 모든 것이 연결된 세계 속에서 자신만의 문제도 해결하지 못하게 될 뿐 아니라, 다른 어떤 사람의 고통도 해결하지 못하게 될 것입니다.

마침내 일체법을 깨닫고 모든 존재를 해탈하여 자신의 삶이 더이상 자신의 것이 아닐 때가 되어야 비로소 모든 존재의 고통을 해결할 수 있게 되고, 일체 공덕을 짓도록 하여 불국토를 성취하는 제불보살님의 원력을 이룰 수 있게 될 것입니다.

또 자신의 느낌(편안함, 허무함, 슬픔, 외로움, 무서움)을 자신이라고 하고, 그것을 사실이라고 생각하는 사람은 부처님 공부를 할 수 없습니다. 왜냐하면 고통을 연구할 수 없기 때문입니다. 고통을 자신의 것이 아니라고 생각하지 않는다면 고통을 해결하지 못할 뿐만 아니라 자신을 연구할 수 없게 된다는 뜻입니다. 공부의 시작은 자신의 느낌을 믿지 않는 데 있습니다.

수많은 고통을 수행의 힘으로 극복하고 또다시 발생할 수 있는 일체 고통을 연구해서 두 번 다시 고통에 빠지지 않아야 비로소 알음알이를 벗어날 수 있고 공덕을 지을 수 있게 되며, 부처님의 법을 잘 이해할 수 있게 될 것입니다. 법을 깨닫는다는 것은 자신의 느낌을 벗어난다는 것과 다르지 않습니다.

부처님 법이 다른 모든 공부와 다른 이유는 공부의 방법과 과정과 내용이 개인의 느낌에 근거하지 않는 것이기 때문이며, 부처님 법이 다른 모든 공부보다 빠르고 쉬운 이유도 개인의 느낌을 근거로 하지 않기 때문입니다. 그뿐 아니라 공부 길로 들어가는 큰 통로가 개인의 느낌을 연구하는 데 있고, 깨달음의 체험도 느낌이 깨뜨려지는 것으로 나타나기 때문입니다. 그래서 처음 깨달은 사람이나 조금 깨달은 사람에게도 단막증애에 대한 표현이 많습니다.

반면에 부처님 법이 아닌 대부분의 가르침들의 특징은 개인적 느낌을 근거로 하며 개인의 시각적 체험을 중요시합니다. 특히 몸을 중심으로 수행하는 일지 이승헌의 단학이라든가 청산의 단전호흡 등은 몸을 닦고 몸의 느낌을 중시하지만, 개인의 중심에서 수행하는 것이므로 항상 개인의 느낌을 기준으로 수행하게 되어 개인의 입장을 벗어날 수는 없습니다.

또 최근 우명 선생의 마음수련회가 있어서, 버리는 수행을 '빼기 수행'이라는 이름으로 유행시키고 있습니다. 그러나 동양의 전통적인 방법으로 마음을 수행하고 버리는 것을 강조하지만, 생각을 만드는 관법을 강조하는 명상이 많으며, 논리적 접근보다 격외적이며 신비적인 표현을 사용하면서 감성적으로 접근하고 있습니다.

버리고 살피는 수행은 비슷하게 보일지라도, 버릴 수 없는 것을 버리라고 하거나 잡을 수 없는 것을 잡으라고 하는 면이 많습니다. 그뿐 아니라 버린 자리에 우주 정신이나 자유로운 마음 등 추상적인 개념을 창안하고 있습니다. 그래서 시작할 때는 급한 효과를 보면서 느낌이 올 수 있지만, 시간이 지날수록 추상적이며 신비적인 방향에 끌려가기 쉽습니다.

이러한 가르침은 비논리적이기 때문에 비판하고 분석하며 원인을 탐색한다면, 마침내 자신의 체험을 바탕으로 하면서 많은 사람들의 아픈 곳을 어루만져 줄 수 있는 임시방편을 만들 수는 있겠지만, 자신의 체험이 발생한 원인이나 고통의 해결책을, 미봉책으로 대체함으로써 계속성을 상실하게 되어 제2의 우명 선생은 없을 것입니다.

이러한 원인은 수행 1단계에서 수행 2단계로 가는 사다리를 제시하지 못했기 때문입니다. 깨달음이 단절되어 있어서 아주 특별한 사람만 깨달을 수 있다면, 평범한 길이 아닐 것입니다. 그러나 부처님께서는 고성제를 질문하심으로써 누구나 자신의 느낌을 벗어나서 깨달을 수 있는 길을 보이셨습니다.

수행 2단계는 보이는 대로 길이기 때문에 가기만 하면 큰 일을 성취시키면서 자신에게는 큰 병이 됩니다. 두 번 다시 버리고 싶지 않은 큰 성과를 내기도 하지만, 자신의 큰 집착의 원인이 될 것입니다. 잡을 수 없다고 하면서 잡고, 갈 수 없다고 하면서 가는 것이 이 단계에 있어서 자승자박의 지혜입니다. 수많은 선각자들이 부처님과 다른 이유도 여기에 있습니다.

부처님께서는 여기서 다시 고통의 원인[因聖諦]을 질문하심으로써, 큰 공덕을 짓는 깨달음도 또다시 새로운 알음알이라는 것을 보이셨으니 수행 3단계입니다. 그래서 어떤 가르침도 뗏목일 수밖에 없다는 것을 보이신 부처님께서는, 일체를 전하시면서도 어떠한 것도 전하지 않으셨습니다. 어떠한 깨달음의 자취도 사라진 것이 부처님의 지혜일 것입니다.

4. 집단토론(버림 수행 1-1)

(1) 집단토론의 연원

부처님께서는 출가하여 당시 인도에 유행하고 있었던 집중수행에 몰두하게 됩니다. 쌓은 것은 무너진다는 간단한 논리로 6여 년에 걸친 집중수행과 고행을 포기하신 부처님께서는 일주일간 출가수행의 원인을 돌이켜보게 됩니다. 그리고 문득 새벽 별의 반짝임을 인식하는 것이 전혀 능동적인 일이 아님을 깨닫습니다.

이에 모든 고통은 알음알이에서 비롯함을 발견하셨으며, 알음알이의 병을 고칠 방법은 듣는 사람이 이해하는 알음알이로 고쳐야 했으므로, 일체법을 논리적 알음알이로 설명하기 시작했습니다. 또 고통을 해결할 수 있는 방법은 대화이며 소통이었으므로 전법이라는 이름의 대화가 시작되었습니다. 즉 불교는 논리적 대화에서 시작된 것입니다.

그러나 대부분의 사람들은 '감각기관으로 인식하는 모든 것'이 알음알이라는 사실을 상상조차 해 본 적도 없었기 때문에 깨달음이라는 용어로써 새로운 앎을 제시하게 되었습니다. 그렇지만 깨달음이나 지혜라는 이름의 앎도 역시 알음알이였으며 새로운 것은 없었으므로, 『금강경』에서는 "일체중생을 제도하였으나 제도된 사람은 아무도 없다."고 표현하고 있습니다.

이러한 법의 성격으로 인하여 『범천청불경』에서는 "조용한 것을 아는 순간 조용한 것은 더 이상 조용한 것이 아니다."라고 강변하고 있음에도 불구하고, 후세 학자들은 "부처님께서 양극단을 버리는 중도를 설하였다."는 초전법륜 때 교진여의 말을 부처님의 가르침이라고 기록함으로써, 중도는 새로운 개념으로 등장하게 되어 우리의 삶과 앎이 언제나 양극단으로 인식된다는 사실은 잊혀지고 말았습니다.

또한 용수는 『중론』에서 버리는 것을 설명하기 위하여 공 사상을 천명하고 이제설을 제창하였지만, 중도처럼 또다시 하나의 새로운 가설이 되고 말았습니다. 어떤 법이라도 한 가지 모습이 아니므로 이제설을 제기하지 않아도 진제와 속제가 동시에 존재하지만, 『중론』의 이제설로 말미암아 학자들은 편리에 따라 한 가지 입장에 서게 되었습니다.

그뿐 아니라 『중론』에서는 결론을 내리는 순간 법이 하나의 모습으로 인식되어 이치에 어긋남에도 불구하고, 희론을 버리기 위해 자성이 없음을 공이라고 하는 결론을 내리게 되었습니다. 이것은 법을 말로 표현할 수 없음을 강조하게 되어, 토론이나 질문을 멀리하고 믿음을 중시하는 대승불교 형성의 원인이 되었습니다.

(2) 집단토론의 중요성

사성제라는 이름으로 전해졌던 질문의 가르침은 믿음이라는 형식으로 인하여 역사의 뒤안길로 사라졌다가, 참선이며 선문답이라는 이름으로 다시 등장하였습니다. 그러나 누가 언제나 들어도 좋았고 옳았던 부처님의 말씀이 비밀스러운 이치로 둔갑하여 이심전심의 모습으로 등장한 것은 알음알이의 병폐 때문이었습니다.

알음알이를 부정하고 극복하기 위하여 묵언이나 논리적 한계, 또는 언어적 한계 등의 다양한 방법이 동원되었다가 마침내 비밀스러운 심지법문으로 표현되었습니다. 그러나 이러한 선문답의 비밀법도 알음알이를 극복하지 못하고, 도리어 참선이 알음알이 선이 되었습니다. 이에 대혜 스님은 하나의 추상적인 화두를 잡고 모든 알음알이를 부정하는 간화선을 주창하였지만, 역시 침묵으로 빠지게 되어 말 없음이 수행의 모습이 되었던 것입니다.

부처님께서는 깨닫자마자 제일 먼저 제기한 문제점이 알음알이였던 것처럼 팔만사천의 법문과 당신의 금언금구도 알음알이를 벗어나지 않는다는 것을 잘 아셨기 때문에, 모든 법은 버리는 데서 깨달아진다고 표현하시면서도 알음알이를 떠난 법이 있다고 말씀하지는 않았습니다. 이런 알음알이를 벗어나는 방법은 알음알이를 이해하는 데 있다고 하겠습니다.

그러므로 법을 공부하는데 제1단계는 단체토론을 통해서 누구나 말할 수 있는 방법으로 알음알이를 이해하는 데 있습니다. 염화미소처럼 남들이 알지 못하는 것을 두 사람만 말하는 것이 아니라,

대중이 모여서 다 같이 듣고 다 같이 고쳐갈 수 있는 것이 공부라
는 뜻이며 수행이라는 뜻입니다.

(3) 집단토론의 문제점

그러나 이러한 집단토론은 다양한 문제를 발생시키기도 합니
다. 질문하는 사람이 자존심을 상하게 할 수도 있고 답변하는 사
람이 상처를 주기도 합니다. 그래서 이러한 문제를 보완할 수 있는
장치가 집중수행입니다. 9시간 정도의 집중수행은 어지간한 감정
적 상처를 모두 치유할 수 있으며 법을 연구할 수 있는 시간이 될
것입니다.

또 토론이나 상담은 집중수행의 재료가 됩니다. 외형적 문제 제
기가 없는 내면적 성찰은 아집에 사로잡히기 쉬우며, 집중수행 없
는 상담 토론은 자기중심적이며 비논리적인 주장이 되기 쉽습니
다. 상담 토론은 집중하고 몰두할 수 있도록 에너지를 제공해 주
고, 집중수행은 상담 토론에서 제기된 문제점을 깊이 있게 돌이켜
볼 수 있는 시간이 될 것입니다.

이것은 마음의 구조가 두 부분으로 크게 대별되기 때문에 일어
나는 현상입니다. 집중수행은 현재의식을 버리고 잠재의식의 문
제점을 해결하는 것이라면, 집단토론은 잠재의식을 건드리지 않
고 현재의식의 문제점을 해소하는 것에 속합니다. 즉 집중수행은
감성적 문제를 해소하고 집단토론은 논리적 문제를 해결한다고 볼
수 있습니다.

이렇게 대중이 수행하는 것은 누구나 물을 수 있고 누구나 답변할 수 있는 구조를 갖추어서, 옳고 그름을 따질 수도 있지만, 누구나 자신의 입장에서 자신의 방식으로 자신을 표현하는 동시에 가르치는 사람도 누구나 들어서 이해될 수 있는 방식으로 답변하여, 다 같이 이치를 연구하면서 공부하는 방법입니다.

　그러나 듣는 사람에게는 자신의 문제가 아닌 대화가 알음알이가 되어 또 다른 병이 될 수도 있었기 때문에, 옛 조사스님들은 이심전심이라는가 선분납처럼 입실 점검을 강조하여 수행자를 일대일로 상대하여 질문에 답변하는 방식으로 공부를 이끌었습니다. 그러다 보니 신비적인 시각이 생겨서 남들이 모르는 무엇인가를 특별히 전한다는 오해를 받기도 했습니다.

5. 집중수행(버림 수행 1-2)

(1) 집중수행의 연원

집중수행은 인류역사상 오랜 옛날부터 수행됐던 방법이었습니다. 불교뿐 아니라 고대 인도의 대부분의 수행자들이 행하였던 '요가'가 집중수행이었습니다. 또 중국에서도 도교라는 이름하에 집중수행이 행해졌습니다. 그러나 어떤 사상적 체계에 의한 것보다 체험적으로 집중을 한 상태에서 평상시와 다른 경지를 느꼈기 때문입니다.

불교에서는 부처님께서 열반에 드신 후 수행자들은 공부하는 방향을 모색하다가, 법을 들을 수 있는 마음의 준비를 하게 만드는 집중수행(사마타: 定)과 선지식과 대화하고 토론하면서 법을 연구(위빠싸나: 慧)하는 두 가지 방식을 채택했습니다. 이것은 천태의 지관타좌, 또는 정혜쌍수라는 이름으로 전해지고 있습니다.

그러나 반야경전이나 『중론』의 이제설은 법의 말할 수 없는 부분을 부각시켰습니다. 한 마디로 잘라서 단정적으로 말할 수 없지만 다양성을 내포한 법의 모습은, 공 개념의 정립과 더불어 법에는 말로 할 수 없는 부분이 있다고 오해하게 되었습니다. 그래서 수행도 집중수행과 믿음을 중시하는 경향으로 변하게 되었고 이러한 흐름은 오늘날까지 전해지고 있습니다.

불교의 집중수행과 달리 여타의 종교나 가르침에서 강조하는 집중수행의 내용은 기운이 모이는 것을 느끼는 데 있었습니다. 여기서 기운의 문제를 다루는 것과 기운을 배제하는 두 가지의 다른 종류의 수행으로 설명할 수 있습니다. 기운을 모으는 것이 목적이 아니라 해도 결과적으로 기운이 보이는 수행으로 가장 흔한 깃은 호흡 수행이었습니다.

호흡에 집중하는 수행에는 호흡을 조절하지 않고 다만 관찰함으로써 정신집중을 하는 수행도 있었고, 호흡을 절대시하는 사상적 전통에 기인하여 적극적으로 호흡을 조절함으로써 천지의 기운이 잠재된 호흡의 기운을 모아 육신해탈을 구하거나 신선을 성취하고자 하는 집중수행도 있었습니다.

또 선정에 이르면 지혜가 저절로 드러날 것이라고 생각하는 경우도 있지만, 선정과 지혜를 연결할 수 있는 논리는 없습니다. 선정은 집중으로 내면적 번뇌를 끊는 작용이며 지혜는 외면을 살피는 것이므로 서로 보완적인 입장입니다. 선정으로 도달하는 경지를 삼매라고 부르고, 지혜 있는 삼매와 지혜 없는 삼매로 나누기도 합니다.

(2) 집중수행의 종류와 효과

집중수행은 집중의 대상에 따라 여러 가지가 있습니다. 이치가 막히는 화두부터 경전, 부처님의 명호, 진언(다라니), 또는 경전의 이름까지 다양합니다. 화두는 논리적으로 벽을 발견하게 만들어서 저절로 생각이 집중되도록 하는 수행이며, 경전을 대상으로 하는 수행은 『금강경』이나 『법화경』 또는 『화엄경』을 읽는 간경 수행과 서사하는 사경 수행, 외우는 독경 수행 등이 있습니다.

또 부처님의 명호를 부르는 염불은 관세음보살, 나무아미타불을 소리 내어 부름으로써 정신을 집중하고 잡념을 버리는 수행이며, 진언은 옴마니반메홈이나 신묘장구대다라니를 108번이나 10만 번 독송하는 경우도 있습니다. 그 외에 나무묘법연화경이라는 경의 제목을 외우는 수행도 있고 108배나 3천 배를 올리는 수행도 있습니다.

집중은 어떤 종류의 대상을 선택하더라도 그 효과는 비슷합니다. 그러나 대상의 의미에 따라서 치구심이 생기는 경우도 있으므로, 수행자는 주의해야 합니다. 집중수행의 가치는 과정에 있으며 목적은 버리는 데 있음에도 불구하고 목적 지향적일 때는 얻었다는 병과 알았다는 병이 생길 수 있습니다.

(3) 집중수행의 문제점

집중수행의 문제점을 가장 먼저 지적하신 분은 부처님이셨습니다. 모든 것은 변하여 머무를 수 없으므로, 고정된 경지를 추구하는 것은 어리석음일 것입니다. 부처님께서는 "쌓은 것은 무너질 수밖에 없다."라는 표현으로 노력해서 만드는 것은 노력을 멈출 때 사라지는 것임을 밝혔습니다. 그러므로 집중수행을 강조할 때 마치 일념이나 삼매라는 상태가 존재한다고 생각하거나, 그런 경지에 도달해야만 '깨달을 수 있다'고 생각하는 것은 잘못된 생각입니다.

또 번뇌를 버리려고 집중수행하다가 도리어 아상만 늘어나는 문제가 있음에도 집중수행은 공부하는 데 중요한 과정입니다. 특히 출가 집중수행은 법을 연구하고 치우친 자신만의 입장을 교정하여, 짧은 시간에 법을 듣고 이해하는 데 큰 역할을 합니다. 법을 공부하고자 하는 수행자는 집중수행의 이익과 병폐를 바르게 알고 공부하는 게 필요할 것입니다.

(4) 집중수행의 실제

집중수행의 특징은 밖으로 구하는 생각을 멈추고, 의도적으로 한 가지 개념에 집중하려고 노력하는 방식으로, 사소하고 잡다한 생각들을 청소하는 것입니다. 이 수행은 수행자의 성격과 심리적 문제점으로 인하여 끊임없이 발생하는 잡념들을 지속적으로 제거해 가는 노력이기 때문에 연속적인 수행이 요청됩니다.

그래서 이러한 집중수행의 효과가 발생하려면 적어도 3·7일 동안의 출가 수행이 필요합니다. 왜냐하면 하루 9시간 수행을 하고

도 예전과 동일한 환경으로 돌아가서 잠자고 온다면, 수행 공덕은 반이나 줄어들게 될 뿐만 아니라 수행의 효과가 지속되기도 어려울 것입니다. 그래서 단기 출가와 대중 생활은 집중수행의 필수 조건입니다.

물론 출가가 수행의 목적은 아닙니다. 집중수행의 목적은 그동안 자기 방식대로 살면서 치우친 상태를 교정하며, 특히 감정적 치우침을 극복하여 법을 잘 들을 수 있는 입장으로 만드는 데 있습니다. 수행은 연속적으로 집중해야만 효과가 뚜렷해집니다. 왜냐하면 집중의 효과는 조금씩 내면으로 들어가기 때문입니다. 그래서 수행하면서 듣는 법과 수행 없이 듣는 법이 다르게 들린다는 것을 발견할 수 있게 될 것입니다.

6. 본래 없음(버림 수행 2-1)

(1) 처음 깨달음 : 본래 없음

버림 수행의 두 번째는 '본래 없음'의 단계입니다. 본래 없다는 것은 『육조단경』에 나오는 용어로서 반야 사상을 수행자의 느낌으로 표현한 말입니다. 그러나 사람의 느낌이란 상대적이므로, 큰 고통을 느끼며 수행하던 사람은 그 생각이 무너지면서 갑자기 눈앞이 밝아지고 편안해지면서 고통이 본래 있었던 것이 아니라는 사실을 깨닫게 됩니다.

자신의 느낌을 근거로 세상을 살던 사람들은, 혹시 수행을 하여도 역시 자신의 느낌을 근거로 수행 과정을 겪기도 하고 수행의 경지를 이루었다는 착각을 하게 됩니다. 그리고 그러한 체험과 경험을 수행의 근거로 삼기도 합니다. 그래서 고통 속에서 고통이 무너지는 것을 체험했을 때 그 체험만이 진실이며 다른 모든 것은 허망하다고 생각하게 됩니다.

이러한 과정에서도 수행자가 자신의 느낌을 믿지 말고 꾸준히 자신을 살피게 되면, 세월이 흐르면서 점차 그 느낌은 희미해지면서 자신의 확신만 남게 됩니다. 그러나 이때도 집중적으로 수행하고 정진한다면 희미해지던 기억이 다시 또렷하게 살아나면서 자신의 확신은 더욱더 강해지고 모든 현실은 더욱더 멀어지게 되는 경향이 나타날 수 있습니다.

이때 드러나는 경향은 심리적으로 느끼는 것과 현실의 괴리입니다. 문제는 입으로 어떤 이치라도 말로 하면서 불가능한 일이 없지만, 몸과 마음은 전혀 그렇지 않다는 것이며, 수많은 고통을 겪은 세월을 본다면 온몸으로 체험한 경지가 더욱 현실적이라고 생각될 뿐 아니라 수많은 논리와 깨달음일지라도 다 아는 것처럼 느껴진다는 것입니다.

수행자가 이러한 경계에 닿으면 얻은 것과 느낀 것이 너무 크고 즐겁기 때문에 그 자리에 머물고 벗어나기 어렵습니다. 그래서 현실과 체험의 괴리를 말로 잘 표현해 본다면 듣는 사람에게는 역설적으로 느껴지게 되고 격외라는 표현을 쓰기도 합니다. 또한 남을 고쳐주려는 자비심이 들기도 하지만 잘났다고 역설적인 말을 하면서 남을 비웃기도 합니다.

이렇게 본래 없다는 것을 느낀 사람은, 남에게 이것만 느끼면, 곧 이러한 깨달음의 체험만 할 수 있다면 모든 고통을 벗어날 수 있다고 말하기도 합니다. 그런 말은 사실이 아니지만 자신의 믿음은 확고합니다. 역사적으로 수많은 수행자가 이런 느낌과 체험을 깨달음이라고 착각하고 수행을 그만두기도 하였고, 스스로도 자신이 위대한 사람이 되었다는 착각에 빠지기도 했습니다.

그러나 왜 그러한 체험이 발생했는지 또는 인간의 느낌이란 얼마나 믿을 수 없는지에 대한 고찰은 없습니다. 그냥 느꼈다는 것이기 때문에 믿으라고 우긴다거나, 원래 그렇다거나, 그냥 느끼라고만 하기도 합니다. 그러나 이러한 말들도 어느 정도 맞는 면도 있으며, 공부하는 과정에 겪을 수밖에 없는 문제이기 때문에 일시적인 경향이라서 시간이 지나면 아무 일도 없었다는 것처럼 회복하게 되지만, 수행하면서 경지를 추구할 때는 문제가 생깁니다.

(2) 깨달음의 알음알이

격외는 이러한 심리적 과정을 거치면서 발생합니다. 격내가 형식적이면서 상식적인 면이며 보통 사람들의 사고방식이라면, 격외는 그러한 현실의 한 가지 면의 착각을 깨우치면서 생각해 보지 못했던 이면의 모습을 돌이켜볼 수 있도록 도와주는 역할을 하기도 하며 자신의 모습을 돌아보면서 미처 발견하지 못했던 새로운 모습을 보기도 합니다.

격외는 이렇게 신선하며 새롭고 마치 혁신적인 아이디어처럼 보이면서 현실을 직시하는 듯한 모습을 보일 수 있습니다. 그러나 격내와 격외가 둘이 아닌 것처럼 깨달은 경계와 현실이 둘이 아님에도 불구하고 새롭게 체험한 경계만 진실이며 현실은 허망하다고 생각하게 될 때 격외만 법이라고 생각하여 격외적 표현만 강조하는 경향이 나타날 수 있습니다.

그래서 이러한 격외적 문구의 모습은 달마 스님과 양무제의 대화에서 뚜렷하게 부각되어 있습니다. 그리고 이러한 경향을 이어받은 『신심명』과 『육조단경』은 중국 선종의 기초를 이루게 되었지만, 동시에 6조 혜능 스님 이후로 그의 수많은 제자들은 격외문구를 사용하여야 수행자처럼 보인다는 착각으로 5가 7종이라는 다양한 격외문구의 문화를 만들기도 했습니다.

5가 7종은 임제종(황룡파, 양기파), 위앙종, 운문종, 조동종, 법안종의 다섯 종과 2개파를 더한 것입니다. 각 파의 종풍은 임제할, 위앙원상, 운문일자, 조동오위, 법안유심으로 볼 수 있습니다.

그러나 이러한 각 종파의 가르침이 차이가 있는 것은 아닙니다. 다만 종풍의 차이라고 할 수 있지만, 그 종풍이란 격외구를 표현하는 방식의 차이일 뿐입니다. 격외구들은 수행자의 착각을 깨우치고 수행을 돕는 효과도 있었지만, 격외구의 부정적인 영향은 컸습니다.

초기의 격외구는 주로 심리적인 표현이었지만 후기의 격외구는 점차 추상적인 경향을 띠기 시작했습니다. 추상적인 격외문구로 인한 알음알이의 번성은 중국 선종의 명맥을 희미하게 만들어 갔습니다.

7. 깨달음의 느낌(버림 수행 2-2)

(1) 깨달음의 느낌

　버린다는 것은 자신의 입장 때문에 법을 치우쳐서 인식하기 때문에 자신의 입장을 버려서 이미 구족해 있는 법을 깨달을 수 있다는 뜻입니다. 법의 문을 여는 데 열쇠가 되는 것은 자신의 고통일 것입니다. 왜냐하면 가장 크게 법을 왜곡한 부분이 가장 큰 고통을 발생시키기 때문이며, 고통이야말로 가장 법을 깨닫기 쉬운 부분입니다.

　그러나 또 다른 면으로 살펴본다면, 가장 크게 느낀 깨달음으로 인하여 모든 부분에서 볼 수 있는 평등한 법을 자신의 깨달은 바 느낌에 한정된 부분으로만 법을 보고 느낀다는 것입니다. 이러한 연유로 인하여 대부분의 깨달음의 느낌을 얻은 수행자들은 자신만의 특별한 부분에서만 법을 밝게 보고, 다른 부분에서는 전혀 법과 상관없이 생각하게 됩니다.

　그뿐 아니라 스스로 깨달은 바 느낌에 함몰되어, 또다시 새롭게 큰 느낌이 발생할 것을 기대하면서 일생을 확철대오의 환상 속에서 보내는 경우가 많습니다. 법은 처음 깨달은 것이나 크게 깨달은 것이나 조금도 차이가 없어서 평등한 것이지만, 처음 깨달을 때는 전혀 어떠한 기대감 없이 발생한 심리적 상황에서, 놀라기도 하고 환희용약하기도 하며 새로운 환상에 빠지기도 합니다.

예를 들자면 깊은 고통의 어두움 속에서 벗어날 때는, 순간적 깨달음의 느낌으로 어두움이 깨어지면서 찬란한 밝음으로 인식될 때가 있습니다. 이때 수행자는 이러한 시각적 인식의 발생이 어두움의 상대적인 상황이라고 생각하지 못하고, 마치 원래부터 있었던 밝음을 왜 미리 알지 못했을까 하고 착각하기도 합니다.

그리고 책 속에서 읽으면서 상상했던 근본 성품이라거나 성선설에 매도되기도 하고 불성이라고 생각하기도 하면서 자신은 그것을 발견했다고 생각하기도 하지만, 어떠한 근거나 증거도 없으므로, 자신의 느낌에 대하여 자신의 믿음을 가진다는 것은 새로운 어리석음일 뿐입니다.

그러나 고통의 어두움을 깨뜨리면서 밝음이 드러난 수행자는, 자신이 가지고 있었던 모든 이치를 버리고 동시에 모든 이치를 다시 잡기도 하면서 어느 정도 시간이 흐르면 그것이 사실이 아닐 수 있다고 생각할 수 있게 됩니다. 그렇지만 처음부터 생각을 만들어 가는 것을 수행으로 이해한 수행자는 생각이 고요해지고 식이 맑아지면 자신도 모르게 만들어진 밝음에 속아서 깨달았다고 생각하는 경우도 있습니다.

(2) 체험의 분석

　이러한 수행자의 가장 큰 병폐는 만들어진 생각과 깨어진 생각을 잘 구분하지 못하는 데 있습니다. 수행을 하다가 자신의 느낌에서 맑고 밝은 것을 발견하고 그 경계를 지키면서 일념정진한다고 생각하지만, 그것은 허상일 뿐입니다. 왜냐하면 만드는 생각의 이면에 존재하는 자신의 모습은 전혀 변동이 없기 때문입니다.

　즉 법의 모습은 자신의 입상을 떠나서 묘사하는 법과 자신의 입장에 머물면서 생각으로 법의 모습을 만드는 것의 두 가지로 구분해 볼 수 있습니다. 먼저 자신의 입장을 떠나서 묘사하는 법의 모습이란, 일체에 두루하고 보편적인 법을 이해하는 것은 고정된 입장에서는 불가능하기 때문에 하나의 입장을 부정한다는 표현을 씁니다.

　그렇지만 자신이 자신의 입장을 부정하고, 또 자신의 입장을 떠난다는 말은 비현실적이며 불가능한 일입니다. 그럼에도 불구하고 화두 수행을 하거나 생각이 막혀서 은산철벽에 이른 수행자는 순간적인 체험으로 자신의 느낌이나 시각이 무너지는 체험을 하게 됩니다.

　이때 발생하는 현상을 한 경계라고 부르고 깨달음의 체험이라고 볼 수 있습니다. 그러나 체험이나 느낌이 그러하듯이 번쩍하는 순간적인 것이며 막혔던 이치가 열리면서 눈앞이 훤하게 밝아지거나 괴로움이 순간적으로 사라진 것처럼 보이기도 하고 생각지도 않았던 법의 이치가 드러나기도 합니다.

그러나 현실에 발을 딛고 사는 사람이 자신의 입장을 떠난 법을 발견했다는 것은 참으로 놀랄 만한 일이지만, 그 법이 인간의 감각 기관으로 인식되거나 표현될 수 없다는 것을 잘 모르고, 깨달은 체험만이 진실이고 현실의 삶은 사실이 아니라고 생각할 때 동시적인 법을 몰각하게 되어 치우친 생각을 하게 됩니다.

또 그런 법이 존재하기 때문에 내 입장이 있을 수 있고 현실의 모든 일들이 원만하게 구성된다는 것을 이해하는 데는, 처음 체험의 알음알이를 포기하고 버리는 또 한 번의 깨달음이 필요합니다. 왜냐하면 처음 깨달을 때는 '본래 없다'는 하나의 알음알이에 머물게 됩니다. 그래서 자신의 입장도 본래 없는데 허상으로 있다고 생각하여 두 가지 가운데 하나를 선택하는 어리석음에 빠집니다.

이렇게 자신의 느낌에 빠진 수행자는 자신의 느낌조차도 다시 한번 연구해 보아야 하지만 본래 없다고 하거나 성품의 작용을 표현하는 의미를 담아, 모순된 입장을 격외문구로 표현하기 시작했습니다. 즉 격외란 감각기관으로 표현할 수 없는 것을 억지로 표현하려고 하다 보니 발생한 '형식부정'의 표현방식입니다.

8. 격외구(格外句: 버림 수행 2-3)

　불교는 고통을 벗어나고 고통을 버리는 것을 목적으로 합니다. 그러나 고통이 무엇인지 알아야 고통을 벗어날 수 있을 것입니다. 그래서 부처님께서는 고통이 무엇인지 질문하셨으므로 고성제라고 합니다. 그러나 고통을 연구하면 입장의 변화에 따라 다른 모습이며 하나의 고정된 고통은 찾기 어렵습니다.

　그럼에도 불구하고 그 찾기 어렵던 고통은 이름과 모양이 바뀌어도 전혀 사라지지 않고 살아가는 일상생활의 모든 곳에서 언제나 드러나고 있습니다. 그래서 고통을 벗어나고 고통을 버리는 것을 목적으로 공부했지만, 그것이 아니라 고통에 대한 생각을 버리고 고통에 대한 인식을 고치는 것으로 바뀐 것입니다.

　고통을 버리는 것보다 고통에 대한 생각을 버린다는 것은 마치 화두를 깨닫는 것보다 화두에 대한 자신의 생각이 깨뜨려지는 것과 다르지 않을 것입니다. 그러나 깨지는 것이 자신만의 느낌과 자신만의 논리임에도 불구하고 수행자는 자신이 깨졌다고 생각하는 것보다 새로운 것을 알았다는 느낌에 빠질 수 있습니다.

　즉 잘못된 생각과 시각이 무너지고 깨졌다고 생각하기보다 새로운 경계를 맞닥뜨려서 새로운 깨달음을 얻었다고 생각할 때, 기존의 논리가 틀렸다는 것은 잘 이해하지만 느낌의 문제에 있어서는 새로운 느낌이 생겼다고 생각한다는 것입니다. 사실은 논리도 새로운 논리를 이해한 것뿐입니다.

그래서 새로운 느낌과 논리를 기존의 느낌과 논리를 가진 사람들에게 설명하고자 하면서 모순이 발생하기 시작합니다. 왜냐하면 새로운 느낌과 논리는 기존의 느낌과 논리의 문제점을 발견하면서 발생한 것이므로 기존의 느낌과 논리가 잘못되었다고 부정하는 것이 가장 친절한 설명이 될 것입니다.

그러나 그 부정하는 방법에 있어서 부처님께서는 시간이 많이 걸리더라도 듣는 사람이 이해할 수 있는 친절하고 이해하기 쉬운 논리를 연구하여, 듣는 사람의 논리로 말씀하셨습니다. 그러나 중국 선종의 선사들은 질문하는 사람의 말 속에서 논리적 모순을 찾아서 과격하게 지적하는 방식으로 가르치기 시작했습니다.

그러다가 시간이 흐르면서 중국 선종의 선지식들은 아예 수행자들이 가지고 있는 논리적 모순을 미리 짐작하여 제시하거나, 억지로 논리적 모순을 만들어서 제시하는 방식을 채택함으로써 배우는 사람을 시험하거나 자신의 모순을 찾고 해결하는 관문으로 사용하기도 하였습니다. 이것을 공안이라고 부를 수 있습니다.

공안은 대부분 격외구로 이루어져 있는데 그 이유는 듣는 사람에게 논리적 모순이 내재해 있음을 보이는 것이 목적이므로, 듣는 사람의 논리로는 도저히 이해되거나 풀이될 수 없는 문제입니다. 그래서 자신의 논리가 무너지면서 새로운 논리를 발견하는 일도 있었으며, 느낌과 논리가 동시에 무너지거나 깨뜨려지는 경우도 있었습니다.

그러나 선지식들이 이러한 심리적 체험을 지나치게 강조한 결과로 개구즉착이나 불립문자 등의 논리를 세우면서 마치 새로운 논리가 논리가 아닌 것처럼 표현한다거나 새로운 느낌도 느낌일 뿐이라는 사실을 몰각하고, 무너지고 깨뜨려진 체험만이 유일하게 의지할 만한 근거로서 불성과 성품 또는 당체라고 주장함으로써 논리적 근거를 잃고 방향감각을 상실하게 되었습니다.

이러한 격외 문답들의 문제점은 『육조단경』에서 제시한 이도상인(二道相因)의 문답법이나 36대법 등의 가르침에 내재하는 논리적 미비점에서 이미 예시된 것이었습니다. 그렇지만 6조 혜능 스님의 수많은 제자들과 계승자들은, 누구도 그 논리적 미비점을 발견하지 못했을 뿐 아니라, 깨달음의 체험도 알음알이의 일종이었지만, 느낌에 의지하는 선지식들은 그 둘이 다르다고 느꼈고 또 그렇게 믿었습니다.

이에 선지식들은 깨달음의 체험과 알음알이를 구분하는 방법으로 새로운 격외구를 창안하기도 했습니다. 그리고 5가 7종이라고 분류되는 수많은 격외문구를 양산하면서 후학들을 가르치려고 노력하였지만, 동시에 그들이 창안했던 수많은 격외문구들은 듣는 사람의 귀에 들어가는 순간 그대로 알음알이가 되고 말았습니다.

왜냐하면 새로 만든 격외문구는 신선하고 충격적이어서 생각이 깨뜨려지기도 쉬웠지만, 계속 듣는 격외문구에 익숙해진 수행자들이 격외문구에 적응된 알음알이를 만들었기 때문입니다. 특히 『무문관』이나 『벽암록』, 『종용록』 등에 수록된 공안들은 마치 알음알이 학습장 같았습니다.

이러한 격외문구들이 초기에는 생각이 깨뜨려진 사람과 생각을 만든 사람을 구분할 수 있는 좋은 방법이 되었던 반면에, 격외문구에 익숙해진 수행자에게는 이러한 관문이 별 효과가 없었을 뿐 아니라, 도리어 격외문구의 알음알이로 인하여 자신의 생각을 살피는 데는 더욱더 큰 장애가 되고 말았습니다.

왜냐하면 격외구는 처음부터 고통의 문제를 내포하지 않은 추상적인 문제였으며 단순하게 수행자의 생각을 부정하는 내용이었지만 격외에 포함된 불성이나 성품 등의 방향성이 내재해 있으면서 동시에 심리적 문제점을 지적하는 형식이었으므로, 이러한 격외구에 익숙한 수행자는 격외구의 알음알이와 논리를 즐기며 서로 가르치게 되었기 때문입니다.

즉 자신을 살피고 돌이켜보기보다 『벽암록』의 논리를 공부라고 생각하고 배운다는 뜻입니다. 이와 같이 중국 선종은 격외구로 인하여 크게 인기가 있었지만, 격외구의 알음알이로 인하여 세력을 잃었다고 말할 수 있습니다.

9. 제상비상(諸相非相: 버림 수행 3)

(1) 2단계의 깨달음

　법은 하나의 모습이 아니지만 인간의 감각기관은 사물을 한 가지 모습으로 인식하고 파악하기 때문에, 항상한 중도의 모습인 실상을 언제나 극단적인 모습으로 인식할 수밖에 없습니다. 이러한 인간의 인식한계로 인하여 존재의 모습은 왜곡될 수밖에 없었지만, 일체가 구족한 법계에서 인간은 다양한 자기 입장의 세계를 만들어 그 안에서 살고 있습니다.

　이에 부처님께서는 일체법을 깨달으시고 보니 인간은 누구라도 구족한 세계에 살면서도 자신의 감각적 한계로 인하여 수많은 고통을 만들고 있다는 것을 발견하셨습니다. 그래서 대화와 소통을 통하여 잘못된 생각을 찾고 고쳤지만, 같은 말이라도 말하는 사람과 듣는 사람은 다르게 말하고 다르게 들었으며 다르게 생각했습니다.

　그래서 부처님께서는 소통의 문제를 지적하기 위해서 "고통이란 무엇인가?"라는 질문을 하시게 되었으며 후세에 사성제라는 이름이 붙었습니다. 그러나 여기서도 말하는 사람의 고통과 듣는 사람의 고통이란 개념은 같지 않았을 뿐 아니라 말하는 고통과 느끼는 고통도 같지 않았습니다.

그래서 부처님의 열반 후 제자들은 두 가지 수행 방법을 제시하였는데 첫째는 논리적 토론이며 둘째는 집중수행이었습니다. 논리적 토론은 다른 사람과 소통하는 방법이며 집중수행은 자신의 내면과 소통하는 방법이었습니다. 또 논리적 토론은 알음알이를 이해하는 방법이며 집중수행은 정서적 치우침을 극복하는 방법이기도 했습니다.

이러한 두 가지 수행의 내용은 논리적 근거와 정서적 치우침을 버리는 것이었으므로 여기서는 '버림 수행'이라고 이름을 붙였습니다. 버림 수행의 내용은 나를 버리는 것이 아니라 나에 대한 생각을 버리는 것이므로 무아(無我)는 아(我)를 버리는 것이 아니고 무념(無念)은 생각을 버리는 것이 아니며 무주(無住)는 머무름을 버리는 것이 아니었습니다.

이렇게 버림 수행 1단계에서는 토론과 집중수행을 통해서 생각의 오류를 발견할 수 있지만, 버림 수행 2단계의 본래 없음이라는 극단적 관념 상태에 빠지게 됩니다. 그뿐 아니라 체험과 느낌을 위주로 법을 보기 때문에, 자신의 입장이 있을 수 없다는 입장에서 법을 설하게 되는 자승자박적인 논리의 미비점을 보였습니다.

또한 알음알이를 벗어나지 못하면서도 끊임없이 알음알이와 차별하고 싶어 하여, 격외구를 만들거나 오직 모를 뿐이라거나 은산철벽처럼 체험적 상태를 강조하였음에도, 2단계의 수행자들은 그들이 무엇을 알지 못하는지 발견하지 못하고 1400여 년이 지났습니다. 그런 가운데 2단계는 신비적이며 종교적인 그림자에 숨어서 명맥을 유지하고 있습니다.

(2) 제 3단계의 논리적 수행

버림 수행의 세 번째는 제상비상의 단계입니다. 제상비상은 『금강경』 5상에 나오는 용어로서, 인간이 사물을 하나의 모습으로 인식할 수밖에 없는 필연성이 있지만, 실상의 모습은 하나가 아니기 때문에 일어나는 현상을 표현한 용어입니다. 이러한 인간의 인식의 문제를 지적한 부분은 사성제의 두 번째인 인성제입니다.

인성제의 내용은 "고통의 원인은 무엇인가?"입니다. 사람은 누구나 고통의 원인을 자신의 입장에서 찾고 생각해 볼 수 있습니다. 그러나 이 질문은 첫 번째 고통이 무엇인가에 대해서 연구하여 고통이란 본래 없다고 깨달은 사람에게 해당되는 것입니다. 정해진 고통이 없다고 하지만, 고정된 내가 없다고 깨달아도 여전히 내가 있는 것과 같습니다.

즉 고정되어 있다고 생각하는 면에서 그런 것이 없다는 뜻이지 아무것도 없다는 것은 아닙니다. 고통도 그와 같습니다. 그래서 관념적인 2단계의 수행자들이 고통과 행복이 둘이 아니라고 해도 여전히 고통은 모양과 이름이 변하면서 존재한다는 뜻입니다. 그러한 구조를 깨달았더라도 고통의 원인은 무엇인가라고 질문한 것입니다.

2단계에서는 어떤 사물이라도 옳다고 생각하는 하나의 논리와 틀렸다고 생각하는 반대의 논리가 있어서, 마치 두 논리가 충돌하는 것처럼 보이기 때문에 자신의 논리로 이해할 수 없는 것을 화두라고 하거나 격외라고 부르기도 합니다. 그렇지만 3단계에서는 개인의 입장이 아니라 보편적인 원리가 통하는 단계이므로 느낌을 버릴 것을 강조합니다.

3단계의 버림 수행의 특징은 논리적 접근입니다. 2단계의 깨달음에서 체험을 통한 느낌을 강조했다면 이번 단계에서는 그 느낌을 버리고 전법을 통한 논리적 접근으로 자신을 버릴 수 있게 됩니다. 2단계에서 말로 할 수 없는 것을 강조했다면 3단계에서는 말로 할 수 없는 것은 없다고 합니다.

또 2단계에서 모든 것이 본래 없으므로, 다시 모든 것을 버려서 본래 없었던 자연상태로 돌아가는 것을 강조하는 수행자가 있었다면, 3단계에서는 자연이 따로 있는 것이 아니므로 아무 곳에도 돌아갈 필요가 없다는 것을 가르칩니다. 그래서 3단계의 버림 수행은 2단계에서 말하는 깨달음의 일체를 뒤집고 버리며 깨달음의 흔적까지도 허상으로 봅니다.

그래서 버림 수행 3단계는 어떤 모습으로 수행해야 한다는 것을 말하기보다 2단계 수행이나 깨달음이나 체험이나 격외의 문구나 그 외의 모든 것을 벗어나고 버리며 반대로 말할 수 있는 논리를 개발하는 것이라고 할 수 있습니다. 그래서 한 생각이라도 머물지 않는 것이 아니라, 일체에 머무른 것과 머무르지 않는 것이 조금도 차이가 없다는 것을 이해하는 것입니다.

이러한 논리적 접근이나 연구는 전법을 통한 수행이 가장 좋은 방법입니다. 왜냐하면 자신이 생각하고 깨닫는 방식을 벗어나서 듣는 사람이 이해할 수 있는 방식으로 말하고 듣는 사람이 생각할 수 있는 논리를 연구할 때 자신만의 방식에 머물러 있었다는 것을 발견할 수 있게 되기 때문입니다.

그래서 1단계의 집중수행에서 느꼈던 것이나 2단계의 수행에서 깨달았던 모든 것에서 벗어나, 남다른 어떤 새롭고 특별한 자신만의 고유성도 드러날 것이 없어서 어디에나 적응하기 쉬워지는 깃이라고 할 수 있을 것입니다.

XII. 천로역정

관세음보살

구원을 요청하는 중생의 근기에 맞는 모습으로 나타나
대자비심을 베푸는 보살.
왼손에 들고 있는 연꽃은 모든 중생이 본래부터 갖추고 있는
불성(佛性)을 나타내고, 그 꽃이 핀 것은 불성이 드러나서
성불한 것을 뜻하며, 아직 피어나지 않은 꽃봉오리는
번뇌망상에 물들지 않고 장차 피어날 불성을 각각 상징한다.

제자가 묻고 자명이 답하다

제자가 묻기를,
"스님께서는 본래 어떻게 공부를 하셨습니까? 듣고자 합니다."
이에 자명이 답하기를 다음과 같이 하였다.

1. 죽음을 마주하고(어릴 적)

나는 본래 스승이 있어서 공부하는 법을 받은 것이 아니다. 나는 어릴 적 바쁜 부모님을 대신해서 할머니의 손에 자랐다. 그러다 12살이 되던 해, 다섯 형제 가운데 가장 나를 아껴 주시던 할머니가 갑작스럽게 돌아가셨다. 할머니의 죽음은 이 세상 모두를 절망적인 시각으로 내던지게 한 결정적 사건이었다. 나는 장례식 내내 눈물 한 방울도 보일 수 없었다. 미래는 사라졌으며 눈앞은 캄캄해졌고 아무런 생각도 나지 않았으며 다만 막막할 뿐이었다. 모든 감성적 판단은 정지하고 말았다.

때가 되면 학교에 가고 때가 되면 잠자리에 들고, 때가 되면 일어나는 것이 마치 내가 아닌 다른 사람이 살아가는 것 같았으며, 시간은 하염없이 흘러가기만 하였다. 그리고 내면의 막막함은 돌파구를 찾지 못하고 서서히 곪아가는 것 같았다. 나에게는 세상을 살아가야만 할 어떠한 즐거움도 보이지 않았다. 그야말로 속이 텅 비어서 해가 뜨고 달이 지는 것에 끌려다니는 것 같았다.

2. 일체유심조(一切唯心造 : 첫 깨달음)

그렇게 시간이 흘러 고등학교를 다니던 나는 친구의 소개로 불교학생회에 갔다가 수식관을 배웠다. 그 이후로 나는 수식관에 몰두하면서 고요한 경지에 들어가기 시작했다. 운문사 수련회에 참여했을 때는, 비가 오는 밤중에 세 사람이 개울가 바위 위에 결가부좌하고 앉아서 정진하다가 깊은 선정에 빠지게 되었다.

밤 9시에 시작한 정진은 거세진 빗줄기로 밤 12시에 마쳤지만, 나는 깊은 선정에 빠졌다가 어느샌가 들려오는 빗소리와 넘쳐흐르는 개울물 소리, 희미하게 드러나는 앞산 능선과 깜깜한 숲들, 그리고 칠흑 같은 어둠 속에서 갑자기 밝아진 내 마음을 발견하였다.

이러한 경험은 나에게 신선한 충격으로 다가왔다. 한 번도 내 마음이 어둡다고 생각해 본 적이 없었는데도 불구하고 갑자기 밝아진 마음은 내 세계를 완전히 바꾸어 놓았다. 나는 일체가 마음의 조작임을 깨달았다. 그리고 갑자기 행복해지면서 마음은 희망으로 가득 차기 시작했다. 또 부처님 법을 잘 아는 것처럼 생각되었다.

그래도 나는 여전히 사람처럼 살아야 했다.

한 차례 깨달음을 얻은 이후, 나는 학생 법회의 또래들에게 법문하러 다녔다. 그리고 원불교 교당을 찾아가 보았으나 사상의 깊이가 없었다. 또 성당이나 교회 학생회를 다녀보았지만 사상은 보이지 않았고 믿음만 강조할 뿐이었다.

3. 타성일편(打成一片: 두 번째 깨달음)

봄비가 촉촉한 3월 어느 날, 대학에 진학하지 못한 친구가 슬픔과 우울에 가득찬 편지를 보내왔다. 나는 대학에는 들어갔지만, 한때 마음이 밝아진 체험을 했음에도 불구하고, 나의 내면에서는 할머니의 죽음에서 촉발된 어두움이 슬픔과 우울감으로 꿈틀거리고 있었다. 더불어 내가 아버지의 희망을 이루어줄 수 없다는 생각과 1977년 한국 사회의 혼란상까지 먹구름으로 다가와서 모든 것은 절망과 우울이었으며, 내면의 무기력은 슬픔으로 표출될 수밖에 없었으므로, 나 역시 슬픔과 우울의 감정이 북받쳐 공감하는 답장을 보내기 시작하였다.

삶의 가치의 허망함과 서울 유학으로 인한 회색빛 도시의 외로움에 물들면서 시작된 편지는 봄날의 희망찬 꿈들이 절망으로만 느껴진다고 표현했지만, 단순한 감정표현으로 편지를 한 장이나 채우는 일은 정말 어려운 일이었다. 그래서 공감한다는 표현을 하기 위해 생활 속에서 찾을 수 있는 모든 슬픔을 찾기 시작하였다.

일주일에 한 번씩 슬프고 또 슬픈 편지를 써 보내면서 답장은 한두 번 이후로 받아본 적은 없었음에도 슬픔과 우울에 매몰된 나의 내면은 그 편지쓰기가 유일한 탈출구였으므로, 젖 먹던 힘까지 짜내어서 생각할 수 있는 모든 슬픔을 등장시키는 편지를 4개월 동안이나 보내고 또 보냈다.

표현할 수 있는 모든 절망과 우울을 편지로 쓰면서 보이는 모든 것에서 슬픔을 발견할 수 있었고, 살아가는 어디에서든 슬픔을 확인할 수 있었다. 심지어 가장 행복했던 사실에서조차 슬픔을 발견할 수 있게 되면서 슬픔이 없는 곳은 찾을 수 없었다. 그렇지만 왜 슬플까 라는 의문은 끊이지 않고 일어났다.

답장 없는 편지를 쓰는 가운데 일체에 충만한 슬픔에서 발생한 의문은 어느 청명한 가을날 클래식 음악이 울리는 기숙사 식당에서 갑자기 발생한 경계로 인하여 깨뜨려지고 말았다. 모든 것은 한 점 티끌 없이 맑고 밝았다. 그리고 나는 두 번 다시 슬픔에 빠질 수 없었다.

몇 달 동안 고민하고 찾아다니며 의문스러웠던 나의 슬픔은 나의 느낌이나 그 어떤 것도 아니었으며 어떤 이름도 어울리지 않았다. 가을바람은 시원한데 따사로운 햇빛은 여전하였다. 모든 것은 그대로였다. 어떤 것도 변하지 않았다. 그렇지만 슬픔은 어디서도 찾을 수 없었다. 그러나 그 순간 다시금 슬픔이 있었다. 그렇지만 예전 슬픔은 아니었다. 그러나 일순간 바뀌어 버린 세상의 모습에 깜짝 놀라면서, 마조 스님의 물과 얼음의 논리를 믿고 싶었다. 본래 없었는데 습관으로 그럴 것[6]이라고 스스로를 위로하면서, 더 열

---

6 깨달음에 대한 중국 선사들의 입장. 본래무일물이었는데 얼음이 녹으면 물이

심히 수행한다면 마침내 본래 모습으로 돌아갈 수 있을 것이라고 생각되었다. 이런 깨달음이 모든 고통의 문제를 해결하는 것은 아니었지만 희망을 가지게 되었다.

그 후 수식관 수행이 깊어져 선정에 드는 일이 많아지면서, 출가하여 집중수행한다면 모든 문제를 해결할 수 있겠다는 자신감이 생겼다. 주위의 모든 사람들은 출가를 반대했지만, 내가 받아들일 수 있는 입장은 되지 못했다. 왜냐하면 감성적 깨달음의 결과가 두뇌를 변화시켰기 때문이었다. 학과 공부는 해야겠는데 책이 눈에 들어오지도 않았고, 열심히 노력했지만 머리는 새로운 지식들을 받아들이지 못했다. 나는 아예 다른 세상 사람이 된 것이었다.

4. 출가(선지식을 찾아서)

두 번째 깨달음이 있기 전까지의 나는 『단경』과 『선관책진』 정도만 열람하였고, 선지식은 만나지 못하였다. 원효 스님의 행적을 읽고 염불을 좋아했지만, 스스로 깨달았다고 생각하지 못하고, 선지식을 만나서 공부해야겠다고만 생각했다. 그리고 두 번째 법을 느낀 다음부터는 깨달은 것처럼 보이거나 특별한 모습을 보이는 사람은 선지식이라고 생각하고 쫓아가기 시작하였다.

1977년 가을에 광덕 스님을 만났다. 스님의 법문이나 강의로 보았을 때 깨달은 바가 보였으므로 불광법회에 다녔지만 광덕 스님

되는 것처럼 시간이 지나면 업장이 녹아서 본래 없는 입장으로 돌아간다는 생각이다.

은 아무런 질문도 하지 않았기 때문에 특별한 대화는 없었다. 나는 수식관으로 집중수행을 하면서, 펑펑 쏟아지는 눈송이가 계속적으로 변화하는 시각에 어떻게 인식되는지에 대한 의문을 품곤 했다.

1978년 가을은 백봉 김기추 선생을 찾아가서 며칠 있었다. 『염송』 편집 작업을 거들면서 질문하고 대화도 했다. 그렇지만 백봉 선생은 새 말귀나 주인공을 찾는 것을 강조하면서도 내가 어떤 고통과 의문을 가졌는지에 대해서는 전혀 묻지 않았고 선생의 가르침을 밀하기 바빴으므로, 나의 관심과 전혀 다른 방향이었다.

1978년 겨울에는 송광사에서 수련회를 참석하면서 구산 스님을 만났다. 그러나 구산 스님도 마찬가지로 당신의 가르침인 마음속의 보름달을 말했지만, 역시 내가 어떤 고통과 의문을 가졌는지에 대하여 전혀 관심이 없었으며 질문도 없었다. 나는 구산 스님께 누구에게나 그런 말을 할 필요가 있는지 묻고 싶었다.

1979년은 삼정사에 있으면서 청하 스님을 만나러 지리산 백장암을 방문하기도 하였다. 그렇지만 청하 스님은 아미타 삼매라는 관법을 주장하면서 내가 생각하는 깨달음과 별로 관계가 없었다. 그렇지만 착실한 스님이라는 인상을 받았다. 그 후 나는 『선관책진』을 다시 보면서 수많은 화두에 의문을 품기도 하였고, 왜 사는지 또 왜 살아야 하는지 알 수 없다고 생각했다.

그러다가 1979년 9월 하루 삼천 배씩 일주일간 하면서 마음을 정리한 후, 부모님께는 '하늘은 왜 푸른가'라는 의문을 해결하러 간다는 편지를 남기고, 해인사 백련암으로 출가하게 되었다. 하늘의 푸른 문제는 원불교 대종사 박중빈의 이야기였다. 그는 그 문제를 10년간 궁구하여 깨달았다고 했다.

아버지의 눈치를 보면서 5년간이나 차일피일 미루던 출가를 결행하게 되었을 때, 암자 생활은 꿈속에서 그리던 극락세계였다. 그러나 기대와 달리 출가 후 맞이한 첫 수행자의 모습은 용맹 정진하는 것이 아니라, 생전 처음 해보는 공양간(부엌) 생활에서 시작하였다.

5. 화두 삼매(話頭三昧 : 세 번째 깨달음)

백련암의 행자생활은 모든 것이 생소했지만 마음속의 수많은 의문들과 질문들은 여전히 살아 있었다. 어느 날 아궁이에 불을 때면서 갑자기 임제 스님이 많은 사람을 죽인다는 말이 생각났다.[7] 이 말을 의심하면서 앞뒤 생각이 끊어지고 화두 삼매에 들게 되었다. 얼마나 시간이 흘렀는지 알아채지 못했지만, 아득히 먼 곳에서 원주스님의 고함 소리가 들리면서 주위가 느껴지기 시작했다.

그리고 화두 삼매에서 나오자마자, 임제 스님의 뜻이 별것이 아니었다는 것이 쉽게 이해되었다. 나는 이렇게 의심만 하면 삼매에 들어서 자신을 잊어버리고 몰입하였고, 내 생각이 깨어지면서 법을 이해하게 되었다. 그렇지만 나의 체험이 깨달음이라고 생각하지 못하고, 모든 문제를 해결하는 큰 깨달음은 따로 있을 것이라고

---

7 임제 선사 살생법문 "逢佛殺佛 逢祖殺祖 逢羅漢殺羅漢 逢父母殺父母 逢親眷殺親眷 始得解脫(부처를 만나면 부처를 죽이고, 조사를 만나면 조사를 죽이고, 나한을 만나면 나한을 죽이고, 부모를 만나면 부모를 죽이고, 친족을 만나면 친족을 죽이고, 그리하면 비로소 해탈을 얻을 것이다)."

생각했다.

그러나 원주스님의 시각에 비친 나의 모습은 멀쩡한 수행자가 아니었던 모양이다. 옆에서 시키는 말도 알아듣지 못하고 깊은 삼매에 빠졌던 나를 문제아라고 생각하는 원주스님의 모습을 보고 크게 놀랐다. 그래서 수행을 이해하지 못하는 분들과 같이 있으면 안 되겠다는 생각이 들었으며, 또 노스님의 전법 제자가 없다는 사실에 실망스러워 다른 회상으로 떠나게 되었다.

그 뒤 범어사에서 수계한 다음, 행각에 나서게 되었다. 이때 객실에서 갓 깨달은 무공 스님을 만나서 3개월 정도 모시고 전국의 사찰을 돌아다녔다. 무공 스님은 매일 밤마다 장좌불와 하곤 했는데 남해 보리암 토굴에서 염불하다가 염불 삼매에 들어서 깨달았으며, 나에게 '오 더하기 오는 부처'라는 화두를 제시하였다.

하지만 선지식을 찾는 노력에도 불구하고 공부는 자신이 해야만 한다는 무공 스님의 말에 '선지식이 무슨 필요가 있을까?'라고 하면서 절망에 빠지기도 했다. 아무것도 가르쳐 줄 수 없다는 말은 또 하나의 벽이었을 뿐이었다. 1982년 방위를 마친 후 정처 없이 다니다가 봉암사 선원에 입방하였다. 봉암사 양산박 스님들도 큰 방에 있었지만, 수좌풍의 특징은 별로 말하지 않는 것이었으므로 별다른 대화는 없었다.

6. 일척번신(一擲翻身 : 격외의 한계를 벗어나서, 네 번째 깨달음)

어느 해인가 아상을 버리기 위해 원융 수좌와 서로 상대방이 시키는 대로 해보기로 했다. 한 철 동안 같이 객질하면서 서로의 선지식이 되어 보았지만, 그런 것들은 별 것이 아니었다. 그렇지만 죽으라고 한다면 그것은 불가능할 것이라고 생각되었다. 그래서 며칠 후, 갑자기 떠오른 '일구흡진서강수(一口吸盡西江水)'[8] 화두는 내 생각을 막았다. 그것은 불가능한 일이었지만, 어록에는 서강수 물을 다 마실 수 있다고 했다. '왜 그랬을까?' 하는 생각은 옥석대를 넘어서 백운계곡 위로 뛰어올랐다가 내려오는 동안 나를 화두 삼매에 빠지게 하였다.

달려 내려오면서 화두 삼매에 빠진 일은 처음이었다. 아무것도 보지 못했고 아무 소리도 듣지 못하였으며 모든 것을 잊어버리고 경계에 빠졌지만, 험한 바윗길을 20여 분 정도 달려서 내려온 것 같았다. 해우소가 눈앞에 드러나면서 정신이 들기 시작했고, 의문은 풀려 있었다. 나는 다시 한 번 나 자신을 돌이켜볼 수 있었으며 모든 이치가 깨달을 것도 없게 되었다.

어떤 말도 맞지 않았고 어떤 말도 맞았다. 모든 격외[9]는 더 이상 의미가 없었다. 그러나 깨달음의 경계는 처음과 조금도 다르지 않았지만, 더 이상 무엇이 문제인지 알 수는 없었다. 그렇지만 나는 아직 살아 있었고 아직 미진하여, 왜 살아야 하는지 알 수 없었다. 어떻게 해야 할 것인가? 누구든지 닥치는 대로 묻고 누구든지 부딪치는 대로 가르쳐 주고 싶었다. 깨달음은 어디에도 있었고 깨달음은 어디에도 없었다. 나는 완전히 방향감각을 상실하고 말았다.

---

8 『선문염송』 권5 제161칙: 한 입으로 서강의 물을 모두 마신다.
9 格外: 세속적인 척도를 훨씬 초월한 세계를 이르는 말.

7. 은산철벽(銀山鐵壁 : 선지식을 버리고)

　1985년 여름, 산철에 봉암사를 지키면서 지객을 보고 있던 중, 진혜 스님이 찾아왔다. 그는 갓 출가하여 선방은 처음이라고 하였다. 그렇지만 깨달은 바를 물어보니, "'이뭣고' 화두를 들고 일하다가 일꾼이 욕하는 소리를 듣고 순간적으로 자신의 '이뭣고'가 깨어졌다."는 말은 진실성이 있었다. 또한 다른 사람을 깨닫게 해 줄 수 있다는 말은 내가 기다리던 말이었다.

　하지만 진혜 스님이 다른 수좌들과 다른 점은 깨달음의 체험을 한 다음, 거기에 머물러 있지 않고, 그 체험을 부정했다는 점이었다. 자신의 깨달음을 누구나 하는 사소한 체험이라고 하면서 인정하지 않는 은사스님을 떠나서 객질하다가, 정말 이전의 깨달음과 체험을 모두 버리고 다시 궁구한 결과 앞서 깨달았던 모든 앎이 무너지면서 수많은 고통을 해결했다는 것이었다.

　나는 신참인 진혜 스님을 믿었고 그동안 가까웠던 수좌들에게 소개도 했지만, 모두들 알음알이라고 생각하여 대화하고 싶어 하지는 않았다. 그렇지만 진혜 스님은 아침부터 밤까지 수많은 법을 끝도 없이 설하고 있었으며, 나는 무엇이든지 다 인정한다며 하루 종일 듣기만 했다. 그 스님은 불교를 모르다가 법을 깨닫고 법이 희유하다고 말했겠지만, 나는 그러한 법설들을 이미 책에서 읽은지라 당연하기만 했다.

　출가해서 전혀 말하지 않고 수행만 하던 나는, 그러한 수많은 말들 가운데 어떤 의미도 발견하지 못했다. 다만 '깨달은 사람은 그럴 수도 있겠거니' 하고, 몇몇 어린 스님들을 데리고 와서 듣게 하기도 했다. 봉암사 후원과 전국을 행각하면서도 이러한 모습은 계속되었지만, 진혜 스님이나 나나 정작 나의 문제에 대해서는 알지 못했다.

아무리 떠들어도 별다른 대책이 없어진 진혜 스님은 행각 중 어느 날 지리산 벽송사에서 새벽에 도망치고 말았다. 나중에 그를 찾은 후 들어보니 가르쳐 줄 수 없어서, 더 이상 나를 볼 면목이 없다고 하였다. 그러나 나는 특별한 방향이 있는 것도 아니었기 때문에, 깨달음을 버려야 깨달을 수 있다고 말하는 그 스님만 바라보는 것 외에 별 수가 없었다.

8. 체험타파(體驗打破 : 알음알이를 넘어서, 다섯 번째 깨달음)

1985년 겨울, 나는 진혜 스님과 서산 개심사에서 동안거 결제에 들어가면서 백일기도를 시작하였다. 그동안 수많은 법설을 들어왔지만 귀 넘어 들리다가 한 시간씩 정근을 하고 난 다음 법문을 들으니 새롭게 들리면서 나를 되돌아보기 시작했다. '나는 무엇이 문제인가?' 아는 것이 너무나 많아서 무엇을 모르는지 나도 알 수가 없었다.

백일기도도 거의 끝나가던 어느 날, 진혜 스님의 지나가는 말을 듣다가 갑자기 내가 생각하는 알음알이와 체험으로 느껴서 아는 것이 다르지 않다는 것을 발견하게 되었다. 그 순간 '체험이란 무엇인가?'라는 의문이 생기면서 동시에 체험을 구하는 생각이 뿌리

깊었다는 것을 발견했다.

'그동안 내가 그것을 왜 몰랐을까?' 하고 생각해 보았더니, 책을 좋아하는 사람은 책에 빠질 수밖에 없는 것처럼, 그동안 체험을 강조하는 수많은 선어록에 물들었던 것을 미처 깨닫지 못하고, 체험이 아니면 법이 아니며 체험이 아니면 수행이 아니라고 생각하고 오직 체험만이 삶의 유일한 희망이었던 것이 떠올랐다.

그동안 내 생각을 결박하였던 보이지 않던 끈을 드디어 발견한 나는 너무나 황당했다. '설마 이렇게 산난하고 단순한 한 생긱이 이렇게 오랫동안 사람의 눈을 가리고 속이고 끌고 다닐 수 있었을까?'라는 생각에 큰 충격을 받고, 아무런 생각을 할 수 없었다. 진혜 스님의 말처럼 보고 듣는 모든 것이 믿을 수 없다는 말은 사실이었다.

체험이 무엇인가를 깨달으면서 아는 것과 모르는 것은 연결되어 있었다. 나는 일체를 알면서 일체를 몰랐다. 수많은 세월 동안 나라고 살아왔는데 더 이상 나도 아니며 나 아님도 아니었다. 춘래초자청(春來草自靑)[10]조차 한 가지 면이었으며 다른 말이 아니었다. 본래무일물(本來無一物)도 치우침이었으며 화엄도 치우침이었다.

일체에 두루함은 모든 삶으로부터 벗어남이었다. 그리고 모든 세계의 알음알이가 다시 살아나게 되었다. 오온은 연결되었으며, 십팔계가 살아났다. 나의 실체가 사라지면서 나는 화엄삼매를 성취하였고, 이어서 능엄삼매를 성취하면서 영원한 생명을 깨닫게

---

10 춘래초자청 : 봄이 오면 풀이 스스로 푸르다. 자신이 푸르고 싶은 것이 아니었다는 말이다.

되었다.

보는 것은 더 이상 보는 것이 아니었고, 생각하는 것은 생각하는 것이 아니었다. 나는 해탈하였다는 것을 느꼈다. 물속의 물방울도 살았다고 생각할 것이다. 살아 있는 모든 것들은 살아 있다는 미망에 빠져 있었지만, 살아 있지 않은 것은 아무것도 없었다. 해인삼매나 깨달음의 바다라는 표현은 참으로 잘 묘사한 말이었다.

모든 의심은 해소되었으며 지적 긴장은 풀어졌고 더 이상 구할 바는 없었을 뿐 아니라 일체법은 구족하여 원만하였다. 나는 지구상에서 부처님 이래 두 번째로 일체법을 말할 수 있는 사람이 되고 말았다.

지금까지 수행한다고 하면서 보낸 세월들이 주마등처럼 지나갔고 한편 편해진 면도 있었지만, 한편으로는 통곡하고 울고 싶었다. 그렇지만 오랜 수행의 결과와 깨달음으로 모든 감정은 뿌리째 뽑혀지고 없었으며, 모든 논리는 무너졌다. 나는 아무것도 말하고 싶지 않았다. 그렇지만 꿈속에서는 계속되는 통곡으로 이불깃은 젖어만 갔다.

내면 깊은 곳에서 발작하던 우울증도 차츰 줄어들기 시작했다. 선방에서 용맹 정진하면서도 일주일이 멀다 하고 나타나던 우울증 증상이 조금씩 완화되기 시작하여, 그 간격을 넓혀 가다가 마침내 더 이상 드러나지 않게 되었다. 또 절망과 희망의 평행선도 점차 격차를 좁혀 가기 시작했으며, 극단적인 성격과 과격한 표현들도 줄어들기 시작했다.

나는 점차 보통 사람이 되어가고 있다는 것을 느끼기 시작하였다. 정말 산은 산이요, 꽃은 꽃이었다. 부처님께서 고통을 해결하고 이 세상의 모든 존재를 해탈했다고 하셨는데 정말 맞는 말씀이었다.

그렇지만 나에게서 해탈은 다른 모습으로 나타났다. 나의 해탈은 사랑하는 부모님과의 심리적 이별로 나타났다. 또한 해탈은 존재의 모든 고통을 벗어나는 것이었으므로, 죽음의 우울감도 사라졌다. 그러나 해탈의 이별감이 이렇게 가슴 아플 줄 몰랐는데 3달 정도 꿈속에서 통곡하고 나니, 마음이 가라앉았다.

나는 더 이상 인간이 아니었다. 그렇지만 이제 인간이 되어야겠다고 생각했다. 이제 이 땅에 발을 딛고 그동안 수행한다고 미쳐서 만나지 못했던 부모님도 만나 뵙고 오랫동안 격조했던 친구들도 보고 싶었으며 같이 수행하던 도반스님들도 다시 이야기 나누고 싶었다. 과연 그들은 어떤 사람이었을까 궁금했으며 나는 또 어떠한 모습으로 그들에게 비쳤는지 알고 싶었다.

속가의 말로 하자면, 할머니의 죽음으로 인하여 깊은 우울증에 빠졌던 사람이 우울증을 고치고 제정신이 돌아온 것이며, 부모님의 시선으로 본다면 불교에 미쳐서 인생을 포기하고 부모를 버려서 혼자 수행한다고 미쳐 돌아다니더니 이제 제 정신이 들었다고 할 것이다. 부모님이 아니었으면 벌써 어디선가 죽어버렸을 것이다. 그런 면에서 감사한 분들이다.

그렇지만 수행자의 입장에서 본다면 일체법을 깨달아 말 못할 것은 아무것도 없었으며, 보고 싶고 하고 싶은 모든 것에서 벗어났기 때문에 이 세상에 다시 태어난 것이었다. 그래서 더 이상 수행할 것도 없어서 도반이 없으며, 의심할 것도 없어서 수좌라고 하기도 어렵고, 억지로 삭발염의할 이유가 없으니 밥 먹고 살기도 어렵게 되었다.

그뿐 아니라 하고 싶은 것이 별로 없다 보니 글 쓸 일도 없고 남보다 잘난 것이 없으니 가르칠 것도 없었다. 아는 것이 없으니 대화할 것도 없어서 지구상에서 가장 외로운 사람이라고 해야 할 것이다. 어떤 사람이라도 다 옳고 어떤 사람이라도 다 틀렸기 때문에, 누구나 깨달은 사람인데도 어느 누구도 깨닫지 않았다고 생각하고 사는 것이 잘 보였다.

마음이 편해지니까 산도 들도 보이기 시작했다. 시냇물은 흐르고 하늘은 맑았다. 얼마나 많은 수행자들이 벽을 보고 앉아 있을까라는 염려스런 생각도 일어났다. 어떤 사람이라도 말만 하면 다 깨닫게 만들 수 있을 것 같았다. 모든 법을 말로 할 수 있다는 사실을 안다면 누구나 기뻐할 것이었다.

9. 입전수수(入廛垂手 : 전법의 길)

나는 모든 법을 말로 할 수 있다고 생각했으므로, 스님들에게 말로써 일체의 깨달음을 얻을 수 있도록 할 수 있다고 말했다. 그렇지만 어떤 스님도 말하는 것을 원하지 않았을 뿐만 아니라, 알음알이가 공부에 방해된다고 생각하여 듣고 싶어 하지도 않았다. 그들의 생각을 바꿀 방법이 없었으므로 나는 서울로 떠났다.

때는 88올림픽이 열리던 해였다. 나는 해인삼매에 머물면서 세상 사람들의 고통을 건지러 서울로 왔다. 수좌들에게 절망을 느꼈던 나는 불광사에서 사람들에게 그냥 말만 하면 된다고 했지만, 부처님의 법이나 깨달음에 대해서 관심이 있는 사람은 드물었으므로, 잠깐이라도 불법이나 깨달음이라는 말을 들어주기만 해도 감사하고 고마운 생각이 들었다.

나는 그동안 수행자가 자신의 마음을 깨달으면 모든 문제는 저절로 해결될 것이라고 생각하였다. 그러나 현실은 그렇지 않았다. 한 사람의 깨달음이란, 의사로 비유하자면 내과 진문의가 된 것이었다. 현실에서 발생하는 대부분 환자의 병의 원인은 가정생활에서 비롯되었다. 생사의 문제도 인간관계를 크게 벗어나는 것은 아니었다.

그래서 새롭게 발견한 사실은, 세상 사람들에게 가장 시급하고 중요한 것이 가정의 문제였다. 부부가 대화를 편안하게 할 수 있다면 자녀들의 교육은 걱정할 것이 없을 것이다. 또 부부가 서로를 위한다면 노부모 문제가 더 이상 사회 문제가 되지는 않을 것이다.

그리고 부부 대화만큼 서로를 이해하기 어려운 일이 없는데, 이것이 바로 선문답이라고 해도 틀린 말이 아닐 것이다. 같은 이치로 참선을 공부한다면 부부가 대화하기 좋을 것이다. 나는 이렇게 참선을 통하여 내면적 깨달음을 알았고, 마음의 고통을 해결할 수 있었지만, 나만의 체험을 벗어나는 길은 쉽지 않았다.

그러나 거의 40여 년에 가까운 전법의 수행으로, 개인적인 체험을 벗어나서 대중이 이해하는 일체법을 표현할 수 있게 되었으므로, 드디어 불국토를 이루는 길을 찾게 되었다고 생각되었다.

세상 사람들의 삶은 나의 선지식이었으며 공부의 목적이었다. 깨달음의 체험을 세상 사람의 언어로 번역하고, 세상 사람의 시각으로 보여 주며, 세상 사람의 삶으로 표현시켜줄 수 있게 되었으니, 이것이야말로 살아 있는 법이며 출가 재가가 다르지 않고 모든 고통을 해결하는 길이라고 할 수 있을 것이다.

격외의 기로에서

불기 2567(2023)년 4월 8일 인쇄
불기 2567(2023)년 4월 20일 발행

저자 | 자명
표지디자인 | 나종자(묘정성)
발행처 | 마하보리사
주소 | 서울시 관악구 관악로 30길 46
전화 | 02) 889-2133

제작처 | 도서출판 민족사
출판등록 제1-149호(1980년 5월 9일)
주소 | 서울시 종로구 삼봉로 81 두산위브파빌리온 1131호
전화 | 02-732-2403~4
팩스 | 02) 739-7565

정가 55,000원